共編著＝
大島巌
源由理子
山野則子
贄川信幸
新藤健太
平岡公一

実践家参画型
エンパワメント評価の
理論と方法

CD-TEP法：協働によるEBP効果モデルの構築

❀日本評論社

Practitioner-Based
Empowerment
Evaluation

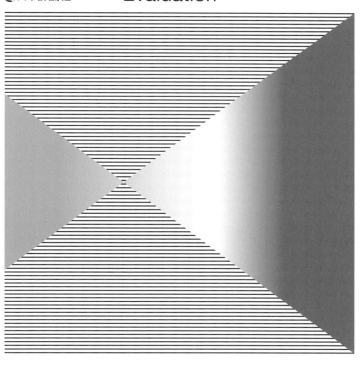

刊行にあたって

　本書は、CD-TEP 評価アプローチ法（CD-TEP 法）という、私たちが開発した新しい形成的評価の方法論を用いて構築した「実践家参画型エンパワメント評価」の理論と方法論を広く多くの皆さんに知って頂くことを目的に出版します。これにより、社会課題解決のために有効な「EBP＊効果モデル」を実践家・実践現場が中心となり、社会全体が協働して形成・発展できる基盤を提供できることを目指しています。

　社会課題解決のために有効で、科学的根拠のある社会プログラムの「効果モデル」を形成・発展することは、現代社会では喫緊の課題です。しかしながら、「効果モデル」を構築し、EBP プログラムへと発展させるのに有効な形成的評価の方法論は、これまで世界的に見ても未確立でした。これに対して私たちは、実践家・実践現場を基盤にボトムアップ評価（Chen, 2015）の方法を用いて、さまざまな利害関係者（stakeholderes）が参画し、社会全体が協働で「EBP効果モデル」を形成・発展する方法論「CD-TEP 法」を開発しました。この方法論を近年注目されているエンパワメント評価の枠組みに当てはめ、実践家の皆さんの参画を基盤に据えたのが「実践家参画型エンパワメント評価」です。

　＊　EBP：Evidence-Based Practice, エビデンスに基づく実践

　ここで私たちが提案する CD-TEP 法とは、「プログラム理論（Theory: T）」と「エビデンス（Evidence: E）」と「実践（Practice: P）」との「円環的対話（Circular Dialogue: CD）」に基づいて、社会プログラムに関わる関係者が協働で、「EBP効果モデル」構築を目指す新しい評価アプローチ法です。関係者間の円環的な対話（CD）を進めるために、「効果モデル」を 5 アイテム（①プログラムゴールとインパクト理論、②プロセス理論、③効果的援助要素、④評価ツール、⑤実施マニュアル）で可視化します。また同時に「効果モデル」の形成・発展のための評価方法も「CD-TEP 改善ステップ」で同様に可視化しました。それによって、実践家およびその他関係者の皆さんが協働して評価活動に参画することが可能になると考えています。さらにこの評価方法を共有し、協働で「効果モデル」構築を目

指す実践家や関係者の皆さんが各自の評価キャパシティを向上させることによって、その目的達成をより有効に実現できることをも目指しています。

　近年日本においても、社会政策のさまざまな領域で科学的なエビデンスに基づく政策立案（EBPM）を重視する動きが急速に広がっています。同時並行的に、社会課題の解決や社会的価値創造のために、社会的インパクト（社会的な成果）に注目し、プログラム構築を科学的に進める社会的インパクト評価の取組みが公共・民間の両領域で進展しています。本書で提案する「実践家参画型エンパワメント評価」の理論と方法論は、これらの動向に対して、有用な評価アプローチ法を提起できることを期待しています。

　同時に、あるいはそれ以上に、実践家・実践現場を基盤に構築されるこの評価アプローチ法は、実践現場の質の改善や実践家の資質と力量の向上に貢献することを目指しています。評価活動を通じて得られる実践現場の気づきと創意工夫を、職場などで日常的に真摯に議論する活動によって、実践家は各自の専門性や力量を向上させ、専門職としてのモチベーションや自己効力感を高め、実践家自身もエンパワーされるでしょう。さらに、このような個々の実践家の変化は、所属組織が「学習する組織」（Senge, 2006）に発展する契機になることも期待できます。本書は、このように実践家や実践現場の質向上にも寄与できることを強く期待しています。

　以上のように本書は、社会課題解決や実践現場の質向上に関心を持ち、それらの改善を、社会的に合意できる科学的な方法で行うことを志向するすべての実践家（ソーシャルワーク関係者、保健師・看護師、教師、リハビリテーション専門職、心理職、医師など）、およびNPO法人や社会福祉法人などの事業運営関係者、行政関係者、実践研究者、政策研究者、評価研究者、サービス利用者などすべての関係者にお読み頂きたいと願っています。

　ここで本書のガイドを簡単にしておきたいと思います（目次構成に関する詳しいガイドは1章30頁参照）。

　目次構成：まず本書Ⅰ部では、その理論的・実践的な枠組みを示しました。続いてⅡ部において具体的な評価手法であるCD-TEP評価アプローチ法とCD-TEP改善ステップの方法を提示し、Ⅲ部ではこの評価アプローチ法を、「効果モデル」の形成・発展ステージに応じて適用する方法を明らかにしてい

ます。さらにⅣ部では、形成・発展ステージ横断的な活動と、評価支援の体制整備、さらには本評価法に求められる実践家評価人材の評価キャパシティ形成について、それぞれに具体的な実施方法を提示しました。

用語の定義等：本書における主要な用語の定義等は、目次の末尾に示したのでご参照頂ければと思います。

特に実践家を含めて、利害関係者との「協働」で「参画型の活動」を進めることについて、「実践家等参画」（例：実践家等参画型ワークショップなど）と「等」を加えています。一方で、「実践家参画型評価」については「等」を入れていません。「評価」を先導するのは実践家だからという理由です。その区別を明確にしにくい場合も多いのですが、「等」の有無は、ある程度は意識的に使い分けています。

その他本書には、「CD-TEP 法を活用した実践家参画型エンパワメント評価」という評価方法論を説明するために創り出した「新たな用語」が少なからず使用されています。「設計・開発評価」「形成・改善評価」「第1次効果モデル（試行版）」「実施・普及方略」「ECB 戦略」などです。これら用語を複数の章をまたいで使用することも少なからずあります。このため、本書独自の概念・用語は、可能な限り各章で繰り返し説明するようにしています。

「新たな用語」の多用に対するいま1つの対応策として、「索引」（394-397頁）は比較的丁寧に作成しました。本書独自の概念・用語が、各章でどのように使用されているのかについては、必要に応じて「索引」をご参照頂きたいと思います。

ウェブサイトの活用：これも目次の末尾に示しましたが（《本書で活用するウェブサイト》）、本書に関連したウェブサイトを2つ、研究班が作成しています。このうち、本書では CD-TEP サイトと主に連携・連動して、関連資料、関連情報の提供を行っています。対応する URL サイトは本文中に示したので、必要に応じてご参照いただきたいと思います。

謝辞

さて本書は、多くの関係者の皆さまとの協働、ご協力やご支援によってまとめられています。

まず本書は、私たち研究チームが、2007年度から3期13年にわたり JSPS 科学研究費補助金・基盤研究（A）（一般）を受けて実施した、3つの評価研究プ

ロジェクトの主要な研究成果をまとめたものです。3つの評価研究プロジェクトの課題名等は、以下のとおりです。

- **第1期**：プログラム評価理論・方法論を用いた効果的な福祉実践モデル構築へのアプローチ法開発（2007～2010年度）、課題番号：JP19203029、研究代表者：大嶋巌
- **第2期**：実践家参画型福祉プログラム評価の方法論および評価教育法の開発とその有効性の検証（2011～2014年度）、課題番号：JP23243068、研究代表者：大嶋巌
- **第3期**：実践家参画型エンパワーメント評価を活用した有効なEBP技術支援センターモデル構築（2015～2019年度継続中）、課題番号：JP15H01974、研究代表者：大嶋巌

　巻末（390-391頁）の研究班体制のリストに示したように、本書執筆者以外にも、数多くの研究班メンバーとの討議の結果に基づいて本書が執筆されていることを明記して、研究班にご参画頂きましたすべての皆さまに感謝とお礼を申し上げたいと思います。特に、編著者や執筆者の皆さんには、ご無理をお願いして限られた時間の中で本書の執筆・編集にご尽力を頂きました。深く感謝申し上げます。

　同時に、これらの研究プロジェクトにご協力頂いた各実践プログラムの実践家の皆さまには、実際的で具体的なさまざまなご意見、ご提案、ご提言を頂き本書をまとめることができました。また研究プロジェクトで対象となったプログラムの利用者の皆さまにも多くのフィードバックを頂きました。記して心より感謝申し上げます。

　さらに特にアメリカ・ペンシルバニア大学の Phyllis Solomon 先生と Trevor Hadley 先生、インディアナ大学とダートマス大学の Gary Bond 先生には、この研究期間を通して、何度も日本にもお越し頂いたり、海外の視察にご助言頂いたり、所属大学で在外研究をお受け入れ頂いたり、世界的観点から数多くのご助言やご支援を頂きました。また実践家参画型評価に関するアイデアの多くは、Solomon 先生との討論の中で生み出されたものです。先生方のご支援とご厚情に対して心からの深謝を申し上げます。

　またこれら一連の研究プロジェクトは、大島が日本社会事業大学に着任して2年度目の2007年度から開始しました。研究プロジェクトを支えて頂いた日本

社会事業大学社会事業研究所およびその他部局の関係者の皆さま、そして大島研究室でさまざまなご尽力を頂いた足立志麻様、下瀬奈保様をはじめとした関係者の皆さま、本当にありがとうございました。

　なお本書の出版に当たっては、2019年度の科学研究費助成事業（研究成果公開促進費）「学術図書」の助成を受けました。記して感謝申し上げます。

　最後に、日本評論社第三編集部の木谷陽平様には、この出版をお受け頂いてから長い年月の間、辛抱強く原稿の完成をお待ち頂き、随時励まして頂きながら、本書の完成を実現することができました。時にご無理をお願いすることもありましたが、暖かくお見守りを頂き、本出版を実現して頂きましたこと、心より感謝申し上げます。また、本書の編集・製作をご担当頂きました林克行様には、2005年にロッシらの『プログラム評価の理論と方法』（日本評論社刊）の翻訳出版を手がけて頂いて以来、プログラム評価に対する深いご理解を頂き、各種出版を手がけて頂きました。2007年からスタートした科学研究費の研究プロジェクトもロッシらの翻訳出版が契機になっています。今回の出版については、木谷様に橋渡し頂きましたが、期せずしてこの集大成の仕事の編集を手がけて頂くことになりました。時に厳しくも暖かい激励を頂きながら、素敵な著書が完成することを嬉しく思うとともに、深く感謝申し上げます。

　ここに改めまして、ご協力、ご支援、ご関与頂きましたすべての皆さまに対しまして、心よりの感謝と御礼を申し上げます。

　本当にありがとうございました。

2019年8月

編著者を代表して

日本社会事業大学　大 島　巖

文献

Chen HT（2015）. Practical program evaluation: Theory-driven evaluation and the integrated evaluation perspective, 2nd Ed. SAGE.

Senge PM（2006）. The fifth discipline: The art & practice of the learning organization. Doubleday（=2011, 枝廣淳子ほか訳. 学習する組織. 英治出版）.

実践家参画型エンパワメント評価の理論と方法
CD-TEP法：協働によるEBP効果モデルの構築

目次

刊行にあたって　i

Ⅰ部 総論──目指すもの、社会的背景・意義、アプローチの特徴

1章　実践家参画型エンパワメント評価とは　002

1．はじめに──なぜ実践家参画型の「評価」なのか　002
2．プログラム評価の定義と目的、枠組み
　　──「実践家参画型エンパワメント評価」の視点から　013
3．エンパワメント評価の定義と目的、原則、枠組み
　　──「実践家参画型エンパワメント評価」の視点から　021
4．実践家参画型エンパワメント評価の意義と特徴、評価手法　026
5．本書の枠組み、各章の位置づけ　030

2章　EBP効果モデルの形成・発展　034
　　──実践家参画型エンパワメント評価の役割と配慮点

1．はじめに　034
2．EBP効果モデルとは　035
3．EBPプログラムが重視される社会的背景と意義　037

4．EBM・EBP の世界的な発展から見た位置づけ・特徴　039

5．「効果モデル」の形成・発展とは　043

6．「効果モデル」の形成・発展を導く形成的評価の方法　047

7．「効果モデル」の形成的評価で留意すべき事項　050

8．「実践の場」を「評価の場」にするには　051

9．効果モデルの「可視化」と評価手法　053

3章 実践家と評価者の役割、評価支援の仕組みづくり
——実践家の「評価キャパシティの形成」に向けて　056

1．「評価キャパシティの形成」の位置　056

2．「効果モデル」の形成・発展と評価キャパシティの形成　058

3．実践家等評価人材と評価キャパシティの形成
——評価支援体制・教育支援体制の構築の必要性　062

4．実践家参画型評価に必要とされる評価ツール
——求められる効果モデル形成・発展アプローチのためのツール　067

5．実践家参画型エンパワメント評価に関する研究プロジェクト　071

[追記]研究班が取り組んだ評価研究プロジェクト　074

Ⅱ部 評価手法
——実践家参画型エンパワメント評価の実施方法

4章 CD-TEP 評価アプローチ法
——実践と理論とエビデンスに基づき協働で「効果モデル」を構築するアプローチ　076

1．CD-TEP 評価アプローチ法の定義　076

2．CD-TEP 評価アプローチ法のねらいと開発プロセス　078

3．CD-TEP 評価アプローチ法の共通基盤　080

4．CD-TEP 評価アプローチ法実践ガイド　082

5．CD-TEP 改善ステップ：改善の12ステップ　088

6．本章のまとめ　092

5章 「効果モデル」の可視化の方法
──効果モデル5アイテムのつくり方　094

1．効果モデルの可視化の方法　094
2．プログラムゴールとインパクト理論（EMC1）　096
3．プロセス理論（EMC2）　102
4．効果的援助要素（critical components）リスト（EMC3）　109
5．評価ツール（EMC4）　113
6．実施マニュアル（EMC5）　120
7．効果モデル共有の課題と発展可能性　125

6章 CD-TEP 改善ステップ
──実践家参画型の評価活動をサポートするガイドライン　127

1．CD-TEP 改善ステップの概要　127
2．CD-TEP 改善ステップの意義と特徴　128
3．CD-TEP 改善ステップの評価活動と効果モデルの形成・発展　130
4．CD-TEP 改善ステップにおける実践家の評価活動関与、
　評価キャパシティ形成　142
5．まとめ　145

Ⅲ部 効果モデル形成・発展ステージに対応した評価活動

7章 評価計画の設計
──CD-TEP 改善ステップに対応したアプローチ　148

1．この章の位置づけ　148
2．CD-TEP 改善ステップの評価計画──評価設計一般との比較から　149
3．評価主体と評価目的の確認──実践家等の評価ニーズに注目して　150
4．評価を必要とするプログラム状況のアセスメント　154
5．評価デザイン（評価アプローチ）の検討　157
6．プログラム関係者の関与と評価キャパシティ形成の計画　162
7．実際の評価計画の策定　163

目　次　ix

8．まとめ——評価計画の策定を実際の評価活動に反映するために　164

8章　設計・開発評価ステージの取組み：第1〜6ステップ　166
——第1次効果モデル（試行版）の設計・開発

1．はじめに　166

2．誰がどのように設計・開発評価ステージを開始するか　167

3．設計・開発評価ステージの課題、到達目標　171

4．この評価ステージで行う評価活動の概要とステップ進行の指針
——CD-TEP改善ステップに基づく目標達成のための活動　173

5．ニーズ評価とプログラムスコープの作成［第1ステップ］
——設計・開発評価ステージの課題とその対応(1)　176

6．既存制度モデル・関連プログラムの現状分析とGP事例特定［第1ステップ］——設計・開発評価ステージの課題とその対応(2)　180

7．評価可能性アセスメント実施と予備的効果モデル（暫定版）の作成［第2ステップ］——設計・開発評価ステージの課題とその対応(3)　183

8．形成的評価調査（GP事例調査等）の実施［第3ステップ］
——設計・開発評価ステージの課題とその対応(4)　186

9．質的評価データ分析、参画型ワークショップの準備［第4ステップ］
——設計・開発評価ステージの課題とその対応(5)　189

10．参画型ワークショップ実施と効果モデル（試行版）の構築［第5・6ステップ］——設計・開発評価ステージの課題とその対応(6)　193

11．まとめ——可能性と課題　197

9章　形成・改善評価ステージ（導入期）の取組み：第7〜10ステップ　200
——第2次効果モデル（提示版）への改訂（形成・改善）に向けて

1．はじめに　200

2．誰がどのように形成・改善評価ステージ（導入期）を開始するか　201

3．形成・改善評価ステージ（導入期）の課題、到達目標の設定　203

4．この評価ステージで行う評価活動の概要とステップ進行の指針
——CD-TEP改善ステップに基づく目標達成のための活動　204

5．効果モデル（試行版）検証のための広域的事業所調査［第7ステップ］
——形成・改善評価ステージ（導入期）の評価課題とその対応(1)　207

6．広域的試行評価調査①：単一グループデザインで行う多施設共同調査［第8ステップ］
——形成・改善評価ステージ（導入期）の評価課題とその対応(2)　210

7．質的・量的データ分析と実践家等参画型ワークショップ④の準備、効果モデル改訂案の作成［第9ステップ］
——形成・改善評価ステージ（導入期）の評価課題とその対応(3)　213

8．実践家等参画型ワークショップ④：第2次効果モデル（提示版）への形成・改善［第10ステップ］
——形成・改善評価ステージ（導入期）の評価課題とその対応(4)　219

9．まとめ——可能性と課題　223

10章　形成・改善評価ステージ（成熟期）の取組み：第11〜12ステップ　226
——第3次効果モデル（エビデンス版）への改訂（形成・改善）に向けて

1．はじめに　226

2．誰がどのように形成・改善評価ステージ（成熟期）を開始するか　226

3．形成・改善評価ステージ（成熟期）の達成課題、到達目標の設定　227

4．この評価ステージで行う評価活動の概要とステップ進行の指針
——CD-TEP改善ステップに基づく目標達成のための活動　228

5．広域的試行評価調査②：比較による有効性研究（CER）で行う多施設共同調査［第11ステップ］
——形成・改善評価ステージ（成熟期）の評価課題とその対応(1)　230

6．質的・量的データ分析と実践家等参画型ワークショップ⑤の準備［第12ステップ］
——形成・改善評価ステージ（成熟期）の評価課題とその対応(2)　233

7．実践家等参画型ワークショップ⑤：第3次効果モデル（エビデンス版）への形成・改善［第12ステップ］
——形成・改善評価ステージ（成熟期）の評価課題とその対応(3)　237

8．まとめ——可能性と課題　238

11章	**実施・普及評価ステージの取組み:** **実施・普及方略第1～12ステップ** ——各種の実施・普及モデル構築と効果モデルの成長・発展	241

1．はじめに　241

2．誰がどのように実施・普及評価ステージを開始するか　242

3．実施・普及評価ステージの課題、到達目標の設定　243

4．実施・普及評価ステージで構築する「効果モデル（実施普及版・総称）」　244

5．実施・普及評価ステージを進める「実施・普及方略」の指針　249

6．効果モデル（実施体制整備版）の構築
　　——実施・普及評価ステージの評価課題と必要な評価活動(1)　250

7．その他の効果モデル（実施普及版・総称）の構築
　　——実施・普及評価ステージの評価課題と必要な評価活動(2)　258

8．まとめ——可能性と課題　260

Ⅳ部 効果モデル形成・発展ステージ 横断的な活動と体制整備

12章	**実践家参画型で進める効果モデル形成・発展の方法（1）** ——「評価の場」における評価情報の共有とモデル改訂	264

1．本章の位置づけ　264

2．改善ステップ「評価の場」における「効果モデル」の形成・発展　265

3．評価活動場面(1)：実践家等参画型ワークショップの実施方法　268

4．評価活動場面(2)：実践家等を含む「評価チーム」での検討会の実施方法　280

5．評価活動場面(3)：GP事例調査の実施方法　282

6．評価活動場面(4)：試行評価プロジェクトの評価訪問の実施方法　284

7．評価活動場面(5)：その他の評価活動場面での実施方法　286

8．おわりに
　　——改善ステップ「評価の場」における「効果モデル」検証と改善の意義と役割　287

13章 質的・量的評価データの収集・分析と効果モデル形成・発展
への活用——実践家等参画型で進める効果モデル形成・発展の方法(2)　290

1．本章の位置づけ　290

2．質的・量的評価データの収集方法　291

3．質的評価データ分析の意義と分析方法、まとめ方　298

4．量的評価データ分析の意義と分析方法、まとめ方　303

5．ワークショップを用いた質的評価データの検討、効果モデル改訂の
方法　309

6．ワークショップを用いた量的評価データの検討、効果モデル改訂の
方法　312

7．まとめ　314

14章 CD-TEP 改善ステップに基づく評価キャパシティの形成　316
——「評価の場」を「評価キャパシティ形成の場」にするための ECB ガイドライン

1．本章の位置づけ　316

2．改善ステップと実践家個人レベルの評価キャパシティの形成　317

3．「評価活動7場面」を活用した評価キャパシティ形成の方略
——実践家等の「関心と動機づけ」から「関与・参画」を導くために　326

4．組織・事業所レベルで取り組む評価キャパシティ形成　341

5．まとめ——改善ステップの「評価の場」を「評価キャパシティ形成の場」にすること　346

15章 実践家参画型エンパワメント評価の実施体制および
評価支援体制　348

1．はじめに　348

2．実践家参画型評価に取り組む実施機関に求められる組織体制と
ネットワークの構築　349

3．効果モデル実施機関(組織)への評価支援体制　354

4．EBP 技術支援センターに期待される機能と役割　360

5．実践家参画型評価の支援体制構築に果たす実践家の役割　367

6．まとめ　368

V部 社会的意義・成果と課題・展望

16章 社会的意義、成果と課題、今後の展望　372

1．実践家参画型エンパワメント評価の社会的な意義　372
2．実践家参画型エンパワメント評価の新機軸、独自性　377
3．成果と課題　378
4．今後の展望　383

初出一覧　389
研究班の体制　390
執筆分担・責任体制　392
編著者略歴　393
索引　394

[コラム1]　精神科デイケアおよび訪問支援統合化プログラム　169
[コラム2]　障害者就労移行支援事業の「効果モデル」　202
[コラム3]　家族心理教育の実施・普及方略プログラム　253
[コラム4]　相関分析の分析例　306
[コラム5]　2群比較の分析例　308
[コラム6]　就労移行支援の技術支援：長野県・大阪市淀川区の取組み　355

《本書における主な用語の定義等》

〇実践家参画型エンパワメント評価：エンパワメント評価に対して実践家としての機能と役割に特別な配慮を加えた評価アプローチ法。英文で Practitioner-Based Empowerment Evaluation とする。実践家が基盤となって実施するエンパワメント評価。

〇実践家：評価対象となる社会プログラムの実践に日常的に関わる、対人サービスに何かの専門性（ソーシャルワーク、保健、看護、教育、心理、リハビリテーションなど）をもって関わる人材のこと。

〇実践家等：実践家に加えて、社会課題解決のために「EBP 効果モデル」の構築を協働して目指す利用者や市民、その他関係者（stakeholders）を含めた人たちを「実践家等」と呼ぶ。

- 本書において主要な「評価の場」として重視する参画型ワークショップは、実践家がファシリテータになるが、その他の関係者をメンバーになることを促してワークショップを行う。このため、「等」を加えて、「実践家等参画型ワークショップ」と呼ぶ。なお、「実践家参画型評価」については、評価を先導するのは実践家なので「等」を含めない。

〇利用者、プログラム利用者、サービス利用者、利用者本人、当事者、当事者本人：ほぼ同義で使用する

〇 EBP 効果モデル：「効果モデル」は実践現場などで繰り返し行われる評価活動による「形成・改善」活動の結果、社会プログラムの形成・発展のプロセスにあるものと位置づける。「効果モデル」はより効果的な **EBP プログラム**を志向する特徴があることから「EBP 効果モデル」と呼称する（本書 8 頁）。

〇効果モデルの形成・発展：エビデンスレベルや効果の影響度（エフェクトサイズ）の向上のみならず、実施・普及の進展程度からもより効果的なものへと発展すること（本書18頁）。

- **形成・発展ステージ**としては、①設計・開発評価ステージ、②形成・改善評価ステージ（導入期）、③形成・改善評価ステージ（成熟期）、④実施・普及評価ステージへの発展を想定（図 1 - 2 ・11頁、表 4 - 2 ・89頁）。
- **効果モデル**としては、効果モデルの①暫定版、②試行版、③提示版、④エビデンス版、⑤実施普及版を想定する（図 1 - 2 ・11頁、表 4 - 2 ・89頁）

《本書で活用するウェブサイト》

2007年度から JSPS 科学研究費補助金を 3 期にわたって取得して取り組んできた研究成果として、これまで 2 つのウェブサイトを開発・公開してきた。

- CD-TEP | 円環的対話型評価アプローチ法実施ガイド：http://cd-tep.com/
- 実践家参画型効果的プログラムモデル形成評価の意見交換、情報交換・情報提供のサイト：http://ppcfe.com/

このうち、本書では CD-TEP サイトと主に連携・連動して、関連資料、関連情報の提供を行っている。対応する URL サイトは本文中に示している。

[Ⅰ部] 総 論 001

Ⅰ部
総論
——目指すもの、社会的背景・意義、アプローチの特徴

1章
実践家参画型
エンパワメント評価とは

1 はじめに ——なぜ実践家参画型の「評価」なのか

　本書では、近年、評価学や対人サービス領域で注目されるエンパワメント評価（empowerment evaluation）について、中でも実践家の参画を基盤においた「実践家参画型エンパワメント評価」を取り上げる。その理論的・実践的な枠組みを示すとともに、その有効なアプローチ法として、「CD-TEP 法：協働による EBP 効果モデルの構築」のアプローチを提案することにしたい。

　この評価アプローチ法の特徴は、本書の副題に示したように、**実践と科学的なエビデンスに基づいて**、まずは**実践家が評価活動に積極的に参画し**、さらには**利用者や市民、その他関係者**（stakeholders）**たちの協働を得て**、いっしょにより優れた**「EBP 効果モデル」の構築**を目指すものである。本書では、この評価アプローチ法を具体的に提示し、活用方法を示すとともに、その意義や発展可能性を検討することを目指している（「EBP 効果モデル」については、本章・2章で順次定義する）。

　その概要を示すに先立って、まず本章の最初に、実践家との協働で形成・発展を目指す**社会プログラムの「効果モデル（Effective Program Models）」**とはどのようなものなのか、を明らかにしておくことにしたい。そして、**なぜその形成・構築を「協働して」進める必要があるのか**、についても触れておきたい。

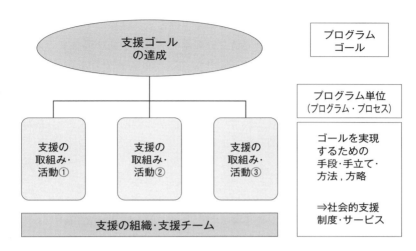

図1-1　社会プログラムの「効果モデル」について

1）社会プログラムの「効果モデル」とは

　本書における「効果モデル」とは、社会問題や社会状況を改善するために設計・導入される**社会プログラム**（social programs）の「効果モデル」のことである。そのうち福祉・社会・教育・労働・保健・医療など対人サービス（human services）の領域における「効果モデル」を主に想定する。

　プログラム評価一般が評価の対象とする社会プログラムは、社会的に課題となる問題を緩和し、社会状況を改善・解決するという明確な支援ゴールと目標をもっている。**社会プログラムは、社会問題の緩和・改善・解決という支援ゴールや目標を効果的に達成してこそ、初めて社会の中での位置づけを得ることができる**からである。

　このため社会プログラムは、本来は支援ゴール・目標が適切に達成されたかどうか、**その支援方法が十分に適切で効果的であったのかという成果の検証によってこそ、社会的に認められる支援サービスとなる**（図1-1参照）。すなわち、公的な制度・施策となり、社会の中で広く実施されることになる（Rossiら, 2004: 29）。

　しかしながら、社会プログラムの「効果モデル」について、後述するようにEBPプログラムを含む「効果モデル」（「**EBP効果モデル**」と呼称）を形成・構築するための**形成的評価**（Scriven, 1991）の方法論が十分には確立していない。

このために社会プログラムが十分な成果を上げる実例は極めて限られたままになっている。このことが、本書で新しい評価アプローチ法を提案する大きな理由になったのである（大島, 2014; 大島, 2016）。

社会プログラムの実例について、まず国・自治体などにより**制度化された社会プログラム**の例は数多く挙げることができる。

以下には、本来求められる支援ゴールや目標が比較的明確で、今日的な課題に関わる対人サービスの事例を取り上げる。

- 一般雇用を目指す障害のある人たちを対象にした、障害者総合支援法に基づく**就労移行支援事業**（支援ゴール：一般就労の実現、就労継続）
- 精神科病院の長期入院者等を対象にした、障害者総合支援法に基づく**障害者地域移行・地域定着支援事業**（支援ゴール：地域移行の実現、地域定着）
- 介護保険法に基づく**介護予防事業**（支援ゴール：要介護状態になることの防止）
- 生活困窮者自立支援法に基づく**生活困窮者就労訓練事業**（支援ゴール：生活困窮者が就労機会を得て自立する）
- **外国人児童生徒の総合的な学習支援事業**（支援ゴール：学習活動に日本語で参加するための力の育成）
- 違法薬物の使用で服役している**受刑者の薬物再使用による再犯を防止するプログラム**（支援ゴール：受刑者の薬物再使用による再犯防止）

ここに挙げた社会プログラムは、支援ゴールや目標が比較的明確なものである。しかしながら、制度化されたプログラムであっても、日本では、支援ゴールや目標が具体的に示されているものは必ずしも多くない。しかもそのゴールや目標が十分に達成されているかどうかを十分に検証し、より効果的な取組みへと改善する試みは、残念ながら体系的には行われていない。

これらのうち、**障害者就労移行支援事業**を例示すると、その支援ゴールは、働きたい思いをもつ障害のある人たちの一般就労を実現し、就職が実現したらその仕事が継続することにある。また、明示的でないものまで含めて示すと、就労の結果、生きがいをもって働き続けることができ、経済面を含めて生活が安定し、生活の質が向上することであろう（新藤ら, 2017a; 効果のあがる就労移行支援プログラムのあり方研究会, 2015）。

この制度は、障害者総合支援法の就労移行支援事業として実施されている。しかし過去1年間のうち一般就労への移行がまったく実現していない事業所が30％前後を占めるなど、制度全体では必ずしも十分な成果を上げていない。そ

[I部] 総　論　005

の一方で、障害のある人の働きたい思いを適切に実現し、職場定着の取組みを進めて、より良い成果を上げている事業所も少なからず存在する。

　これに対して、「効果モデル」を構築する適切な形成的評価の方法論が確立していれば、就労移行・職場定着の好事例（GP（Good Practice）事例：成果の上がっている事例）の経験に基づいて、「効果モデル」として「効果的就労移行支援プログラム」を形成・発展させることが可能であり、現在、そのような試みが研究班によって進められている（新藤ら, 2017a; 効果のあがる就労移行支援プログラムのあり方研究会, 2015）。

　一方で、**社会制度として国や自治体などによってまだ十分に制度化されていない社会プログラム**も同様に数多く存在する。具体例を挙げると、次のようなものがある。

・精神疾患の好発時期を目前に控えた思春期の児童・生徒（小学校高学年から中学生）を対象とし、発病の予防や、発病しても適切な専門機関への援助希求行動を行う知識や経験を身に付ける**メンタルヘルスリテラシー教育プログラム**（支援ゴール：精神疾患の発症予防、発症時に適切な援助希求行動を取る）

・身内に精神障害のある家族がいるため孤立になりがちな家族が互いに集まり、精神障害や支援サービスの知識を得るために家族相互に学習会を行う**家族による家族学習会プログラム**（支援ゴール：家族の孤立防止、上手な対処力向上）

・学齢期で親の介護を担い、養育の機会に欠けがちで孤立し、学習の機会を確保するのに**困難を有する子ども（ヤングケアラー）に対する支援プログラム**（支援ゴール：ヤングケアラーの養育・学習の機会が確保され、より良い成長が実現）

・夕方の居場所と食事に欠ける子どもたちを対象にした**「子ども食堂」プログラム**（支援ゴール：子どもたちの生活の維持や改善、将来のより良い成長の保証、子どもの貧困の連鎖の防止、社会の支援力醸成）

ここに挙げた社会プログラムは、支援ゴールや目標が明確であり、社会の理解が比較的得やすいものが示されている。これに対して、支援ゴールの達成が十分に行われるよう検証して、より効果的な取組みへと発展させる方法が求められている。

　これらのうち、近年急速に全国に広がっている**「子ども食堂」プログラム**の支援ゴール・目標は、一律に定めにくい多様性をもっている（室田, 2017; 吉田, 2016）。

しかし、子どもの貧困対策という側面に注目すると、夕方の居場所と食事に欠ける子どもたちに食事を提供して健康を保持し、一方で、夕方の居場所を確保して、子どもの生活の維持や改善、さらには将来のより良い成長の実現、子どもの貧困の連鎖の防止、社会の支援力の醸成などが想定できるであろう。

これらいまだ制度化されていない社会プログラムは、その一部は民間助成団体などの支援を受け、あるいは研究資金を得て、さらには自主財源などによって、事業所独自の活動として試行的に実施されている。

これらの社会プログラムは、解決を目指す支援ゴールや目標が適切かつ有効に実現されるかどうか、効果的な支援モデルなのかどうかを確認・検証することで、社会における制度として適切に位置づけることが可能になる。民間助成団体などの助成事業では、有効な形成的評価の方法論を構築し、助成事業の発展をサポートすることが強く求められている（新藤ら, 2017b）。

2）「効果モデル」形成・構築のために求められる形成的評価の方法論

このように社会プログラムは、社会的課題の問題解決というゴールや目標があってこそ存在し、またその支援ゴールや目標を適切にかつ効果的に解決してはじめて、社会的な存在意義がある（図1-1）。しかしながら、現状では、「効果モデル」を形成・構築するために**適切な「形成的評価」の方法論**が十分に確立していない。そのために、社会的課題の解決が十分に進展しない状況があると、私たちは考えている。

社会プログラムは、支援ゴールや目標の達成状況を常に検証することが社会的に求められている。そのためには、まず**プログラムのゴールや目標**を何に定めれば良いのか、その目標達成を把握する指標は何が適切か、指標の達成状況はどうかがまず問われる。また、支援モデル・支援方法は適切か、効果的なプログラム要素は何かなど、さまざまな観点から確認し、検証を行う必要がある（図1-1）。

本書で取り上げる実践家参画型エンパワメント評価を含む**プログラム評価**（program evaluation）（以下、「評価」と略称することがある）は、総合的にこれらの問いに答えを導くために用いられる、科学的で社会の合意形成に有用なアプローチ法である（Rossiら, 2004）。

プログラム評価の検証結果は、問題解決の支援ゴール・目標をより良く実現するという観点から、プログラムの改善・再形成に活かすことが求められる

（上述してきた**形成的評価**（formative evaluation）、後に詳述：本章2節）。一方でプログラム評価は政策的な判断として、プログラムの維持・拡大か、縮小・廃止かの判断に反映されることがある（**総括的評価**（summative evaluation）、同上）。

　本書では、このうち「**効果モデル**」の形成・**構築**に向けて、「評価」の検証・分析結果に基づいて、社会プログラムを実践的により効果的な取組みへと形成・改善に導くアプローチ（**形成的評価**）に焦点を当てる。より良い成果を生み出す優れた「効果モデル」は、このような実践的な「評価」の検証活動を繰り返した結果、生成されるものと位置づけることにする。

　その前提として、社会プログラムの「効果モデル」は、「評価」による検証・分析によって、より効果的なものへと形成・発展することが可能であると位置づける。それを目標にしていること（Chen, 2015; CORE, 2009; Urban ら, 2014）を明確にしておきたい。

3）「効果モデル」の形成と EBP プログラム

　近年、支援や介入の効果を科学的に明らかにし、その結果に基づいて「支援や介入の品質レベル」を社会的に共有して、より質の高い支援や介入を目指す、**エビデンスに基づく医療**（Evidence-Based Medicine; EBM）や**エビデンスに基づく実践**（Evidence-Based Practices; EBP）のアプローチは、社会的に重要な役割を担うようになった（縣, 2000; 正木ら, 2006; 大島, 2010）。そこでは、課題解決や支援ゴールの達成というアウトカムの評価に対して、科学的な厳密性が追求される。すなわち**ランダム化比較試験**（Randomized Controlled Trial; RCT）という内的妥当性の高い科学的に厳密なアウトカム評価・インパクト評価の方法等に基づいて、一貫した科学的根拠（エビデンス）がどの程度蓄積されているかの観点から、**支援や介入のエビデンスレベル**（level of evidence）を判断する基準が用いられる（後述：2章2節）。

　社会プログラムの「効果モデル」についても、このように効果性に関するエビデンスを蓄積して、国際的な評価を確立する EBP プログラムが数多く生み出されている（大島, 2010; 2016：2章参照）。

　しかしながら、特に日本においては、上述した**社会プログラムの多くは、EBP プログラムに形成・発展する努力が十分に行われず、効果性のエビデンスレベルを十分に検証しないまま、社会の中で広く実施されている現状がある**（大島, 2014; 2016）。

これに対して本書では、「効果モデル」は実践現場などで繰り返し行われる評価活動による「形成・改善」活動による検証の結果、より効果的な社会プログラムの形成・発展が可能になるし、またその必要があると位置づける。「効果モデル」はより効果的な EBP プログラムを志向する特徴があることから、「EBP 効果モデル」（「効果モデル」と同義で使用）と呼称することにしたい。また、本書において頻出する「効果モデル」の表記を、以下の本文中では主に《効果モデル》と記載する（以下本文表記について。章節項のタイトルは除く）。

4）なぜ実践家か：「効果モデル」の形成・発展に果たす実践家の役割

ここで《効果モデル》の形成・発展に果たす**実践家の役割**、さらには利用者や市民、その他関係者（stakeholders）の役割を示すことにしたい。またさまざまな関係者との**「評価」**における**「協働」**についても触れる。

まず日常的にプログラムに関与する**実践家の役割**について、である。

本書で強調するように、社会プログラムの形成・発展にとって、実践家の参画がなぜ大切なのだろうか。ここで**「実践家」**とは、評価の対象となる社会プログラムの実践に日常的に関わる、**対人サービスに何かの専門性**（ソーシャルワーク、心理、教育、保健、看護、リハビリテーションなど）**をもって関わる人材**のことを指している。

その理由の**第 1 は、実践家は《効果モデル》の「形成・改善」に大きな役割を果たすからである。**上述したとおり、優れた《効果モデル》は実践的な「評価」の検証活動を繰り返し、その結果もたらされることを想定している（Chen, 2010; Fixsen ら, 2005; Kasul ら, 1997; ）。このように、実践現場に関わる実践家は、プログラムが当初の支援ゴール・目標を達成できるように、さらにはより効果的な取組みになるよう関与して、専門職としての役割を果たす。日常的な実践に関与する実践家ならではの経験と創意工夫、実践的経験知・アイデアなどを盛り込むことによって、プログラムの「形成・改善」が進められる。実践家のこのような活動は、**ボトムアップ評価**と呼ばれる。EBP プログラムなど、より優れた《効果モデル》を構築するのに有効と考えられている（Chen, 2010; 2015）。

第 2 の理由は、《効果モデル》の「実施・普及」に果たす実践家の役割が重要だからである。《効果モデル》の導入は、実践現場にとっては、従来とは異なる**「イノベーション」の取り入れ**となる（Greenhalgh ら, 2005; Rogers, 2003）。

新しい取組みは、たとえそれが世界的に効果性が立証された **EBP プログラム** であっても、現場の受け入れについて合意形成がなければ、実践現場における実施・普及は進まない。逆に実践家の「抵抗」「反発」によって受け入れが断念されることさえあるだろう。

他方で実践家は、実践現場のニーズに対して《効果モデル》が、**適切かつ有効に機能できると得心したときに、実施・普及に主体的に取り組むことができる**。そのような実践家による位置づけが得られたときには、実践家は、自職場のみならず、地域や社会の中での実施・普及を進める主体として、大きな役割を果たすことが期待される（Chen, 2010; 2015）。

第3の理由は、実践現場を変革する専門性と力量のある実践家としての使命や役割である。上記2項目の役割を果たすことによって、個々の実践家は、実践現場にあまねく存在する利用者の満たされないニーズ（Brewin ら, 1987; 大島, 2016）や制度の狭間問題（勝部, 2016; 平野, 2015）などに対応できるようになる。実践現場における経験や気づきと創意工夫を、組織内で日常的に真摯に議論することを通して、実践家は各自の専門性と力量を高め、専門職としてのモチベーションや自己効力感を高めることができる。**評価活動を含めたこれら活動**を通して、実践家自身もエンパワーされる。さらには個々の実践家が、実践現場が常により良い優れた支援提供が可能な組織になるよう、またさらには所属組織が**学習する組織**（Senge, 2006）になることができるように、自己変革する主体となることが期待されている。

5）「効果モデル」の形成・発展に果たす関係者との「協働」の意義

《効果モデル》が社会の中に適切に位置づけられ、その実施・普及を進めて行くには、プログラムに関わるさまざまな立場の利害関係者（stakeholders）が、**それぞれの立場から《効果モデル》の形成・発展に関与し、社会的な合意形成を図りながら、協働する各自の役割が重要**である。

まず**プログラムの利用者**は、何より当事者自身が抱える問題の解決を、当該のプログラムに求めている。いかなる支援をどのように受けて、どんな状態になりたいのか、現在提供されているプログラムに対して、どこにどのような「改善」を期待するのか、**利用者中心アプローチ**（clients-centered approach; Rapp ら, 1992）の観点から、《効果モデル》の構築に十分な役割を果たすことが期待されている。

一方、**行政などの施策立案者・管理者**または**プログラム実施事業所の運営・管理者**は、社会プログラムが導入された当初のゴール・目標の達成状況に社会的な説明責任を負っている。アウトカム評価を実施して、プログラムの成果に関する説明責任をもつとともに、プログラムがより効果的な取組みとなり、《効果モデル》として形成・発展ができるように、実践家の創意工夫を反映し、利用者の「改善」への意見を集約するよう役割を果たす必要がある。

地域の問題解決に関心のある市民、プログラムが解決を目指す**社会問題や社会状況に関心をもつ市民**は、《効果モデル》を社会に位置づけ、実施・普及を進める上で重要な役割を担う。

そして、いずれの関係者ともに、《効果モデル》がより効果的に形成・発展することに重要な価値を置いていると考えることができる。

6）関係者の「協働」に不可欠な3つの「可視化」

以上のとおり、実践家を含めたこれら利害関係者は、それぞれの立場で《効果モデル》の形成・発展に寄与すべく協働することが求められている。しかしこの「協働」が実質的に成立するためには、次の**3つ**の「**可視化**」「**見える化**」が実現する必要がある。すなわち、

①《効果モデル》が達成を目指している**目標やゴール**、

② ゴール・目標を達成するために行われる**プログラムの実施方法**（提供組織のあり方、サービス提供方法）、**サービス提供の理念や価値観**など、

③《効果モデル》が実現を目指す目標・ゴールをより良く達成するために使用する**プログラム評価の方法論**

について、具体的に共有することが必要になる（詳しくは後述：2章、3章）。

そしてその**共有のための「手立て」**が問われてくる。実践家を中心にしたプログラムに関わる利害関係者（以下、必要に応じて**実践家等**と呼ぶ）が「**チーム**」を形成して、プログラムの「形成・改善」のために「評価」の方法論を身に付け、そのための資質を高め、改めて関係者間で「**協働**」し、相互にエンパワーするためのアプローチ法が求められているのである。

本書では、このような視点から実践家が中心的に参画し「評価」を活用してより優れた《効果モデル》を構築する形成的評価の方法論を、**実践家参画型エンパワメント評価**と呼ぶことにしたい。また、実践家参画型エンパワメント評価を具体的に進める「評価手法」として、私たちの研究チームが開発・発展し

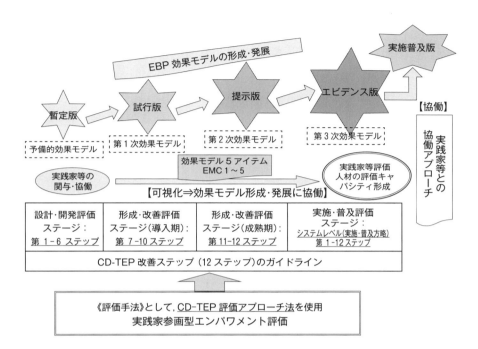

図1-2　実践家参画型エンパワメント評価のアプローチ、目指すもの

てきた **CD-TEP 評価アプローチ法**を提案したいと考えている（図1-2および図1-3；詳細は後述：4～6章）。

7）この本のねらいと、本章の位置づけ

　以上のとおり、この本では、社会課題の問題解決や社会状況の改善に有効な EBP プログラムに発展しうる《効果モデル》を構築するための**新しい形成的評価の方法論**を具体的に提示することを目指す。これまで繰り返し述べてきたように、EBP プログラムを含む《効果モデル》の構築を志向する適切な**形成的評価**の方法論は、世界的にもいまだ確立してない。このために、社会的課題の解決が十分に進展しない状況があると考える。このような状況に対して、本書では、実践家を中心にして、さらには他のプログラム関係者（実践家等）の参画と協働を得て、社会全体で《効果モデル》を形成・発展させることに有効な、**プログラム評価（形成的評価）の方法論**を具体的に提示することにしたい。

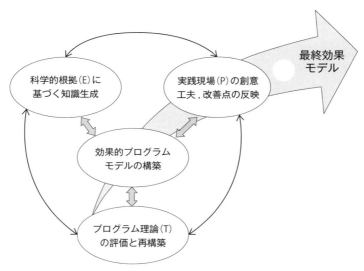

出所：大島作成（2010.5.14）

図1-3　プログラム理論・エビデンス・実践間の円環的対話（CD）による効果的プログラムモデル形成のためのアプローチ法（CD-TEP法）

　「実践家参画型エンパワメント評価」の具体的な評価手法として、本書では**CD-TEP評価アプローチ法**を用いる。さらにこの評価アプローチ法を、実践現場と協働して活用するために、**効果モデル改善ステップ**（「CD-TEP改善ステップ」とも呼称）という評価ガイドラインを用いる（図1-2参照）。

　なおCD-TEP評価アプローチ法とは、「プログラム理論（T）」と「エビデンス（E）」と「実践（P）」との「円環的対話（CD）」に基づいて、社会プログラムに関わる関係者が協働で、《効果モデル》を構築する評価方法論である（図1-3）。具体的には、本書Ⅱ部の4章～6章で詳述する。

　本書の導入となるこの章では、まずこの評価アプローチ法の基盤となる、「プログラム評価」と「エンパワメント評価」について、それぞれの定義と目的、方法論・枠組みを概説する。その上で、**評価活動に実践家等の関与や参画を得て、その評価キャパシティを形成し、協働して《効果モデル》の形成・発展を目指す「実践家参画型エンパワメント評価」**の意義と特徴、留意点などについて提示する。さらには本書全体の構成についても明らかにする。

[I部] 総　論　013

2　プログラム評価の定義と目的、枠組み
──「実践家参画型エンパワメント評価」の視点から

　ここでは、エンパワメント評価を含むプログラム評価一般に関わる定義とその目的、基本的な視点、評価方法論の枠組みを明らかにする。以下では、可能な限り「実践家参画型エンパワメント評価」に関連づけながら整理をし、提示することにしたい。

１）プログラム評価とは
　まず**プログラム評価**は、前述したように、社会問題を緩和し社会状況を改善するという明確なゴール・目標をもち社会的に導入された社会プログラムをその評価対象とする。「評価」が行われるのは、社会課題の問題解決という社会プログラムのゴール・目標が適切に達成されているのかどうか、またそのゴール・目標を達成する方法が適切であるのかについて、体系的でかつ科学的な方法を用いて行う。その上で、評価結果に基づいて、プログラムを改善し、形成・発展させるために活用する。あるいは、最終的にはプログラムの縮小・廃止の判断をするために評価結果を活用する。
　世界的に代表的なプログラム評価のテキストを執筆したRossiら（2004）は、プログラム評価を、次のように定義した。

　　プログラム評価は、社会プログラムの効果性をシステマティックに検討するために、社会調査研究法を活用するアプローチである。その方法は、プログラムを取り巻く政治的・組織的環境に適合させるとともに、社会状況を改善するための社会活動（social action）に有益な情報を提供するよう設計される。

　この定義の特徴を、Rossiら（2004）は以下の4点に整理した。
　① **社会調査研究法の適用**：社会調査研究法は、事実に即して社会現象を記述するための方法論の「質の標準」を、長年にわたって構築してきた、科学的なアプローチ法である。
　② **社会プログラムの効果性**：社会プログラムの効果として、アウトカム（成果）の評価に注目が集まる。しかしながらRossiら（2004）は、次の5側面

出所：Rossi ら（=2005: 77）に加筆

図1-4　プログラム評価階層

からなる評価をシステマティック（体系的）に総合的に、かつ科学的に実施することが重要である、とした。

5側面とは、すなわち(a)ニーズへの適合性（ニーズ評価）、(b)プログラムの設計や概念の妥当性（プログラム理論評価）、(c)介入プロセスの適切性（プロセス評価）、(d)プログラムの効果（アウトカム／インパクト評価）と、(e)その効率性（効率性評価）である。これらを Rossi ら（2004）は**評価階層**と呼び、図1-4のように階層構造を構成することを示した。

③ **評価を政治的・組織的文脈に適合させる**：評価活動は、社会プログラム自体と同様に、それが置かれた社会状況・組織状況・政治状況に適合させ、あつらえて実施する必要がある。

④ **社会活動に知識を提供して社会状況を改善する**：評価は社会活動に対して知識を提供し、その活用によって社会状況を改善することを目指している。

以上の定義に基づいて、本書で取り上げる**実践家参画型エンパワメント評価**における特徴を整理する。

まずこのエンパワメント評価法は、多くの利害関係者が協働して取り組むことを想定している。このため**第1に**、③評価を政治的・組織的文脈に適合させる上では大きなメリットがある。

また**第2に**、②の効果性と、④社会状況の改善については、《効果モデル》の形成・改善評価に焦点が当たる。そのため、システマティックで科学的な評価を継続的に実施する点、その上で実施組織に順次適合させる取組みを行う点に特徴があるといえる。

2）プログラム評価の目的：何のために評価を行うのか──形成と改善のための評価

　プログラム評価の一般的な目的は大別すると２つある*。本章１節でも若干触れたが、ひとつは**形成的評価の目的**であり、いまひとつは**総括的評価の目的**である。

　⑴ **形成的評価の目的**：プログラムの形成・改善・改良を導くために、評価情報を得て活用することを意図した評価目的である。このような目的で実施する評価を「形成的評価」と呼ぶ（Scriven, 1991）。特に実践現場においては、「評価」による検証結果に基づいて、プログラムのアウトカム（成果）がより優れたものになるように、社会プログラムを改善することが期待される。プログラム実施事業所の実践家や運営・管理者、さらにはその他の利害関係者（実践家等）が、密接に共同作業を行うのが一般的とされる（Rossi ら, =2005: 35）。

　⑵ **総括的評価の目的**：問題解決のゴール・目標が十分に達成されているか否かを、総括的に判断する情報を提供する評価目的である。有効なプログラムと効果のないプログラムを区別する。問題解決のゴール・目標が十分に達成されなければ、最終的にはプログラムの縮小・廃止の判断がされる。このような目的で実施する評価を「総括的評価」と呼ぶ（Scriven, 1991）。

　総括的評価による知見は、通常はプログラムの管理・運営に重要な役割を果たす意思決定者、たとえば行政などの施策立案者・管理者、またはプログラム実施事業所の運営・管理者によって活用される。上層の経営陣とも情報共有がされて、事業の存続に関わる意思決定が行われる（Rossi ら,=2005: 35）。

　さて、保健・医療・福祉・教育・労働など**対人サービス領域のプログラム評価では、一般的に《効果モデル》の形成・改善を目的とする「形成的評価」**（Scriven, 1991）**がより重要な位置にある**（Rossi ら,=2005: 363）。実践家参画型エンパワメント評価においても、「形成的評価」によるプログラムの形成・改善の観点から評価が行われる。それにより、社会プログラムの《効果モデル》を形成・発展させて、より優れた《効果モデル》、さらには EBP プログラムへと発展・構築することを目指している。

　＊この２つの評価目的とは次元や視点の異なる評価の目的としては、①科学的な知識・知見を生み出す目的、②説明責任（accountability）の目的、③プログラムの運営・管理の目的、④社会関係の形成や政治的方略、が知られている（Rossi ら, =2005: 34-38）。

3）評価階層と効果モデル形成・発展ステージ──3つの評価課題と、形成・発展ステージ

　形成的評価の観点から、社会プログラムの《効果モデル》を形成・発展させるためには、5レベルの階層を構成する5種類の評価を総合的・体系的に（システマティックに）実施することが重要であることは既に述べた。

　5レベルの評価とは、(a)ニーズ評価、(b)プログラム理論評価、(c)プロセス評価、(d)アウトカム／インパクト評価、(e)効率性評価である。これらは、**図1-4**に示したように「評価階層」と呼ぶ階層構造をとる。下層にある(a)ニーズ評価から順に積み上がり、下階層の評価が実施できる状態になってから、上階層の(d)アウトカム／インパクト評価、そして(e)効率性評価などが実施される。

　なお5つの評価の定義は、**表1-1**に示したとおりである。それぞれの評価の具体的な実施方法は、本書III部「効果モデル形成・発展ステージに対応した評価活動」において詳細に提示する。

　さてこの**評価階層**は、《効果モデル》の形成・発展に対応して、下層から順に積み上がり、実施される性質を持つ。しかしながら、**プログラムの形成・発展の段階そのものとは、直接的には対応していない。**

　ここで社会プログラム《効果モデル》の形成・発展の段階（「ステージ」と呼ぶ）と、それぞれにおける評価の課題について明らかにしておきたい。

　《効果モデル》の形成・発展の目的に対して、プログラム評価は、その評価プロセス全体を通じて、EBPプログラムを含む《効果モデル》の設計と開発、形成と改善、および社会の中での実施・普及を目指して、その役割を果たすことができる（Rossiら, 2004; 大島ら, 2012; 大島, 2014）。これは、プログラムの**形成・発展過程に対応した3つの評価課題**（《効果モデル》の形成的評価課題）と、それに対応した**3つの評価ステージ**と整理できる。

　3つの評価課題とは、**第1**に《効果モデル》を設計・開発する課題である。また**第2**に《効果モデル》の継続的な形成と改善の課題である。そして**第3**はEBPプログラム等の《効果モデル》（「EBP効果モデル」）が形成された段階で、その《効果モデル》を実施・普及する課題である。

　それぞれの評価課題に対応して、次の3つの評価目標をもつ3つの評価ステージが位置づけられる。

　I. 効果モデルの設計・開発評価［ステージ］：新規の効果的プログラムモデルの設計・開発をする。あるいは、既存プログラムを《効果モデル》に再構築する評価（ステージ）。

[Ⅰ部] 総　論　017

表 1-1　評価階層の5階層それぞれの定義

評価階層の5階層	定義
(a) プログラム・ニーズ評価	プログラムが改善しようとしている社会状況，およびプログラムに対するニーズに関するクエスチョンに対して回答を与える評価研究のひとつ。社会問題の性質や大きさ，広がり，介入の必要性の程度，その介入を設計するための社会状況の意味合いをアセスメントする。新しいプログラムを計画したり，確立されたものを再編したりする際の第一弾として行われ，どのようなサービスが必要とされ，どうすればそれらが最も良く提供されるのかについて情報を提供する。
(b) プログラム理論評価	プログラムの概念化や設計に関するクエスチョンに回答を与える評価研究のひとつ。ここでプログラム理論とは，プログラムが生み出すことが期待されている社会的便益や，プログラムがそのゴールや目標を達成するために採用する戦略や戦術に関連する様式に関する一連の仮説群をいう。プログラム活動によってもたらされる社会状況の性質に関連したインパクト理論と，プログラムの組織計画とサービス利用計画を示すプロセス理論からなる。
(c) プログラム・プロセス評価	標的集団のサービス受け手に，意図されたようにサービスが届いているかどうかを判断するよう設計されたプログラムモニタリングのひとつ。
(d) アウトカム／ インパクト評価	プログラムアウトカムや，あるプログラムが改善を意図する社会状況への影響に関するクエスチョンに対して回答を与える評価研究のひとつ。プログラムが変化をもたらすことが期待されている標的集団や社会状況への全体的な変化・影響をアウトカムの変化として捉えるアウトカム評価。他の要因による影響に対して，プログラムが特有に寄与しうるアウトカム変化の部分をプログラム効果（純効果：インパクト）として捉えるインパクト評価に分けて把握する。
(e) プログラム・効率性評価	プログラムが取り組む社会条件にもたらされる変化の観点から，プログラム費用をプログラムの便益や効果の金銭的価値と対比するクエスチョンに回答を与える評価研究のひとつ。

出所：Rossi ら（=2005）に基づき一部加筆

　Ⅱ. **効果モデルの形成・改善評価 [ステージ]**：より効果的なプログラムが構築されるよう、科学的・実践的なアウトカム評価・プロセス評価を用いて、継続的に《効果モデル》へと形成・改善を試みる評価（ステージ）。

　Ⅲ. **効果モデルの実施・普及評価 [ステージ]**：効果が立証された《効果モデル》の実施・普及を進め、ニーズのある多くの人たちにサービスを提供する評価（ステージ）。

　まず「Ⅰ. **効果モデルの設計・開発評価**」では、評価階層（図1-4）の(a)ニーズ評価と、(b)プログラム理論評価が中心的な役割を果たす。

次に、「Ⅱ. 効果モデルの形成・改善評価」では、評価階層の(c)プロセス評価と(d)アウトカム／インパクト評価が中心的な役割を果たす。またプログラム効果として、(d)アウトカム／インパクト評価の結果から、効果的援助要素（Bond ら, 2000；大島, 2010）などの(c)プロセス評価の結果が見直される。一方では、プログラム設計（プログラム理論）に対しても大きな見直しが必要となる場合もある。その際は、(b)プログラム理論レベルの見直しが行われることがある。以上のように、この評価では(b) (c) (d)という３種類の評価を総合的・体系的（システマティック）に実施する特徴がある。

さらに、「Ⅲ. 効果モデルの実施・普及評価」では、**EBP 効果モデル**が形成されたら、そのプログラムを制度・施策化して社会の中に定着させ、福祉問題解決のニーズをもつすべての人たちに提供できるよう提供体制を整備することが、まずは求められる。そのために、プログラム階層の(e)効率性評価を行う。それとともに、《効果モデル》の実施・普及を進めるために有効な「実施システムに関する開発」と、「実施システムに関する形成と継続的な改善」のためのプログラム評価を行う。有効な実施システムの評価については、《効果モデル》の評価とは別途に、実施組織・実施システム（実施・普及方略）を対象にして、評価階層(a)～(e)の評価を実施することになる（二層構造の効果モデル：11章6節3項：実施システムレベルの「**効果モデル実施・普及方略**」）。

なおここで、これまで使用してきた「**効果モデルの形成・発展**」とは何か、について触れておきたい。２章で詳述するように、①**エビデンスレベルや効果の影響度（エフェクトサイズ）の向上**が「形成・発展」の主要な基準となる。しかしそれだけでは十分ではない。「Ⅲ. 効果モデルの実施・普及評価」で取り上げるように、本書では、②**実施・普及の進展程度**をも基準に含めている。この点は本書の特色である。

以上のとおり、**３つの評価課題**に対応した**３つの形成・発展の評価**は、評価階層(a)～(e)の各評価を、単独で用いるものではない。評価目的を達成するために、**５種類の評価階層を体系的・総合的に実施する点**に特徴がある。

またプログラムの効果性の検証としては、(d)プログラムゴール・目標達成のアウトカム（成果）の評価に注目が集まりがちである。しかしプログラムの効果性をアウトカム（成果）だけで捉えるアプローチは、**ブラックボックス評価**として批判の対象にされてきた（Rossi ら, =2005: 155-156）。

これに対して、(d)プログラムゴールを達成するために、最も効果的で、組織的に計画された取組みの単位（構造・機能・プロセス）、すなわち**プログラムユニット（単位）**を検討することが重要である。すなわち、プログラムユニット（単位）を、(b)プログラム理論、および(c)プログラムプロセスである「効果的援助要素」との関係から《効果モデル》として捉え、それを(d)アウトカム（成果）との関係から科学的に検証して、より優れた《効果モデル》に形成・発展させることが求められる（Rossi ら, 2004）。

ところで3つの評価課題に対する3つの形成・発展の評価に関して、「**Ⅱ. 効果モデルの形成・改善評価 [ステージ]**」は、導入期の取組みと、導入された後の成熟期の実践では、評価方法が若干異なる（Chen, 2015）。

本書では、Chen（2015：36-41）を参考にして、《効果モデル》の形成・発展ステージについて、以下のように、**4段階のステージ**（効果モデル形成・発展ステージ）を設定する。

・第Ⅰステージ：設計・開発評価ステージ（8章で詳述）
・第Ⅱ-1ステージ：形成・改善評価ステージ（導入期）（9章で詳述）
・第Ⅱ-2ステージ：形成・改善評価ステージ（成熟期）（10章で詳述）
・第Ⅲステージ：実施・普及評価ステージ（11章で詳述）

なお、以上のプログラム評価の活動には、第Ⅰのステージにおける効果的プログラムモデルや、第Ⅲステージの有効な実施システムの「設計・開発」が重要な役割を担う。本書では、「プログラム評価」は、「評価」のみならず「プログラム開発」を含む概念として用いている。このため本書では、「プログラム開発」を強調する目的で**「プログラム開発と評価」**という用語を「プログラム評価」と同義語で並列的に使用する場合がある。

4）評価者と利害関係者との関係性

社会プログラムは、社会的な構成物であり、「組織」でもある。さまざまな個人や集団がそのプログラム実施や評価に関わっている。多様な個人や集団が、プログラムに関与する役割や活動を担う。そのため、多かれ少なかれ関係者は、プログラムに関する利害関係を負っている。このため、プログラムに関わる利害関係者がプログラムに対してどのような立ち位置にあるのか、プログラム評価を行う際には、まず十分に理解し、分析しておく必要がある（Rossi

ら，2004）。このような利害関係者の分析を**利害関係者分析**（stakeholders analysis）と呼ぶ（CORE, 2009：14-15）。

プログラムの利害関係者にはプログラム利用者、その家族、行政等の施策立案者・管理者、プログラム実施事業所の実践家、運営・管理者、プログラムの実施スポンサー、評価スポンサー、そして評価者など、さまざまな立場の人がいる。

これらのさまざまな立場の人たちは、それぞれの立場で、①**社会プログラム自体を受け入れることや社会の中に位置づけること**、②**評価結果を活用することができる**。さらには、③**プログラム評価の実施にも関与・参画することができる**。

このうち、③プログラム評価の実施に関与・参画することに関して、評価の種類の分類がなされることがある（Rossi ら，2004）。

まず、評価者が単独で評価活動に関わるものを**「独立評価」**と呼ぶ。従来型の評価がこれに当たる。

これに対して、実践家や利用者など他の利害関係者（実践家等）が、「評価」に協働で関わる評価アプローチを**「参加型・協働型評価」**とする。

さらには次に詳述するが、実践家やサービス利用者など関係者が主体的に評価活動に参加するものを**「エンパワメント評価」**と呼ぶ。

本書で取り上げる**「実践家参画型エンパワメント評価」**は、対人サービスの領域において実践家が中心となって主体的に評価活動に関わるアプローチとして開発したもので、エンパワメント評価の1つとして位置づけることができる。そのアプローチ法を本書では詳細に検討して、具体的な方法論を提示することになる。

一方で、①社会プログラム自体を受け入れること、社会の中に位置づけることに関しては、多くの利害関係者が社会プログラムの受け入れを前向きに受け止めることが、プログラムの実施・普及にとって極めて重要である。

その際、多くの利害関係者が③プログラム評価の実施に関与し、プログラムの継続や《効果モデル》の成長・改善の意思決定に関わることは、さまざまな利害関係者がプログラムの実施・普及を主体的に進めることにつながるであろう。

①プログラムの社会的受け入れ、そして③プログラム評価の実施は、社会の合意形成に基づいて行われる。プログラム評価の定義（Rossi ら，2004）にあるように、「プログラムをその取り巻く政治的・組織的環境に適合させる」ため

の社会的合意形成のアプローチとして、「参加型・協働型評価」、さらには「エンパワメント評価」は重要な役割を担っている。

3　エンパワメント評価の定義と目的、原則、枠組み
――「実践家参画型エンパワメント評価」の視点から

1）エンパワメント評価の定義と目的

　次に、近年、評価学や対人サービス領域で注目されている**エンパワメント評価**の定義をまず確認しておきたい。1990年代以降、エンパワメント評価の意義と必要性を社会に対して訴え、その概念と方法論を発展させて来た David M. Fetterman は最新の編著書の中で、エンパワメント評価の定義を次のように示した（Fetterman ら、2005: 2）。

　　エンパワメント評価は、評価の概念と技術、および評価結果を使用して、改善と自己決定を発展・育成するアプローチである（Fetterman, 1994）。

　同時に、共同編者である Wandersman ら（2005: 27-28）の次の定義も引用し、併記している。

　　エンパワメント評価は、プログラムが良い成果を上げる可能性を高めることを目的とした評価アプローチ法の1つであり、プログラム利害関係者（program stakeholders）がプログラムを計画・実施し、評価を行う各自のキャパシティを向上させることによって実現する。

　後者の定義に関して、利害関係者の**評価キャパシティの向上**については、①プログラムを計画・実施し、自身で評価するための評価ツールを提供すること、それにより、②プログラム評価を組織およびプログラムの計画や運営・管理の一部として中核的に活用すること（Wandersman ら、2005: 28）に触れている。

　ここで、Wandersman ら（2005）の定義における**プログラム利害関係者**（program stakeholders）とは、これまで述べてきたように、実践家、さらにはプログラムの利用者、プログラム管理・運営者、市民、プログラムや評価活動

の資金出資者等を指している。

Wandersman ら（2005）の定義で重要なことは、**この評価目的を実現する手段として、「利害関係者の評価キャパシティ向上」を明言している点**にある。

評価キャパシティについては、①プログラムを計画・実施し、自身で評価することに加えて、②プログラム評価を、組織およびプログラムの計画や運営・管理の一部として中核的に活用する。また、このような活動を行うに当たって、「自身で評価するための**評価ツールを提供**すること」を評価支援の重要な要素に挙げている。

ここで想定される**「プログラム利害関係者」**についてまとめておきたい。この定義では、「②組織およびプログラムの計画や運営・管理の一部として中核的に活用」するとなっており、プログラム実施に関わる実践家、あるいはプログラム実施事業所の運営・管理者が主に想定される。その一方で、提供された「評価ツール」の使用等によって、他の利害関係者、プログラムの利用者や、行政などの施策立案者・管理者、市民なども「協働」でエンパワメント評価に関与することが可能になる。

なおここで、エンパワメント評価は、**参加型評価**（participatory evaluation）、あるいは**協働型評価**（collaborative evaluation）の1類型とされるのが一般的である（Rossi ら, 2004: 51, 63; Weiss, 1998: 99; 源, 2016: 32-33）。参加型評価は、「評価調査の計画・実施に関する意思決定やその他の活動に、プログラムのスタッフや関係者を巻き込む評価アプローチ全般を意味する用語である」（King, 2005: 291）と定義される。

Rossi ら（2004）のテキストに並ぶ、プログラム評価のもう1つの代表的テキストを執筆した Weiss（1998）は、参加型アプローチを、評価者の役割と評価者-利害関係者関係の観点から3類型（エンパワメント評価、協働型評価、利害関係者評価）に分け、その特質を整理した。

それによると、**エンパワメント評価**では、評価者は評価活動に対する支援とアドバイスを提供するが、**評価を計画し実施する主体は、あくまでも事業に関わる人々**（サービス利用者、実施者など）**である**。プロジェクト運営や評価調査は、**その計画と実施に関わる人々が完全に制御**（control）**する**ことになる（Weiss, 1998: 99-100）。その評価過程を通して、関係者は力を付ける（エンパワーする）ことが期待されている。

また**利害関係者評価**では、評価の全過程を通じて利害関係者が関わるが、評

価調査の実施に関する限り、評価者は客観的外部者として評価を行う役割を担う。これに対して**協働型評価は、評価者と利害関係者が協働して評価を行う**。評価者は調査技術で貢献し、利害関係者はプロジェクトとクライアントに関する知識で貢献する。評価調査については評価者と利害関係者が協働で意思決定に関与する（Weiss, 1998: 99-100）。

本書の**実践家参画型エンパワメント評価**は、この観点から見るとエンパワメント評価と協働型評価の両者の性格をもつ。

２）エンパワメント評価の10原則

Fetterman ら（2005）は、エンパワメント評価の実施上の原則を10項目に整理した。これらの原則は、エンパワメント評価の中核的信念であり、根底にある価値に関わるものとする。概要を示すと、以下のとおりである。

①**改善**（improvement）：プログラムの改善のみならず、組織やコミュニティ、プログラムに関わる利害関係者の成長や改善を重視する。

②**コミュニティ・オーナーシップ**（community ownership）：プログラムに関わるコミュニティが、そのプログラムを含めて自らの生活に影響を及ぼすあらゆる行動に、意思決定をする権利を有する。

③**包括性**（inclusiveness）：できる限り広範囲から主要な利害関係者が評価に関わるよう参加を呼びかけられ、意思決定のプロセスに直接関わる。

④**民主的な参加**（democratic participation）：適切な情報と条件が揃えば、さまざまな利害関係者は賢明な判断や意思決定ができるキャパシティをもつ。

⑤**社会正義**（social justice）：社会には基本的に社会的不公正が存在する。関係者が評価を用いてプログラムを改善することを支援することで状況を変える努力をする。

⑥**コミュニティの知恵・知識**（community knowledge）：市民のもつ知識は科学的知識と同様に妥当性があり、有用なものである。コミュニティに基づいた知見や知恵は大切にされる必要がある。

⑦**エビデンスに基づく戦略**（evidence-based strategies）：科学的手法やエビデンスに基づいた戦略の価値を重視する。エビデンスやベストプラクティスに基づいた介入を熟考することが大切としている。

⑧**キャパシティ形成**（capacity building）：利害関係者の評価を行うキャパシティ（評価キャパシティ：evaluation capacity）と、プログラムの計画や実施を改善

できるキャパシティ（プログラムキャパシティ: program capacity）の双方を、同時に高めるように設定される。

　⑨**組織の学習**（organizational learning）：改善の志向性は、学びを促進するプロセス（組織的な学び）と、組織の構造（学習する組織）がある場合に促進される。

　⑩**説明責任**（accountability）：説明責任にコミットしており、プログラムにより達成される最終結果に焦点を定めている。同時に、プログラムのプロセスに関する説明責任も重視する。他者への説明責任以上に、自身への説明責任を大切にする。

　これらの10原則は、個々に捉えるのではない。総体として理解し、エンパワメント評価を実施する（Fetterman ら,=2014: 39-40）。

　実践家参画型エンパワメント評価の観点からこれらを整理・分類すると、a.《効果モデル》の追求、b. 組織学習・キャパシティ構築、c. 協働アプローチとまとめることができよう。

　a.《効果モデル》の追求には、①改善、⑤社会正義、⑦エビデンスに基づく戦略、⑩説明責任の原則が深く関わっている。また、

　b. 組織学習・キャパシティ構築には、⑧キャパシティ形成と⑨組織の学習が関連する。

　c. 協働アプローチには、多くの原則が関わる。②コミュニティ・オーナーシップ、③包括性、④民主的な参加、⑥コミュニティの知恵・知識、⑩説明責任が重要である。

　a.《効果モデル》の追求と、**b. 組織学習・キャパシティ構築**は、エンパワメント評価が目指すものを示している。その目指すものを実現する取組みとして **c. 協働アプローチ**を位置づけている。

3）エンパワメント評価の枠組み、アプローチ法

　エンパワメント評価は、Wandersman ら（2005）の定義にあるように、プログラムがより良い成果を上げ、効果性を高めるよう形成・改善を目指した評価法である。同時に、その目的のためにも、**利害関係者のキャパシティを向上させる**ことを志向している。

　このようにエンパワメント評価の重要な特徴は、利害関係者の評価キャパシ

ティ向上を目的の1つに明確に位置づけている点にある。その内容は、①プログラムを計画・実施し、自身で評価するための評価ツールを提供すること、および②プログラム評価を組織およびプログラムの計画や運営・管理の一部として中核的に活用することにより実現するとした（Wandersman ら, 2005: 28）。

①の評価ツールの提供に関しては、多くの利害関係者が共有できる評価ツールを提供することが重視される。

評価ツールについては、その使用によってまず第1に、評価内容と手順の可視化、「見える化」「共有化」を図る。

定式化された評価ツール、評価フォーマット・指針として代表的なものに、Chinman ら（2004）の GTO の10ステップがある。GTO は、プログラムの導入をコミュニティ単位で検討し、効果的なプログラムモデルの導入・適合を図り、実施、評価をして、コミュニティの問題解決を実現するアプローチである。GTO の10のステップには、地域住民がそれぞれの課題に対して対応するための各種の評価ツールが用意されている（詳しくは、後述：3章4節1項）。

また第2に、評価ツール、評価フォーマット・指針の使用によって、評価の多様性に対する限定が行われる。さらに評価の手順が、ステップの形で示される。プログラム評価の方法論は、本来であれば高度の専門性を必要とするアプローチ法である。さまざまな評価手法、多様な評価設計が考慮されて、個別状況に応じた柔軟な対応が求められる。これに対して、エンパワメント評価では実践現場における課題に対して典型的な状況に焦点化した評価ツール、評価フォーマット・指針が用意される。

次に、②のプログラム評価を、組織およびプログラム計画や運営・管理の一部として活用することに関しては、実践現場の評価をサポートする評価支援体制の構築が必要になる。

まず第1に、エンパワメント評価に関わる評価者は、その役割として、実践現場の評価に関するコンサルタント、ファシリテータ、コーチ、評価方法に関する教師・研修講師の役割、そして「批判的な友人（critical friends）」の役割を果たすことが期待されている（Fetterman ら,=2014: 43）。

ここで「批判的な友人」とは、近年のエンパワメント評価における重要なキー概念の1つである。プログラムがうまく行くこと、成功を祈り友人として建設的な批判を行い、プログラムが成功するよう援助する役割を担う（Fetterman ら,=2014: 16-17)。このようにエンパワメント評価がうまく進行するように伴走する「批判的な友人」として、あるいはファシリテータや教師・研修講師などより積極的に評価活動に関与する者として、外部の評価者からの**関与と支援**は不可欠なものと考えられている。

なお以上の役割に関連して、エンパワメント評価に関わる（外部の）評価者は原則として意思決定の権限は持たないとされる（Fetterman ら,=2014: 43）。

次に**第2に、プログラムの実施と評価に関する研修と技術支援のシステムは重要とされる**。たとえばアメリカ連邦政府の SAMHSA では、「サービスから科学へ」の先駆事業を実施している（SAMHSA's Service to Science Initiative）（Imm ら, 2015: 124-148）。この先駆事業では、エンパワメント評価の手法が活用される。実践現場のサービスから科学的なプログラムの知見を得ようとする取組みである。この中で、SAMHSA 内には、このプログラムを実施する研修と技術支援のシステムが置かれており、評価が適切に実施できるように支援する。

4　実践家参画型エンパワメント評価の意義と特徴、評価手法

以上これまで、本書で取り上げる「実践家参画型エンパワメント評価」の基盤となる、「プログラム評価」と「エンパワメント評価」について概説するとともに、「実践家参画型エンパワメント評価」の視点に引き寄せながら、その特徴や意義などを整理・検討してきた。これらを踏まえながら、以下では「実践家参画型エンパワメント評価」の意義と特徴、実施上の留意点等について提示する。

1）実践家参画型エンパワメント評価の意義と特徴

「実践家参画型エンパワメント評価」は、プログラム評価一般、あるいはエンパワメント評価一般の中で、以下に挙げる意義と特徴をもっている。

a. 評価実施の中核に実践家を据える

まず、「実践家参画型エンパワメント評価」は、エンパワメント評価の実施主体の中核にプログラム実施に関わる実践家を据え、積極的・主体的に評価活動に取り組む主体になることの可能性を追求する。**専門職たる実践家が、その専門性の一部として、あるいは専門的方法論の一環として**「実践家参画型エンパワメント評価」のアプローチ法を活用し、主体的かつ積極的に評価活動に関

与・参画することを求めている。

b. 実践現場でより良い「効果モデル」を追求する

　対人サービスのプログラム実施に関わる実践家は、専門職（ソーシャルワーカー、看護師、心理士、医師、リハビリテーション関係職等）の立場から、**利用者の課題解決のために最善の努力をすることが職業倫理上、求められている**。そのため、問題解決に有効な《効果モデル》を実践現場で追求することは専門職の責務となる。

　これに加えて、日常的にプログラム実践に深く関わる実践家は、専門職ならではの経験と創意工夫、実践上の知恵やアイデアを盛り込んで評価活動に深く参画することができる。これによって、より良いプログラムの「形成と改善」が日常的に進み、実践的にも優れた《効果モデル》が形成されることが期待されている。

c.「効果モデル」をEBPプログラムに形成・発展させることを志向する

　前項で述べたように、利用者の課題解決のための最善の努力を行い、その取組みを極めて行くと、《効果モデル》の形成・発展は国際的あるいは全国的に認定されるEBPプログラムに発展することが期待されている。「実践家参画型エンパワメント評価」では、実践上の創意工夫や実践上の経験知、アイデアを取り入れて、EBPプログラムまで発展させることを志向する。また、そのための方法論と実践的な指針を用意している。

d. 利害関係者との協働評価を実現する

　前項の位置づけをもつ専門職たる実践家として、《効果モデル》がより良く機能し実施・普及が進むように、実践家以外の利害関係者（プログラムの利用者やプログラム実施事業所の運営・管理者、関心の高い市民など）にも「評価」への参画を得る。その上で「協働」によって評価活動を実施することが想定される。

　専門職たる実践家には、このことを踏まえて、その専門性の一部として、あるいは専門的方法論の一環として、他の利害関係者の評価への参画と、協働での評価実施を進展させるコーディネータ、あるいはファシリテータとしての役割が期待されている。

e. 専門職として評価キャパシティを向上させて、エンパワメントを得る

　日常的な「改善」の営みによって、プログラムが課題解決を目指す状況が改善して、評価活動による変化を実感することを通して、実践家自身がエンパワーされる。同時に、より良い《効果モデル》が形成・発展し、**専門職として**

の評価キャパシティが身に付くことによって、実践家は、専門職としてのモチベーションや自己効力感を高め、それぞれの専門性をもさらに向上させることができる。加えて個々の実践家は、自ら関わる実践現場が、より良い支援を常に提供できる組織になるよう、またさらには、実践現場が「**学習する組織**」（senge, 2006：16章4節参照）に変化するように、それぞれの実践家が自己変革を進める主体となることが期待されているのである。

　以上のように「実践家参画型評価」を実践し、エンパワメント評価に対して**実践家としての機能と役割に特別な配慮を加えた「評価アプローチ法」を「実践家参画型エンパワメント評価」とする。この評価方法を用いることによって、上記の諸側面の変化が期待できる。**
　それに基づいて、最終的にはエンパワメント評価の本来の目的である「プログラムが良い成果を上げる可能性を高めること」、そして本書で目指す「プログラムの継続的な改善によって、《効果モデル》のより良い、より十分な形成・発展を実現すること」が可能となると考えている。

２）実践家参画型エンパワメント評価に有用な評価手法への配慮
　「実践家参画型エンパワメント評価」は、前項のように実践家としての機能と役割に特別な配慮を加えることによって、有効な評価手法となることが期待される。その評価手法上の特徴と配慮点を、以下にまとめておきたい。
a.EBP 効果モデルの形成・構築を目指す共通する目標の設定
　対象とする社会プログラムを EBP 効果モデルへと形成・構築することに対して、関係者間の共通の目標設定が必要である。そのために、実践上の創意工夫や実践上の経験知・アイデアを、EBP プログラム形成・構築まで発展させることを志向し、そのための方法論と指針を用意することが求められている。
b.評価内容と手順の可視化・共有化
　実践現場で《効果モデル》を可視化し、実践家のみならず、他の利害関係者とも共有化する必要がある。
　本書で取り上げる「実践家参画型エンパワメント評価」では、評価手法として CD-TEP 法に基づく改善ステップ（**CD-TEP 改善ステップ**）（6章で詳述）を用いる。そこでは**効果モデル5アイテム**（5章で詳述）を用意し、《効果モデル》を可視化する。また評価手順の可視化では、CD-TEP 改善ステップの使用が

重要である。

c．実践現場における創意工夫、実践知・アイデアの反映

　まず、日常的にプログラム実践に関わる実践家が、実践現場における経験と創意工夫、実践上の知恵やアイデアを《効果モデル》に対して容易に反映できる評価ツール・評価アプローチ法が求められる。

　その内容は、本書4章以降に詳しく述べるが、私たち研究チームが、2007年度以来、文部科学省科学研究費補助金を受けて開発・発展させたCD-TEP法は、実践現場からのフィードバックを強く意識した評価手法である。たとえば、**効果モデル5アイテム**の1つである「効果的援助要素リスト」には、実践現場の創意工夫などを反映できるチェックボックス形式を用意しているなどの配慮が行われている。

d．上記の課題を反映する実践的評価の指針（改善ステップ）の設定

　エンパワメント評価一般として、評価設計に関わる評価の多様性に対して、標準化・定式化された評価ツール、評価フォーマット・指針を使用し、評価設計や評価アプローチ法に対する限定を行う。

　上記の課題（a～c）に対応するために、エンパワメント評価の3ステップアプローチや、GTOの10ステップとは異なる、独自の評価指針・ガイドライン（改善12ステップ）の設定が必要となる。本書では、CD-TEP法を用いた改善ステップのガイドラインを提示することになる（6章～11章）。

e．実践と評価研究とのパートナーシップ

　本書で扱う実践家参画型評価では、実践現場における評価活動を支援する、プログラムの実施と評価に関する研修と技術支援のシステムは不可欠と考えている。そのためのセンター機能を、実践家養成大学・大学院（福祉系大学・大学院、看護系大学・大学院など）や、職能団体（日本社会福祉士会、日本看護協会など）は用意する必要がある。

　《効果モデル》の技術支援機能を提供する組織として、実践家養成大学・大学院との**評価パートナーシップ**の必要性が主張されている（NASW, 2008）。このように、実践家養成大学・大学院とは別に、職能団体も一定の役割を果たすことが期待される。

f．実施組織・実践家個人の評価キャパシティ形成

　実践家参画型エンパワメント評価プロジェクトを進めるに当たって、専門職の資格をもつ実践家個人が、評価プロジェクトの中で評価キャパシティを向上

できる仕組みを用意する必要がある。評価プロジェクトに関わる実践家の中には、事前に評価に関する教育を受けている人材も少なからずいるであろう。評価プロジェクトの中で、実際に評価活動、あるいは評価支援活動に関与できる評価関連ポスト（実践家評価ファシリテータ、実践家評価担当者など。後述：3章3節）を用意し、その人材養成に対する（教育的な）配慮をすることが求められている。

g. 効果モデル実施・普及のための実践的ガイドライン・ツールキットの提供

　実践家が関与して形成・発展させて《効果モデル》をニーズのある人たちができるだけ多く利用できるよう、実施事業所やその地域、あるいはより広域における実施・普及を進めるガイドラインやツールキットを提供することが求められる。

5　本書の枠組み、各章の位置づけ

　以上述べたとおり、実践家参画型エンパワメント評価の特徴は、EBP効果モデルの構築に貢献できる評価アプローチであることと、専門職の背景を有する実践家の評価キャパシティを向上させて、より積極的にかつ主体的に評価活動に、実践家が関与参画できる枠組みである。

　本章に続く総論の位置づけをもつ2章と3章では、それぞれ**EBP効果モデルの構築**と、**実践家の評価キャパシティの形成と向上**という実践家参画型エンパワメント評価の2つの目標に向けて、評価アプローチ法の枠組みとそれぞれの理論的背景を提示したい。

　また4章から6章は、II部として**実践家参画型エンパワメント評価**の実践的な評価手法として、**CD-TEP評価アプローチ法**に基づく改善ステップ（CD-TEP改善ステップ）の具体的内容を提示する。

　さらにIII部に当たる7章から11章は、各論として、効果モデル形成・発展の4つのステージに対応する評価活動を具体的に提示する。その上で12章から15章では、IV部「効果モデル形成・発展ステージ横断的な活動と体制整備」として、EBP効果モデルの改善方法（まとめ）と評価キャパシティの発展、評価人材育成について整理する。

　以上を踏まえて最終章の16章では、本書で提案する実践家参画型エンパワメント評価およびその具体的な評価手法であるCD-TEP改善ステップの意義と発展可能性を考察し、今後の課題と展望を提示する。

文献

縣俊彦編（2000）. EBM──医学研究・診療の方法論. 中外医学社.

Bond GR et al.（2000）. Measurement of fidelity in psychiatric rehabilitation. Mental Health Services Research 2: 75-87.

Brewin C, Wing J, Mangen S, et al（1987）. Priceples and practice of measuring needs in the long-term mentally ill: MRC Needs for Care Assessment. Psychological Medicine 17: 971-981.

Chen HT（2010）. The bottom-up approach to integrative validity: A new perspective for program evaluation. Evaluation and Program Planning 22: 205-214.

Chen HT（2015）. Practical program evaluation: Theory-driven evaluation and the integrated evaluation perspective, 2nd Ed. SAGE.

Chinman M, Imm P, Wandersman A（2004）. Getting to Outcomes TM 2004: Promoting accountability through methods and tools for planning, implementation, and evaluation. RAND Corporation（=2010, 井上孝代, 伊藤武彦, 他訳. プログラムを成功に導くGTOの10ステップ──計画・実施・評価のための方法とツール. 風間書房）.

Cornell Office for Research on Evaluation（CORE）（2009）. The Evaluation Facilitator's Guide to Systems Evaluation Protocol.

Fetterman DM（1994）. Empowerment evaluation. 1993 Presidential address. Evaluation Practice 15（1）: 1-15.

Fetterman DM（2001）. Foundation of Empowerment Evaluation. Sage Publications.

Fetterman DM, Wandersman A, eds.（2005）. Empowerment evaluation principles in practice. Guilford Press（=2014, 笹尾敏明監訳. エンパワーメント評価の原則と実践. 風間書房）.

Fetterman DM, Kaftarian SJ, Wandersman A, eds.（2015）. Empowerment evaluation: Knowledge and tools for self-assessment, evaluation capacity building, and accountability, 2nd Ed. Sage Publications.

Fixsen DL, Naoom SF, Blase KA, Friendman RM, Wallace F（2005）. Implementation research: A synthesis of the literature. University of South Florida.

Greenhalgh T, Robert G, Bate P, Macfarlane F, Kyriakidou O（2005）. Diffusion of innovations in health service oeganizations: A systematic literature review. Blackwell Publishing.

平野方紹（2015）. 支援の「狭間」をめぐる社会福祉の課題と論点. 社会福祉研究（122）: 19-28.

Imm P, Biewener M, Oparah D, Dash K（2015）. Empowerment evaluation in action in SAMHSA's service to science initiative. In Fetterman DM, Kaftarian SJ, Wandersman A, eds. Empowerment evaluation: Knowledge and tools for self-assessment, evaluation capacity building, and accountability, 2nd Ed. Sage Publications.

Kasul, RA, & Motwani, JG（1997）. Successful implementation of TPS in a manufacturing setting: a case study. Industrial Management and Data Systems, 97（7）: 274-279.

勝部麗子（2016）. ひとりぼっちをつくらない──コミュニティソーシャルワーカーの仕事. 全国社会福祉協議会.

King JA（2005）. Participatory evaluation. In Mathison S ed. Encyclopedia of evaluation. Sage Publications.

効果のあがる就労移行支援プログラムのあり方研究会（分担研究責任者：植村英晴）
　（2015）．効果的障害者就労移行支援プログラム全国試行評価調査を通した効果モデルの改
　善と実践家評価者の形成・育成──全国試行評価調査とその準備活動の経験からの示唆．
　平成26年度 文部科学省・科学研究費補助金 基盤研究（A）実践家参画型福祉プログラム
　評価の方法論および評価教育法の開発とその有効性の検証．グループ分担研究報告書．
正木朋也，津谷喜一郎（2006）．エビデンスに基づく医療（EBM）の系譜と方向性──保健医
　療評価に果たすコクラン共同計画の役割と未来．日本評価研究6(1): 3-20.
源由理子編（2016）．参加型評価──改善と変革のための評価の実践．晃洋書房．
室田信一（2017）．子ども食堂の現状とこれからの可能性．月刊福祉100(11): 26-31.
National Association of Social Workers（NASW），Institute for the Advancement of Social
　Work Research（2008）．Strengthening university/agency research partnerships to
　enhance child welfare outcomes: A toolkit for building research partnerships. NASW.
大島巌（2010）．精神保健福祉領域における科学的根拠にもとづく実践（EBP）の発展からみ
　たプログラム評価方法論への貢献．日本評価研究10(1)：31-41.
大島巌（2014）．プログラム評価研究法の発展──到達点と課題．日本社会福祉学会編．社会
　福祉学事典．
大島巌（2015）．ソーシャルワークにおける「プログラム開発と評価」の意義・可能性、その
　方法──科学的根拠に基づく支援環境開発と実践現場変革のためのマクロ実践ソーシャル
　ワーク．ソーシャルワーク研究40(4): 5-15.
大島巌（2016）．マクロ実践ソーシャルワークの新パラダイム：エビデンスに基づく支援環
　境開発アプローチ──精神保健福祉への適用例から．有斐閣．
大島巌，Chung MS, Gao X, Solomon P（2012）．福祉系大学におけるプログラム評価教育ガイド
　ライン．文部科学省組織的な大学院教育改革推進プログラム（2009-2011年度）福祉サービ
　スのプログラム評価研究者育成報告書．日本社会事業大学．
Rapp CA, Poertner J（1992）．Social administration: A clients-centered approach. Longman.
Rogers EM（2003）Diffusion of innovations. 5th Ed. Free Press: New York（=2007, 三藤利雄
　訳．イノベーションの普及．翔泳社）．
Rossi PH, et al.（2004）Evaluation: A systematic approach（7th edition）. SAGE（=2005, 大
　島巌，平岡公一，森俊夫，元永拓郎監訳．プログラム評価の理論と方法──システマ
　ティックな対人サービス・政策評価の実践ガイド．日本評論社）．
Scriven M（1991）．Evaluation thesaurus. 4th ed. Sage.
Senge PM（2006）．The fifth discipline: The art & practice of the learning organization.
　Doubleday（=2011, 枝廣淳子，小田理一郎，中小路佳代子訳．学習する組織──システム
　思考で未来を創造する．英治出版）．
新藤健太，大島巌，浦野由佳，植村英晴，方真雅，村里優，全形文（2017a）．障害者就労移
　行支援プログラムにおける効果モデルの実践への適用可能性と効果的援助要素の検討──
　全国22事業所における1年間の試行的介入研究の結果から．社会福祉学58(1): 57-70.
新藤健太，大島巌，鴨澤小織，他（2017b）．CD-TEP法を活用した事業評価手法の開発──
　事業評価にプログラム評価の理論と方法を活用した試み．日本評価学会春季第14回大会発
　表要旨集録: 63-68.
植村英晴，大島巌，他（2015）．効果的障害者就労移行支援プログラム全国試行評価調査を通
　した効果モデルの改善と実践家評価者の形成・育成──全国試行評価調査とその準備活動

の経験からの示唆. 平成26年度 文部科学省・科学研究費補助金 基盤研究 (A) 実践家参画型福祉プログラム評価の方法論および評価教育法の開発とその有効性の検証. グループ分担研究報告書.

Urban JB, Hargraves M, Trochim WM (2014). Evolutionary Evaluation: Implications for evaluators, researchers, practitioners, funders and the evidence-based program mandate. Evaluation and Program Planning 45: 127-139.

Wandersman A, et al. (2005). The principles of empowerment evaluation. In Fetterman DM, Wandersman A, eds. Empowerment evaluation principles in practice. Guilford Press.

Weiss CH (1998). Evaluation: Methods for studying programs and policies. 2nd Ed. Prentice Hall (=2014, 佐々木亮監訳, 前川美湖, 池田満訳. 入門評価学. 日本評論社).

吉田祐一郎 (2016). 子ども食堂活動の意味と構成要素の検討に向けた一考察——地域における子どもを主体とした居場所づくりに向けて. 四天王寺大学紀要(62): 355-368.

2章
EBP 効果モデルの形成・発展
——実践家参画型エンパワメント評価の役割と配慮点

1 はじめに

　この章では、実践家参画型エンパワメント評価が目指す「**EBP 効果モデル**」の形成・発展とは何かを明らかにした上で、実践家参画型エンパワメント評価に期待される役割と配慮点をまとめることにする。

　本書で取り上げる「**EBP 効果モデル**」とは、社会プログラムにおける《効果モデル》のことである。前章で述べたとおり、プログラム評価の**形成的評価**によってより効果的なプログラムへと形成・発展させて、最終的には **EBP プログラム**（Evidence-Based Practice Programs）（Drake ら, 2003）になることを志向する一連のプログラムモデルを示している。

　EBP プログラムを志向するのは、あくまでも《効果モデル》として「最終的に目指す姿」を想定してのことである。実践現場において期待される「プログラムの形成・発展」という観点からは、厳格なエビデンスが蓄積していないうちから、プログラムの効果性をより高める努力を、日常的な実践的評価活動の一環として行うことが大切である。

　形成的評価は、プログラムの形成・改善を志向する評価である。特に**対人サービス**における実践現場では、プログラム評価の検証により、アウトカム（成果）がより優れたものになるように、プログラムの形成・改善をすることが期待される。それは、プログラムの管理運営上からも、実践家の職業倫理上からも重要である。しかしながら、1 章でも繰り返し述べたとおり、EBP プ

ログラムを含む《効果モデル》を形成・発展させるための**形成的評価の方法論**がいまだ確立していない。

形成的評価の使命と目標は、プログラム関係者と協働して、対象となる社会プログラムを、より良いアウトカム（成果）を導くことができるように形成・改善することにある。さらには、より効果的なプログラムモデルを形成・発展させることにあると言ってよいだろう（Chen, 2015; Fitz-Gibbon ら, 1987; Kettner ら, 2017）。

本書で取り上げる**実践家参画型エンパワメント評価**は、EBP 効果モデルを導く、形成的評価の重要なアプローチとして重要な役割を果たすことが期待されている。本章では、この「**EBP 効果モデル**」について概説するとともに、EBP 効果モデルを形成・発展させるために、実践家参画型評価に期待される役割と、実施上の配慮すべき点を整理することにしたい。

2 EBP 効果モデルとは

1）EBP 効果モデルの位置づけ

ここではまず最初に、本書で用いる《効果モデル》とは何か、改めて整理しておきたい。《効果モデル》とは、社会問題や社会状況を改善するために設計・導入された社会プログラムにおける《効果モデル》である。社会プログラムが社会問題の解決・改善というゴール達成をより良く効果的に実現するように、**プログラム評価によって検証**し、その有効性を科学的に明らかにし高めることを目指すプログラムの単位（ユニット）・体系をいう。どのようなレベルであれ、効果性に関する根拠（エビデンス）が確認されつつあるものをも含めて、《効果モデル》と呼ぶ。

一方で《効果モデル》は、科学的に厳格な評価方法を用いて有効性に関するエビデンスを蓄積し、最終的には EBP プログラムに成長・発展させることを志向する。このため目指すべきゴールとしての「EBP プログラム」の名称を冠して、《効果モデル》と同義で「**EBP 効果モデル**」とも呼称する。

2）EBP プログラムについて

次に **EBP プログラム**とは、社会プログラムが目指すべき問題解決や支援ゴールの達成に一貫した有効性のあることが、科学的な評価方法を用いて体系

表2-1 エビデンスのレベル
（AHCPR のグレーディング・スケール1993に基づく）

Ⅰa	ランダム化比較試験のメタ・アナリシスによる
Ⅰb	少なくとも1つのランダム化比較試験による
Ⅱa	少なくとも1つのよくデザインされた非ランダム化試験による
Ⅱb	少なくとも1つの他のタイプのよくデザインされた準実験的研究による
Ⅲ	よくデザインされた非実験的記述的研究による。比較試験，相関関係，ケースコントロール研究など
Ⅳ	専門家委員会のレポートや意見 and/or 権威者の臨床試験

出所：津谷（1999）

的に立証されたプログラムのことである。ランダム化比較試験（RCT; randomized controlled trial）など、（因果関係の）内的妥当性の高い評価方法によって、効果性に関するエビデンスを蓄積する。蓄積されたエビデンスのレベルに基づいて国際的あるいは国内的レベルなど社会の認証・認定を得たものが、EBPプログラムと呼ばれる（SAMHSA, 2009; Drakeら, 2003）。

　さて EBP プログラムの効果は、**表2-1**に示すように**エビデンスレベル**（level of evidence）として整理される（正木ら, 2006; 津谷, 1999）。エビデンスとは、「バイアスのない方法により得られたデータを、バイアスのない方法で分析して得られた結果」の総称である（正木ら, 2006）。エビデンスを生み出すために使用する科学的な研究デザインの種類を類型化し、信頼度の目安としてランク付けをしたものがエビデンスレベルと呼ばれる。

　このうち最もエビデンスレベルが高いとされるのが、複数地域・複数条件でのランダム化比較試験（RCT）が行われ、追試評価によって良好な成果を収めたものである（Torgersonら, 2008）。具体的には、RCT による評価結果が系統的レビュー・メタ分析によって分析されて、プログラムが置かれた状況に依存しない頑強な有効性があることが必要になる。このようにエビデンスを蓄積し、国際的、社会的に認証されたプログラムが EBP プログラムとなる（正木ら, 2006）。

3）「統合的に適正な」効果モデル

　EBP プログラムは、以上のように、まず RCT 等によってプログラム実施と

その実施によるアウトカムの達成という因果関係を、（因果関係の）内的妥当性の高い方法で行った知見として確保する。その上で、複数地域でのRCT実施でも同様に因果関係を検証して、有効性に関する一般化を図り、（因果関係の）外的妥当性をも確保する。それによって、**より高いレベルのエビデンスが蓄積した《効果モデル》**に発展する。

　さらに有効性が認証されたプログラムであっても、実施・普及が進まなければ、実践現場のニーズには対応できない。《効果モデル》がさまざまな条件下でも有効性を示し、外的妥当性が高く頑強性の強い《効果モデル》に発展させることも求められる。それによって、実践現場への導入と実施・普及が可能となるシステムの構築が進められる必要がある。

　このように、社会プログラムの《効果モデル》は、プログラムのエビデンスレベルを高め、**有効性に関する内的妥当性を向上**させることが、まず求められる。その上で、《効果モデル》の実施・普及を進めることが可能となる**外的妥当性の高い頑強な《効果モデル》**になることが求められる。これら2視点を含めた、「統合的に適正な」効果モデル（integrative cogency model）に形成・発展することが望まれる（Chen, 2015: 394-398）。

　後述するように、本書で取り上げる**CD-TEP法を用いた実践家参画型エンパワメント評価**は、このような「統合的に適正な」効果モデルの形成・発展に有効に貢献する評価アプローチ法の構築を目指している。

3　EBP プログラムが重視される社会的背景と意義

　ここでEBPプログラムがなぜ世界的に高く評価され、重視されるのか、その社会的背景と意義を明らかにしておきたい。

　以下、次の2つの視点から整理する（大島, 2016）。

　1つは、効果的な社会プログラム一般に関する意義である。それは解決すべき**支援ゴールに対して効果的**であること、それが**一貫した成果を収めうる**という観点である。

　いま1つは、EBPプログラムの形態と形成プロセスから見た意義である。EBPプログラムはエビデンスとなる成果が明示されるばかりでなく、その**実施方法が実施マニュアルやフィデリティ尺度などで可視化**されている。さらに《効果モデル》を形成・発展させるプロセスも公開されている。

1）効果的な社会プログラム一般の意義

社会プログラムは、解決すべき社会問題・社会状況があり、その問題の解決や改善のために設計された組織的な取組みである（Rossi ら, 2004）。そのため、解決すべき社会問題・社会状況がどの程度解決したり、改善したのか、大きな社会的関心が払われなければならない。

効果的な社会プログラム一般の社会的意義としては、以下の点が挙げられる（Solomon ら, 2009; Solomon, 2007; 大島, 2016）。

- ・サービスの信頼性が確保される
- ・保健福祉関係者、サービス利用者、行政関係者の間で、実施について合意形成が容易になる
- ・財源確保の可能性が高まる
- ・組織的なサポートが得られる可能性が高まる
- ・サービスの安定的提供が可能になる
- ・保健福祉サービス提供組織の中で、持続可能性が生まれる

社会プログラムが、本来のゴールに対する成果を実現すれば、当然、サービスの信頼性やサービスの質は、第一義的には適切な成果を収めたことで測られるべきである。

成果が明らかであれば、利害関係者間で実施の合意形成が得やすい。したがって財源確保の可能性も高まり、組織的なサポートが得られる可能性が生まれる。それによりサービスの安定的提供が可能となり、保健福祉サービス提供組織の中で、持続可能性が強まる。これらは、効果的な支援環境を社会の中に位置づける上で重要な要素である。

2）効果モデル形成プロセスから見た意義

エビデンスに基づく医療（EBM）、エビデンスに基づく実践（EBP）の特徴は、科学的根拠（エビデンス）を「つくる」「つたえる」「つかう」の各プロセスにおいて、標準化された様式を用いることである。その取組みに関わるすべての情報・エビデンスが、すべての利害関係者に対して、同一地平で共有できる点に特色がある（正木ら, 2006）。

EBM は、通常、次の実施プロセスをたどる。すなわち、

① 問題の定式化

② 科学的エビデンスの収集（Systematic Review: SR を活用）

③ エビデンスを批判的に吟味して信憑性を確認（SR）

④ エビデンスの使用可能性を判断して患者へ適用（治療ガイドライン）、

である。

その各プロセスにおいて、エビデンス・情報が公開され、関係者間で共有化される。

これに対して、EBP プログラムのプロセスは、その「工程」が EBM に比較して少しばかり複雑である（大島, 2007）。

①②は EBM と共通するが、③エビデンスを批判的に吟味して信憑性を確認、個別状況に応じた効果的なプログラムモデルを確認することについて、個別状況に応じたプログラムモデル、効果的なプログラム要素の標準化、明示化が求められる。さらに、④ EBP の実施技法、実施体制を整備（支援プログラム実施のシステム化）と、⑤ EBP の使用可能性を判断して当事者に適用する方式（援助システム・普及システムを含むガイドライン）が求められる。

これらのプロセスを通じて、EBP プログラムには、プログラム自体の標準化・共有化（実施マニュアルの整備、効果的援助要素とそれを評価するフィデリティ尺度の明確化など）**が進められる。**

それとともに **EBP プログラムの設計・開発、形成・改善のプロセスの標準化や共有化も求められる**（大島, 2007）。その手順の共有化によって、有効なプログラムの設計と開発、形成と改善に、プログラムに関わる利害関係者が参画することが可能になる。また、関係者の参画・協働を通して、効果的で優れた実践プログラムを、関係者全体で日常的に発展させる可能性が生まれてくる。

4　EBM・EBP の世界的な発展から見た位置づけ・特徴

ここで、EBP プログラム、およびその基盤となった EBM の世界的発展の歴史を概観するとともに、こんにち科学的根拠に基づく取組みに求められる社会状況を整理しておきたい（大島, 2016）。

1）EBM の登場とそれを支える情報技術、活用の方法論

人に対する支援や介入の有効性について、介入や支援のエビデンスを蓄積して、社会で共有する取組みは、1991年頃から医学領域で始まった。エビデンス

に基づく医療（EBM; Evidence-Based Medicine）という名称で注目され、短期間のうちに世界中に広まった。1990年代中葉以降は医療のみならず、「エビデンスに基づく」という名称とその方法論は、幅広く対人サービス全般に波及した。EBN（看護）、EBSW（ソーシャルワーク）、EBE（教育）、EBP（実践）など、各領域での普及が進展した（正木ら, 2006; 矢野, 1999）。

保健・医療領域では、治療におけるエビデンス重視は従来からなされていたが、エビデンスや技術情報を医療関係者間で共有し、活用する体系的な方法は確立していなかった。これに対して、カナダのマクマスター大学 EBM ワーキンググループが1991年に EBM の用語を用い、その方法論を示した。それ以降 EBM は、医療のみならず、対人サービス領域全体の新しい世界的なパラダイムになった（縣, 2000）。

その背景には、臨床試験等でランダム化比較試験（RCT）の知見がデータベース化され、インターネットを使用してそれら知見が多くの医療関係者に活用可能になったことなど情報技術が発展し、また人権意識の高まりに伴い利用者側からサービス情報の開示が求められる等の影響があった（縣, 2000）。

EBM を支える情報技術の基盤は、前述したことも含めて、以下のとおりである（正木ら, 2006; 矢野, 1999）。

① エビデンスを収集・分析・評価する Systematic Review（SR）の方法論の確立

② SR の基盤として、RCT を重視しそれに依拠したエビデンスレベルの設定方法の確立

③ SR の結果をデータベースに収録して公開（Cocrane Library 等）する方法論の確立

④ SR の結果を取りまとめて疾患ごと・治療法ごとに分析を行う国際機関（Cocrane Collaboration; コクラン共同計画）の設置

⑤ 疾患ごと・治療法ごとにエビデンスの使用可能性を判断して提示する権威ある治療ガイドラインの公開・出版

２）EBP の特徴、社会プログラムとしての実施・普及の課題

以上の EBM の動きに対して、エビデンスに基づく実践（EBP）は、1995年前後から次第に注目されるようになった。そして、2000年代以降には急速に世界中に広まった（大島, 2007; 2010a; 2016）。

EBP には、EBM とも同様に SR が体系的に実施され、有効性に関するエビデンスが蓄積された。また権威ある国際的治療ガイドラインにも組み入れられている。さらに EBP の幅広い実施について、社会的な合意形成が行われている。

しかしながらその一方で、EBP の優れた成果が社会的に明らかになっても、社会全体へ実施・普及が進まないことが大きな社会問題になった（Drake ら, 2003; Corrigan ら, 2008）。これは EBM についても同様であるが、社会プログラムに基づく EBP（EBP プログラム）は特に深刻である。EBP プログラムの有効性が明らかにされてから、20年や30年以上が経過してもプログラムの実施・普及は進まず、ニーズのある人たちに EBP プログラムが行き渡らない弊害が**サービスギャップ**として問題視されるようになった（Drake ら, 2009; 大島, 2016）。前章でも紹介した家族心理教育プログラム、IPS 援助付き雇用プログラムはサービスギャップを生む代表的な実例である。

EBP プログラムの多くは、社会プログラムであるために、EBM に比較して社会システムの中での実施や普及と、限られた社会資源の中での優先的実施という社会的・政治的文脈が常に課題になる（大島, 2007; 2010a; 2016）。さらにプログラム基準を満たさない不適切な実践しか行えない現状も問題になる（Drake ら, 2009）。

プログラム基準に関しては、EBP 効果モデルの「可視化」が課題になる。プログラムの効果に関わる、①効果的なプログラム要素・プログラム実施方法（効果的援助要素：critical components）をフィデリティ評価尺度で測定したり、②**「EBP 効果モデル」の設計図**である**プログラム理論**（program theory）を検証することが必要になる（大島, 2015; 2016）。これらは、科学的プログラム評価の方法として不可欠な事項である。

3）EBP 実施・普及研究への注目、EBP ツールキットの導入

前項で述べたように、有効性が証明された EBP プログラムが、ニーズをもつ人たちに行き届かない不適切な状態を**サービスギャップ**（service gap、あるいは science-to-service gap）と呼ぶ（Drake ら, 2009; 大島, 2010a; 2016）。このギャップを埋めるために EBP プログラムの実施システムの効果モデルを追求する実証的研究（サービス普及研究）が、近年積極的に行われるようになった（Fixsen ら, 2005; 大島, 2010a; 2016）。

EBP プログラムは、まず実施する上で普及可能なプログラムモデルを構築

して、標準化する必要がある。それとともに、全国各地の実施機関で実施するためのさまざまなツール（用具）を開発する必要性が認識されるようになった。それに基づいて EBP ツールキットの開発が進められた。

　EBP の実施・普及を技術的に支える主要な方法論が、**EBP ツールキットによる標準化**と考えられている。精神保健福祉領域の EBP ツールキットは、アメリカ連邦政府 SAMHSA によって2002年に試行版が作成され、フィールド試行研究を経て、2006年には最終稿が完成した（大島, 2010b; 2016）。

　「EBP 効果モデル」の効果的な実施・普及モデル形成と、効果的な実施体制の構築は、そのための具体的方法論としての EBP ツールキットの開発と評価を含めて、実施・普及評価（後述：本章5節45頁）の大きな課題である。

4）対人サービス制度・施策の評価統合とデータベースによる社会的共有

　プログラム評価の社会的な取組みが進むアメリカを例に取り、国際動向を整理する（佐々木, 2010; 大島, 2012; 2015; 2016）。

　アメリカでは1993 年に政府業績結果法（GPRA: Government Performance and Result Act）が制定され、さらに2010年に改正法である政府業績結果法近代化法（GPRA Modernization Act: GPRAMA）が導入された。GPRA では、各省庁に中期的な戦略計画を策定し、年次業績報告で報告することを求めている。またGPRAMA ではプログラム評価の実施を推奨する（田辺, 2014: 7）。それに伴い、アメリカ議会予算局（OMB）や会計検査院（GAO）では、政策評価、制度・施策評価に **EBP などに関する評価統合**（Evaluation Synthesis）を導入し推進する評価統合のシステムが体系化されている（佐々木, 2010; 田辺, 2014）。EBP など効果的プログラムモデルを制度・施策に位置づけることが不可欠の情勢になったと言える。

　このような動向を受けて、連邦政府各部局では、EBP を含む効果的な各種サービスプログラムに関する情報を統合し、関係者に体系的に提供する仕組みを構築する（佐々木, 2010; 田辺, 2014）。たとえば、アメリカ連邦教育省は WWC（What Works Clearing House）という評価統合データベースを作成した。WWCは、教育省教育研究所が、キャンベル共同計画（Campbell Collaboration）という国際的な EBP のデータベースと共同で開発・運営を行っている。またアメリカ連邦保健社会福祉省 SAMHSA は、N-REPP という EBP データベースを構築した。EBP プログラムに関する情報提供を行うとともに、補助金支給の根

拠にも活用するようになった（佐々木, 2010; 大島, 2012; 2015; 2016）。

EBP の実施・普及に関して、連邦政府主導で前述のサービス実施・普及研究や EBP 実施・普及ツールキットプロジェクトが積極的に取り組まれている（Drake ら, 2003; 2009; 大島, 2010a; 2010b; 2016）。

このような政策動向を反映して、実践現場においても、EBP やプログラム評価の方法論に関心の高まっている。たとえば、アメリカの代表的な職能団体の１つ、アメリカソーシャルワーカー協会（NASW）は、2009年に「ソーシャルワーク研究と比較による有効性研究（CER）」のシンポジウムを開催し、CER を用いたプログラム評価の科学性を追求した。さらには実践家と研究者が連携を強め、地域を基盤とした実践家参画型協働型研究（CBPR）を進める必要性を強調する（NASW, 2009）。

一方イギリスでは、政府出資によりエビデンスに基づく技術支援センター（What Works Centres：WWCs）が９領域で設置され（保健・社会ケア、教育、刑事司法、福祉、早期介入等）、アメリカとは異なる体系的な実施・普及の取組みが目指されている（Gough ら, 2018）。

5 「効果モデル」の形成・発展とは

ここで改めて《効果モデル》の形成・発展とは何か、その特徴を明らかにしておきたい（大島, 2010a; 2015; 2016）。

1）「効果モデル」の発展段階と評価活動

社会プログラムは、**形成的評価による形成・改善の評価プロセス**を経て、その効果性を高め、より効果的なプログラムモデルへと形成・発展する。

元アメリカ評価学会会長 Trochim 氏が所長を務めるアメリカ・コーネル大学評価研究所 CORE（Cornell Office for Research on Evaluation）は、**社会プログラムの発展フェーズ**、あるいは**ライフサイクル**を、**A. 開始期**、**B. 発展期**、**C. 成熟期**、**D. 普及期**に分類し、社会プログラムが形成・発展を遂げるプロセスを提示した。同時に、プログラムの形成・発展のフェーズに対応した評価活動のライフサイクルを示した（図2-1）（CORE, 2009; Urban ら, 2014）。これは、社会プログラムの《効果モデル》が、問題解決や支援ゴール達成のためにより有効なプログラムモデルへと形成・発展することを前提にする。EBP プログラ

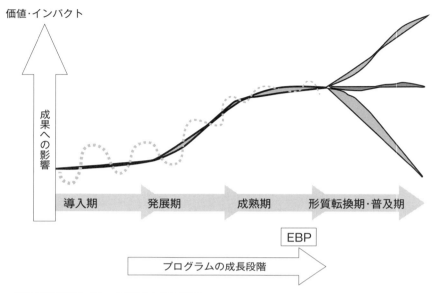

出所：CORE（2009）；Urban ら（2014）より改変作成

図 2-1　プログラム進化・成長の概念図

ムは、「C. 成熟期」から「D. 普及期」にかけて形成され、「D. 普及期」には実施・普及の評価活動が行われる。同様のプログラムの発展段階は Chen（2015）もまとめている。

　以上の評価プロセスは、EBM（たとえば薬物療法）の効果評価における「評価」とは大きく異なる。薬物療法の効果評価が「ヒト」を対象に行われる段階では、既に薬剤の薬効成分は確定している。一定の有効性に関する知見を前提に**総括的評価**（summative evaluation）が行われる。その評価には、基本的にはアウトカム評価のみが用いられる。

　これに対して、社会プログラムの《効果モデル》では、設計・開発段階から形成・改善段階、さらに実施・普及の各段階において、**段階的にプログラム評価が実施**される。それぞれの段階ごとに適切な**形成的評価**が実施されて、より優れた《効果モデル》が追求される。

　以上のように社会プログラムの《効果モデル》は、実践現場の創意工夫や実践上の経験知、アイデアなども**質的評価**等を用いて取り入れながら、**問題解決**

や支援ゴール達成のために有効な実践プログラムが、より効果的なものへと形成・発展することが目指される。

2）エビデンスレベルに基づく「効果モデル」の分類

さまざまなエビデンスレベルにある社会プログラムは、効果性に関するエビデンスの蓄積状況に応じて、次のように分類される（正木ら, 2006; 大島, 2015; 2016）。

① **EBP プログラム**（十分に蓄積されたエビデンスがある）

② **ベストプラクティスプログラム**（EBP ほどのエビデンスはないが、それが蓄積され、かつ十分な実践的裏付けがある）

③ **エクスパート・コンセンサスプログラム**（専門領域のエキスパートの多くが推奨する）

④ 実践の中で有効性の裏付けが徐々に得られているプログラム

⑤ エビデンスが明確でないプログラム

まず、① EBP プログラムは、《効果モデル》発展フェーズでは前節の「D. 普及期」にあり、《効果モデル》の**実施・普及評価**に関わる活動が課題となる。

次に、②ベストプラクティスプログラムと、③エクスパート・コンセンサスプログラムは「B. 発展期」「C. 成熟期」にある。これらの期には《効果モデル》の**形成・改善評価**が評価活動の中心的な課題になる。

さらに、④実践の中で有効性の裏付けが徐々に得られているプログラムと、⑤エビデンスが明確でないプログラムは、「A. 開始期」に位置しており、《効果モデル》の**設計・開発評価**が評価活動の課題となる。

3）「効果モデル形成・発展ステージに応じた評価活動

《効果モデル》の形成・発展段階に応じた評価活動は、次の3ステージ、さらには「B. 発展期」「C. 成熟期」の評価活動を2つに分けて、前章で整理したように、4つの形成・発展ステージに対応した評価活動が位置づけられる（大島, 2016）。

・第 I ステージ《A. 開始期に対応》：設計・開発評価ステージ

・第 II -1ステージ《B. 発展期に対応》：形成・改善評価（導入期）ステージ

・第 II -2ステージ《C. 成熟期に対応》：形成・改善評価（成熟期）ステージ

・第 III ステージ《D. 形質転換期・普及期に対応》：実施・普及評価ステージ

このように社会プログラムの《効果モデル》は、形成・発展ステージのアセスメントや、エビデンスレベルのアセスメントによって、《効果モデル》の次なる「形成・発展」の課題、必要な評価活動を明確にして実施する（Urban ら，2014; Chen, 2015）。

4）「効果モデル」の可視化

さてそれでは、形成的評価によって《効果モデル》の形成・発展を具体的に進展させるためには、**《効果モデル》自体をどのように捉えて、その形成・発展を進めればよいのだろうか。**

《効果モデル》を操作的に捉えて可視化し、具体的な形成・発展の方法を検討するには、まず社会プログラムが解決を目指す**プログラムゴール**と**アウトカムに関するプログラム理論（インパクト理論）**を明らかにする必要がある。さらに、もう１つのプログラム理論である**プロセス理論**を明確にするとともに、プログラムのゴール達成に影響を与える**プログラム要素（効果的援助要素）**を含める必要がある（Bond ら，2000）。社会プログラムを科学的に分析するには、まずプログラム理論の明確化と、プログラム成果に結びつく効果的援助要素の記述は不可欠だからである。

さらには、プログラムのターゲット集団を明確にし、実践上の意義と拠って立つ理論、実施手続きが明確であることを求める場合もある（芝野，2015）。また、プログラムの適切な実施を確保（担保）するために、プログラム理論や効果的援助要素、プログラムミッションを含む**プログラム実施マニュアル**を用意することも推奨される（Solomon ら，2009; 大島，2016）。

5）「効果モデル」の形成・発展に関与する実践家の役割

社会プログラムに関与する対人援助の専門職である実践家は、プログラムに日々関与しながら、当事者に対して各種の支援活動を行う。したがって、自ら関わる実践プログラムをより効果的で、より良いものに向上させる職業倫理を満たすためにも、日常的に「プログラム開発と評価」の課題（効果モデルの開発・設計、形成・改善、実施・普及の課題）に向き合うことになる。

そのため、対人援助の専門職たる実践家は、まずは、対象となるプログラムが、どの程度の**エビデンスレベル**（level of evidence）や**効果量**（effect size）にあり、また**形成・発展段階**のどのステージにあるのか、そしてそのプログラム

に対して、どのような改善の必要性があるのかを、常に意識して関わることが求められる。

　その上で、専門職たる実践家は、エビデンスレベルがより高く、より有効性の高い取組み・実践を求めて、より良い《効果モデル》を設計・開発する（I.設計・開発評価ステージの課題）。その上で、実践の中で有効性の裏付け（エビデンス）を確保する。また関係者間でその支援方法を共有し定式化して、専門領域の多くのエキスパートが推奨する③エキスパート・コンセンサスモデル、②ベストプラクティスモデル、そして① EBP モデルへと発展させる（II.形成・改善評価ステージの課題）。

　さらに、EBP プログラムが形成されたら、そのプログラムを制度・施策化して社会の中に定着させ、課題解決のニーズをもつすべての人たちに提供できるよう努力する（III.実施・普及評価ステージの課題）ことが必要である。

　このように実践現場からの創意工夫や実践上の知見、アイデアを積み上げて、より効果的な《効果モデル》を求めていく取組みは、ボトムアップ評価（bottom-up evaluation）と呼ばれている（Chen, 2010; 2015）。また前節で取り上げた評価統合データベースに対しては、そのような実践現場からのインプットをフィードバックすることが期待されている。

6　「効果モデル」の形成・発展を導く形成的評価の方法

　前節で示した《効果モデル》発展段階に応じた評価活動に依拠して、《効果モデル》の形成・発展段階に対応した形成的評価の方法を概観しておきたい（Newcomer ら, 2015: 27-29; Urban ら, 2014; Chen, 2015: 36-50; 大島, 2016）。

　なお、詳細な内容は、8章から11章に具体的に示す。

1）設計・開発評価ステージの形成的評価

　《効果モデル》の設計・開発評価を進めるためには、評価階層（Rossi ら, 2004）の基盤を支えるニーズ評価と、プログラム理論評価を適切に行うことが、まず必要となる。

　ニーズ評価では、既存プログラムでは解決できていない問題の特徴とその広がりを明らかにするとともに、ニーズを解決するために必要な支援ゴールの設定や、ニーズ解決に有効な取組みのターゲット集団の検討が行われる。また

ニーズ評価の中には、ニーズに応えられていない既存プログラムの状況把握と必要な改善のための手立ての検討も含まれる。

既存プログラムへの調査として、ゴール達成に効果を上げている**好事例（GP事例）への事例調査**、あるいはニーズ解決に先駆的に取り組むGP事例に対する事例調査・研究は、設計・開発段階の評価として不可欠な取組みである。

また、設計・開発段階の評価において重視されるのは、GP事例に関わる関係者、既存プログラム関係者、ニーズ解決に取り組む関係者、ニーズを抱えた当事者等の利害関係者とともに、**評価可能性アセスメント**（evaluability assessments）や、**プログラム理論の形成に関わるワークショップ**を行うことである（Newcomerら, 2015: 90-98; Rossiら, 2004: 136-139）。このワークショップでは、ニーズを基盤とした経験や、GP事例調査の経験、先行研究の経験などに基づいて意見交換が行われる。そのような意見交換を踏まえて、ワークショップの中で、《効果モデル》の**プログラム理論**（インパクト理論、プロセス理論）を構築し、プログラムゴールの達成に有効な、暫定的な**効果的援助要素**（プログラム要素；フィデリティ尺度項目）が検討される。

2）形成・改善評価ステージ（導入期）の形成的評価

《効果モデル》の形成・改善評価を進めるには、評価階層（Rossiら, 2004）中盤のプロセス評価とアウトカム／インパクト評価を連動させて実施することが求められる。必要に応じて、**理論的失敗**（theory failure）が想定される場合はプログラム理論との連動も行う。またそれらの前提として、プログラム理論に基づいて適切なプログラムの実施が行われるのか、ターゲット集団にプログラムが届いているのか、またそれは確かなアウトカム（成果）に結びついているのかを、質的・量的に適切に記述する評価研究を実施する必要がある。

探索的評価（exploratory evaluation）として、試行的に迅速フィードバック評価（rapid feedback evaluation）や少事例研究（small-sample studies）を行う方法がある。また事例研究の1類型として、シングル・ケースデザイン（single-case evaluation designs）を用いることもできる（Newcomerら, 2015: 88-107）。

アウトカム尺度・指標、プロセス指標が設定できた段階では、**業績測定**（performance measurement）として、**アウトカム・プロセスのモニタリング調査**を実施すること、タイムシリーズデザインの評価を行うこと、**プログラムの複数事例研究を試行的に実施すること**などが考慮される。

さらに、プログラム成果に結びつく**効果的援助要素（フィデリティ尺度項目）**が設定（特定）された段階では、単一グループデザインの多施設共同研究を行い、フィデリティの高低群別にアウトカムの差を検討したり、フィデリティ項目とアウトカムとの相関分析を行うことができる。

このように**プロセス評価（フィデリティ評価等）とアウトカム／インパクト評価を連動させる**評価活動によって、効果的援助要素の見直しが可能になる。

３）形成・改善評価ステージ（成熟期）の形成的評価

この段階の評価においても、評価階層中盤のプロセス評価とアウトカム／インパクト評価を連動させた評価を実施するが、対照群を用いた**比較による有効性研究**というアウトカム／インパクト評価を中心とする評価を行うことになる。

ランダム化比較試験（RCT）の実施が目指されるが、状況に応じて**準実験デザイン**の評価を行う場合もある。

形成的評価の一環として形成・改善評価が行われるため、質的・量的なプロセス評価（フィデリティ評価等）をも同時に実施して、効果的援助要素などの見直しも行う。そのためにアウトカム（成果）と連動させた分析も同時に実施する。

４）実施・普及評価ステージの形成的評価

前段階の評価によって、効果性に関するエビデンスがある程度確保された《効果モデル》が、より一般化されて、ニーズのある対象者がいるあらゆる場面で適用できるように実施・普及を保証する評価を行う。《効果モデル》の形成・発展という観点からは、プログラムの効果性のみならず、実施・普及を含めたモデルの形成・発展を捉えることになる。

評価階層との関連では、最上層の**効率性評価**の実施は、この段階の評価に位置づく。また、ランダム化比較試験を用いた全国規模の**多施設共同研究による試行評価調査**の実施も試みる必要がある。

同時に、《効果モデル》を効果的に実施・普及するために必要な、**実施組織・実施システムレベルの《効果モデル》を構築**して、その有効性を検討することも必要になる。**実施・普及ツールキット**の活用や、**技術支援センター**の機能を含めた実施・普及段階における《効果モデル》の形成的評価と位置づけることができる。

7 「効果モデル」の形成的評価で留意すべき事項

これまで、EBP プログラムが世界的に発展してきた背景とその中で明らかになった《効果モデル》の形成・発展の特徴を明らかにしてきた。

以上を踏まえて、《効果モデル》の形成・発展を考慮するに当たっての配慮点を整理しておくことにしたい。

まず**第1に**、EBM との相違点である。EBM は薬物療法など化学・物理学的な介入が中心である。これに対して、社会プログラムの EBP は社会システムの中での実施や普及が課題となる。**導入する社会プログラムに対しては、エビデンスが確立した介入モデルを扱うというよりは、《効果モデル》を形成・発展させる取組みが求められる。**

第2に、《効果モデル》を形成・発展させる方法についてである。社会プログラムを効果的に発展させるためには、プログラム評価の方法論が不可欠である。そのためには、社会問題の緩和・改善・解決というプログラムゴールや目標、そしてそれを実現するためのプログラムプロセスに関する**確かなプログラム理論をもつことが求められる**。また同時に、プログラムゴールや目標を達成するために**有効なプログラム要素**（効果的援助要素）**を比較的初期の段階から設定することが重要である。**

第3に、《効果モデル》は継続的な改善のプロセスとして形成されることである。《効果モデル》の発展フェーズにみるように、**徐々に効果性のエビデンスを蓄積しながら、EBP 効果モデルに発展させることを想定する**。評価アプローチとしても、1回だけの評価で終わるのではなく、継続的改善のための形成的評価を繰り返す中で、「EBP 効果モデル」が構築されることを前提にする。

第4に、使用する形成的評価のアプローチ法は、《効果モデル》の形成・発展段階に応じて多様なことである。総括的評価の方法は、ランダム化比較試験（RCT）を代表として、内的妥当性が高い方法を選択する。それが「ゴールドスタンダード（gold standard）」だからである。しかし形成的評価は、《効果モデル》の形成・発展段階や、そのプログラムを取り巻く社会環境をアセスメントして、最適のものを選択することが求められる。

第5に、継続的な改善のプロセスとして形成される《効果モデル》は、**連続**

した改善を可能にするべく可視化する必要がある。特に《効果モデル》の形成・発展に関与する関係者間で共有できるように、また実践家等の創意工夫や実践上の経験知などが反映できるように、《効果モデル》を可視化する。

その際、関係者と共有する**プログラム理論**（インパクト理論・プロセス理論）、**効果的援助要素**（フィデリティ尺度項目）、**実施マニュアル**などの存在は欠くことができない。これにより《効果モデル》の発展・成長段階やエビデンスレベルをアセスメントするとともに、次なる評価課題を明らかにする。改善のための形成的評価を行い、《効果モデル》のプログラム理論や効果的援助要素に加筆・修正を行うことができる。

第6に、前項、前々項にも関連して、**用いられる評価方法が、量的評価のみならず、質的評価も多用される**。継続的改善のプロセスとして、プログラムに関わる実践家等関係者の創意工夫が《効果モデル》の形成・改善に反映することが求められる。そのために、**関係者の創意工夫や実践上の経験知などに関する質的評価の分析結果が、プログラム理論や効果的援助要素などに反映する**ことになる。

第7に、**実践家参画型評価の重要性**である。EBP プログラムにおいては、プログラム実施内容とアウトカム（成果）との間の（因果関係の）内的妥当性を高めることが、まずは求められる。同時に、《効果モデル》の外的妥当性を高め、実施・普及を進めることも必要になる。そのためには、**異なる地域や施設における実施においても有効性が高く、同時に実践現場での実施・普及が容易な実践プログラムモデルを構築する**。それゆえに、実践家の評価活動への参画が強く求められる。

第8に、《効果モデル》が形成・発展されても、それを実施・普及するのに大きな努力を必要とする。社会プログラムは、薬物療法の治療薬などとは異なり、工場での大量生産ができない。**社会システムの中で、《効果モデル》を形成・発展させて、同時にその実施システムを整えて行く努力が求められている**。実施・普及の実施システムを構築するためにも、実践家参画型の評価アプローチが必要とされている。

8 「実践の場」を「評価の場」にするには

以上検討してきたとおり、「EBP 効果モデル」の形成・発展のための「改

善」の活動、評価活動を適切に行うためには、日常実践における継続的改善の活動を「実践の場」に位置づける必要がある。そのためには、「実践の場」の中に、実践家参画型評価を適切に取り入れて、「実践の場」を社会プログラム改善のための「評価の場」に変えて行く必要がある。

そのような活動を行うためには、いくつかの条件が必要になるだろう。

まず**第1に**、《効果モデル》の形成・発展段階やエビデンスレベルをアセスメントすることである。そのための《効果モデル》をアセスメントする基準を実践現場において共有する必要がある。

また**第2に**、形成・発展に取り組む《効果モデル》の可視化を行うことが不可欠である。「実践の場」においては、プログラムに関わる実践家、プログラムの利用者および家族、そしてプログラムの運営・管理者などがこの取組みに関わり、可視化された《効果モデル》を共有して、共通の財産としてより効果的なプログラムに発展するよう、評価活動による「改善」を期することになる。

このような取組みは Chen（2010; 2015）により**ボトムアップ評価**（bottom-up evaluation）と命名されている。プログラムに関わる実践家等が有用な取組みとして実感している《効果モデル》は、実施・普及を進めていく上で有用なモデルであり、サービスギャップを埋めるために有益であろう。

さらに**第3に**、実践家参画型評価の**評価ツールが可視化**され、明確にされていることが求められる。《効果モデル》の可視化のみならず、プログラムの改善方法の可視化によって、多くの実践家、その他の関係者が関わって「改善」の取組みを共有し、関係者全体で協働してより良いモデル構築に努力できるようになるであろう。そのために、実践家を含む関係者が、実践場面で活用可能な評価ツールの開発が求められている。

同時に**第4に**、このような評価活動を行い、《効果モデル》に関わる実践活動を支援する**評価支援体制、実践支援体制の構築**は不可欠である。実践家参画型評価は、評価の専門職との協働作業によって実現する必要があるだろう。

将来的には**第5に**、国レベルでの《効果モデル》のデータベース化を実現する必要があるだろう。それぞれの実践現場、社会の中で《効果モデル》を共有し、実施して、実践からの「改善」に向けた知見をフィードバックできる仕組みづくりが必要となるであろう。

9 効果モデルの「可視化」と評価手法

以上のとおり、実践家参画型エンパワメント評価で取り組む評価活動では、まずは《効果モデル》の可視化と関係者間での共有化は不可欠だ。また《効果モデル》を科学的に発展させるためには、《効果モデル》のプログラム理論を構築することが要件になる。

本書では、《効果モデル》を可視化し操作的に定義するために、**《効果モデル》の5アイテム**（5構成項目）を設定する（5章参照）。**効果モデル5アイテム**には、実践レベルで科学的な評価を実施するために、プログラム理論を適切に設定する。同時に、プログラム理論を踏まえながら、実践レベルでの関与が大きいと考えられる**効果的援助要素の作成**を、実践家等の積極的な参画を得て行う。

その上で、《効果モデル》の形成・成長を実践現場と協働で取り組み、《効果モデル》の効果性向上と実施普及を進めるために、本書では、《効果モデル》がより優れた《効果モデル》に形成・発展することを前提にして、4段階からなる**効果モデル形成・発展ステージ**を設定した。

さらに、《効果モデル》の形成・発展に、実践現場が十分に参画することが可能となる実践家参画型エンパワメント評価の実践的な評価手法として、**CD-TEP評価アプローチ法**を提示する。また、この評価アプローチ法を**実践現場との協働で進めるための実践的評価指針**をも用意した。それが、**CD-TEP**である。これらについては、4章以降に詳細に提示したい。

文献

縣俊彦（2000）. EBM──医学研究・診療の方法論（2版）. 中外医学社.

Bond GR et al.（2000）. Measurement of fidelity in psychiatric rehabilitation. Mental Health Services Research 2: 75-87.

Chen HT（2010）. The bottom-up approach to integrative validity: A new perspective for program evaluation. Evaluation and Program Planning 22: 205-214.

Chen HT（2015）. Practical program evaluation: Theory-driven evaluation and the ingegrated evaluation perspective, 2nd Ed. SAGE.

Cornell Office for Research on Evaluation（CORE）（2009）. The Evaluation Facilitator's Guide to Systems Evaluation Protocol.

Corrigan PW, Mueser KT, Bond GR, Drake RE, Solomon P（2008）. Principles and practice of psychiatric rehabilitation: An empirical approach. Guilford Press.

Drake RE, Goldman HH eds（2003）. Evidence-Based Practices in mental health care. American Psychiatric Association.

Drake RE. Essock SM（2009）. The science-to-service gap in real-world schizophrenia treatment: The 95% problem. Schizophrenia Bulletin. 35: 677-678.

Fitz-Gibbon CT, Morris LL（1987）. How to design a program evaluation. Sage.

Fixsen DL, Naoom SF, Blase KA, Friendman RM, Wallace F（2005）. Implementation research: A synthesis of the literature. University of South Florida.

Gough D, Maidment C, Sharples J（2018）. UK what works centres: Aims, methods and contexts. EPPI-Centre, Institute of Education.

Kettner PM, Moroney RM, Martin LL（2017）. Designing and managing programs: An effectiveness-based approach, 5th edition. SAGE.

正木朋也, 津谷喜一郎（2006）. エビデンスに基づく医療（EBM）の系譜と方向性――保健医療評価に果たすコクラン共同計画の役割と未来. 日本評価研究6(1): 3-20.

National Association of Social Workers（NASW）（2009）. Comparative Effectiveness Research（CER）and Social Work: Strengthening the Connection. NASW.

Newcomer KE, Hatry HP, Wholey JS（2015）. Handbook of practical program evaluation. Fourth edition. Jossey-Bass.

大島巌（2007）. 保健福祉評価――分野別評価の現状と課題.（所収）三好皓一編. 評価学を学ぶ人のために. 世界思想社. pp208-223.

大島巌（2010a）. 精神保健福祉領域における科学的根拠にもとづく実践（EBP）の発展からみたプログラム評価方法論への貢献. 日本評価研究10(1)：31-41.

大島巌（2010b）. 心理教育の実施普及に向けて――EBPツールキットとサービス普及研究の可能性. 臨床精神医学39(6):743-750.

大島巌（2012）. 制度・施策評価（プログラム評価）の課題と展望. 社会福祉学53(3), 92-95.

大島巌（2015）. ソーシャルワークにおける「プログラム開発と評価」の意義・可能性、その方法――科学的根拠に基づく支援環境開発と実践現場変革のためのマクロ実践ソーシャルワーク. ソーシャルワーク研究40(4): 5-15.

大島巌（2016）. マクロ実践ソーシャルワークの新パラダイム：エビデンスに基づく支援環境開発アプローチ――精神保健福祉への適用例から. 有斐閣.

大島巌, Chung MS, Gao X, Solomon P（2012）. 福祉系大学におけるプログラム評価教育ガイドライン. 文部科学省組織的な大学院教育改革推進プログラム（2009-2011年度）福祉サービスのプログラム評価研究者育成報告書. 日本社会事業大学.

Rossi PH, Lipsey MW, Freeman HE（2004）. Evaluation: A systematic approach（7th edition）, SAGE（＝2005, 大島巌, 平岡公一, 森俊夫, 元永拓郎監訳. プログラム評価の理論と方法――システマティックな対人サービス・政策評価の実践ガイド. 日本評論社）.

SAMHSA：アメリカ連邦保健省薬物依存精神保健サービス部編, 日本精神障害者リハビリテーション学会監訳（2009）. アメリカ連邦政府EBP実施・普及ツールキットシリーズ. 日本精神障害者リハビリテーション学会.

佐々木亮（2010）. アメリカの政策評価におけるメタ評価の現状. 日本評価学会第11回全国大会集録, pp93-100.

芝野松次郎（2015）. ソーシャルワーク実践モデルのD&D. 有斐閣.

Solomon P (2007). Research Agenda for Consumer Operated Services to Achieve Evidence Based Practice Status. Presentation at Japan College of Social Work, 2007. 8.1.

Solomon P, Cavanaugh MM, Draine J (2009). Randomized controlled trials: Design and implementation for community-based psychosocial interventions. Oxford University Press.

田辺智子 (2014). 業績測定を補完するプログラム評価の役割——アメリカの GPRAMA の事例をもとに. 日本評価研究14(2): 1-16.

Torgerson DJ, Torgerson CJ (2008). Designing randomised trials in health, Education and the Social Sciences: An Introduction. Palgrave Macmillan (=2010, 原田隆之, 大島巌, 津富宏, 上別府圭子監訳. ランダム化比較試験 (RCT) の設計——ヒューマンサービス, 社会科学領域における活用のために. 日本評論社).

津谷喜一郎 (1999). EBM とコクラン共同計画. 矢野栄二 (編). 医療と保健における評価. 南光堂. pp195-217.

Urban JB, Hargraves M, Trochim WM (2014). Evolutionary Evaluation: Implications for evaluators, researchers, practitioners, funders and the evidence-based program mandate. Evaluation and Program Planning 45: 127-139.

矢野栄二編 (1999). 医療と保健における評価. 南江堂.

3章
実践家と評価者の役割、評価支援の仕組みづくり
―― 実践家の「評価キャパシティの形成」に向けて

　この章では、1章で示した実践家参画型エンパワメント評価の意義や配慮点、特徴を踏まえて、実践家等の「評価キャパシティの形成」という目標に取り組む評価アプローチ法の枠組みを提示する。

1　「評価キャパシティの形成」の位置

　本書では、実践家参画型エンパワメント評価を用いることによって、まずは**「EBP 効果モデル」の形成・発展を図る**とともに、同時並行的に**実践家および関係者の評価キャパシティの向上・形成**をも目指している。この章では、実践家および関係者の「評価キャパシティ形成」とはどのようなものなのか、改めて整理しておきたい。

1）「評価キャパシティ形成」の定義

　まず本書で用いる**評価キャパシティ**とは、プログラムに関わる実践家やその他関係者（実践家等；1章1節6項参照）が評価を体系的に実施し、それとともに評価を活用してプログラムの計画を立案し、プログラムを改善する個人および所属する組織の能力のことである。

　これを踏まえて、**評価キャパシティ形成**（Evaluation Capacity Building; ECB）は、次のように定義される（Labin ら, 2012）。すなわち、

　　評価キャパシティ形成は、評価を実施し活用する個人の動機づけ・知識・ス

キルを向上させ、同時に集団や組織の評価実施・評価活用能力を高める意図的なプロセスである。

　ここで**評価キャパシティ形成**が対象とするのは、評価を実施し活用する**個々の実践家等個人**であるとともに、**個人が所属する組織や集団**でもある。評価を実施する個人の動機づけや能力を高めるとともに、集団や組織が評価を実施し、評価結果を主体的に活用してプログラムの改善に役立てる集団や組織の力量を向上させることを目指している。それが、意図した働きかけとして行われる取組みを意味している。

　評価キャパシティ形成は、エンパワメント評価を他の評価手法から区別する最も重要な識別可能な特徴である（Fetterman ら, 2005; =2014）。1章で紹介したエンパワメント評価の定義の中にも、「プログラムが良い成果を上げる可能性を高めることを目的とした評価アプローチ法の1つであり、プログラム利害関係者がプログラムを計画・実施し、評価を行う各自のキャパシティを向上させることによって実現する」ものとして、「評価キャパシティ形成」の役割を明確に位置づけている。

2）組織レベルの「評価キャパシティ形成」

　上述のとおり、「**評価キャパシティ形成**」は**個人レベルへの働きかけ**であるとともに、**組織レベルへの働きかけ**でもある。

　エンパワメント評価の10原則には、「組織学習・キャパシティ構築」として、「⑧キャパシティ形成」とともに、「⑨組織の学習」が位置づく（1章3節）（Fetterman ら, 2005）。「⑨組織の学習」は、組織全体での取組みとして、組織の評価活動を介して、組織が「学習する組織」として発展することが目指されている。

　また、エンパワメント評価は「**協働アプローチ**」でもある。10原則の多くの項目（5項目）には、「協働アプローチ」に関わる原則が位置づく（②コミュニティ・オーナーシップ、③包括性、④民主的な参加、⑥コミュニティの知恵・知識、⑩説明責任）。このため、**エンパワメント評価の活動は、集団や組織全体における取組みとも深く関わる**。その結果、**集団・組織レベルでの評価キャパシティ形成が求められている**。

3）評価プロセスの活用による「評価キャパシティ形成」

エンパワメント評価における「評価キャパシティ形成」は、主に実践におけるプロセス活用（process use）により行われる。すなわち、実践プロセスにおける評価活動を進める中で生じる**学習の結果**として、個人レベルでは行動や意識・思考方法が変化する。またプログラムや組織レベルでは手続きや文化の変化が生じる（Fetterman ら, 2005: 35）。このように「評価キャパシティ形成」は個人レベル、そして組織レベルにおける評価への関与によって生み出される（Labin ら, 2012: 316-318）。

エンパワメント評価者は、組織環境の中に必要な条件が整い、適切な評価ツールが用意されれば、人や組織は評価を実施できると強く考えている。したがって、エンパワメント評価は、使い勝手の良い評価ツールと評価概念を取り入れることによって、そのキャパシティを形成し、将来的に評価者や技術支援チームが関与しなくなっても評価活動を継続できるようになることを期待する（Fetterman ら, 2005: 35-36）。

2　「効果モデル」の形成・発展と評価キャパシティの形成

本書では、より良い **EBP 効果モデルの構築**を目指すためのアプローチとして、実践家参画型エンパワメント評価を用いることを提案している。その前提として、それでは、**なぜ《効果モデル》の形成・発展のために、実践家等とその所属する組織の評価キャパシティを向上・形成させることに注目するのか**、その理由を明らかにしておく必要がある。

1）エンパワメント評価の定義的特徴

前節で述べたように、エンパワメント評価の定義には、「プログラムが良い成果を上げる可能性を高めることを目的とした評価アプローチ法の1つ」であることが明記されている。その目的を実現する方法として、プログラム関係者の**評価キャパシティを向上・形成**して、それによって有効な評価活動を関係者が行い、「プログラムが良い成果を上げる」ことが期待されている。

エンパワメント評価の10原則には、プログラムの改善を含む「①改善」と、「⑦エビデンスに基づく戦略」が取り上げられている。エンパワメント評価の定義にあるように、エビデンスに基づく戦略によって有効な評価活動を行い、

それによってプログラムの「改善」を期待しているのである。

　さらに評価キャパシティ形成に関する体系的な文献レビューを行ったLabinら（2012）は、統合的な「評価キャパシティ形成」のモデルを提示した。このモデルに基づく「評価キャパシティ形成」の重要なアウトカムの1つとして、「プログラムアウトカム」の向上を位置づけている。

2）効果モデルの実施・普及とボトムアップ評価

　本書で取り上げる《効果モデル》の形成・発展は、前章で明らかにしたとおり、インパクト評価のエビデンスを蓄積し、プログラムの効果性を高めるだけでは実現しない。《効果モデル》の実施・普及を進めることも、《効果モデル》の形成・発展にとって重要な要素である（1章1節参照）。

　《効果モデル》の形成・発展を考慮する際に、大学や研究機関で科学的手続きによって精緻に設計・開発された社会プログラムが、必ずしも実践現場で十分に受け入れられず、実施・普及が進まない現状が知られている。これに対して、Chen（2010; 2015）は、実践現場からの創意工夫や実践知見を積み上げて、同時にその過程の中で、効果性に関するエビデンスを蓄積して、《効果モデル》を形成・発展させる**ボトムアップ型評価アプローチの必要性**を提唱している（Chen, 2010）。**ボトムアップ評価**では、まず実践家参画型で実施可能な評価を行い、《効果モデル》を構築してモデルの**外的妥当性**を高める。その上で、多施設共同研究によるランダム化比較試験などを実施して**内的妥当性**をも高めるボトムアップ評価によって、**外的妥当性のみならず内的妥当性をも高めること**を意図している。

　このアプローチを、実践家等や実施組織の「評価キャパシティ形成」の側面から見ると、まず《効果モデル》の形成・改善について、実践現場のオーナーシップや主体性が形成される。さらに実践現場にも取り入れやすいモデルが構築されて、《効果モデル》の実施・普及が進むことが期待される。

　他方で、**EBPプログラムの実施・普及研究の成果からは、EBP効果モデルの実施・普及のためには、《効果モデル》を実施する実施組織・実施システムレベルの《効果モデル》を形成することが重要**と考えられる。

　その際、効果的プログラムモデルの実施・普及を実践現場の中で組織的に進める推進力になる取組み要素を、Fixsenら（2005; 2009a）は、**コア実施要素**（Core Implementation Components）と整理した。

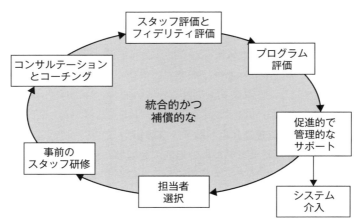

出所：Fixsen (2005)

図3-1　コア実施要素(Core Implementation Components)

　コア実施要素は、図3-1のとおり①担当者選択、②事前のスタッフ研修、③コンサルテーションとコーチング、④スタッフ評価とフィデリティ評価、⑤プログラム評価、⑥促進的で管理的なサポート、⑦システム介入、から構成される。コア実施要素のうち、①担当者選択、②スタッフ研修、③コンサルテーションとコーチング、④スタッフ評価とフィデリティ評価は、プログラムスタッフとしての実践家の関与が重視されている。実践家参画型エンパワメント評価を実践家等が中心となって行うことにより、《効果モデル》に対するオーナーシップと主体性を、プログラム導入の段階から確保することが期待される。これにより、コア実施要素の遂行が組織の中で可能になる。

　その前提として、なぜ《効果モデル》の形成・発展のために、実践家等と、その所属する組織の評価キャパシティを向上・形成させることに注目するのか、その理由を明らかにしておきたい。

3）プログラム評価への関与は、専門職たる実践家の職業倫理
　　——自らの実践を常に振り返り、より効果的になるよう努力すること

　実践家等とその所属する組織が、評価キャパシティの向上・形成に取り組む本質的な理由は、それが専門職たる実践家の職業倫理に密接に関わっているからである。

プログラム実践に関わる実践家は、利用者の支援効果が最大になるよう、常に支援内容を検証する重要な責務がある。そのために、実践家は支援効果が世界的に立証されている**EBPプログラム等の効果的実践プログラム**に関する情報を常に把握する必要がある。また取り組むことができるEBPプログラムなど効果的実践プログラムがあれば、率先して取り組むことが期待される。

　また現在提供している支援プログラムの実施内容については、常に定期的なモニタリングを行い、評価してより良い成果が収められる支援になるよう「改善」の努力することが求められる。また創意工夫や実践上の経験知、アイデアを動員して、より良い成果が出た場合には、その創意工夫や経験知、アイデアを関係者間で共有し、支援プログラムの改善に反映することも求められる（大島, 2015; 2016）。

　重要なことは、支援ゴール（アウトカム）と、プログラムの実施内容（プロセス）の対応関係を、常に敏感に強く意識して検証できることである。支援ゴールが何なのか、そのゴール実現に向けて、プログラムのプロセスが適切に機能しているのか、さらにはプロセスの前提となるプログラムの設計図・概念図（プロセス理論、後述：5章3節）が適切であるのかどうかを、常に留意して検証する。ゴールとプログラムプロセスの関係を行きつ戻りつしながら検証する過程が重要である。それによって、効果的プログラムモデルが形成されることを肝に銘じておく必要がある。

　以上については、各実践領域の**専門職能団体の職業倫理**に関わる内容である。すなわち、専門職たる実践家は、「プログラムの実施および実践介入をモニタリングし評価をすること」「専門職の新しい知識を常に把握しそれを批判的に吟味した上で自らの専門業務において評価リサーチ・エビデンスを用いるべきこと」が職業倫理に位置づけられている。

　実践現場の実践家は、自ら関わるプログラムに日々関与しながら、当事者に対して各種の支援活動を行っている。したがって、自ら関わる実践プログラムをより効果的で、より良いものに向上させる職業倫理を満たすために、日常的に《効果モデル》の形成・改善の課題に向き合う必要がある。

4）実践家参画型評価における配慮点

　以上のとおり、**EBP効果モデルの構築**のためには、実践家参画型評価に対する期待は大きい。また、そのためにエンパワメント評価は重要な貢献をする

ことが期待されている。このような位置づけの下に、実践家参画型エンパワメント評価の有効なアプローチ法が模索されているのである。

実践家参画型エンパワメント評価によって、実践家等が評価活動に参画して、実践現場のオーナーシップや主体性が形成されるためには、**まず実践家が評価に関わる契機が重要**である。実践現場においては、プログラムを改善する多くの機会に遭遇するであろうが、その際に評価活動が改善に役立つことを認識する必要がある。本書では、実践家がそれぞれの評価ステージにどのように関与するのかを例示的に示している。

またエンパワメント評価は、評価キャパシティを形成する場が、実践の中での評価プロセスを運用する場（「評価の場」）にあることが明らかになっている。**実践家が評価に関わる「評価の場」を、重要な「評価キャパシティ形成の場」と位置づけるには十分な配慮が必要になる。**本書では、そのような意図的な「評価キャパシティ形成」の取組みの指針を提示することにしたい。

3 実践家等評価人材と評価キャパシティの形成
——評価支援体制・教育支援体制の構築の必要性

プログラム実施機関は、まずより良い《効果モデル》の形成・発展のために組織として取り組むことが期待される。そのためにプログラム実施機関は、現在取り組んでいる《効果モデル》に対して、日常的な評価活動を行い、随時、改善のための検証と見直しを行うことが求められる。

このような評価活動を組織として実施するためには、これまで見てきたように、**プログラム実施機関は、《効果モデル》の形成・発展の評価活動とともに、組織として評価キャパシティの形成に取り組むことが必要になる。**

1）組織としての「評価キャパシティ形成」活動

プログラム実施機関における組織としての**評価キャパシティ形成**の活動には、次の3つが知られている（Labin ら, 2012: 316-318）。

① **スタッフに対する研修**
② **技術支援、コーチング、サポート**
③ **個人・組織レベルでの評価への関与**

このうち、③**個人・組織レベルでの評価への関与**については、前述した「評

価プロセスの活用による『評価キャパシティ形成』」（本章1節3項）として既に述べた。プログラム実施機関における《効果モデル》形成・発展のために行うさまざまな評価活動に実践家等が関与する場（「評価の場」）を、重要な「評価キャパシティ形成の場」と位置づけることがまず求められる。そこでは、**「評価の場」を実践家等の評価キャパシティ向上・形成に活用するための配慮ある働きかけが必要**となる。その具体的な取組みについては、8章以降に詳細に示す。また、14章において総括的にまとめることにしたい。

　プログラム実施機関で行われる「評価の場」を、「評価キャパシティ形成の場」として有効に機能させるためには、「①スタッフに対する研修」と「②技術支援、コーチング、サポート」を有機的に連携させて、組織的・体系的に取り組むことが求められる。前述した《効果モデル》実施・普及アプローチの**コア実施要素**の中にも、「スタッフ研修」と「コンサルテーションとコーチング」が位置づけられており、コア実施要素として体系的な**PDCAサイクル**（Plan（計画）・Do（実行）・Check（評価）・Action（改善）を繰り返すことで、生産管理・品質管理などの管理業務を継続的に改善していく品質管理の手法）の中で実施されることを示している。

　以上のとおり、「評価の場」を「評価キャパシティ形成の場」として有効に機能させ、そのために「①スタッフに対する研修」と「②技術支援、コーチング、サポート」を有効に活用するためには、**プログラム実施組織として、戦略的な評価実施体制の整備が求められている。**

２）「評価キャパシティ形成」のための評価実施体制の整備

　以上のとおりプログラム実施機関では、より良い《効果モデル》を形成・発展させるとともに、同時に実践家等の「評価キャパシティ形成」を実現する評価実施体制を構築することが求められている。

　「評価キャパシティ形成」のための評価実施体制を考慮するに当たって、先ほど紹介したFixsen ら（2005; 2009a）の**コア実施要素**が参考になる（図3-1）。コア実施要素は、EBP プログラムという革新的取組み（innovations）を組織内に効果的に取り入れ、推進するために重要な7つの中心的実施プロセス要素からなる。これら要素はサイクルとして円環的かつ統合的に機能して、スタッフの行動や組織文化の変化を最大化し、相互に補い合うことが知られている。本書で目指す《効果モデル》の形成・発展に伴う「評価キャパシティ形成」についても、革新的取組みの効果的導入と推進という観点から、コア実施要素によ

る取組みが有効に機能すると考える。

前述したとおり、**コア実施要素7項目のうち4項目はプログラムスタッフとしての実践家の関与に焦点が当たっている**。コア実施要素のスタッフ関連4項目の実施を考慮して、プログラム実施組織には次の評価に関わる担当が必要と考えられる。

まず**第1に**、実践現場であるプログラム実施組織における評価人材として、組織として評価活動を行う担当窓口になる「**実践家評価担当者**」が必要である。コア実施要素では、第1項目に担当者選択が位置づけられている。担当者としては、評価活動によって《効果モデル》の形成・発展を目指す動機づけがあり、評価実施のための資質があり、組織として協働して活動できる実践家を選択する必要がある。

実践家評価担当者は、実践現場において、プログラム評価の知識と技術を身に付け、評価活動に従事する実践家とする。

その上で**第2に**、コア実施要素の②スタッフ研修、③コンサルテーションとコーチング、④スタッフ評価とフィデリティ評価を行う人材の確保が必要である。この人材は、《効果モデル》に関わる実践と評価のスタッフ研修を実施するとともに、実践を進める中で評価活動の方法を身に付けるコーチングやコンサルテーションを実施し、その成果を検証し振り返る活動を行うことが期待される。

このような人材を、本書では「**評価ファシリテータ**」と命名している。**評価ファシリテータ**は、実践家評価担当者やその他スタッフと協働して評価活動に従事し、実践現場で評価が適切に実施されるよう支援する。それとともに評価結果をコンサルテーション手段として活用して、関与する実践プログラムがより効果的になるよう、実践家とともに、《効果モデル》の発展・形成を促進する人材である。

評価ファシリテータは、プログラム実施組織内に置くこともあれば、プログラム実施組織外の《効果モデル》に関わる技術支援を行う専門機関、教育・研究機関に置くことを求めることもある。

実践家参画型エンパワメント評価を有効に実施するために、評価ファシリテータの存在は不可欠である。プログラム実施機関が、継続的・永続的に実践家参画型エンパワメント評価を実施するためには、組織として評価人材の育成を行い、組織内に評価ファシリテータを配置することが望ましい。

3）実施機関における「効果モデル」の実践支援、評価支援体制

　一方で、社会プログラムの《効果モデル》を形成・発展させて、社会の中で実施・普及させる活動は、社会的なミッションをもつ活動でもある。実践現場を日常的にサポート・バックアップする部門の存在は、社会的に強く求められている。そのような観点から、全国や都道府県など広域に設置される《効果モデル》の**技術支援センター**（Technical Assistance Centers; TAC）の役割は重要である（Blase, 2009; Fixsen ら, 2009b; Salyers ら, 2007; Wandersman ら, 2012）。《効果モデル》の技術支援センター（TAC）として**評価ファシリテータ**を配置し、実践現場のプログラム実施機関の《効果モデル》実施と評価を支援する活動を行うことが期待されている（Fixsen ら, 2009b; Salyers ら, 2007）。

　アメリカにおける経験では、《効果モデル》の技術支援センター（TAC）は、公的な研究開発機関、NPO などの民間組織、そして**実践家養成大学**（大学院：ソーシャルワーカー、看護師、心理士、リハビリ職種等の養成に当たる）に配置することが試みられている（NASW, Institute for the Advancement of Social Work Research, 2008）。特に実践家養成大学（大学院）は、実践現場に貢献できる力量ある実践家等の人材を育成する役割と使命を持っている。評価ファシリテータの養成と、実践現場を支援するために評価ファシリテータを派遣する活動は重要である。

　図3-2に示すように、《効果モデル》の**技術支援センター**（TAC）が、評価ファシリテータを実践現場に派遣し、実践家が評価に取り組むためのファシリテーションを行う。それとともに、評価人材の育成に関わる活動を行う。これらによって《効果モデル》を形成・構築する取組みは、評価パートナーシップ活動と呼ばれる。実践現場と専門機関が連携し、パートナーシップを形成して、より良い《効果モデル》の形成・発展に寄与するだけでなく、実践家の評価キャパシティ形成に貢献する活動に注目される（NASW, Institute for the Advancement of Social Work Research, 2008; CORE, 2009）。

　その際、実践家養成大学（大学院）等が**技術支援センター**（TAC）を受託し、TAC に所属する**評価ファシリテータ**（上級実践家評価者、博士後期課程院生等）が評価実習も兼ねて、日常的に評価実践の場と連携しながら評価を実施することが想定できる。また、**プログラム評価の継続教育の一環として、大学や大学院が評価研修や評価コンサルテーションに一定の役割を果たすことが期待されている。**

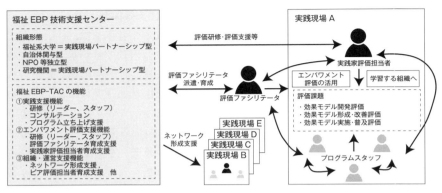

出所：大島巌作成（2014.10.）

図3-2　実践家参画型エンパワメント評価の実施支援体制

4）実践家評価担当者、評価ファシリテータの評価キャパシティ形成

　実践家参画型エンパワメント評価に関与する**中心的な評価人材**は、**実践家評価担当者**と、**評価ファシリテータ**である。ここで、これらの人材が、プログラム実施機関における評価キャパシティ形成の取組みによって、どのようにそれぞれの評価キャパシティを形成するのかについて、その概要を提示しておきたい（詳細は14章参照）。

　評価ファシリテータには、プログラム実施機関の組織内に所属する人材と、技術支援センターなど外部から派遣されるファシリテータがいることは、前述したとおりである。それぞれの評価ファシリテータは、次のように位置づけられる。

　① **実践家評価ファシリテータ**：実践家評価担当者等が、評価経験を積み重ね、プログラム評価に関心を高める経過の中で、評価ファシリテータの役割を身に付けた人材。実践家評価担当者と同じ「実践家」の立場で、評価活動に関与して実践家評価担当者やその他スタッフの評価活動を支援する。ピア評価ファシリテータとも呼ぶ。

　② **専任（研究者）評価ファシリテータ**：当該評価の対象となるプログラムに研究者の立場で関わる評価ファシリテータ。専任（研究者）評価ファシリテータは、実践家養成大学（大学院）など教育・研究機関に所属することを想定する。

[I部] 総　論　067

　以上のとおり、まず**実践家評価ファシリテータ**は、**実践家評価担当者**等が経験を積み、動機づけを高め、実践や評価の力量を高める中で、評価ファシリテータとしての役割を身に付けて行くことを想定している。

　これに対して、**専任（研究者）評価ファシリテータ**は、**実践家養成大学（大学院）など教育・研究機関に所属**することを想定している。実践家は、実践家養成大学（大学院）、特に大学院において実践研究能力を含めた資質の向上を期待している。専任（研究者）評価ファシリテータの役割は、このような資質向上の貴重な機会になることが期待される。

　以上のように、実践家評価担当者、実践家評価ファシリテータ、専任（研究者）評価ファシリテータというそれぞれの役割が、一連のキャリアパスの形成とも結びつく可能性が示唆される。このようなキャリアパスを想定して、評価人材の育成を考慮することが可能であろう。

4　実践家参画型評価に必要とされる評価ツール
──求められる効果モデル形成・発展アプローチのためのツール

　これまで何度か触れたように、エンパワメント評価では、**プログラム関わるさまざまな関係者に対して、エンパワメント評価を実施する組織環境や外部の支援環境を整えるとともに、使い勝手の良い適切な評価ツールを用意することによって、有効な評価活動が実施しうるという前提を置いている。**

　エンパワメント評価を実施する組織環境や外部の支援環境の整備については、前節で触れた。ここでは実践家参画型エンパワメント評価で使用する評価ツールについて検討する。まずこれまで使用されているエンパワメント評価のための評価ツールについて検討し、その上で実践家参画型エンパワメント評価に必要とされる評価ツールの特徴と要件について整理することにする。

1）エンパワメント評価で使用されている評価ツール
a. Getting to Outcome（GTO）：GTO10のステップ

　エンパワメント評価の開発と発展に深く寄与してきたChinmanら（2004）によって開発された評価アプローチである。エンパワメント評価に関わる多くの関係者に使用されている。

　プログラムの成果に基盤をおいたアプローチである。10ステップからなる評

価の実施手順を提示し、評価に取り組む関係者がそのプロセスを踏むことによって、地域の中でEBP効果モデルを取り入れて、実施し、その結果を評価する。プログラムの質向上に役立てるとともに、プログラムの継続や持続を決める判断に役立てる。

10ステップは、以下のとおりである。

- **設問1**：コミュニティの重要なニーズと状況は何か（ニーズ／資源）
- **設問2**：ゴール、対象となる人々、目標（期待される成果）は何か
- **設問3**：どの科学的根拠に基づくプログラムがゴールを達成するために有効か（ベストプラクティス）
- **設問4**：選択されたプログラムをコミュニティの状況に適合させるために何をしなければならないか（適合）
- **設問5**：プログラムを実施するために必要な組織のキャパシティは何か（キャパシティ）
- **設問6**：このプログラムの計画はどのようなものか（計画）
- **設問7**：どのようにプログラムや実践の実施状況の質を測定するのか（プロセス評価）
- **設問8**：プログラムはうまく作用しただろうか（アウトカム評価）
- **設問9**：継続的な質の向上の方略をどのようにプログラムに組み込むか（CQI・継続的な質の向上）
- **設問10**：もしそのプログラムが成功したのなら、どのようにすればそれを持続できるだろうか（継続・持続）

それぞれの設問ごとには、その設問を解決するために有用な評価シートなどが用意されている。

以上のように、この評価アプローチは、設問1と2でコミュニティのニーズを把握してその問題解決のゴールを定める。それに対して設問3と4で、既に取り組まれているベストプラクティスの中から、地域状況に適合したプログラムを選択し、実施してその有効性を明らかにすることを目指している。

このため、設問9でプログラムの改善は、地域における実践に基づいて明らかにされるが、基本的には新たなEBPプログラムを生み出し、それをより効果的なものに改善しようとするアプローチになっていない。

また、ベストプラクティスのプログラム事例を選択するが、その《効果モデ

ル》をどのように捉えるのか、関係者が共有する方法が明確にされていない。

b. Fetterman の3ステップアプローチ

エンパワメント評価の創始者である Fetterman（2001）によって開発されたアプローチである。ワークショップのグループワークにおいて、以下の3視点から検討する。

1）Mission: プログラムのミッションの明確化
2）Taking Stock：実績を評価する
3）Plan for the Future：将来に向けて計画を立てる

グループの中でそれぞれ視点を出して、内容概念を詳細化する。その上で、各視点ごとに10段階のレイティングを行って平均値を算出したり、質的評価データも記録に残す。

このアプローチは、既存のプログラムが主な対象となる。明示化されていないプログラムのゴールを改めて検討し、プログラムゴールを明確にする。その上で、実績評価をグループのディスカッションの成果として明らかにし、今後の改善方向を検討する。

また、評価アプローチの構造が単純明快であり、グループで評価を行う実施の容易性がある。

対象が既存のプログラムであること、プログラムが効果的に機能することに対するプログラムの再編を期待する取組みであること、グループ活動の中での評価であるため、客観的な評価指標を生み出すことが難しい特徴がある。

c. Systems Evaluation Protocol (SEP)

アメリカニューヨーク州のコーネル大学の CORE（Cornell Office for Research on Evaluation）で開発されている評価プロトコルである（CORE, 2009）。現在、主にプログラム開発とそれに対応した評価設計のプロトコルが提示されている。

利害関係者の参加が重視されている。利害関係者分析が行われ、プログラム開発に関わる関係者が同定される。

プログラムのレビュー、プログラムの境界分析、ライフサイクル分析を行った後に、ロジックモデル（プログラム理論）を形成する。ロジックモデルを発展させたパスウェイモデルを描画するソフトが開発されており、関係者参加で開発されたプログラム理論は、コンピュータ上のデータベースで統合的に分類整理される。

開発されたプログラムに対して、評価計画を作成するプロトコルが用意され

ている。プログラムが開発された後に、評価を実施して、その有効性を速やかに明らかにする構成になっている。

この評価プロトコルには、利用しやすい評価シートが用意されており、またプログラム理論の作成はコンピュータ化されている。関係者の参画によって評価を行うことができる。

評価者と利害関係者の評価パートナーシップを強調しているが、評価者の関係性の持ち方は明確ではない。

この評価アプローチは、主にプログラム開発段階のものであり、プログラムモデルは、パスウェイモデルというプログラム理論によって記述されている。《効果モデル》の発展を目指した取組みと考えられるが、プログラム開発のその後の展開は今後の研究成果を見る必要がある。

2）求められる効果モデル形成・発展アプローチのための評価ツール

本書では、EBP 効果モデルの構築のために、実践家参画型のエンパワメント評価を実施する有効なアプローチ法を提示することを目指している。

実践家参画型エンパワメント評価は、エンパワメント評価の1つのアプローチであるが、プログラムに関わる専門職である実践家の積極的な参画を得て、その専門性を伸張させながら、社会の中で実施・普及が進む、EBP プログラムに連なる《効果モデル》を構築することを目指している。

従来のエンパワメント評価の方法論に比較して、**EBP 効果モデル**の形成・発展を明確に目指している点、またエンパワメント評価における**評価キャパシティ形成**を、専門職としての専門性の向上に関係づけ、《効果モデル》に関わる実践家が評価の方法論を武器にして、より利用者ニーズの解決に役立つ《効果モデル》を構築することを目指している点に特徴がある。

以上の実践家参画型のエンパワメント評価の特徴を踏まえて、エンパワメント評価において配慮する評価ツールの提供や、評価実施体制の構築についても、**いくつかの特色**がある。以下にそれを提示する。

a. 実践家のための評価ツール、評価アプローチ法ガイドライン

プログラムに関わる実践家は、日常実践の中で、実践現場の創意工夫や実践上の経験知・アイデアを生み出している。評価活動の中では、実践家の創意工夫、実践上の知恵やアイデアを適切に反映できる評価ツールや評価アプローチ法である必要がある。そのための評価方法論を明らかにするとともに、実践家

[Ⅰ部] 総　論　071

の創意工夫、実践上の知恵やアイデアをフィードバックすることができる評価
プロセスの手順を明らかにしておく必要がある。

b.「効果モデル」の見える化と、関係者との協働

　より良い《効果モデル》を形成・構築するために、**実践家のみならず、利用者、プログラム管理者、市民などの関係者**（実践家等）は、協働して評価活動を行う必要がある。協働の評価活動の基盤になるのが、《効果モデル》の可視化であろう。《効果モデル》をプログラム理論に基づいて明確に記述するとともに、成果に結びつく効果的なプログラム要素（効果的援助要素）を明確にして、共有することが不可欠である。

c.評価過程、改善過程の見える化

　同時に評価結果の算出方法、評価結果の提示方法、それを踏まえた改善過程も可視化しておく必要がある。それによって、実践家や他の関係者（実践家等）はそれぞれの立場で評価活動に参画し、そのストレングスを活かして活動に参画ができるだろう。

d.評価支援体制の明確化と役割分担

　多くの利害関係者と協働で評価活動を進めるためのコーディネータ、ファシリテータの存在は不可欠である。評価支援体制を踏まえての評価プロセスをガイドライン等によって明確に示す必要がある。評価キャパティの形成・向上という面でも、評価ファシリテータとの連携・パートナーシップによって、インサービストレーニングで身に付けることが考慮されている。

5　実践家参画型エンパワメント評価に関する研究プロジェクト

　本書は、2007年から文部科学省科学研究費補助金を受けて取り組んだ３つの基盤研究(A)の研究成果を踏まえてまとめたものである。３つの研究とも実践家参画型で EBP 効果モデル形成評価を用いたアプローチ法を開発するための取組みであった（本章［追記］（74頁）参照）。

　これらの研究では、それぞれ10前後のプログラムの発展・成長段階の異なる主に社会福祉に関わる社会プログラムを取り上げ、多くの関係者との共同研究で進めてきた。

　これらの取組みでは、**CD-TEP 評価アプローチ法**という《効果モデル》を発展・成長させるための共通のプロトコルを作成し、**効果モデル５アイテム**に

基づいてモデルを見える化するとともに、実践家や関係者（実践家等）が協働で取り組む評価手順として、**CD-TEP改善ステップ**を開発した。また、**実践家参画型評価アプローチ法**を支援する**技術支援センター**の枠組みも提示して、その枠組みに従った評価活動を実施してきた。

　次の4章以降では、私たち研究チームが開発したこれらのアプローチ法を具体的に示すとともに、《効果モデル》の発展・成長プロセスに基づいて、具体的な評価活動の方法論を提示し、その上でこのアプローチ法の意義と課題を明らかにしたい。

文献

Blase KA（2009）. Technical assistance to promote service and system change. Roadmap to Effective Intervention Practices #4. Tampa, Florida: University of South Florida, Technical Assistance Center on Social Emotional Intervention for Young Children. http://www. challengingbehavior. org.（2018. 10. 25取得）

Chen HT（2010）. The bottom-up approach to integrative validity: A new perspective for program evaluation. Evaluation and Program Planning 22: 205-214.

Chen HT（2015）. Practical program evaluation: Theory-driven evaluation and the ingegrated evaluation perspective, 2nd Ed. SAGE.

Chinman M, Imm P, Wandersman A（2004）. Getting to Outcomes TM 2004: Promoting accountability through methods and tools for planning, implementation, and evaluation. RAND Corporation（=2010, 井上孝代, 伊藤武彦, 他訳. プログラムを成功に導くGTOの10ステップ――計画・実施・評価のための方法とツール. 風間書房）.

Cornell Office for Research on Evaluation（CORE）（2009）. The Evaluation Facilitator's Guide to Systems Evaluation Protocol.

Fetterman DM（2001）. Foundation of Empowerment Evaluation. Sage Publications.

Fetterman DM, Wandersman A, eds.（2005）. Empowerment evaluation principles in practice. Guilford Press（=2014, 笹尾敏明監訳, 玉井航太, 大内潤子訳. エンパワメント評価の原則と実践. 風間書房）.

Fixsen DL, Naoom SF, Blase KA, Friendman RM, Wallace F（2005）. Implementation research: A synthesis of the literature. University of South Florida.

Fixsen DL, et al.（2009a）. Core Implementation Components. Res Social Work Practice 19: 531-540.

Fixsen DL, Blase KA, Hormer R, Sugai G（2009b）. Intensive Technical Assistance. State Implementation & Scaling-up of Evidence-Based Practices. http://www. scalingup. org

NASW, Institute for the Advancement of Social Work Research（2008）. Strengthening university/agency research partnerships to enhance child welfare outcomes: A toolkit for building research partnerships. NASW, Institute for the Advancement of Social Work Research.

Labin SN, Duffy JL, Meyers DC, et al.（2012）. A research synthesis of the evaluation capacity building literature. American Journal of Evaluation 33: 307-338.

大島巌（2015）. ソーシャルワークにおける「プログラム開発と評価」の意義・可能性、その方法――科学的根拠に基づく支援環境開発と実践現場変革のためのマクロ実践ソーシャルワーク. ソーシャルワーク研究40(4): 5-15.

大島巌（2016）. マクロ実践ソーシャルワークの新パラダイム：エビデンスに基づく支援環境開発アプローチ――精神保健福祉への適用例から. 有斐閣.

Salyers MP, et al.（2007）. The Role of Technical Assistance Centers in Implementing EBPs. Am J Psychiatr Rehab 10: 85-101.

Wandersman A, Chien VH, Katz J（2012）. Toward an evidence-based system for innovation support for implementing innovations with quality: Tools, training, technical assistance, and quality assurance/quality improvement. American Journal of Community Psychology 50 (3-4): 445-459.

［追記］研究班が取り組んだ評価研究プロジェクト

■科学研究費補助金基盤研究Ａ（平成19年度～平成22年度）、課題番号：JP19203029

「プログラム評価理論・方法論を用いた効果的な福祉実践モデル構築へのアプローチ法開発」（研究代表者：大嶋巌）

近年、理論的にも実践的にも急速に発展してきたプログラム評価の理論と方法論を用いて、新しく導入されつつある日本の社会福祉実践プログラムを科学的根拠に基づく効果的なプログラムモデルとして構築するためのアプローチ法を開発し、CD-TEP 評価アプローチ法として定式化した。

■科学研究費補助金基盤研究Ａ（平成23年度～平成26年度）、課題番号：JP23243068

「実践家参画型福祉プログラム評価の方法論および評価教育法の開発とその有効性の検証」（研究代表者：大嶋巌）

世界的な潮流である科学的根拠に基づくソーシャルワーク実践や福祉実践プログラムを推進するために、福祉実践家が実践現場で容易に取り組みえて、積極的に参画・協働できる科学的プログラム評価のアプローチ法（実践家参画型エンパワメント評価アプローチ法）を開発し、そのアプローチ法を活用できる実践家であり評価者でもある人材の育成方法、継続的支援法を定式化している。

■科学研究費補助金基盤研究Ａ（平成27年度～令和元年度進行中）、課題番号：JP15H01974

「実践家参画型エンパワメント評価を活用した有効な EBP 技術支援センターモデル構築」（研究代表者：大嶋巌）

大嶋らが開発してきた実践家参画型エンパワメント評価の方法論を活用して福祉実践現場が「学習する組織」として利用者ニーズ解決のために有効に機能することを支える科学的根拠に基づく実践・技術支援センター（EBP-TAC）のモデルを構築・定式化している。

Ⅱ部
評価手法
──実践家参画型エンパワメント評価の実施方法

4章
CD-TEP 評価アプローチ法
――実践と理論とエビデンスに基づき協働で「効果モデル」を構築するアプローチ

　これまで述べてきたように、本書では、実践家参画型エンパワメント評価の評価手法として、私たち研究チームが開発して来た CD-TEP 評価アプローチ法を用いる（大島ら, 2012; 2015）。

　本章では、まず **CD-TEP 評価アプローチ法**（略称: CD-TEP 法）を改めて定義し、その意義と開発プロセスを示すとともに、この評価アプローチ法の枠組みと概要を提示する。併せて以下に示すように、実践家など関係者（実践家等）が積極的に評価活動に参画し、協働して《効果モデル》を形成・構築する観点から、CD-TEP 法を活用する実践的な評価活動指針（ガイドライン）である「**CD-TEP 改善ステップ**」についても概説する。

1　CD-TEP 評価アプローチ法の定義

　CD-TEP 評価アプローチ法*は、新しく導入される対人サービスの実践プログラム、あるいは充分な成果が上げられていない既存プログラムを、プログラムに関わる実践家や利用者など関係者の参加と協力を得て、より効果的で有用性の高いプログラムモデル（《効果モデル》）へと発展させるために行う、実践に根ざした**ボトムアップ型評価**（Chen, 2010; 2015）の評価方法である。**プログ**

　＊日本語で「プログラム理論・エビデンス・実践間の円環的対話による、効果的実践プログラムモデル形成のための評価アプローチ法」と呼称する。英語名称：Evaluation Approach of Circular Dialogue between program Theory, Evidence and Practices から CD-TEP 評価アプローチ法と命名した。

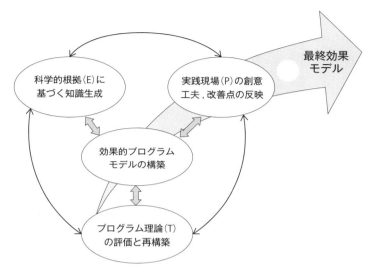

出所：大島作成（2010.5.14）

図4-1　プログラム理論・エビデンス・実践間の円環的対話（CD）による効果的プログラムモデル形成のためのアプローチ法（CD-TEP法）[再掲]

ラム理論（T理論）と**評価結果に基づくエビデンス**（Eエビデンス）の活用、および**実践現場の創意工夫や実践知等**（P実践）の反映を、**円環的対話**（Circular Dialogue）を用いて、体系的かつ継続的に行う特徴がある。実践現場の実践家や、サービス利用者・家族、プログラム管理運営者など実践プログラムに関わる関係者が、それぞれの知識や経験と創意工夫を共有して、エビデンスに基づく合意形成を行いながら協働して、対象とするプログラムをより有効性の高い《効果モデル》へと継続的に改善・発展させることを目指している。

　CD-TEP法は、評価対象となる実践プログラムに関する「Tプログラム理論」と「Eエビデンス」「P実践」のそれぞれを、相互に円環的に関連させながら、より良い《効果モデル》の発展に反映させる。これを図示したものが図4-1に再掲したラセン階段上昇型の模式図である。

　以上のとおりCD-TEP法は、①より有効性の高い《効果モデル》の形成と発展、②実践現場の実践家や利用者等の関係者や評価者との協働、③ボトムアップ評価による関係者の評価キャパシティの向上を目指す点などの観点か

ら、実践家参画型エンパワメント評価の評価方法論として最適と考え、本書で取り上げる。

一方 CD-TEP 法は、円環的対話（CD）の形式を用いて、ラセン階段上昇型でより有効性の高い《効果モデル》の形成・発展を目指している。このため**課題解決のプロセスが少なからず複雑に入り込む**ことになる。このような複雑なシステムは、一般の実践家やプログラム利用者や他の関係者にとって理解が容易ではないだろう。実践家など関係者と協働して《効果モデル》の形成・発展を進めるためには、この面への十分な配慮が不可欠と考える。

このような CD-TEP 法の複雑なシステムに対して、私たちは《効果モデル》を形成・発展させる指針となる簡便な評価実施プロセスを、**CD-TEP 改善ステップ**として整理し、活用ツールとして提示する（大島ら，2015）。

本書では、この **CD-TEP 法に基づく効果モデル改善ステップ**（CD-TEP 改善ステップ）を活用して、実践家参画型エンパワメント評価を進める評価方法アプローチ法を提示する。

2　CD-TEP 評価アプローチ法のねらいと開発プロセス

近年、対人サービス領域においても、EBP プログラムなどエビデンスに基づく効果的な実践プログラムへの関心が高まり、当事者ニーズの解決をより適切かつ効果的に行うための取組みが重視されるようになった（障害者就労移行支援事業、介護予防事業、生活保護自立支援事業、退院促進・地域定着支援事業など。1 章 1節参照）。このような中、当事者ニーズに根ざした効果的な実践プログラムを設計・開発し、それをより有効性の高い《効果モデル》に形成・発展させるためには、実践現場の実践家が《効果モデル》を形成・発展に貢献する評価活動に、日常的・継続的に、そして積極的に関与することが求められている。しかしながら、そのための評価アプローチ法はまだ確立していない。

このような現状に対して、私たちの研究チームは、2007年度以来、JSPS 科学研究費補助金を受けて（74頁参照）、新しい対人サービスの実践プログラムをエビデンスに基づく効果的プログラムモデルに構築・発展させる評価アプローチ法を、各領域の実践プログラムに関与する関係者の協力を得て発展させてきた。このプロセスには、1990年代以降アメリカを中心に理論的にも実践的にも発展した**プログラム評価の理論と方法論の活用**と、参加型評価の方法論として

注目されている**エンパワメント評価の方法論の援用**が行われた。CD-TEP 評価アプローチ法は、その研究成果として生み出されたものである。

これら研究の視点、および評価アプローチ法開発の方法は、以下のとおりに整理できる。

1）検討した実践プログラム

主に社会福祉実践プログラムについて検討した。近年、新しく登場した福祉実践プログラムのうち、導入期の既存制度プログラムや試行的事業のプログラムで、全国的にある程度実施されているが効果的な実践モデルが形成されていないと考えられる個別プログラム、および研究者や実践家サイドが、福祉実践現場のニーズを踏まえて新規に開発した個別プログラムを取り上げた。

具体的には、高齢者福祉領域では「認知症高齢者環境作りプログラム」、児童・思春期福祉領域では「被虐待児回復、援助者支援プログラム」「ひきこもり・ニートへの就労支援プログラム」、障害者福祉領域では「障害者就労移行支援プログラム」、精神保健福祉領域では「精神障害者退院促進支援プログラム」「精神科デイケアと訪問支援の統合化プログラム」ほかの計11プログラムである。

2）共通の研究プロセス

図4-2に示したとおり、**プログラム評価の理論と方法論を活用**し、実践プログラムの**実践現場との協働**で《効果モデル》を構築するために、次の6ステージに基づいて研究を進めた。

すなわち、第Ⅰステージ「既存モデル・制度モデルの評価可能性アセスメント、プログラム理論の検討（既存関連有効モデルの分析）」、第Ⅱステージ「予備的プログラム評価調査の実施」、第Ⅲステージ「暫定効果モデルの構築」、第Ⅳステージ「全国プログラム評価調査の実施」、第Ⅴステージ「提案モデルに対する評価理論の検討」、第Ⅵステージ「効果的な社会福祉実践プログラムの提案モデル提示と、効果モデル形成評価法の確立と提案」である。

この暫定効果モデルの構築、提案効果モデルの構築という「**プログラム評価理論からのアプローチ**」で用いた《効果モデル》の位置づけとその発展、および「**プログラム評価方法論からのアプローチ**」で用いた予備的プログラム評価調査と、全国プログラム評価調査における実践家等との協働調査結果のエビデ

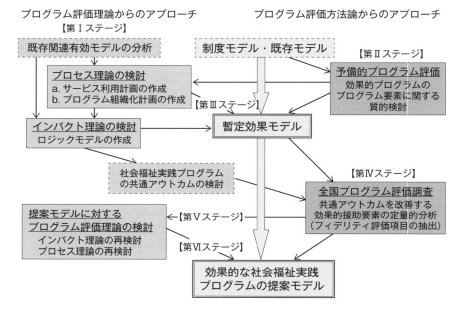

図4-2 効果的社会福祉実践モデル構築のためのアプローチ法基本枠組み

ンスが、後に CD-TEP アプローチ法に発展することになる。

3) 共通知識の構築と共有化の方法の検討

　高齢者領域、児童・思春期領域、障害者福祉領域、精神保健福祉領域の新しい実践プログラム開発に関わる関係者が合同の研究会「EBSC（Evidence-Based Social Care）プログラム評価法研究会」を組織し、4年間に12回の集中的な議論を重ねながら、各領域の福祉実践プログラムにプログラム評価の理論と方法論を適用し、それらがより効果的なプログラムに発展するためのアプローチ法（マニュアルや何種類かの様式集を含む）を検討し、関係者間で共有した。

3　CD-TEP 評価アプローチ法の共通基盤

　この研究では、実践現場の実践家が《効果モデル》の形成・発展に関わる評価活動に、日常的・継続的に、積極的に参画することに有用な評価方法論とし

て CD-TEP が定式化された。研究成果はインターネットで公開されている（http://cd-tep.com/）。

まず、この研究の**各ステージを進めるために必要な共通のアプローチ方式**として、

① 合意できるプログラム理論の形成方法
② 効果的援助要素の作成と共有化の方法
③ チェックボックス方式による効果的援助要素の記述と測定の方法
④ 効果的援助要素チェックボックスに基づく実施マニュアルの構築の方法

が定式化され、そのために必要な実践的知識をマニュアルと様式集などのツールキットなどを整理した。

以上に基づいて、実践プログラムに関する「T プログラム理論」と「E エビデンス」「P 実践」のそれぞれを、相互に円環的に関連させる**共通基盤**（CD-TEP の**共通基盤**）として以下の 6 点が抽出された。それはすなわち、

（1）測定可能なプログラムゴールの設定と共有
（2）合意できるプログラム理論の形成
（3）効果的援助要素の作成と共有
（4）チェックボックス方式による効果的援助要素の記述と測定
（5）効果的援助要素チェックボックスに基づく実施マニュアルの構築
（6）プログラムゴールとなるアウトカム指標と効果的援助要素の関連性の日常的な把握と実証の方法である。

「（1）**測定可能なプログラムゴールの設定と共有**」については、特に福祉実践プログラムでは、エンドポイントになるアウトカム指標の設定が難しく、プログラム効果に関係者間の合意形成が困難と考えられてきた。必然的に、アウトカムとの関係で効果的なプログラムモデルを構築する取組みが停滞することになる。

そこで、今回の11実践プログラムを対象としたプログラム評価研究を通じて、共通に目指すべきゴールとしてのアウトカム指標の検討が重要であり、それが可能であることを確認した。

「（1）**測定可能なプログラムゴール**」は、「（2）**合意できるプログラム理論の形成**」のうち、生成されるプログラムアウトカムの因果連鎖を示したプログラム

理論（T理論）の「**インパクト理論**」と密接に関連する。

　いまひとつのプログラム理論（T理論）である「**プロセス理論**」は、「**⑶効果的援助要素の作成と共有**」「**⑷チェックボックス方式による効果的援助要素の記述と測定**」を行う上での基盤となっている。

　「**⑷チェックボックス方式**」は、特に実践現場の創意工夫や実践知等（P実践）の反映を容易にする、効果的プログラムの構成要素（効果的援助要素）の記述方法として抽出された。プログラム理論（T理論）と実践現場の創意工夫や実践知等（P実践）をつなぐものとして、「**⑶効果的援助要素**」とその記述方式「**⑷チェックボックス方式**」が位置づけられる。

　「**⑸効果的援助要素チェックボックスに基づく実施マニュアルの構築**」は、効果的な実践として、科学的根拠（Eエビデンス）に基づくものであると同時に、先行研究などに基づくプログラム理論（T理論）に依拠するものでなければならない。同時に、実践現場で活用されるためには、実践現場の創意工夫や実践知等（P実践）を反映することが求められている。

　「**⑹プログラムゴールとなるアウトカム指標と効果的援助要素の関連性の日常的な把握と実証の方法**」は、評価研究として重要であるが、同時に日常的な実践においても、アウトカム指標と、効果的援助要素から捉えたプロセス評価尺度であるフィデリティ評価指標との関連性の把握は重要である。フィデリティ評価指標は「⑷チェックボックス方式」で記述された「⑶効果的援助要素」によって作成可能である。

　なお、ここで抽出された6要素は、次章の**効果モデル5アイテム**（5構成要素）に反映されている。

4　CD-TEP評価アプローチ法実践ガイド

　CD-TEP評価アプローチ法実践ガイドは、CD-TEPを進めて行くために必要とされる**18の主要評価課題プロセス**（以下「課題プロセス」と略称）を関係者が共有し、それぞれの課題解決を継続的に前進させて、《効果モデル》の形成・発展に寄与することを目指して作成された実践ガイドである。

1）課題プロセスの内容

　18の課題プロセスの多くは、前項の「CD-TEP法の共通基盤」と密接に関

わる事項である。同時にそれは、前述の**効果モデル 5 アイテム**生成にも関わる評価プロセスである。具体的には以下のとおりである（表4-1にまとめて示す）。

① **ニーズ把握とゴール・ターゲット集団設定**：ニーズ把握とプログラムゴール・ターゲット集団の設定

② **プログラム現状把握**：既存・試行プログラムの現状把握

③ **評価可能性アセスメント**：プログラム評価可能性・再編可能性アセスメントの実施

④ **インパクト理論**：プログラム理論の構築・再構築；インパクト理論

⑤ **サービス利用計画**：プログラム理論の構築・再構築；プロセス理論（サービス利用計画）

⑥ **組織計画**：プログラム理論の構築・再構築；プロセス理論（組織計画）

⑦ **効果的援助要素リスト**：効果的援助要素リストの作成

⑧ **実施マニュアル**：効果モデルの実施マニュアル作成

⑨ **アウトカム評価指標設定**：アウトカム評価尺度・指標の設定と活用計画

⑩ **アウトカム評価調査**：アウトカム評価調査の実施とその評価結果の活用

⑪ **フィデリティ尺度の作成**：効果モデルのフィデリティ尺度作成と活用計画

⑫ **フィデリティ評価調査**：フィデリティ評価調査の実施と評価結果の活用

⑬ **アウトカム・フィデリティの関連性検証**：アウトカム評価とフィデリティ評価・効果的援助要素の関連性の検証、評価結果の活用

⑭ **効果モデル構築**：効果的プログラムモデルの構築

⑮ **効果モデルの技術移転、実践モデル構築**：効果モデルの実践現場への移転、実践的適合モデルの作成

⑯ **実施・普及モデル、ツールキット作成**：効果的プログラムモデルの実施・普及モデル、実施ツールキットの作成

⑰ **制度モデル構築**：効果的プログラムモデルの制度化、制度モデルの作成

⑱ **実践現場の創意工夫による改訂・更新**：実践現場の創意工夫を基盤にした効果モデルの改訂・更新

2）課題プロセスの類型・分類

各課題プロセスの詳細は、8 章〜11章で順次触れる。先ほど述べたように、「**CD-TEP 法の共通基盤**」に関わる事項（①④⑤⑥⑦⑧⑨⑪⑭）、および効果モデル 5 アイテム（④⑤⑥⑦⑧⑨⑪）が、課題プロセスの多くを占めている。

084　4章　CD-TEP 評価アプローチ法

表4-1　CD-TEP 法：18の課題プロセス

評価ステージ	課題プロセス名	課題プロセス略称	CD-TEP 法で生成するもの	CD-TEP 法共通基盤に関する課題	効果モデル5アイテム形成に関わる課題
Ⅰ. 設計・開発評価ステージ					
	①ニーズ把握とプログラムゴール・ターゲット集団の設定	①ニーズ把握とゴール・ターゲット集団設定	ニーズアセスメント，プログラムゴールとターゲット集団設定の報告	○	
	②既存・試行プログラムの現状把握	②プログラム現状把握	プログラム実施状況，GP 事例の状況の報告		
	③プログラム評価可能性・再編可能性アセスメントの実施	③評価可能性アセスメント	評価可能性・再編可能性アセスメントの報告		
Ⅱ. 形成・改善評価ステージ					
	④プログラム理論の構築・再構築：インパクト理論	④インパクト理論	インパクト理論	○	○
	⑤プログラム理論の構築・再構築：プロセス理論（サービス利用計画)	⑤サービス利用計画	サービス利用計画	○	○
	⑥プログラム理論の構築・再構築：プロセス理論（組織計画)	⑥組織計画	組織計画	○	○
	⑦効果的援助要素リストの作成	⑦効果的援助要素リスト	効果的援助要素リスト	○	○
	⑧効果モデルの実施マニュアル作成	⑧実施マニュアル	実施マニュアル	○	○
	⑨アウトカム評価尺度・指標の設定と活用計画	⑨アウトカム評価指標設定	アウトカム評価指標	○	○
	⑩アウトカム評価調査の実施とその評価結果の活用	⑩アウトカム評価調査	アウトカムのエビデンス		
	⑪効果モデルのフィデリティ尺度作成と活用計画	⑪フィデリティ尺度の作成	フィデリティ尺度	○	○
	⑫フィデリティ評価調査の実施と評価結果の活用	⑫フィデリティ評価調査	フィデリティ評価のエビデンス		
	⑬アウトカム評価とフィデリティ評価・効果的援助要素の関連性の検証，評価結果の活用	⑬アウトカム・フィデリティの関連性検証	アウトカム・フィデリティ関連性のエビデンス		
	⑭効果的プログラムモデルの構築	⑭効果モデル構築	効果モデル（1次、2次、3次)	○	
Ⅲ. 実施・普及評価ステージ					
	⑮効果的プログラムモデルの実践現場への移転，実践的適合モデルの作成	⑮効果モデルの技術移転，実践モデル構築	効果モデル（技術移転版)		
	⑯効果的プログラムモデルの実施・普及モデル，実施ツールキットの作成	⑯実施・普及モデル，ツールキット作成	効果モデル（実施・普及版)，実施ツールキット		
	⑰効果的プログラムモデルの制度化，制度モデルの作成	⑰制度モデル構築	効果モデル（制度版)		
	⑱実践現場の創意工夫を基盤にした効果モデルの改訂・更新	⑱実践現場の創意工夫による改訂・更新	効果モデル（実施・普及版の改訂版)		

それ以外の課題プロセスは、評価調査に関わる⑫⑬と《効果モデル》の形成・発展ステージのうち、**設計・開発評価ステージに関わるもの**（②③：①は共通基盤(1)）および**実施・普及評価ステージに関わるもの**（⑮⑯⑰⑱）である。これらについては、それぞれ8章と11章で詳述する。

なお**形成・改善評価ステージ**に関わるものは④〜⑭である。このうち、

・主にプログラム理論（T理論）の構築・再構築に関わるものは④⑤⑥［「プログラム理論の評価と構築・再構築フェーズ」と呼ぶ］、

・主に実践現場の創意工夫や実践知等（P実践）の反映に関わるものは⑦⑧［「実践現場の創意・工夫、改善点の反映フェーズ」と呼ぶ］、

・主に評価結果に基づくエビデンス（Eエビデンス）の活用に関わるものは⑨〜⑬［「エビデンスに基づく知識生成フェーズ」と呼ぶ］と分類される。

3）課題プロセスの構造、「アウトプット」を生成する手順

さて各課題プロセスは、プロジェクトマネジメント領域の世界標準である**PMBOK**（Project Management Body of Knowledge）の枠組みを参考に活用した（Project Management Institute, 2008）。「**インプット**（Input）」「**検討方法**（Analysis）」「**アウトプット**（Output）」という共通の課題解決プロセス・課題解決方法の構造を用意している（図4-3：例示）。

たとえば、「⑦効果的援助要素リストの作成」では、「**アウトプット**」として、「効果的プログラムモデルの効果的援助要素リストおよび改訂版の作成」を生成することが目指される。

これに対して、「効果的プログラムモデルの効果的援助要素リストおよび改訂版の作成」に向けて、まず「**インプット**」では、次の資料や評価活動が検討の素材として用意される。すなわち、

(1) プログラムインパクト理論、プロセス理論

(2) 関連するEBPプログラム、GP事例プログラムとの比較分析

(3) プログラム関係実践家・利用者とのワークショップ（含・フォーカスグループ、意見交換会など）

(4) GP事例の現場踏査調査

(5) フィデリティ評価モニタリング調査における意見交換会

(6) アウトカム評価とフィデリティ評価・効果的援助要素の関連性分析

(7) エキスパートによる効果的援助要素に対する有用性、重要性調査

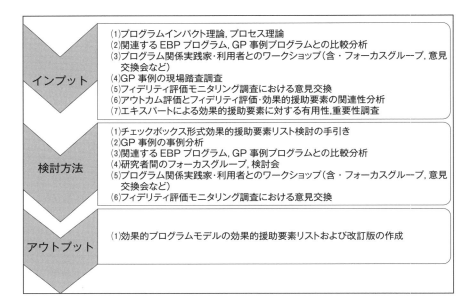

図 4-3 【例示】(課題プロセス⑦)効果的援助要素リストの課題処理方法

次に「**検討方法**」としては、「**インプット**」において収集され、あるいは実施された活動結果に基づいて、以下の項目に関する実施ガイドが提示される。また、「**アウトプット**」を生成する指針が示される。すなわち、

(1) チェックボックス形式効果的援助要素リスト検討の手引き
(2) GP 事例の事例分析
(3) 関連する EBP プログラム、GP 事例プログラムとの比較分析
(4) 研究者間のフォーカスグループ、検討会
(5) プログラム関係実践家・利用者とのワークショップ(含・フォーカスグループ、意見交換会など)
(6) フィデリティ評価モニタリング調査における意見交換

である。その結果、「**アウトプット**」である「効果的プログラムモデルの効果的援助要素リストおよび改訂版の作成」が生成されることになる。

4) 課題プロセスの円環的相互関係

CD-TEP 法実践ガイドの課題プロセスは、「アウトプット」が、別の(他の)

[Ⅱ部] 評価手法

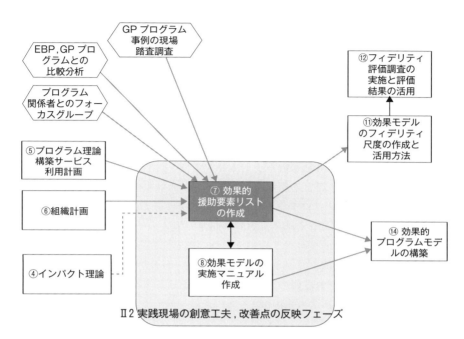

図4-4 【例示】（課題プロセス⑦）効果的援助要素リストの課題処理フロー図

課題プロセスの「インプット」になるなど、**CD-TEP法の全課題プロセスが有機的で円環的に関連して課題解決を導く**。これは、PMBOKのマネジメントプロセスと同様である。

たとえば、前項の「⑦効果的援助要素リストの作成」では、**「インプット」**に「(1)プログラムインパクト理論、プロセス理論」が示されている。この「インプット」は、課題プロセス「④プログラム理論の構築・再構築；インパクト理論」「⑤同；プロセス理論（サービス利用計画）」「⑥同；プロセス理論（組織計画）」の**「アウトプット」**からもたらされる。

同時に、「⑦効果的援助要素リストの作成」の**「アウトプット」**には、課題プロセス「⑧効果モデルの実施マニュアルの作成」と、「⑪効果モデルのフィデリティ尺度作成と活用計画」の**「インプット」**として反映される。

以上の円環的相互関係は、**図4-4**の**課題処理フロー図**（課題プロセス⑦の例示）として、課題プロセスごとに示している。

5）CD-TEP 評価アプローチ法実践ガイドの全体構成

　CD-TEP 法実施ガイドの全体構成（目次構成）は以下のとおりである。実践ガイドの内容はインターネット上で公開されているのでご参照頂きたい。

● URL：http://cd-tep.com/

パートA　　総論

パートB　　CD-TEP プログラム評価・開発アプローチ法の共通基盤

　　1）CD-TEP 法の共通基盤とプログラム現場との相互交流の方法

　　2）CD-TEP 法の共通基盤を支える6方式

　　3）プログラム現場との相互交流、エビデンス収集の方法

パートC　　CD-TEP プログラム評価・開発アプローチ法の実施ガイド

　　Ⅰ. CD-TEP プログラムモデル設計・開発評価ステージ

　　Ⅱ. CD-TEP 効果的プログラムモデルへの形成・改善評価ステージ

　　Ⅲ. CD-TEP 効果的プログラムモデルの実施・普及評価ステージ

パートD　　プログラム評価の課題別フローチャート

パートE　　CD-TEP 法の適用例

5　CD-TEP 改善ステップ：改善の12ステップ

　本章冒頭で述べたように、実践家参画型エンパワメント評価を進めるための評価方法論として、本書では、**CD-TEP 法に基づく効果モデル改善ステップ**（CD-TEP 改善ステップ）を用いる。

　その理由は、既に述べたとおりに、CD-TEP 法がラセン階段上昇型で、より良い《効果モデル》の形成・発展を目指しているために、課題解決のプロセスが複雑化する。前節に示したとおり、CD-TEP 法では《効果モデル》の改善方策が体系的かつ有機的に把握できるが、一般の実践家や利用者など関係者には具体的な評価の進め方などの理解が容易ではない。

　これに対して、**CD-TEP 本体の円環的な相互関係を、CD-TEP 法に依拠する代表的な12のステップに整理して、モデル的な評価実施プロセスの指針をまとめたのが CD-TEP 改善ステップ**である。これにより、実践現場の実践家などの関係者とともに、CD-TEP 法に準拠して《効果モデル》の形成・発展方法を共有することが可能になる。

　なお **CD-TEP 改善ステップ**では、実践家参画型で《効果モデル》の形成・

[Ⅱ部] 評価手法　089

表4-2　効果モデルの形成・発展ステージと対象とする効果モデル

効果モデルの形成・発展ステージ		各ステージで対象とする効果モデル類型	各ステージで次に改訂を目指す効果モデル類型	改善ステップとの対応関係
第Ⅰステージ	設計・開発評価ステージ	予備的効果モデル（暫定版）	第1次効果モデル（試行版）	第1～6ステップ
第Ⅱ-1ステージ	形成・改善評価ステージ（導入期）	第1次効果モデル（試行版）	第2次効果モデル（提示版）	第7～10ステップ
第Ⅱ-2ステージ	形成・改善評価ステージ（成熟期）	第2次効果モデル（提示版）	第3次効果モデル（エビデンス版）	第11～12ステップ
第Ⅲステージ	実施・普及評価ステージ	第3次効果モデル（エビデンス版）	効果モデル（実施体制整備版／制度版／技術移転版、など）	効果モデルを実施・運営するシステムレベルで、第1～12ステップが対応する

発展を進めるための手順に焦点を当てて指針を提示している。この点は、「改善ステップ」の特徴として明記しておく必要がある。

　CD-TEP 改善ステップの詳細は、6章で示す。以下では「改善ステップ」の概要について、《効果モデル》の形成・発展に注目して提示する（表4-2参照）。

　CD-TEP 改善ステップは12ステップからなり、「**改善の12ステップ**」とも呼称する。12ステップは以下のとおりである。
■**第Ⅰステージ：設計・開発評価ステージ**
　第1ステップ：現状分析・ニーズ評価：問題状況とニーズの分析、ターゲット集団とプログラムゴールの設定
　第2ステップ：評価可能性アセスメントの実施と予備的効果モデル（暫定版）**作成**
　第3ステップ：GP 事例調査の実施
　第4ステップ：質的データ分析と実践家等参画型ワークショップ③の準備
　第5ステップ：実践家等参画型ワークショップ③：第1次効果モデル（試行版）構築
　第6ステップ：第1次効果モデル（試行版）**の形成・構築・改善**：効果モデル5アイテムの作成

■第Ⅱ-1ステージ：形成・改善評価ステージ（導入期）

第7ステップ：**広域的事業所調査**：第1次効果モデル（試行版）の広域的な検証

第8ステップ：**広域的試行評価調査①**：単一グループデザインで行う多施設共同調査

第9ステップ：**質的・量的データ分析と実践家等参画型ワークショップ④準備**：効果モデル改訂案の作成

第10ステップ：**実践家等参画型ワークショップ④**：第2次効果モデル（提示版）への形成・改善

■第Ⅱ-2ステージ：形成・改善評価ステージ（成熟期）

第11ステップ：**広域的試行評価調査②**：比較による有効性研究（CER）で行う多施設共同調査

第12ステップ：**第3次効果モデル（エビデンス版）への形成・改善**：質的・量的データ分析と実践家等参画型ワークショップ⑤による効果モデル（エビデンス版）への形成・改善

以上の12ステップの内容に関して、実践家等参画型で《効果モデル》の形成・発展を進める「改善ステップ」では、**実践家等参画型ワークショップ（WS）**が重要な位置づけをもっている（第1・2・5・10・12ステップにおける実践家等参画型ワークショップを実施）。

またワークショップの準備として、**「実践家等を含む評価チーム」**による質的・量的データ分析と、実践家等参画型ワークショップへの準備（第4・6・9・12ステップ）が位置づいている。

さて次に、以上で見てきたCD-TEP改善ステップについて、《効果モデル》の形成・発展ステージとどう関連するのかを確認しておきたい。

1章、2章でも触れたように、本書では、《効果モデル》の形成・発展ステージとして、以下の4段階の評価ステージを設定した。これらの4ステージは、各ステージにおける評価課題に対応したステージになっている。

第Ⅰステージ：設計・開発評価ステージ（8章で詳述）

第Ⅱ-1ステージ：形成・改善評価ステージ（導入期）（9章で詳述）

［Ⅱ部］評価手法　091

第Ⅱ-2ステージ：形成・改善評価ステージ（成熟期）（10章で詳述）
第Ⅲステージ：実施・普及評価ステージ（11章で詳述）

　それぞれのステージには、《効果モデル》の形成・発展のための課題があり、各ステージでは常に次のステージに向けて、より良い《効果モデル》を形成・発展させるための評価活動が行われる。各ステージで対象とする《効果モデル》と、次のステージで目指すべき《効果モデル》の類型を**表4-2**にまとめた。

・**予備的効果モデル**（効果モデル（暫定版））は、暫定の《効果モデル》である。これを基に、GP事例調査などを通じて、《効果モデル》の設計・開発評価を行い、**効果モデル（試行版）**を構築する。

・**第1次効果モデル**（試行版）は、《効果モデル》がひとまず開発され、それを試行的に検証する際に使用するモデルである。ある程度のモデル検証を経て、社会に対して提案できるモデルに形成・発展した段階で、**効果モデル（提示版）**となる。

・**第2次効果モデル**（提示版）は、試行評価調査によってある程度の有効性が明らかになったモデルである。広域的試行評価調査などを用いて、ランダム化比較試験（RCT）や比較による有効性研究（CER）を行い、エビデンスレベルの高い《効果モデル》として、**効果モデル（エビデンス版）**となることを目指す。

・**第3次効果モデル**（エビデンス版）は、ランダム化比較試験（RCT）や比較による有効性研究（CER）などによって有効性が検証されつつあるモデルである。今後、《効果モデル》として継続的改善も必要になる可能性があることから、暫定的なエビデンス版という位置づけにある。

　なお、実施普及評価ステージにある**効果モデル**（実施体制整備版／制度版／技術移転版、など）については、11章で詳しく述べることにする。

　さて、**CD-TEP改善ステップ**に対応する**形成・発展ステージ**を示すと（表4-2参照）、

　第1〜第6ステップに対応するのは第Ⅰステージで、**効果モデル（試行版）**の形成・発展を目指す。

　第7〜第10ステップに対応するのは第Ⅱ-1ステージで、**効果モデル（提示版）**の形成・発展を目標とする。また**第11-12ステップ**に対応するのは第Ⅱ-2ス

テージで、**効果モデル**（エビデンス版）の構築を目指す。

　なお、第Ⅲステージ（実施・普及評価ステージ）は、《効果モデル》を実施・運営するためのシステムレベルの《効果モデル》の評価ステージである。実施・普及ツールキットなどを用いたシステムレベルの介入を行う。システムレベルの介入にも、**二重構造で改善ステップの第1〜12ステップを適用**する（11章、特に6節で詳述）。

　以上のように、**CD-TEP改善ステップ**は、《効果モデル》の形成・改善を見据えながら、実践家の積極的な関与と協力によって、より良い《効果モデル》への形成・発展を具体的に実現する形態を取っている。

6　本章のまとめ

　本章では、実践家参画型エンパワメント評価を進めるための評価手法として、CD-TEP法の定義、その意義、開発プロセスを示し、この評価アプローチ法の枠組みと概要を示した。また、CD-TEP法を実践家など関係者と協働して活用する指針である「**CD-TEP改善ステップ**」についても概説した。

　これらの評価手法に基づいて、実践家参画型エンパワメント評価を進めるためには、**その前提として《効果モデル》が可視化され、関係者間で共有されることが求められる。**

　また、**CD-TEP改善ステップに基づいて評価計画を立案し、実施するためには、現状の《効果モデル》がどの程度の形成・発展段階にあるのかに関するアセスメントを行い、改善ステップにおける位置づけを明らかにして最適な評価計画をCD-TEP改善ステップに基づいて作成することが必要になる。**

　本章は、CD-TEP法の概論として、これらの課題について十分には触れていない。次の2つの章で、それぞれの課題について詳しく示すことにしたい。

文献

Chen HT（2010）. The bottom-up approach to integrative validity: A new perspective for program evaluation. Evaluation and Program Planning 22: 205-214.

Chen HT（2015）. Practical program evaluation: Theory-driven evaluation and the ingegrated evaluation perspective, 2nd Ed. SAGE.

大島巌，他（2012）. CD-TEP──円環的対話型評価アプローチ法実施ガイド. 平成22年度文部科学省・科学研究費補助金基盤研究（A）「プログラム評価理論・方法論を用いた効果的な

福祉実践モデル構築へのアプローチ法開発」報告書（主任研究者：大嶋巌）．http://cd-tep. com/（2018. 10. 25取得）

大島巌，平岡公一，児玉桂子，他（2015）．実践家参画型福祉プログラム評価の方法論および評価教育法の開発とその有効性の検証．平成23～26年度文部科学省科学研究費補助金基盤研究（A）総括報告書（課題番号：23243068）（主任研究者：大嶋巌）．

Project Management Institute（2008）. A Guide to the Project Management Body of Knowledge: PMBOK Guide. Project Management Institute, Inc（＝2008．プロジェクトマネジメント知識体系ガイド（PMBOK ガイド）第 4 版．Project Management Institute, Inc.）．

5章
「効果モデル」の可視化の方法
――効果モデル5アイテムのつくり方

　この章では、CD-TEP評価アプローチ法（大島ら, 2012; 2015）を用いて、実践家参画型エンパワメント評価を進めるための前提となる、《効果モデル》の可視化の方法を、**効果モデル5アイテム**の観点から提示する。その上で、より良い《効果モデル》の形成・発展のために、実践家や利用者など関係者（実践家等）が、それぞれの立場でどのように改善に関与すればよいのか、**CD-TEP法**および**効果モデル改善ステップ**の観点から示し、今後の課題と可能性を検討する。

1　効果モデルの可視化の方法

　ここでは、まず《効果モデル》を可視化する方法として、**効果モデル5アイテム**を取り上げる。

　実践家参画型エンパワメント評価の対象となる実践プログラムに対して、実践家や利用者など関係者が参画して、対象となる《効果モデル》を**協働して設計・開発、形成・改善、実施・普及**するには、まず対象となる《効果モデル》が具体的で明確に記述され、実践現場や社会から可視化されていることが求められる。その上で、その可視化された《効果モデル》が、評価に関わる関係者によって必要に応じて随時改訂が可能な状態になっていることも必要である。

　私たちの研究班は、《効果モデル》を可視化して、操作的に定義するために、《効果モデル》を構成する**5構成要素**（Effective Model Components）（5アイテム）に整理することを提案してきた。すなわちそれは以下のとおりである。

① **EMC1 プログラムゴールとインパクト理論**：効果モデルのゴールと、その達成過程を示すプログラム理論のインパクト理論（ゴール設定に関わる設計図）

② **EMC2 プロセス理論**：プログラムゴールを実現するために有効なプログラムの設計図に当たるもの。サービス利用計画と組織計画がある（Rossi ら, 2004）

③ **EMC3 効果的援助要素**（critical components）**リスト**：可能であれば実践現場の創意工夫や実践上の経験知を随時追加できる「チェックボックス形式」で「要素」の記述をするのが望ましい（Bond ら, 2000）。

④ **EMC4 評価ツール**：効果的援助要素などのモデル適合度（フィデリティ評価）、およびプログラムアウトカムを測定する評価のツール。

⑤ **EMC5 実施マニュアル**：以上の内容を具体的に記載した効果モデル実施マニュアルと評価マニュアルから構成される（Solomon ら, 2009; 芝野, 2015）。

なお、EMC4 の評価ツールが評価マニュアルとして独立している場合もある。

これらの**効果モデル 5 アイテム**を、実践現場の実践家、利用者・家族、プログラム管理運営者など《効果モデル》に関わる利害関係者がそれぞれに共有することにより、5 アイテムの各要素を少しずつでもより良い方向に改善することが可能となる。

さらに実践家参画型評価では、**実践家等がそれぞれのアイテムの開発と形成・改善に積極的に関与することが期待される**。特に実践現場の専門職である**実践家の場合**は、③ **EMC3 効果的援助要素リスト**に対して、創意工夫と実践上の知見やアイデアを盛り込んだリストの開発と改訂、また⑤ **EMC5 実施マニュアル**の開発と改訂において、十分な貢献をすることが期待される。

このような活動によって、それぞれの立場からより効果的な「モデル」を形成し、継続的に改善する取組みが可能になる。

その上で、**改善・改訂すべき「要素」がまとまった段階では、《効果モデル》改訂のためのカンファレンスを開催して、協議の上で 5 アイテムに変更を加え**、改訂モデルを共有する。

以上のとおり、《効果モデル》の設計・開発、形成・改善を行うプロセスを関係者が共同で行う共通基盤として、**効果モデル 5 アイテムは重要な位置を占めている。**

以下では、CD-TEP 法における効果モデル 5 アイテムの概要と 5 アイテムの CD-TEP 法上の位置づけを示す。同時に、それぞれの構築の方法（つくり方：設計・開発と形成・改善の方法）を概説する。

それに先立ち、まず最初に **CD-TEP 法の課題プロセス**ごとに、**効果モデル 5 アイテム**がどのように構築・改訂されるのか、《効果モデル》の形成・発展ステージごとに整理したのが**表 5 - 1** である。それぞれのアイテムが、各課題プロセスを通して、どのように構築・改訂されるのかを、そのプロセスをまずご確認頂きたい。

なお、効果モデル 5 アイテムのうち、EMC1〜EMC3 は、実施マニュアル（EMC5）の中に含まれている。そのサンプル（就労移行支援プログラム）は次をご参照頂きたい。

● URL：http://cd-tep.com/m/s08-1.pdf

2　プログラムゴールとインパクト理論（EMC1）

1）概要

本書で取り上げる《効果モデル》は、繰り返し述べるように、**社会問題や社会状況を改善するために設計・導入される対人サービス領域の社会プログラムの《効果モデル》**である（1 章 1 節参照）。社会問題を緩和し社会状況を改善するという明確な共通の目標・ゴールをもつ。社会プログラムは、社会的な問題解決という目標・ゴールがあってこそ存在し、問題解決のゴールを達成し、十分な成果を生み出してはじめて、社会的な評価を受ける。

このことから、《効果モデル》の構成要素の**まず第 1 には、社会的課題の解決というプログラムゴール・目標の明示**が求められる。

それとともに、ゴール達成に向けたプログラム効果の因果連鎖を示す**プログラム理論のインパクト理論**（ゴール設定に関わる設計図）を位置づける必要がある。《効果モデル》を構成する、最も重要な基盤がプログラムゴールとインパクト理論である。

CD-TEP 法では、Rossi ら（2004）のプログラム理論の枠組みを用いる。このプログラム理論は、直接的に利用者との接触がある対人サービスプログラムを主な対象として、プログラムと利用者との相互作用に重点を置いた枠組み（図 5 - 1）である。

[Ⅱ部] 評価手法　097

表5-1(1)　効果モデル5アイテムの構築・改訂のプロセス①

効果モデル5アイテム	Ⅰ. 設計・開発評価ステージ(前半)				Ⅰ. 設計・開発評価ステージ(後半)		
	CD-TEP課題プロセス1	CD-TEP課題プロセス2	改善ステップ	生成される効果モデル	CD-TEP課題プロセス	改善ステップ	生成される効果モデル
EMC1プログラムゴールとインパクト理論	課題プロセス①:ニーズ把握とゴール・標的集団設定	課題プロセス③:評価可能性アセスメント	第1〜2ステップ	予備的効果モデル:暫定版	課題プロセス④:インパクト理論	第3〜6ステップ	第1次効果モデル:試行版
EMC2プロセス理論	課題プロセス②:既存・試行プログラムの現状把握(GP事例調査等)	課題プロセス③:評価可能性アセスメント	第1〜2ステップ	予備的効果モデル:暫定版	課題プロセス⑤:サービス利用計画課題プロセス⑥:組織計画	第3〜6ステップ	第1次効果モデル:試行版
EMC3効果的援助要素リスト	課題プロセス②:既存・試行プログラムの現状把握(GP事例調査等)				課題プロセス⑦:効果的援助要素リスト	第3〜6ステップ	第1次効果モデル:試行版
EMC4評価ツール					課題プロセス⑧:実施マニュアル	第5〜6ステップ	第1次効果モデル:試行版
EMC5実施マニュアル					課題プロセス⑨:アウトカム指標設定課題プロセス⑪:フィデリティ尺度作成	第5〜6ステップ	第1次効果モデル:試行版

表5-1(2)　効果モデル5アイテムの構築・改訂のプロセス②

効果モデル5アイテム	Ⅱ. 形成・改善評価ステージ			
	CD-TEP課題プロセス1	CD-TEP課題プロセス2	改善ステップ	生成される効果モデル
EMC1プログラムゴールとインパクト理論	課題プロセス④:インパクト理論	課題プロセス⑩⑫⑬:アウトカム・フィデリティ評価調査,両者の関連性検証	第7〜12ステップ	第2・3次効果モデル:提示版／エビデンス版
EMC2プロセス理論	課題プロセス⑤:サービス利用計画課題プロセス⑥:組織計画	課題プロセス⑩⑫⑬:アウトカム・フィデリティ評価調査,両者の関連性検証	第7〜12ステップ	第2・3次効果モデル:提示版／エビデンス版
EMC3効果的援助要素リスト	課題プロセス⑦:効果的援助要素リスト	課題プロセス⑩⑫⑬:アウトカム・フィデリティ評価調査,両者の関連性検証	第7〜12ステップ	第2・3次効果モデル:提示版／エビデンス版
EMC4評価ツール	課題プロセス⑧:実施マニュアル	課題プロセス⑩⑫⑬:アウトカム・フィデリティ評価調査,両者の関連性検証	第7〜12ステップ	第2・3次効果モデル:提示版／エビデンス版
EMC5実施マニュアル	課題プロセス⑨:アウトカム指標設定課題プロセス⑪:フィデリティ尺度作成	課題プロセス⑩⑫⑬:アウトカム・フィデリティ評価調査,両者の関連性検証	第7〜12ステップ	第2・3次効果モデル:提示版／エビデンス版

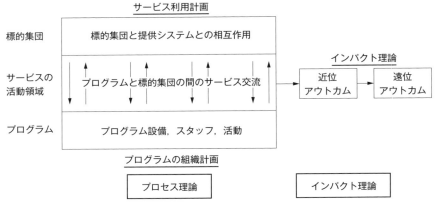

出所：Rossi ら（＝2005: 132）に加筆して作成

図5-1　プログラム理論の概観（対人サービスプログラム×利用者の相互作用に重点を置いたプログラム理論）

　ここでプログラム理論とは、社会プログラムがどのように効果をもたらすのか、どのような要素が効果に影響するかに対して明確な見通しを与える因果関連やプログラム要素に関する一連の仮説群である。プログラムの効果に関する**インパクト理論**（impact theory）と、プログラムゴールを達成するために、プログラムをどのように運営するかという仮説を記述した**プロセス理論**（process theory）からなる。個別プログラムに対してプログラム理論をよく吟味することにより、より良いアウトカムを生み出す、優れた実践プログラムを構築できることが期待される。《効果モデル》の設計図と言えるのがプログラム理論である（Rossi ら, 2004）。

　まず最初に取り上げる**インパクト理論**は、図5-2に例示するようにパス図の形で提示する。たとえば、障害者就労移行支援プログラムの《効果モデル》を例に挙げる。そのインパクト理論には、制度名の「就労移行」（近位アウトカム）のみならず、その先に「一般雇用の維持・定着」（中位アウトカム）、「生活の質の向上」（遠位アウトカム）まで含んでいる。

　プログラムゴールは、**インパクト理論**の中に含まれており、図中に明示する。インパクト理論の作成に当たり、プログラムに関わる利害関係者が集まり、ワークショップを開催して合意を得ながら行う。プログラムゴールとして、どの部分に力点を置いて取り組むのか、十分な協議・検討を行い、合意の

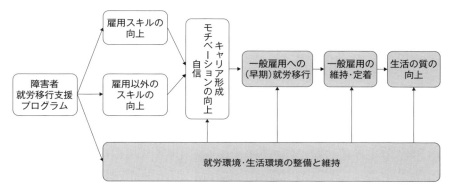

出所:効果のあがる就労移行支援プログラムのあり方研究会(2017)

図5-2 【例示】就労移行支援プログラムの インパクト理論

上で取り組む。

2）CD-TEP法における位置づけ

　プログラムゴールとインパクト理論（EMC1）の構築と改訂は、CD-TEP の**課題プロセス④「インパクト理論」**において中心的に行う（表5-1）。具体的なプロセスはこの課題プロセスの「インプット」「検討方法」「アウトプット」に沿って実施する。その概要は次項で示す。

　課題プロセス④「インパクト理論」を中心とした CD-TEP 法の課題処理フロー図は、図5-3に提示する。

　課題プロセス④「インパクト理論」は、CD-TEP 法の**形成・改善評価ステージ**に位置づけられる。そのステージに先立つ**設計・開発評価ステージ**では、課題プロセス①「ニーズ把握とプログラムゴール・ターゲット集団設定」において、ニーズアセスメントの結果から「プログラムゴール」の設定が行われる。また課題プロセス③「プログラム評価可能性・再編可能性アセスメントの実施」では、アウトプット(1)「評価可能性・再編可能性アセスメント報告書」の中に、「プログラムが解決を目指すべき問題を明確化しプログラムのゴールと目標を利害関係者間で共有化し、合意形成を図ることが可能か（プログラムゴールの明確化）」どうかがまとめられている。その上で、合意形成が可能な場合には、「望まれる効果的プログラムモデル・プログラム理論の方向性」

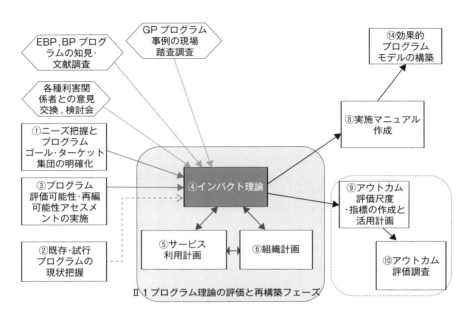

図 5-3　課題プロセス④「インパクト理論」の課題処理フロー図

が提示される。

　他方で、課題プロセス④「インパクト理論」は、このプロセス以降に連鎖して、図 5-3 のように**課題プロセス⑨「アウトカム評価指標」**に反映される。同時に、**課題プロセス⑧「実施マニュアル」**に関して、実施マニュアルの中に掲載されて、プログラムが目指すものが関係者間で共有される。

3）プログラムゴールとインパクト理論のつくり方

　課題プロセス④「インパクト理論」において、インパクト理論の構築と改訂の課題処理方法を示したのが図 5-4 である。

　この**課題プロセスの「アウトプット」**は、
（1）プログラムインパクト理論作成、改訂版作成
（2）プログラムインパクト理論の解説文作成の手引き、である。

　インパクト理論の改訂版作成に向けて、**「インプット」**としては、図 5-4 に示した資料や評価活動が行われ、検討素材として用意される。これらは、図 5

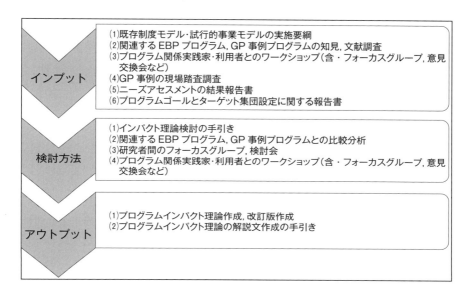

図5-4 課題アプロセス④「インパクト理論」の課題処理方法

-3の処理フロー図に示したように、左方向から向かう矢印にほぼ対応する。(5)ニーズアセスメント等の結果報告書や、(1)既存制度モデル等の資料分析、(2)文献調査に加えて、(3)関係者との意見交換会、加えて(4)**GP事例の現場踏査調査結果**が重要な検討素材となる。

　「インプット」の資料や評価活動が整った段階で、図5-4「**検討方法**」に示す4つの活動が行われる。

　まず、「(1)インパクト理論検討の手引き」は、「検討方法」全体のガイドラインとなる（図5-4の検討方法）。この手引きで重視されているのは、GP事例調査や多施設共同による試行的評価調査の結果に基づく質的、量的評価情報の分析に基づくエビデンス（Eエビデンス）と、それら評価調査に関連して行われるプログラムに関わる実践家等からフィードバック（P実践）を受けて行われるワークショップ（含・フォーカスグループ、意見交換会など）という場の活用である。

　また「**検討方法**」の2項目は、「(2)関連するEBPプログラム、GP事例プログラムとの比較分析」である。ここでは、文献的な理論的検討が行われる（T理論）。3項目、4項目は、「(3)研究者間のフォーカスグループ、検討会」「(4)

プログラム関係実践家・利用者との**ワークショップ**（含・フォーカスグループ、意見交換会など）」である。エビデンスや理論に基づく「インパクト理論」の検討が行われるとともに、関係者との合意に基づく提案が行われる。

これらの「検討方法」に基づいて、**課題プロセス④の「アウトプット」**である「インパクト理論」の改訂版が生成される。

3 プロセス理論（EMC2）

1）概要

プログラム理論のプロセス理論（EMC2）は、「プログラム効果」に関わるインパクト理論と対置される。**期待される「プログラム効果」を生み出すために行われるプログラムの組織と活動の運営方法を、1つのまとまったプログラム単位として体系的に整理して記述した設計図（体系図）を構築する。EMC3効果的援助要素を、プログラムゴールの達成に向けて体系的に配置した仮説図でもある。**

CD-TEP 法のプロセス理論は、インパクト理論と同様に Rossi ら（2004）の枠組みに依拠して定式化する（図5-1）。

すなわち、CD-TEP 法のプロセス理論は次の2つから構成する。すなわち、対象とするターゲット集団に対して、サービスを提供する方法やプロセスを示した**サービス利用計画**（service unilization plan）と、サービス提供を進めるためのプログラム資源、スタッフ、運営、組織に関するプログラムの**組織計画**（organization plan）である。

サービス利用計画は、プログラムの対象集団にどのようにサービスコンタクトを取り、どのようにインパクト理論に示される変化が生成されるだけ十分なサービスを提供するのか、サービスの提供手順を含めて記述し、またサービスが不要になれば関係を終了するのかを明らかにした仮説群である（Rossi ら，＝2005：130-134）。基本的にはプログラムとターゲット集団間の交流が記述される。

通常は、**図5-5**に例示するように**サービス機能のフローチャート**で描かれる。図5-5は効果的就労移行支援プログラムのサービス利用計画であるが、利用者の広報・啓発活動から始まって利用開始をし、就労支援計画のもと早期の就労を実現する。その後にも職場定着のための継続的支援を行うことが示されている。同時に、利用者本人以外の関係者（環境要因）である雇用先や、生

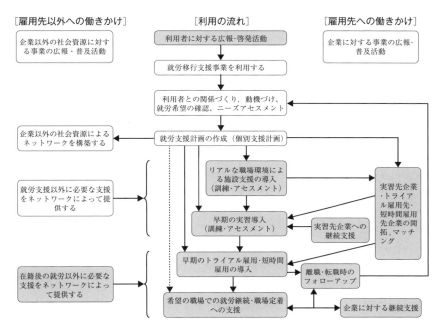

出所：効果のあがる就労移行支援プログラムのあり方研究会(2017)

図5-5 【例示】効果的就労移行支援プログラムのサービス利用計画

活支援ネットワークへのサービスをどのように一体的に提供するのかを示している。

これに対して**組織計画**は、サービス利用計画を適切に実行に移す組織・運営に関する組織実態についての計画である。プログラムのマネジメントの視点から整理し記述される（図5-6）。

組織計画には2つの要素が含まれる。1つは、①プログラムが実行しようとしている機能と活動である。ここには、サービス利用計画で記述された支援サービスと、支援サービスを維持・運営するための「機能と活動」が含まれている。

いま1つは、②支援サービスを実施し維持するために必要な人的、財政的、物的な資源である。支援サービスの実施に関わる人材や設備、財源と、基本的なサービスを提供するための後方支援、適切な施設と備品、財源、スーパービ

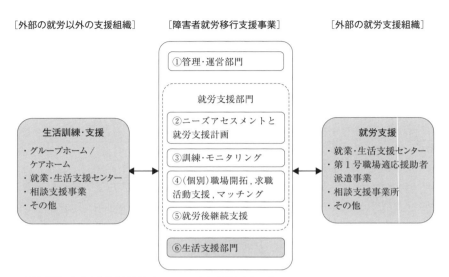

出所：効果のあがる就労移行支援プログラムのあり方研究会（2017）

図5-6 【例示】効果的就労移行支援プログラムの組織計画

ジョンや研修、事務的サポートなどが含まれている。

　組織計画は、通常は図5-6に例示するように、インパクト理論やサービス利用計画と同様に図示する。図5-6は効果的就労移行支援プログラムの組織計画である。直接的な支援サービスを提供する就労支援部門における「機能と活動」を下位部門ごとに表示し、また管理・運営部門の役割そして外部の就労支援組織における活動、外部の生活訓練・支援部門の活動をも表示する。

　プロセス理論（EMC2）の作成に当たっては、インパクト理論の場合と同様に、利害関係者が集まり、**ワークショップ形式**で関係者の合意を得ながら行うと有効である（12章3節参照）。

　インパクト理論の作成を受けて、まず一般的にはサービス利用計画を作成する。そこでは、インパクト理論の各レベルのアウトカム（近位、中位、遠位）を実現するために、どのような取組み・活動があるのかを明らかにし、それをフローチャートとして描き出す。

　次に**組織計画**については、インパクト理論を近位アウトカムから遠位アウトカムまで進めるに当たって必要な取組み・活動を、どのような人材・設備・財

[Ⅱ部] 評価手法　105

源・外的なバックアップ体制で進めればよいのか検討し、実施組織ごとに活
動・機能を整理し、その相互関係を明らかにする。

2）CD-TEP 法における位置づけ

　プロセス理論（EMC2）の構築と改訂は、**課題プロセス⑤「サービス利用計
画」**と、**課題プロセス⑥「組織計画」**を中心に行う（表4-1（84頁）参照）。具
体的な構築と改訂のプロセスは、2つの課題プロセスの「インプット」「検討
方法」「アウトプット」に沿って実施する（後掲の図5-9、図5-10参照）。

　課題プロセス⑤と課題プロセス⑥の課題処理フロー図は、図5-7と図5-8
に示した。

　課題プロセス⑤および**課題プロセス⑥**は、**「Ⅱ形成・改善評価ステージ」**に
位置づく。そのステージに先立つ**「設計・開発評価ステージ」**においては、**課
題プロセス②「既存・試行プログラムの現状把握」**において、アウトプットと
して「(1)効果的モデル構築のためのプログラム実施状況」が明らかにされ、現
状のプログラムの課題が示される。またその中で明らかになる好事例（GP事
例）の取組みについては、アウトプット「(2)好事例（GP事例）報告書」がまと
められ、プログラムゴールの達成に有効なプログラム要素（効果的援助要素）が
検討される。

　さらには、また**課題プロセス③「プログラム評価可能性」**では、アウトプッ
ト「(1)評価可能性・再編可能性アセスメント報告書」の中に、「プログラムモ
デルの明確化とプログラムプロセス理論」がまとめられる。望まれる効果的プ
ログラムモデル・プロセス理論の方向性が提示される。これを踏まえて、プロ
グラム改善のためのプログラム評価実施と、効果的プログラムモデル・プロセ
ス理論への示唆が明らかにされる。

　他方で、**課題プロセス⑤「サービス利用計画」**と課題プロセス⑥「組織計
画」は、このプロセス以降に連鎖して、図5-7と図5-8のように、まず**効果
モデル5アイテムの2項目、課題プロセス⑦「効果的援助要素リスト
（EMC3）」**と、**課題プロセス⑧「実施マニュアル（EMC5）」**の構築に貢献する。

　また、「評価ツール（EMC4）」については、**課題プロセス⑪「フィデリティ
尺度の作成」**に連鎖する。

5章 「効果モデル」の可視化の方法

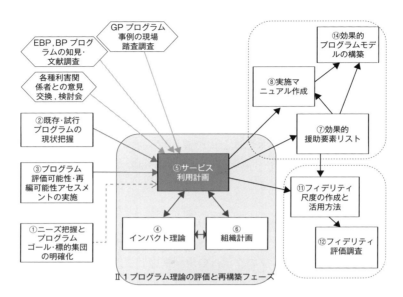

図5-7　課題プロセス⑤「サービス利用計画」の課題処理フロー図

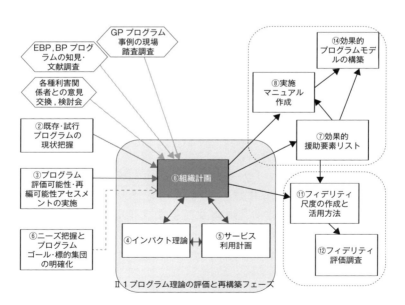

図5-8　課題プロセス⑥「組織計画」の課題処理フロー図

[Ⅱ部] 評価手法　107

３）プロセス理論のつくり方

　課題プロセス⑤「サービス利用計画」と課題プロセス⑥「組織計画」の構築と改訂のプロセスを示したのが、図５-９と図５-10である。

　これら課題プロセスでは、「アウトプット」として、

　課題プロセス⑤「サービス利用計画」については、

（1）プロセス理論サービス利用計画（Ⅰ型）および改訂版

（2）プロセス理論サービス利用計画（Ⅱ型）および改訂版

（3）プロセス理論サービス利用計画の解説文作成の手引き、が作成され、

　課題プロセス⑥「組織計画」では、

（1）プロセス理論組織計画および改訂版

（2）プロセス理論組織計画の解説文作成の手引き、が作成される。

　ここで、プロセス理論サービス利用計画のⅠ型とⅡ型について簡単に触れておきたい。「サービス利用計画Ⅰ型」とは、課題となるプログラムゴールの実現と問題解決のために、プログラムの導入、実施、問題の解決・改善、終結・フォローアップが一連の時系列的プロセスで提供されるサービス機能の指針である。一方、「サービス利用計画Ⅱ型」は、生活施設など利用者が生活する場で、課題となるプログラムゴールの実現と問題解決のために、継続的に提供されるサービス機能の指針である。支援プロセスの「終結」の形態が大きく異なるため２つの類型を取り上げている。「サービス利用計画Ⅱ型」は、「組織計画」との関係がより密接になる。

　さて、《効果モデル》の改訂版は、**インパクト理論**（EMC1）と同様に、第１次効果モデル（試行版）、第２次効果モデル（提示版）、第３次効果モデル（エビデンス版）などが生成される。

　課題プロセス⑤と⑥において生成される２つの**プロセス理論**（EMC2）とその改訂版の作成に向けて、図５-９と図５-10の「インプット」に示した資料や評価活動が、インプットの素材として用意され検討される。

　これらは、図５-７と図５-８の課題処理フロー図に示したように、左方向からこれら課題プロセスに向かう矢印とほぼ対応する。インプットとして「(1)既存制度モデル等の資料分析」「(2)文献調査」に加えて、「(3)関係者との意見交換会」、加えて「(4)**好事例（GP事例）の現場踏査調査結果**」が重要な検討素材となる。

　「インプット」の資料や評価活動が整った段階で、図５-９と図５-10の「検

5章 「効果モデル」の可視化の方法

```
インプット
  (1) 既存制度モデル・試行的事業モデルの実施要綱
  (2) 関連する EBP プログラム，GP 事例プログラムの知見，文献調査
  (3) プログラム関係実践家・利用者とのワークショップ（含・フォーカスグループ，意見交換会など）
  (4) GP 事例の現場踏査調査
  (5) プログラムゴールと標的集団設定に関する報告書
  (6) 効果的モデル構築のためのプログラム実施状況報告書

検討方法
  (1) プロセス理論サービス利用計画（Ⅰ型）検討の手引き
  (2) プロセス理論サービス利用計画（Ⅱ型）検討の手引き
  (3) 関連する EBP プログラム，GP 事例プログラムとの比較分析
  (4) 組織的キャパシティ分析
  (5) 研究者間のフォーカスグループ，検討会
  (6) プログラム関係実践家・利用者とのワークショップ（含・フォーカスグループ，意見交換会など）

アウトプット
  (1) プロセス理論サービス利用計画（Ⅰ型）および改訂版の作成
  (2) プロセス理論サービス利用計画（Ⅱ型）および改訂版の作成
  (3) プロセス理論サービス利用計画の解説文作成の手引き
```

図 5-9　課題プロセス⑤「サービス利用計画」の課題処理方法

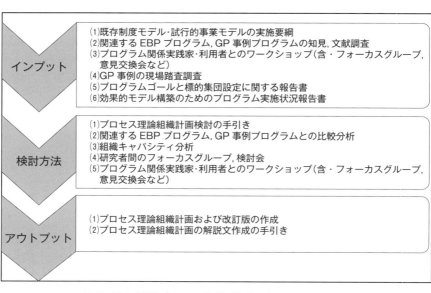

図 5-10　課題プロセス⑥「組織計画」の課題処理方法

[Ⅱ部] 評価手法　109

討方法」に示す活動が行われる。

　まず、**課題プロセス⑤**の検討方法「⑴プロセス理論サービス利用計画（Ⅰ型）検討の手引き」および「⑵プロセス理論サービス利用計画（Ⅱ型）検討の手引き」（図5-9）、そして、**課題プロセス⑥**の検討方法「⑴プロセス理論組織計画検討の手引き」（図5-10）は、「検討方法」全体のガイドラインとなっている。

　課題プロセス④「インパクト理論」の場合と同様に、これらの手引きで重視されているのは、GP事例調査や多施設共同による試行的評価調査の結果に基づく質的、量的評価情報の分析に基づくエビデンス（Eエビデンス）と、それら評価調査に関連して行われるプログラム実践に関わる実践家等からフィードバック（P実践）を受けて行われる**ワークショップ（含・フォーカスグループ、意見交換会など）**という場の活用である。

　これらの「検討方法」に基づいて、課題プロセス⑤および課題プロセス⑥の「アウトプット」である「サービス利用計画（Ⅰ型およびⅡ型）」と「組織計画」の改訂版が生成される。

4　効果的援助要素（critical components）リスト（EMC3）

1）概要

　こんにち EBP プログラムなど**効果モデルの構築**に対する関心の高まりの中で、社会プログラムの成果（アウトカム）を生み出すことに重要な貢献をする**効果的援助要素**（critical components）あるいは効果的プログラム要素（critical program components）を実証的・実践的かつ理論的に明らかにし、検証することに大きな関心が集められている（Bond ら, 2000; 大島, 2010; 2016）。

　社会プログラムの「効果的援助要素リスト」は、《効果モデル》の効果的な実施に関わるプログラムの実施内容・実施要素を具体的に示したものである。社会プログラムの主要なアウトカム改善に寄与するプログラム要素を、エビデンスに基づく実証研究によって明らかにするとともに、《効果モデル》のプログラム理論・**インパクト理論**（EMC1）や**プロセス理論**（EMC2）にも基づいて構築する。

　同時に実践的には、効果的なプログラム実施に関わる**実践家等の創意工夫や実践知等**（P実践）を反映して設定することも重要である。

110　5章　「効果モデル」の可視化の方法

表5-2　【例示】チェックボックス方式による効果的援助要素リスト

D-3　就労移行に向けたモチベーションの維持・向上
●定期的に利用者との打ち合わせをもち，利用者の目標達成に向けた到達段階の共有化を図っている。また，これらを客観的に共有化するためのツールがあるとさらに良い
　□ 月1回以上，利用者と面談し，働くことの意義や目的を明確にしている
　□ 月1回以上，利用者と面談し，就労移行に向けた話し合いを行うことが申し合わされている
　□ 変化に応じて，すぐに就労支援計画の見直しを利用者とともに行うことが申し合わされている
　□ 毎日の活動の終了後に，利用者の活動を振り返る時間を確保する
　□ 利用者と到達段階（現状）を共有化できるツールがある
　□ 自己実現のイメージ化できるツールがある
　　（例：自分を見つめるためのノート，キャリアプランニングシート，など）
　□ 求人情報や就職した利用者などの情報を，事業所内に掲示している
　□ 一般就労移行者との交流を図るグループが月1回以上用意されている

D-4　早期の就職希望先での実習導入，トライアル雇用・短時間雇用の活用
●就労支援計画に基づいて，早い時期から希望する就職先での実習を導入する
　□ 利用者が希望すれば，できる限り早い段階で企業での実習を行う申し合わせがある
　□ 利用者が希望すれば，できる限り早い段階で採用を前提とした実習を行う申し合わせがある
　□ 利用者が希望すれば，できる限り早い段階で，トライアル雇用や短時間雇用での就労（週20時間未満など）を行うことが申し合わされている
　□ 実習を経過して実習先に就労した利用者が，就労移行者の80%以上いる
　□ 実習を経過して実習先に就労した利用者が，就労移行者の60%以上いる
　□ 実習を経過して実習先に就労した利用者が，就労移行者の40%以上いる
　□ 利用者の希望があれば，週20時間に満たない短時間雇用を導入し，就労移行支援事業による支援を並行させる申し合わせがある

出所：効果のあがる就労移行支援プログラムのあり方研究会(2017)

　CD-TEP法では，実践現場の創意工夫や実践知・アイデア等をチェックボックス形式で整理し，記述することを提唱している（表5-2参照）。
　このチェックボックス形式の**「効果的援助要素リスト（EMC3）」**は，いま1つの**効果モデル5アイテム**である**「実施マニュアル（EMC5）」**にも中心的に活用される。
　さらには，**「評価ツール（EMC4）」**の中の主要なプロセス評価尺度である，**フィデリティ尺度**（Bondら，2000; 大島，2010; 2016）の評価項目としても活用される。なおフィデリティ尺度は，《効果モデル》の適合度尺度であり，《効果モデル》の実施状況を把握する実践度尺度である（大島，2010; 2016）。
　社会プログラムがより良い成果に結びつく，より効果的なプログラム要素（効果的援助要素（EMC3））を日常実践の中で追求し，効果的なプログラムの実施方法を反映する活動は，意識の高い実践家であれば誰でも実施する活動であ

[Ⅱ部] 評価手法　111

ろう。その活動を「プログラム開発と評価」と関連させながら行うことにより、実践活動がより科学的に、より体系的に行うことができるようになることが期待される（大島, 2016）。

2）CD-TEP 法における位置づけ

効果的援助要素リスト（EMC3）の構築と改訂は、**課題プロセス⑦「効果的援助要素リスト」**を中心に行う（表5-1参照）。具体的なプロセスは、この課題プロセスの「インプット」「検討方法」「アウトプット」に沿って実施する（図4-3（86頁）参照）。

課題プロセス⑦を中心とした課題処理フロー図は図4-4（87頁）に示した。「効果的援助要素リスト（EMC3）」は、**課題プロセス⑤「サービス利用計画」**と、**課題プロセス⑥「組織計画」**に基づいて作成されるとともに、実践現場の創意工夫や実践上の改善点の知見などを反映するために、インプット「(4) GP事例の現場踏査調査」や検討方法「(5)プログラム関係者とのフォーカスグループ」などに基づいて構築される。

また作成された**「効果的援助要素リスト（EMC3）」**は、先ほども触れたように、「効果的プログラムモデルの実施マニュアル（EMC5）」にも活用される。同時に、課題プロセス⑪に基づいて、《効果モデル》フィデリティ評価尺度・項目の構築にも使用される。

「効果的援助要素リスト（EMC3）」の改訂は、他の《効果モデル》5アイテムとともに**課題プロセス⑭「効果モデルの構築」**に反映される。

3）効果的援助要素リストのつくり方

課題プロセス⑦「効果的援助要素リスト」の構築と改訂のプロセスを示したのが4章に示した図4-3（86頁）と図4-4（87頁）であった。

課題プロセス⑦では、「アウトプット」として「(1)効果的プログラムモデルの効果的援助要素リストおよび改訂版の作成」が行われる。

さて、**「効果的援助要素リスト（EMC3）」**およびその改訂版作成に向けて、図4-3の「インプット」に示した資料や評価活動が行われ、検討素材として用意される。これは、図4-4の処理フロー図に示したように、左方向から**課題プロセス⑦**に向かう矢印とほぼ対応する。すなわち、まずは課題プロセス⑤と⑥で生成される**「プロセス理論（EMC2）」**の「サービス利用計画」と「組織

計画」である。課題プロセス④で生成される「プログラムゴールとインパクト理論（EMC1）」も一定の貢献をする。

これに加えて、課題プロセス②「既存・試行プログラムの現状把握」で行われる「GP事例の現場踏査調査」や、課題プロセス⑫「フィデリティ評価調査」は実践現場の創意工夫（P実践）を反映する「インプット」として重要である。また文献調査に基づく、インプット「(2)関連するEBPプログラム、GP事例プログラムとの比較分析」（T理論）も活用する。加えて課題プロセス⑬「アウトカム・フィデリティの関連性検証」において、評価調査結果のエビデンスに基づいて（Eエビデンス）、インプット「(6)アウトカム評価とフィデリティ評価・効果的援助要素の関連性分析」は、エビデンスに基づくモデル改訂として不可欠である。

これらに加えて、**課題プロセス②「既存・試行プログラムの現状把握」で行われる「GP事例の現場踏査調査」や、課題プロセス⑫「フィデリティ評価調査」では、実践現場の創意工夫（P実践）を反映する「インプット」が行われる。**また文献調査に基づく、インプット「(2)関連するEBPプログラム、GP事例プログラムとの比較分析」（T理論）も重要である。

「インプット」の資料や評価活動が整った段階で、**図4-3**（86頁）の**「検討方法」**に示す諸活動が行われる。

検討方法「(1)チェックボックス形式効果的援助要素リスト検討の手引き」は、「検討方法」全体のガイドラインとなっている。この手引きでは、インプットで取り上げた質的・量的評価情報の分析結果や、《効果モデル》のプロセス理論、インパクト理論、関連するEBPプログラム、GP事例プログラムとの比較分析などを総合的に分析して、これらの検証を行きつ戻りつしながら、次第により適切な効果的モデルに反映する援助要素に発展していくとしている。

「検討方法」の2項目以降には、「(2)関連するEBPプログラム、GP事例プログラムとの比較分析」「(3)組織キャパシティ分析」という理論的な検討が行われる（T理論）。その上で、「(4)研究者間のフォーカスグループ、検討会」「(5)プログラム関係実践家・利用者とのワークショップ（含・フォーカスグループ、意見交換会など）」が行われ、関係者との合意に基づく提案が行われる。

これらの「検討方法」に基づいて、課題プロセス⑦の**「アウトプット」**として「効果的援助要素リストおよびその改訂版」が作成される。

5　評価ツール（EMC4）

1）概要

　CD-TEP 法では、《効果モデル》の形成・改善を、実践家等の参画を得て実践的に、かつ科学的・実証的に進めることを目指している。そのために、《効果モデル》を構築する前提として、「効果性」をどのような指標や尺度で、どのように測定するのかが問われてくる。一方で、その「効果性」を生み出すのに有効な「効果的援助要素」を適切に設定し、フィデリティ評価尺度・項目によって、《効果モデル》が期待する成果を納めているのかを日常的に検証することも求められる。

　すなわち、《効果モデル》の「効果性」を適切に把握する**アウトカム尺度・指標**と、「効果的援助要素」の実施状況を把握する**フィデリティ評価尺度・項目**を適切に開発・設定し、それらを有効に活用することが必要となる。

　まず**《効果モデル》のアウトカム尺度・指標**については、**効果モデル5アイテム**の1つである「**インパクト理論（EMC1）**」を基盤に作成・用意する（図5-11参照）。インパクト理論のどの要素に注目し、どのような指標・評価尺度を用いるかは、利害関係者との協議を経て、合意形成の上で決定する。

　また、《効果モデル》の**フィデリティ評価尺度・項目**は、近年、対人ケアのサービス研究領域で注目されて、頻繁に使用されるようになった。フィデリティ評価尺度・項目は、《効果モデル》が意図されたとおりに導入されているかどうかを評価する系統的なプロセスモニタリングの方法である。EBP プログラム、およびサービス普及研究では不可欠の評価方法と考えられるようになった（Bond ら, 2000; 大島, 2010; 2016）。

　フィデリティ評価尺度・項目が重視されようになった背景には、EBP プログラムへの注目が集まり、EBP の基準に適切に準拠して実施された実践プログラムが、より良い成果・アウトカムに結びつくことが実証的に明らかにされているためでもある。

　さらに**サービス普及研究では、フィデリティ評価尺度・項目を含む体系的なプロセス評価を実施しながら、EBP プログラムの実施・普及に影響を与える諸要因、困難・障壁等を分析する活動が行われる**。このような実証研究の結果に基づいて、EBP プログラムの改善のための方策が、フィデリティ評価尺度・

項目を中核として、実証的に行われている。

実践現場からの《効果モデル》形成・発展を志向する CD-TEP 法では、フィデリティ評価の基礎となる**「効果的援助要素リスト（EMC3）」**を、実践現場の創意工夫、実践上の知見・アイデアの反映である**チェックボックス形式を用いて構成**する。フィデリティ評価尺度・項目の尺度構成においても、このチェックボックス形式を活用する。さらに《効果モデル》の形成・発展に対応して、実践現場における有用な創意工夫、実践上の知見・アイデアは、十分に検討の上、速やかに**フィデリティ評価尺度・項目の改訂**に反映できるよう配慮する。

2）CD-TEP 法における位置づけ

「評価ツール（EMC4）」の構築と改訂は、**課題プロセス⑨「アウトカム評価指標」**と、**課題プロセス⑪「フィデリティ尺度の作成」**を中心に行う（表4-1（84頁）参照）。具体的なプロセスは、これらの課題プロセス「インプット」「検討方法」「アウトプット」に沿って実施する（後掲図5-13、図5-14参照）。

課題プロセス⑨と課題プロセス⑪における CD-TEP 法の課題処理フロー図は、図5-11、および図5-12に示した。

「評価ツール（EMC4）」には、課題プロセス⑨に基づいて作成される**アウトカム尺度・指標**と、課題プロセス⑪に基づいて作成される《効果モデル》の**フィデリティ評価尺度・項目**が含まれる。

まず、「評価ツール（EMC4）」の**アウトカム尺度・指標**については、図5-11に示したとおり、課題プロセス④「インパクト理論」を基盤に作成する。それとともに、前述のとおり、インパクト理論のどの要素に注目しどのような指標・評価尺度を用いるかは、利害関係者との協議を経て、合意形成の上で決定する。そのため、プログラムに関わる利害関係者との**ワークショップ**（意見交換会、フォーカスグループも可）を開催し、協議の上、決定する。一方、アウトカム／インパクト評価を実施する事業所の「組織キャパシティ分析」をも実施して、評価実施可能性の観点から、アウトカム尺度・指標の選択・決定を行う場合もある。

次に「評価ツール（EMC4）」の**フィデリティ評価尺度・項目**については、図5-12に示したとおり、課題プロセス⑦「効果的援助要素リスト」を基盤にして、加えて課題プロセス⑤「サービス利用計画」と課題プロセス⑥「組織計

[Ⅱ部] 評価手法

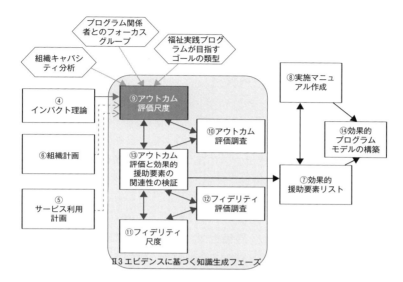

図5-11　課題プロセス⑨「アウトカム評価指標」の課題処理フロー図

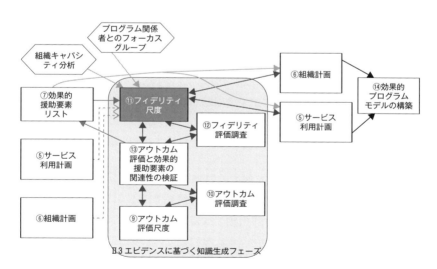

図5-12　課題プロセス⑪「フィデリティ尺度の作成」の課題処理フロー図

画」（表4-1（84頁））に基づいて作成する。その上で、プログラム関係者との**ワークショップ**（意見交換会、フォーカスグループなど）を開催して、評価の基準などを検討し、協議の上決定する。また、フィデリティ評価を実施する事業所の「組織キャパシティ分析」をも実施して、フィデリティ評価尺度・項目の種類の選定を行う。

「評価ツール（EMC4）」を用いた(1)日常的なモニタリング（アウトカム、およびフィデリティ）、および(2)体系的な評価調査の実施結果を踏まえて、定量的な評価情報を収集分析して、**エビデンスに基づいて、《効果モデル》の改訂**を行うことになる。

3）評価ツールのつくり方

課題プロセス「**⑨アウトカム評価指標**」と、課題プロセス⑪「**フィデリティ尺度の作成**」の構築と改訂のプロセスを示したのが図5-13と図5-14である。

まず、**課題プロセス⑨「アウトカム評価指標」**について、「アウトプット」としては、

(1) アウトカム評価調査で使用するアウトカム尺度・指標とその活用計画
(2) アウトカムモニタリング評価調査で使用するアウトカム尺度・指標とその活用計画

が示されている。

これに対して、**図5-13の「インプット」**に示した2つの資料が、検討の素材として用いられる。それは、まずは課題プロセス④「インパクト理論」で生成された「効果的プログラムモデルのインパクト理論（EMC1）」であり、いま1つはインプット「(2)福祉実践プログラムが目指すゴール領域の類型化」の報告資料である。

このうち、「(2)福祉実践プログラムが目指すゴール領域の類型化」については、対人サービス領域のうち、従来とりわけ福祉実践プログラムの領域では、エンドポイントになるアウトカム指標の設定が難しく、プログラム効果に関係者間の合意形成が困難と考えられてきたため、改めて福祉アウトカム尺度・指標を選択・設定する基盤となるアウトカム尺度・指標の基本的な考え方と位置づけ、および把握・測定する指標・尺度の領域に整理を試みたものである。

検討の結果、福祉実践プログラムの種類は多様だが、社会プログラムとして社会の理解と合意を得ながら進められるプログラムゴール（客観的指標）は比較

[Ⅱ部] 評価手法　　117

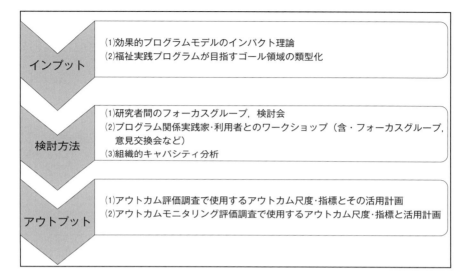

図5-13　課題プロセス⑨「アウトカム評価指標」の課題処理方法

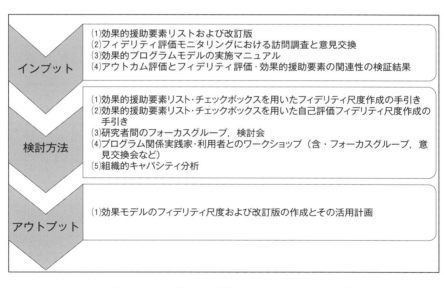

図5-14　課題プロセス⑪「フィデリティ尺度の作成」の課題処理方法

118　5章　「効果モデル」の可視化の方法

表5-3　領域別福祉アウトカム指標の枠組み(1)：福祉実践プログラムの
　　　　目標別領域

領域	福祉実践プログラムの目標	プログラム例
A領域	生活基盤の変更による自立的(自律的)で質の高い地域生活の実現	脱施設化・地域移行プログラム,退院促進支援事業,家族からの自立支援
B1領域	社会的役割・技能の獲得・拡大	就労移行支援事業,デイケア,若者自立塾,ひきこもり対策
B2領域	更生保護,逸脱行動の是正	更生保護プログラム,物質依存プログラム
C領域	身体・生命の安全確保,危険の回避・危険からの離脱	DVシェルター,物質依存プログラム,一時保護所
D1領域	地域生活の維持・安定,再発・悪化防止	ケアマネジメント,ホームヘルプ,デイサービス,ショートステイ,介護予防
D2領域	社会関係の構築,拡大,生活の質の改善,生きがい・ホープの獲得・拡大	同上／ピアサポート支援,クラブハウス,高齢者憩いの家など
E1領域	家族やインフォーマル援助者の負担軽減,パートナーシップ形成によるより効果的な援助体制の形成	家族心理教育,家族支援プログラム,ボランティア養成講座
E2領域	福祉スタッフの意識・態度・行動の改善	各種研修プログラム,スーパービジョン,コンサルテーション
F領域	一般住民の福祉意識・態度・行動の改善	福祉教育プログラム,当事者交流プログラム,予防プログラム

出所：大島ら(2011)

的限られたいくつかの領域に整理できることが明らかになった（表5-3）。

　以上を踏まえて、図5-13の「検討方法」に示す活動が行われる。

　すなわち、

　(1) 研究者間のフォーカスグループ、検討会

　(2) プログラム関係実践家・利用者とのワークショップ（含・フォーカスグループ、意見交換会など)

　(3) 組織的キャパシティ分析、である。

　(3)組織的キャパシティ分析により、評価に取り組む組織におけるキャパシティが分析された後に、(1)と(2)においてプログラムに関わる関係者間での意見交換が行われ、関係者間での合意に基づくアウトカム尺度・指標の使用に関する方針が定められる。

　次に、課題プロセス⑪「フィデリティ尺度の作成」については、「アウト

プット」として、

(1)効果モデルのフィデリティ尺度および改訂版の作成とその活用計画、が示される。

　これに対して、**課題プロセス⑪**における**「インプット」**としては、図5-14の「インプット」に示した4つの資料と評価活動が検討素材として用いられる。

　それは、まずは課題プロセス⑦で生成した「効果的援助要素リスト（EMC3）」であり、いま1つは課題プロセス⑧で作成した「実施マニュアル（EMC5）」である。これに加えて、「(2)フィデリティ評価モニタリングにおける訪問調査と意見交換」「(4)アウトカム評価とフィデリティ評価・効果的援助要素の関連性の検証結果」が検討される。

　次に図5-14の**「検討方法」**に示す活動が行われる。すなわち、

　(1) 効果的援助要素リスト・チェックボックスを用いたフィデリティ尺度作成の手引き

　(2) 効果的援助要素リスト・チェックボックスを用いた自己評価フィデリティ尺度作成の手引き

　(3) 研究者間のフォーカスグループ、検討会

　(4) プログラム関係実践家・利用者とのワークショップ（含・フォーカスグループ、意見交換会など）

　(5) 組織的キャパシティ分析

　このうち、(1)と(2)の尺度作成の手引きはチェックボックス形式を用いた効果的援助要素に基づいて、チェックボックスを評価基準に設定して、妥当性のあるフィデリティ評価尺度・項目を作成する方法が示されている（表5-4参照）。

　「(5)組織的キャパシティ分析」については、アウトカム尺度・指標と同様に、評価に取り組む組織におけるキャパシティ分析が行われた後に、(3)と(4)においてプログラムに関わる関係者間での意見交換が行われ、関係者間での合意に基づく方針が提示される。

　なお、評価ツール（EMC4）の独立した評価マニュアルのサンプル（就労移行支援プログラム）は、次をご参照頂きたい。

　● URL：http://cd-tep.com/m/s08-2.pdf

120 5章 「効果モデル」の可視化の方法

表5-4 【例示】暫定効果モデルフィデリティ尺度例：A-5.コーディネータの配置
と機能

■評定項目

□ 事業所にコーディネータが配置されている

コーディネータの機能と役割
□ 事業所内の地域生活支援担当各部門が一体的な支援活動が行えるよう調整する
□ プログラム利用者が地域移行後に包括的な生活支援を利用できるように，事業所外の地域生活支援機関間の連絡調整会議を開催
□ プログラムへのニーズを持つ利用者を拡大するために医療機関へ日常的な広報活動を行う
□ 地域移行後に包括的な生活支援ができるよう医療機関を含めた連絡調整会議を開催
□ 地域移行後に包括的な生活支援ができるよう行政機関を含めた連絡調整会議を開催
□ 自立支援員に対してスーパービジョンを行う
□ 自立支援員が作成する退院支援計画に対してスーパービジョンを行う
□ ピアサポーターに対して日常的な支援を提供
□ プログラムに関わるピアサポート組織を育成，支援する
□ プログラムに関わる家族支援組織を育成，支援する
□ 地域移行した利用者の地域生活を包括的に支援するため新たな社会資源を開発

1	2	3	4	5
事業所に総合調整を行うためのコーディネータが配置されていない	事業所に総合調整を行うためのコーディネータが配置されており，「コーディネータの機能と役割」で示された項目のうち0～2項目を満たす	事業所に総合調整を行うためのコーディネータが配置されており，「コーディネータの機能と役割」で示された項目のうち3～5項目を満たす	事業所に総合調整を行うためのコーディネータが配置されており，「コーディネータの機能と役割」で示された項目のうち6～8項目を満たす	事業所に総合調整を行うためのコーディネータが配置されており，「コーディネータの機能と役割」で示された項目のうち9項目以上を満たす

出所：小佐々ら(2010)

6 実施マニュアル(EMC5)

1) 概要

　プログラム実施マニュアル（EMC5）は、《効果モデル》を実践現場で具体的に実施に移すとともに、その取組みを評価・検証して、より効果的な《効果モデル》へと形成・改善していくための実践的な基盤を与えるものである。

　《効果モデル》の実施マニュアルは、次の意義と目的を持つ（Solomonら, 2009; 芝野, 2015; 大島, 2016を参照）。

（1）効果的なプログラムモデルに関するプログラム理論と効果的援助要素を、実践現場の関係者と共有すること

（2）実施されるプログラムが特定の明確なプログラムゴールをもち、一貫した効果的な取組みであることを社会に対して明らかにすること

（3）プログラムが多くの実践家や関係者等によって同様に実施できること

（4）プログラムが目指していることと、その詳細な取組み方法が多くの実践家や当事者、その他関係者に理解され、共有すること

（5）実施したプログラムを評価・検証して、より効果的なプログラムを追求することを可能にすること

このように《効果モデル》の実施マニュアルは、常により良い《効果モデル》の形成・発展を目指して活用される。決して**固定的な「バイブル」として位置づけるべきではない**。実践家等の創意工夫や、実践上の知見・アイデアによる《効果モデル》の継続的改善の内容は、日常的に実施マニュアルに書き込まれて、チーム内で共有化される必要がある。

《効果モデル》を形成・発展させるためには、**日常的なプログラムモニタリングは必要不可欠である**。日常的なモニタリングの成果を踏まえて、必要に応じて実施マニュアルの改訂を行い、より効果的な実践を行う。それに伴って、**《効果モデル》改訂版の形成**にも役立てる。

2）CD-TEP 法における位置づけ

「**実施マニュアル（EMC5）**」の構築と改訂は、**課題プロセス⑧「実施マニュアル」**を中心に行う（表4-1（84頁）参照）。具体的な構築と改訂のプロセスは、この課題プロセスの「インプット」「検討方法」「アウトプット」に沿って実施する（図5-16参照）。

課題プロセス⑧を中心とした課題処理フロー図は**図5-15**に示した。

「**実施マニュアル（EMC5）**」は、前項で検討した**課題プロセス⑦**により生成される「**効果的援助要素リスト（EMC3）**」に依拠して作成する。効果的援助要素の具体的提示が実践現場の創意工夫、実践上の経験知・アイデアとして、提示できることが特徴になっている（表5-5参照）。

また、**プログラムゴールを明確にするために、課題プロセス④によって生成した「プログラムゴールとインパクト理論（EMC1）」を明確に提示する**。また、課題プロセス⑤と⑥によって生成される「プロセス理論（EMC2）」の

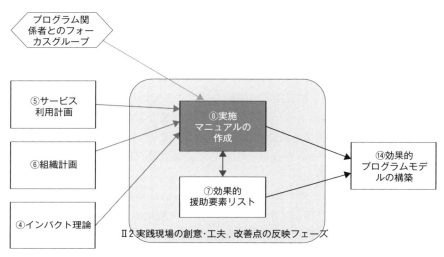

図 5-15　課題プロセス⑧「実施マニュアル」の課題処理フロー図

表 5-5　【例示】効果的援助要素チェックボックスに基づく実施マニュアルの構築

D-3　就労移行に向けたモチベーションの維持・向上

■意義と目的
　就労移行支援プログラム期間中は，就労移行へ向けたモチベーションをできるだけ高めることを目指します。C1を効果的に維持・継続できるような工夫が必要になります。

■具体的な支援内容
　利用者と職員が常に目標を共有できるよう，コミュニケーションを充実させることが重要です。日々の活動を振り返るとともに，現在の状況を共有することも必要になります。そのためのツールを使用することも有効です。これは，C1に準じた方法で問題ありません。

■効果的な援助要素
□月1回以上，利用者と面談し，働くことの意義や目的を明確にしている
□月1回以上，利用者と面談し，就労移行に向けた話し合いを行うことが申し合わされている
□変化に応じて，すぐに就労支援計画の見直しを利用者とともに行うことが申し合わされている
□毎日の活動の終了後に，利用者の活動を振り返る時間を確保する
□利用者と到達段階（現状）を共有化できるツールがある
□自己実現のイメージ化できるツールがある
　　（例：自分を見つめるためのノート，キャリアプランニングシート，など）
□求人情報や就職した利用者などの情報を，事業所内に掲示している
□一般就労移行者との交流を図るグループが月1回以上用意されている

出所：効果のあがる就労移行支援プログラムのあり方研究会(2017)

[II部] 評価手法　123

「サービス利用計画」と「組織計画」は、効果的援助要素の位置づけを明らかにする「設計図」でもある。

これらに加えて、実践現場の創意工夫、実践的経験知やアイデア、改善点を反映するために、「GP プログラム事例の現場踏査調査」や「プログラム関係者とのフォーカスグループ」などを総合して、構築する。

「効果的援助要素リスト（EMC3）」は、実践現場の創意工夫、実践上の改善点を反映した**チェックボックス形式で記述**する。**実践現場からのフィードバックを受けて、「実施マニュアル（EMC5）」自体が、随時より良いものに改善されることを想定している。**

課題プロセス⑭「効果モデルの構築」を進める上で、実践的に大きな貢献をするのが「効果的プログラムモデルの実施マニュアル」であると言うことができる。

3）実施マニュアルのつくり方

課題プロセス⑧「実施マニュアル」の構築と改訂のプロセスを示したのが、図 5-16である。

課題プロセス⑧では、**「アウトプット」**としては、「⑴効果的プログラムモデルの実施マニュアルおよび改訂版の作成」が行われる。

さて、課題プロセス⑧において、「実施マニュアル（EMC5）」の作成、改訂版の作成に向けて、図 5-16の**「インプット」**に示した資料や評価活動が、検討素材として用意される。これは、**図 5-15の課題処理フロー図**に示したように、左方向からこの課題プロセス⑧に向かう矢印とほぼ対応している。すなわち、まず課題プロセス⑤と課題プロセス⑥で生成される「プロセス理論（EMC2）」の「サービス利用計画」と「組織計画」である。課題プロセス④で生成される「プログラムゴールとインパクト理論（EMC1）」も一定の貢献をする。

これに加えて、課題プロセス②「既存・試行プログラムの現状把握」で行われる「GP 事例の現場踏査調査」や、課題プロセス⑫「フィデリティ評価調査」は実践現場の創意工夫（P実践）を反映する「インプット」として重要な貢献をする。またプログラム関係実践家・利用者とのワークショップ（意見交換会、フォーカスグループなど）など、関係者との意見交換会は重要な検討素材となる。

「インプット」の資料や評価活動が整った段階で、**図 5-16の「検討方法」**に

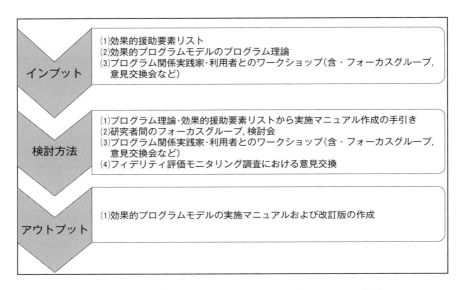

図 5-16　課題プロセス⑧「実施マニュアル」の課題処理方法

示す活動が行われる。

　検討方法「(1)プログラム理論・効果的援助要素リストから実施マニュアル作成の手引き」は、「検討方法」全体のガイドラインとなる。この中で、まず(a)効果的プログラムモデル実施マニュアルとプログラム理論や効果的援助要素との関係を述べ、次に(b)効果的プログラムモデル実施マニュアルの検討方法を提示している。

　これらの中で、実施マニュアルの中心に位置づくのが、効果モデルの「プログラム理論」であり、「効果的援助要素リスト」である。これらを、実施マニュアルにどのように適切に位置づけるのかが、とても重要な検討課題となる。

　CD-TEP 法でこれまで開発・発展させてきたプログラム理論、効果的援助要素リストを**実践現場に移すものが実施マニュアル**と位置づける。

　これらの検討に当たって、「研究者間のフォーカスグループ、検討会」「プログラム関係実践家・利用者とのワークショップ（意見交換会、フォーカスグループなど）」「フィデリティ評価モニタリング調査における意見交換」は貴重な機会になる。これら**実践現場との対話を繰り返して、実施マニュアルを構築する**。

[Ⅱ部] 評価手法　125

　なお、96頁で紹介したように、実施マニュアルのサンプルは次をご参照頂きたい。

● URL：http://cd-tep.com/m/s08-1.pdf

7　効果モデル共有の課題と発展可能性

　以上まず、**効果モデル可視化の方法**として、私たちの研究班が開発して来た**《効果モデル》を構成する5アイテム**を整理した。5アイテムそれぞれの概要と、それぞれのアイテムを生成する方法の概要を、CD-TEP法に依拠して提示した。

　CD-TEP法は、円環的にラセン階段上昇型でより効果的なプログラムモデルを形成することを目指したアプローチであり、**操作のフローが直線的な単純さが不足している**。この課題を克服するために、次章では《効果モデル》の「改善ステップ」を提示することにする。

　なおCD-TEP法では、《効果モデル》の各アイテムを構築したり、改訂する際に、「研究者間のフォーカスグループ、検討会」や「プログラムに関係する実践家や利用者などとのワークショップ（意見交換会、フォーカスグループも可）」を頻繁に用いている。これらは、評価活動を行う場を、実践家や利用者など関係者と評価者が共有して、協働の意思決定を行う、実践家参画型エンパワメント評価の特色となっている。これらの実施方法については、12章、14章で改めて整理することにしたい。

文献

Bond GR, Evans L, Salyers MP, Williams J, Kim WHW（2000）. Measurement of fidelity in psychiatric rehabilitation. Mental Health Services Research 2: 75-87.

小佐々典靖，大島巌，上村勇夫，贄川信幸，道明章乃，香田真希子，高原優美子，佐藤久夫（2010）．各論2：障害者就労移行支援プログラム・フィデリティ尺度．平成21年度 日本社会事業大学学内共同研究報告書「効果の上がる退院促進支援事業・就労移行支援事業モニタリングシステムの開発——効果的プログラム要素を活用したフィデリティ尺度の作成」（主任研究者：大島巌）．pp85-155，2010.

効果のあがる就労移行支援プログラムのあり方研究会（分担研究責任者：植村英晴）（2017）．効果的障害者就労移行支援プログラム実施マニュアル（研究開始時配布版）．平成29年度 文部科学省・科学研究費補助金 基盤研究（A）実践家参画型福祉プログラム評価の方法論および評価教育法の開発とその有効性の検証．グループ分担研究報告書.

源由理子編（2016）.参加型評価——改善と変革のための評価の実践.晃洋書房.

大島巌（2010）.精神保健福祉領域における科学的根拠にもとづく実践（EBP）の発展からみたプログラム評価方法論への貢献.日本評価研究10(1)：31-41.

大島巌，贄川信幸，吉田光爾（2011）.福祉アウトカム指標開発の枠組み——福祉関連 QOL 尺度作成に向けて.（所収）EBSC プログラム評価法研究班・福祉アウトカム指標研究会（代表：大島巌）.福祉実践プログラムのゴールを定めるアウトカム指標・尺度～共通ゴールとしての福祉関連 QOL 尺度作成をめざして.平成22年度 文部科学省・科学研究費補助金 基盤研究（A）プログラム評価理論・方法論を用いた効果的な福祉実践モデル構築へのアプローチ法開発報告書.pp5-10.

大島巌，他（2012）.CD-TEP——円環的対話型評価アプローチ法実施ガイド.平成22年度文部科学省・科学研究費補助金基盤研究（A）「プログラム評価理論・方法論を用いた効果的な福祉実践モデル構築へのアプローチ法開発」報告書（主任研究者：大嶋巌）.http://cd-tep.com/（2018.10.25取得）

大島巌，平岡公一，児玉桂子，他（2015）.実践家参画型福祉プログラム評価の方法論および評価教育法の開発とその有効性の検証.平成23～26年度文部科学省科学研究費補助金基盤研究（A）総括報告書（課題番号：23243068）（主任研究者：大嶋巌）.

大島巌（2016）.マクロ実践ソーシャルワークの新パラダイム：エビデンスに基づく支援環境開発アプローチ——精神保健福祉への適用例から.有斐閣.

Rossi PH, Lipsey MW, Freeman HE（2004）.Evaluation: A systematic approach（7th edition）.SAGE（=2005, 大島巌，平岡公一，森俊夫，元永拓郎監訳.プログラム評価の理論と方法——システマティックな対人サービス・政策評価の実践ガイド.日本評論社）.

芝野松次郎（2015）.ソーシャルワーク実践モデルの D&D.有斐閣.

Solomon P, Cavanaugh MM, Draine J（2009）.Randomized controlled trials: Design and implementation for community-based psychosocial interventions. Oxford University Press.

［Ⅱ部］評価手法　127

6章
CD-TEP 改善ステップ
──実践家参画型の評価活動をサポートするガイドライン

1　CD-TEP 改善ステップの概要

　この章では、実践家参画型エンパワメント評価によって、《効果モデル》を形成・発展させるための方法として、CD-TEP 法に基づく効果モデル改善ステップ（**CD-TEP 改善ステップ**）の枠組みを改めて提示する（大島ら, 2015; 大島; 2016。以下、「改善ステップ」とも略記する）。

　CD-TEP 改善ステップは、段階を追って《効果モデル》を形成・発展させるために必要な**代表的な12の評価活動からなる12ステップで構成**される。

　《効果モデル》の形成・発展については、これまで述べてきたように、《効果モデル》を設計・開発し（**設計・開発評価ステージ**）、それを実践現場に導入して形成・改善させ（**形成・改善評価ステージ（導入期）**）、その上でより効果的で、エビデンスレベルの高い《効果モデル》へと発展させる（**形成・改善評価ステージ（成熟期）**）。さらには、その《効果モデル》を社会の中で幅広く実施・普及するように発展させる（**実施・普及評価ステージ**）。これら4つの**効果モデル形成・発展ステージ**を想定している。

　効果モデル改善ステップの12ステップは、これら4つの**形成・発展ステージ**で形成・発展を目指す**4レベルの効果モデル**、すなわち**試行版、提示版、エビデンス版、実施普及版**（総称）の構築を目的に（4章5節参照）、一連のまとまりのある評価活動を行う。

　同時にこの12ステップの評価活動は、原則として実践家参画型で進める。12

ステップを進展させる中で、実践家等関係者（実践家等）の評価活動への関与
と参画を促し、それぞれの関係者と効果モデル実施機関（組織）の評価キャパ
シティの形成を期待している。

　このように、**CD-TEP 改善ステップ**は、①より効果的で、社会の中での実
施・普及が進む《効果モデル》の形成・発展と、②実践家等関係者の積極的な
評価活動への参画促進・評価キャパシティ形成、という 2 つの大きな目標に向
けて「ステップ」を前進させる評価活動の指針（ガイドライン）である（表 6-1）。

　本章では、まず最初に **CD-TEP 改善ステップ**の意義と位置づけを明らかに
する。その上で、**改善ステップ**の各ステップで行う評価活動を提示し、《効果
モデル》を形成・発展させるために行う**改善ステップ**の枠組みを示す。さら
に、実践家等の評価活動への参加促進という観点から、各改善ステップに設定
された、実践家等と評価研究者が協働して評価活動を行う「評価の場」が、改
善ステップの各段階でどのように活用されるのかを示すことにしたい。

2　CD-TEP 改善ステップの意義と特徴

　CD-TEP 改善ステップは、解決が求められる社会問題に対して、より良い
《効果モデル》を形成・発展させるために、**CD-TEP 法を活用した実践家参
画型評価のモデル的な実施プロセスを示した指針**である。

　本書で取り上げる実践家参画型エンパワメント評価は、解決が求められてい
る社会問題に対して、より優れた有効性を持つ《効果モデル》を形成・発展さ
せるという目標と、問題解決を関わる実践家等がより良い《効果モデル》の形
成・発展に積極的に関与・参画することを促進するといういま 1 つの目標を合
わせた、**2 つの大きな目標**を持つ。

　前章までに取り上げてきた **CD-TEP 法はこの 2 つの目標を共有**するが、必
ずしもこれらを統合的に扱う形態にはなっていない。加えて、前述したとおり
（表 4-2（89頁）参照）、CD-TEP 法はラセン階段上昇型でより良い《効果モデ
ル》の形成・発展を目指しており、課題解決プロセスが円環的であり複合して
いる。

　このため実践現場の実践家などの関係者と共に、CD-TEP 法を可視化して
活用するためのガイドが求められている。そのニーズに応えるために開発され
た指針が **CD-TEP 改善ステップ**である。

[Ⅱ部] 評価手法　129

表6-1　改善の12ステップ：具体的な評価活動，実践家・評価研究者の役割

改善ステップ	ステップ名(ステップの課題)	評価ステージ	対象の効果モデル	実施形態
第1ステップ	現状分析・ニーズ評価：問題状況とニーズの分析，ターゲット集団とプログラムゴールの設定	設計・開発#	予備的効果モデル：暫定版	実践家等を含む評価チーム結成(実践家・研究者・有識者等)，または参画型ワークショップ(WS)①
第2ステップ：	評価可能性アセスメントの実施と予備的効果モデル(暫定版)作成	設計・開発#	予備的効果モデル：暫定版	評価チームでの検討，または参画型ワークショップ(WS)②
第3ステップ	GP事例調査の実施	設計・開発#	予備的効果モデル：暫定版	訪問調査，GP事例実践家等との意見交換(WSに代えること可)
第4ステップ	質的データ分析と実践家等参画型ワークショップ③の準備	設計・開発#	予備的効果モデル：暫定版	評価チームでの検討，またはワークショップ
第5ステップ	実践家等参画型ワークショップ③：第1次効果モデル(試行版)の構築	設計・開発/形成・改善(導入期)#	第1次効果モデル：試行版	参画型ワークショップ(WS)③
第6ステップ	第1次効果モデル(試行版)の形成・構築・改善：効果モデル5アイテムの作成	設計・開発/形成・改善(導入期)#	第1次効果モデル：試行版	評価チームでの検討，またはワークショップ
第7ステップ	広域的事業所調査：第1次効果モデル(試行版)の広域的な検証	形成・改善(導入期)#	第1次効果モデル：試行版	効果モデル実施状況調査の実施
第8ステップ	広域的試行評価調査①：単一グループデザインで行う多施設共同調査	形成・改善(導入期)#	第1次効果モデル：試行版	モニタリング評価，評価ファシリテータ訪問・フィードバック
第9ステップ	質的・量的データ分析と実践家等参画型ワークショップ④：準備，効果モデル改訂案の作成	形成・改善(導入期)#	第1次効果モデル：試行版	評価チームでの検討またはワークショップ
第10ステップ	実践家等参画型ワークショップ④：第2次効果モデル(提示版)への形成・改善	形成・改善(導入期/成熟期)#	第2次効果モデル：提示版	参画型ワークショップ(WS)④
第11ステップ	広域的試行評価調査②：比較による有効性研究(CER)で行う多施設共同調査	形成・改善(成熟期)#	第2次効果モデル：提示版	モニタリング評価，評価ファシリテータ訪問・フィードバック
第12ステップ	第3次効果モデル(エビデンス版)への形成・改善：質的・量的データ分析と実践家等参画型ワークショップ⑤による効果モデル(エビデンス版)への形成・改善	形成・改善(成熟期)#	第3次効果モデル：エビデンス版	評価チームでの検討，および参画型ワークショップ(WS)⑤

注：#　実施・普及評価について，EBP等効果モデルが構築された後に，効果モデルを実施・運営するシステムレベルの「効果モデル」を各ステップで評価する．

130 **6章 CD-TEP 改善ステップ**

　社会的な課題解決に有効性を持つ、より優れた《効果モデル》を継続的に形成・発展させ、実践現場においてより良く実施・普及を推進するためには、《効果モデル》に関わる実践家等関係者の次の理解と関与がぜひとも必要である。すなわち、《効果モデル》と《効果モデル》の形成・発展アプローチについての十分な理解と、積極的な関与・参画である。CD-TEP 改善ステップは、このような社会からの要請に応えるべく用意されたアプローチと言うことができる。

3　CD-TEP 改善ステップの評価活動と効果モデルの形成・発展

　まず、**CD-TEP 改善ステップ**が達成を目指す**目標の第 1** は、より優れた有効性を持つ《効果モデル》の形成・発展である。

　CD-TEP 改善ステップでは、効果モデル形成・発展ステージに応じて、**予備的効果モデル**（暫定版）、**効果モデル**（試行版）、**効果モデル**（提示版）、**効果モデル**（エビデンス版）、さらには実施・普及段階にある効果モデルとして、**実施体制整備版、技術移転版、制度版、効率性普及版、実践的普及版**などを構築することを目指している（表 4-2（89頁）参照）。

　以下では、各形成・発展ステージにおいて、これらの《効果モデル》に対して、どのような評価活動を行い、次のステージで使用する《効果モデル》に形成・改善するのか、その評価活動の枠組を **4 つの形成・発展ステージ**ごとに提示する（表6-1参照）。なお、具体的な評価活動の内容は、8 章から11章において詳述することになっている。以下の記述はその枠組みを示している。

1）設計・開発評価ステージの改善ステップ

　設計・開発評価ステージでは、新しい《効果モデル》の設計・開発が必要となるニーズ状況の分析と既存プログラム・関連プログラムの現状分析を行い、その上で現状の課題解決に有効な取組みを行う事例分析と関係者の合意形成に基づいて、課題解決に有効な**効果モデル**（試行版）の設計・開発を目指す。この「試行版」は、実践現場で適切に試行的な取組みを行うことができる程度に、実践的な有用性を持つことを想定している。

　CD-TEP 改善ステップとしては、第 1 ステップから第 6 ステップの一連の評価活動を行う。以下にそれぞれのステップごとの評価活動を示す。なお、こ

の評価ステージの具体的な評価活動は8章に詳述する。

[第1ステップ]現状分析・ニーズ評価：問題状況とニーズの分析、ターゲット集団とプログラムゴールの設定

効果的なプログラムモデルを設計・開発する出発点は、そのプログラムを必要とするニーズ状況を明らかにすることにある。ニーズ状況を分析した結果に基づいてプログラムゴールを設定する。またプログラムが対象とするターゲット集団の状況、問題の範囲と程度を判断する。これらの一連の手続きはニーズ評価と呼ばれている。

同時に、既存制度モデル・関連プログラムの現状分析も行う。既存制度プログラムや関連プログラムが、上記のニーズ状況に対して、十分に期待される成果を上げていない場合、新しい有効な《効果モデル》を設計・開発する基盤となる情報を得る活動として、この現状分析を行う。

これらの評価活動は、実践家等を含む「評価チーム」（実践家・研究者・有識者等）を形成して行う。同時に、実践家等関係者が参画して実施する参画型ワークショップ（実践家等参画型ワークショップ）を開催するのも有効である（源, 2016）。

具体的な評価活動・課題と、実践家等が関与する評価活動は、以下のとおりである。

a. 具体的な評価活動・課題
1）問題状況の分析（規模と広がり、要因等把握）
2）ニーズ把握調査（含・既存モデル調査）の企画と実施
3）ターゲット集団とプログラムゴールの設定
4）プログラムスコープの設定
5）《効果モデル》のステージアセスメント
6）改善のモデルとなるGP事例の特定

b. 実践家等が関与する評価活動
・実践家等を含む「評価チーム」の検討会
・実践家等参画型ワークショップ

[第2ステップ]評価可能性アセスメントの実施と予備的効果モデル(暫定版)作成:
GP事例調査のための効果モデル(暫定版)作成、インタビューガイド作成

　このステップでは、前ステップでニーズ評価が行われたことを受けて、**プログラム理論評価**を行い、**予備的効果モデル（暫定版）**を作成する。**効果モデル5アイテム**のうち、プログラム理論に関わるプログラムゴールとインパクト理論（EMC1）、プロセス理論（EMC2）の2アイテムを暫定的に定め、それに基づいて、次のステップで実施するGP事例調査の**インタビューガイド**を作成する。

　このステップでは、**効果モデル（暫定版）**の形成に先立って、まず**評価可能性アセスメント**（evaluability assessment）を行う（Wholey, 2015; Rossi ら, 2004）。評価可能性アセスメントは、当該のプログラムが評価実施に必要な前提条件を満たしているかどうかを、プログラムゴールやプログラム理論・プログラム設計、プログラム評価に関わる利害関係者の合意形成の観点から確認をする。前提条件が満たされていれば、評価をどのようにデザインするのかを調査し、確認する。評価可能アセスメントは既存プログラムや試行的プログラムのみならず、新規プログラムの開発にも有用である。

　これらの評価活動は、**実践家等を含む「評価チーム」**（実践家・研究者・有識者等）を形成して行う。同時に、**参画型ワークショップ（WS）②**を開催するのも有効である（源, 2016）。

　具体的な評価活動・課題と、実践家等が関与する評価活動は、以下のとおりである。

a．具体的な評価活動・課題
　1）評価可能性アセスメント実施
　2）この領域に関連した《効果モデル》の文献レビュー
　3）予備的効果モデル（暫定版）のプログラムゴール設定とインパクト理論作成
　4）同プロセス理論作成
　5）利害関係者分析、組織キャパシティ分析
　6）インタビューガイド作成

b．実践家等が関与する評価活動
　・実践家等を含む「評価チーム」での検討会
　・実践家等参画型ワークショップ

［第3ステップ］GP 事例調査の実施

GP 事例調査は，解決すべき福祉課題などの課題に対して効果の上がる取組みを行う実践事例（GP 事例）に対して行う形成的調査（Chen, 2015: 102）の代表的な1つである。

事業所訪問を行い、その活動に関わる実践家等から取組み上の創意工夫、実践上の経験知など、どのようにすれば効果的な取組みになるかを聞き取る。可能な限り実践家等と十分に話し合いながら、効果を上げることのできる要因、創意工夫、実践的経験知、基盤となる支援理念等を聞き取りながら面接調査を進行させる。

GP 事例調査時には、第2ステップで作成した**インタビューガイド**を使用し、できるだけ GP 事例の中心的な実践家と優れた取組みをする創意工夫、実践上の知見・アイデアについての意見交換を行う。その中から、**効果的援助要素**（EMC3）や**実施マニュアル**（EMC5）に盛り込む内容を把握する。

面接では、インタビューガイドに設定された質問だけでなく、プログラムゴールの設定経緯、地域における利用者のニーズの状況と対応、プログラムゴールを実現する上での努力や配慮、困難など、GP 事例の実例に即して意見交換を行う。

GP 事例調査は、実践家等を含む「評価チーム」が中心になって行う。評価チームの実践家等が調査員になって、GP 事例の他の実践現場と交流する貴重な機会になる。

なお GP 事例調査の実施が困難な場合は、課題解決に関与するプログラムの関係者とのワークショップを実施することもできる。

具体的な評価活動・課題と、実践家等が関与する評価活動は、以下のとおりである。

a．具体的な評価活動・課題
1）GP 事例の実践家等との意見交換
2）実践家等より創意工夫の提案

b．実践家等が関与する評価活動
・実践家等を含む「評価チーム」での検討会
・実践家等を含む「評価チーム」による調査訪問

［第4ステップ］質的データ分析と実践家等参画型ワークショップ③の準備

第4ステップでは、前ステップまでのGP事例調査や実践家等参画型ワークショップで得られた質的・量的情報を分析し、次のステップで行う参画型ワークショップに提示する資料を準備する。ワークショップに提案する資料として、まずはプログラムゴールとインパクト理論（EMC1）、プロセス理論（EMC2）の試行版（案）をまとめる。また**質的データ分析の結果に基づいて、「効果的援助要素リスト（EMC3）」を作成**する。

ワークショップの準備には、ワークショップに参加する実践家等の参加度のアセスメントが含まれる。実践家等の参加度に応じて、提示資料・提示方法を吟味して決定する。

これらの活動は、実践家等を含む「評価チーム」が行う。プログラム理論に関わるプログラムゴールとインパクト理論（EMC1）、プロセス理論（EMC2）の試行版（案）は、別途、実践家等参画型ワークショップで行うこともできる。

具体的な評価活動・課題と、実践家等が関与する評価活動は、以下のとおりである。

a．具体的な評価活動・課題
　1）質的データ分析（内容分析、テキストマイニングなど）
　2）プログラム理論（インパクト理論、プロセス理論）試行版の作成
　3）効果的援助要素リスト（含・チェック項目）の抽出・構築
　4）ワークショップの準備：実践家等の参加度のアセスメントと提示資料・方法の決定

b．実践家等が関与する評価活動
　・実践家等を含む「評価チーム」での検討会
　・実践家等参画型ワークショップ

［第5ステップ］実践家等参画型ワークショップ③：第1次効果モデル（試行版）の構築

このステップでは、**実践家等の参画型ワークショップ**を行い、実践家等プログラム関係者の協議と合意形成のもとで、実践場面で使用する**効果モデル（試行版）**を構築する。

このワークショップは2段階に分けて行う。まず［第1段階］では、第4ステップで作成した**効果モデル3アイテム**（プログラムゴールとインパクト理論（EMC1）、プロセス理論（EMC2）、効果的援助要素リスト（EMC3））を検討する。また

[第2段階]では、[第1段階]の実践家等参画型ワークショップ③の検討結果を踏まえて行う**第6ステップ**「第1次効果モデル（試行版）の形成・構築・改善」の検討結果に基づいて、**効果モデル5アイテム全項目**を対象とした検討を行う。

　ワークショップにおける合意形成と意思決定は、合意できる範囲内で**効果モデル（試行版）案**に対する合意を得て、意思決定を行う。

　具体的な評価活動・課題と、実践家等が関与する評価活動は、以下のとおりである。

a. 具体的な評価活動・課題

　1）質的データ分析の検討・分析［第4・6ステップより］

　2）効果的援助要素リスト試行版の検討と意思決定・承認［第4・6ステップより］

　3）プログラム理論試行版の検討と意思決定・承認［第4・6ステップより］

　4）実施マニュアル試行版の検討と意思決定・承認［第6ステップより］

　5）評価ツール試行版の検討と意思決定・承認［第6ステップより］

b. 実践家等が関与する評価活動

　・実践家等参画型ワークショップ

［第6ステップ］第1次効果モデル（試行版）の形成・構築・改善：効果モデル5アイテムの作成

　このステップにおける検討は、**実践家等を含む「評価チーム」**が中心に行う。新たに**第1次効果モデル（試行版）のアイテムとして提示する実施マニュアル（EMC5）**を作成する。この活動に実践家等の積極的な参画は不可欠である。また評価ツール（EMC4）も作成する。評価ツール（EMC4）は実践場面でのモニタリングにも使用するため、実践的な使用への配慮を加えることは重要である。第5ステップのワークショップで積極的な役割を果たした実践家等には参加を呼びかけて、「評価チーム」へ参加する実践家等を拡充する。

　第6ステップでは、**効果モデル5アイテム**全項目の試行版案を用意する。これらを踏まえて、第5ステップ［第2段階］では、改めて5アイテム全項目の試行版案を、実践家等参画型ワークショップ③において検討する。

　具体的な評価活動・課題と、実践家等が関与する評価活動は、以下のとおりである。

a. 具体的な評価活動・課題

1）［第1段階］第5ステップの結果に基づき、効果モデル（試行版）の効果的援助要素リスト、プログラム理論を確定

2）［第2段階］1段階に基づき実施マニュアル、評価ツール（試行版）を作成

b. 実践家等が関与する評価活動

・実践家等を含む「評価チーム」での検討会

・ワークショップ参加者のうちから評価チーム参加者を拡充する

2）形成・改善評価ステージ（導入期）の改善ステップ

形成・改善評価ステージ（導入期）では、《効果モデル》を実際に実践現場に導入して実践の検証を経て、実践的な一定の有用性がある**効果モデル**（提示版）の形成を目指す。この「提示版」は、次の評価ステージにおいて、多施設共同調査で比較による有効性研究（CER）を実施できる程度には、《効果モデル》としての実践的な完成度が高まっていることを想定している。

CD-TEP 改善ステップとしては、第7ステップから第10ステップの評価活動を行う。以下にそれぞれのステップごとの評価活動を示す。なお、このステージの具体的な評価活動は、9章にて詳述する。

［第7ステップ］広域的事業所調査：第1次効果モデル（試行版）の広域的な検証

「広域的事業所調査」は、これまで設計・開発してきた《効果モデル》、およびその効果的援助要素リスト（EMC3）・フィデリティ評価尺度項目が、広域の《効果モデル》関連プログラムにおいて**どの程度実施されているのか、その実施状況を明らかにすることが1つの目的**となる。現実社会の中で実施可能な《効果モデル》になるには、《効果モデル》および効果的援助要素の実施に関わる社会的背景や要因を明らかにすることも求められている。

同時に、広域的事業所調査は、**効果モデル（試行版）の有用性、実施可能性、効果性を確認する調査**という位置づけがある。この《効果モデル》に関心を持つ実践家等には、今後の情報提供機会の可能性を有し、その後に実施する広域的試行評価調査への協力事業所候補に位置づける。

具体的な評価活動・課題と、実践家等が関与する評価活動は、以下のとおりである。

[Ⅱ部] 評価手法　137

a. 具体的な評価活動・課題

　1）効果的援助要素の広域的実施状況の把握

　2）外形的なアウトカム指標の実施状況把握

　3）調整変数、媒介変数の把握

b. 実践家等が関与する評価活動

　・実践家等を含む「評価チーム」での検討会

[第8ステップ] 広域的試行評価調査①：単一グループデザインで行う多施設共同調査

　設計・開発評価ステージで構築した**効果モデル**（試行版）を、広域でこの取組みに関心を持つ事業所（通常10～30施設程度）の参画を得て、1年間程度の広域的試行評価調査を実施する。このプロセスは、形成・改善ステージにおける中核的な取組みであり、実践家参画型評価活動を試行評価活動によって実現するものである。

　形成・改善段階の導入期に行う試行評価調査①は、まずは設計・開発された《効果モデル》を実践現場に適切に導入することが目指される。今後予定される《効果モデル》の実施・普及をも考慮して、多くの事業所における《効果モデル》の適切な導入が企図される。

　この試行評価調査は、単一グループデザインで実施するが、**プログラムゴール達成に関連したプログラム要素**（効果的援助要素）**と、アウトカム指標・尺度の相関や関係性を分析・検討する点に特徴がある**。

　また**評価ファシリテータが定期的に評価訪問をすることによって**、《効果モデル》**に取り組む実践家等と意見交換を行い、効果的な実施について、多くのフィードバック**（質的評価情報等）**を得ることができる**。これにより、**効果モデル**（試行版）の見直しや、改訂・改善に多くの情報を入手することができる。

　具体的な評価活動・課題と、実践家等が関与する評価活動は、以下のとおりである。

a. 具体的な評価活動・課題

　1）広域的試行評価調査の説明会、研修会・意見交換会

　2）定期的モニタリング評価の実施

　3）評価ファシリテータの訪問、意見交換、フィードバック、コンサルテーション

　4）評価サイト、メーリングリストでの意見交換

b．実践家等が関与する評価活動
　　・実践家等を含む「評価チーム」での検討会
　　・評価ファシリテータの訪問、意見交換、フィードバック、コンサルテーション
　　・評価サイト、メーリングリストでの意見交換

［第9ステップ］質的・量的データ分析と実践家等参画型ワークショップ④：準備、効果モデル改訂案の作成

　　第9ステップでは、第7・8ステップの評価結果の成果に基づいて、質的・量的評価データを分析し、次のステップである第10ステップ「実践家等参画型ワークショップ④」に向けた準備を行う。ワークショップの準備には、前ステップまでに得られた量的・質的データを分析・検討して、**検討資料を実践家等参画型ワークショップに提出する準備を行う**。量的分析については、アウトカム変数と、プロセス変数（効果的援助要素・フィデリティ下位尺度）の相関分析を主に行う。さらに**効果モデル5アイテム**の改訂に必要な内容を検討し、**第2次効果モデル（提示版）**の案を作成する。

　　第4ステップ同様に、ワークショップに参加する実践家等の参加度アセスメントが含まれる。実践家等の参加度に応じて、提示資料・提示方法を吟味して決定する。

　　さらには、2つの広域レベルでの評価調査に参加した実践家等のうち、《効果モデル》の形成・改善に強い目的意識をもつ実践家がいれば、参加を呼びかけて「評価チーム」の実践家等を拡充する。

　　この活動は、実践家等を含む評価チームで実施する。

　　具体的な評価活動・課題と、実践家等が関与する評価活動は、以下のとおりである。

a．具体的な評価活動・課題
　　1）質的データ分析（内容分析、テキストマイニングなど）
　　2）量的データ分析（相関分析など）
　　3）効果モデル5アイテムの見直しと効果モデル改定版の作成
　　4）WSの準備：実践家等参加度のアセスメントと提示資料・方法の決定

b．実践家等が関与する評価活動
　　・実践家等を含む「評価チーム」での検討会

・実践家評価ファシリテータや、広域的評価調査参加者のうちから評価チーム参加者を拡充する

［第10ステップ］実践家等参画型ワークショップ④：第2次効果モデル（提示版）への形成・改善

　このステップでは、形成・改善評価ステージ（導入期）に行った評価活動の成果を、**質的・量的データ分析の形で整理**して、より効果性の高い**第2次効果モデル**（提示版）を形成する。

　第9ステップ「質的・量的データ分析と実践家等参画型ワークショップ④：準備、効果モデル改訂案の作成」を踏まえて、**第1次効果モデル**（試行版）について実際に取り組まれた実践の結果に基づいて、量的評価結果、質的評価結果をワークショップで検討する。その検討結果に基づいて、**第2次効果モデル**（提示版）への形成・改善を行う。

　具体的な評価活動・課題と、実践家等が関与する評価活動は、以下のとおりである。

ａ．具体的な評価活動・課題
　　1）効果的援助要素リスト提示版の検討と意思決定・承認
　　2）プログラム理論提示版の検討と意思決定・承認
　　3）実施マニュアル提示版の検討と意思決定・承認
　　4）評価ツール提示版の検討と意思決定・承認

ｂ．実践家等が関与する評価活動
　　・実践家等参画型ワークショップ

3）形成・改善評価ステージ（成熟期）の改善ステップ

　形成・改善評価ステージ（成熟期）では、広域レベルの多施設共同調査で、比較による有効性研究（CER）を実施して、《効果モデル》の有効性を検証し、エビデンスレベルを高めるとともに、試行評価調査の中でより効果的で実用性の高い《効果モデル》に形成・改善して、**効果モデル**（エビデンス版）を構築することを目指す（IOM, 2009; NASW, 2010）。

　この「エビデンス版」は、次の実施・普及評価ステージにおいて、さまざまな種類の実施・普及モデルを構築する上で、基盤となるモデルになる。

　CD-TEP改善ステップとしては、第11ステップと第12ステップの評価活動

を行う。以下に各ステップの活動を示す。このステージの具体的な評価活動は、10章において詳述する。

[第11ステップ]広域的試行評価調査②：比較による有効性研究（CER）で行う多施設共同調査

　このステップでは、「広域的試行評価調査②」として、多施設共同調査で、**「比較による有効性研究**（CER; Comparative Effectiveness Research**）」**を実施する。第8ステップ「広域的試行評価調査①」と同様に、改善の12ステップにおける中核的な取組みである（IOM, 2009; NASW, 2010）。

　この評価活動は、《効果モデル》のエビデンスレベルを高めるために、効果モデル実施群と、対照群として効果モデル未実施群を設定し、両者の比較から《効果モデル》の有効性を明らかにする比較研究である。エビデンスレベルの高いランダム化比較試験（RCT）による**実験デザイン**か、あるいは**準実験デザイン**を実施する。

　多施設共同調査という位置づけで、多くの施設が参加して実施する（20～30施設を想定）。また、実践家参画型で《効果モデル》の実施を進め、改善のための評価活動に取り組む。このことは、《効果モデル》の発展のために貴重な機会となる。

　具体的な評価活動・課題と、実践家等が関与する評価活動は、以下のとおりである。

ａ．具体的な評価活動・課題
　1）広域的試行評価調査の説明会、研修会・意見交換会
　2）定期的モニタリング評価の実施
　3）評価ファシリテータの訪問、意見交換、フィードバック、コンサルテーション
　4）評価サイト、メーリングリストでの意見交換

ｂ．実践家等が関与する評価活動
　・実践家等を含む「評価チーム」での検討会
　・評価ファシリテータの訪問、意見交換、フィードバック、コンサルテーション
　・評価サイト、メーリングリストでの意見交換

[Ⅱ部] 評価手法　141

[第12ステップ]第3次効果モデル（エビデンス版）への形成・改善：質的・量的データ分析
と実践家等参画型ワークシップ⑤による効果モデル（エビデンス版）への形成・改善

このステップは、プログラムレベルの《効果モデル》としては、最終段階の
「エビデンス版」の形成・改善のための活動を行う。

具体的には、前ステップの「広域的試行評価調査②」の実施結果を踏まえ
て、この**試行評価調査の質的・量的データ分析**を行う。

その上で、実践家等参画型ワークショップ⑤を開催して、《効果モデル》の
改訂版として、「エビデンス版」を構築する。

これらの評価活動は、これまでの **CD-TEP 改善ステップ**の取組みからノウ
ハウは蓄積されており、実践家等を含めた「評価チーム」と、実践家等参画型
ワークショップ参加者との間の境界が縮小していることが期待される。このた
め、質的・量的データ分析と実践家等参画型ワークショップの準備と、実践家
等参画型ワークショップの実施は、一連の連続した評価活動として第12ステッ
プに位置づけている。

具体的な評価活動・課題と、実践家等が関与する評価活動は、以下のとおり
である。

a．具体的な評価活動・課題

　1）質的データ分析、量的データ分析

　2）効果モデル5アイテムの見直しと効果モデル（エビデンス版）の作成

　3）ワークショップの準備：実践家等の参加度のアセスメントと提示資料・
方法の決定

　4）効果モデル（エビデンス版）の検討と意思決定・承認

b．実践家等が関与する評価活動

　・実践家等を含む「評価チーム」での検討会

　・実践家評価ファシリテータや、広域的評価調査参加者のうちから評価チー
　　ム参加者を拡充する

　・実践家等参画型ワークショップ

4）実施・普及評価ステージの改善ステップ

実施・普及評価ステージでは、効果性を高める形成・発展アプローチの結果
構築された**効果モデル（エビデンス版）**を、社会の中で広く共有するために有
効な効果モデル（実施体制整備版・技術移転版・制度版・効率性普及版・実践的普及版

など）の形成・構築を目指す。

　この評価ステージでは、これまで《効果モデル》に課されていた課題「効果レベル／エビデンスレベルを高める」は、ひとまず達成されたと位置づける。その上で次なる発展課題として、「《効果モデル》を社会の中に適切に位置づけて、ニーズのある多くの人たちに届くように実施・普及を進める」という実施・普及の課題が設定される。

　この課題に応えるために、《効果モデル》を実施する社会状況に合わせた、**いくつかの視点の異なる《効果モデル》の実施普及版**（総称）を発展させる必要が生じる。

　その中核的な取組みとして、実施システムレベルで、《効果モデル》の適切かつ効果的な実施を支える実施体制の構築を包含した**「実施体制整備版」**がある（11章6節参照）。プログラムレベルの《効果モデル》を効果的に実施・普及するためには、それ単独ではなく、**実施システムレベルの《効果モデル》**（本書では**「効果モデル実施・普及方略」**、単に**「実施・普及方略」**と呼ぶ：11章で後述）を形成して、有効に実施することが重要である。このプログラムレベルと実施システムレベルからなる二層構造の《効果モデル》が、**効果モデル**（実施体制整備版）である。

　実施・普及評価ステージにおける評価課題は、このシステムレベルの「プログラム（実施・普及方略）」を、（システムレベルの）効果的なモデルとして設計・開発し、その有効性を評価して、より良いものへと形成・改善し、実施機関（組織）に適用することにある。

　CD-TEP改善ステップを、実施機関（組織）の実施体制整備のシステムに適用して、システムレベルの「プログラム（実施・普及方略）」の設計・開発と、形成・改善の評価活動を進めて、システムレベルの「プログラム（実施・普及方略）」の《効果モデル》を構築することを目指している。

　なお、このステージの具体的な評価活動内容は、11章に詳述する。

4　CD-TEP改善ステップにおける実践家の評価活動関与、評価キャパシティ形成

　次に、**CD-TEP改善ステップ**が目指す第2の目標である、プログラムに関わる実践家がより良い《効果モデル》の形成・発展に積極的に関与・参画する

[Ⅱ部] 評価手法　143

ことを促進する取組みを検討する。CD-TEP 改善ステップの中で、この取組みがどのように展開されているのかを提示する。

　その際、**実践家等の関係者と、評価研究者が評価活動を共有する「評価の場」**が重要である。「評価の場」が、CD-TEP 改善ステップの各段階でどのように活用されるのか、以下にその概要を示しておきたい。これらの活動の詳細は、12章および14章において詳述する。

1）「評価の場」の種別

　本書では、《効果モデル》は、実践現場との接点を持つ「評価の場」の検証を経て、より優れた《効果モデル》に形成・発展（改訂）すると位置づけている。

　CD-TEP に基づく改善ステップでは、実践現場と評価活動の相互交流の場（「評価の場」）として、次の **7 場面の評価活動**（「評価活動場面の種別」）を設定した（12章参照）。いずれも実践家等と評価研究者の協働による評価活動を民主的で対等な立場で意見交換できる場としている。

　① 実践家等参画型ワークショップ（源, 2016）
　② 実践家等との意見交換（説明会・研修会・セミナー・振り返り会等）
　③ GP 事例調査：効果的取組みを行う好事例（GP 事例）への踏査調査と意見交換
　④ 評価訪問：試行評価プロジェクトの評価訪問
　⑤ 実践家等参画型形成評価サイトやメーリングリスト等での意見交換
　⑥ 実施マニュアル等に関する相互討論と共同執筆
　⑦ 実践家等を含む「評価チーム」（実践家・有識者・評価研究者など）での検討会

　改善ステップ各段階における必要な「評価の場」は、後に**表12-1**（266頁）に示すとおりである。

2）実践家参画型評価を進める中核的な「場」

　さて、**CD-TEP 改善ステップ**の全プロセスを通して中心的な役割を果たすのが、**①実践家等参画型ワークショップ**（実践家等参画型 WS）である。実践家等参画型ワークショップは、第 1 ステップから第12ステップまでの、一部ステップを除いて位置づけられる。特に第 5 ステップ、第10ステップ、第12ステップにおける 3 つのワークショップは、それまでの《効果モデル》を見直

し、次なるステージの**効果モデル**（試行版、提示版、エビデンス版など）へと「改訂」する中心的な役割を担う（表12-1（266頁）参照）。

　同時に、①**実践家等参画型ワークショップ**は、**改善ステップ**が進展するに従って、実践家等の関与や参画を促進する中軸的な役割を果たすことができる。たとえば**第5ステップ**のワークショップは、実践家の方々を「評価の場」に招き入れる重要なステップである。**第3ステップ**の③ GP 事例調査に積極的に協力した意欲的で力量のある実践家等に、①**実践家等参画型ワークショップ**に関わるよう呼びかけを行うことができる。また、このワークショップにおいて検討する⑥**実施マニュアル等の共同執筆**では、各自の好事例の事例報告をマニュアルに追加することを含めて執筆を依頼し、評価プロジェクトへの関与を拡大することもできる。

　また、①**実践家等参画型ワークショップ**と同様に、**CD-TEP 改善ステップ**の全プロセスを通して重要な役割を果たすのが、⑦**実践家等を含む「評価チーム」**（実践家・有識者・評価研究者など）である。この「評価チーム」には、既存プログラムの「改善」の必要を強く認識する実践家、あるいは実践家の有識者等が、まずは参画する。評価研究者と共に改善ステップの評価活動を主導する。加えて、評価プロジェクト開始後には、③ GP 事例調査へ協力した事業所の中心メンバーが、さらに広域的試行評価調査①②では評価ファシリテータなど積極的な役割を果たした実践家等が、招かれて「評価チーム」に加わる。

　この実践家等を含む「評価チーム」の検討会は、**CD-TEP 改善ステップ**の評価活動の諸プロセスで、実践現場と評価プロジェクトをつなぐ、評価プロジェクトの主体として重要な役割を果たす。

　さらに、**形成・改善評価ステージ**（導入期・成熟期ともに）の④**評価訪問：試行評価プロジェクトの評価訪問**が重要な位置を占める。**第8ステップ**および**第11ステップ**の「広域的試行評価調査①②」では、それまで CD-TEP 改善ステップで関与を深めてきた実践家等に、実践家評価ファシリテータ等として積極的な参画を求める。

3）「評価の場」をより良い「評価キャパシティ形成の場」にすること

　CD-TEP 改善ステップにおける「評価の場」は、実践家等のより積極的な関与と参画を得ることによって、実践現場の創意工夫や実践知等のフィードバックと共有、それに基づく検証を得て、より優れた《効果モデル》に形成・

発展させる上で重要な役割を果たしている。

その一方で、「評価の場」は、参加する実践家等関係者が、それぞれ個人として、あるいは組織として、評価に対する関心と関与、参画の程度を拡大し、それによって評価キャパシティ形成に貢献することをも志向している。

CD-TEP 改善ステップでは、**評価に関わる実践家等の役割や立場**について、

(A)《効果モデル》のプログラムスタッフ、

(B)実践家評価担当者、

(C)実践家評価ファシリテータ、

(D)「評価チーム」に参画する実践家、実践家有識者

という 4 類型を設定した。これらの役割・立場は固定的なものではない。改善ステップが進展するに従って、他の役割・立場を合わせ持つことをも促すことを企図している。改善ステップの進展は、これらの役割・立場の進展を意図して行うことになる。

それぞれの改善ステップにおいて、各役割や立場をもつ実践家に対して、評価キャパシティ形成に向けて行う具体的な働きかけを行う方法については、14章において詳述する。

5　まとめ

CD-TEP 改善ステップで目指す 2 つの目標、すなわち①効果モデルの形成・発展と、②実践家参画促進という目標の達成に向けて、CD-TEP 改善ステップがどのように評価活動を進展させるのかについて、概説的に述べてきた。それとともに、改善ステップの進展による、《効果モデル》の形成・発展の方法、同時に実践家等の関与と参画を進める「評価の場」や「評価キャパシティ形成の場」の位置づけと活用、評価活動に関与する実践家等の類型などの枠組みも提示した。

次章以降では、本章で提示した CD-TEP 改善ステップの枠組みに基づいて、実践現場で当面する社会問題の解決に有効な《効果モデル》の開発や、形成・改善、実施・普及に向けて、実践家が主体となった評価活動を、より多くの意識の高い実践家の関与と参画を得て、どのように実施するのかについて提示することにしたい。

文献

Chen HT（2015）. Practical program evaluation: Theory-driven evaluation and the ingegrated evaluation perspective, 2nd Ed. SAGE.

源由理子編（2016）. 参加型評価——改善と変革のための評価の実践. 晃洋書房.

IOM（US Institute of Medicine）（2009）. Initial National Priorities for Comparative Effectiveness Research. Washington, DC: The National Academies Press. https://doi.org/10. 17226/12648.

効果のあがる就労移行支援プログラムのあり方研究会（分担研究責任者：植村英晴）（2015）. 効果的障害者就労移行支援プログラム全国試行評価調査を通した効果モデルの改善と実践家評価者の形成・育成——全国試行評価調査とその準備活動の経験からの示唆. 平成26年度 文部科学省・科学研究費補助金 基盤研究（A）実践家参画型福祉プログラム評価の方法論および評価教育法の開発とその有効性の検証. グループ分担研究報告書.

National Association of Social Workers（NASW）（2010）. Comparative Effectiveness Research（CER）and Social Work: Strengthening the Connection. NASW.

大島巌（2016）. マクロ実践ソーシャルワークの新パラダイム：エビデンスに基づく支援環境開発アプローチ——精神保健福祉への適用例から. 有斐閣.

大島巌, 平岡公一, 児玉桂子, 他（2015）. 実践家参画型福祉プログラム評価の方法論および評価教育法の開発とその有効性の検証. 平成23〜26年度文部科学省科学研究費補助金基盤研究（A）総括報告書（課題番号：23243068）（主任研究者：大嶋巌）.

Rossi PH, Lipsey MW, Freeman HE（2004）. Evaluation: A systematic approach（7th edition）, SAGE（=2005, 大島巌, 平岡公一, 森俊夫, 元永拓郎監訳. プログラム評価の理論と方法——システマティックな対人サービス・政策評価の実践ガイド. 日本評論社）.

Wholey JS（2015）. Exploratory evaluation. In Newcomer KE, Hatry HP, Wholey JS eds. Handbook of practical program evaluation. Fourth edition. Jossey-Bass.

III部
効果モデル形成・発展ステージに対応した評価活動

7章
評価計画の設計
―― CD-TEP 改善ステップに対応したアプローチ

1 この章の位置づけ

　この章では、6章で枠組みを示した**CD-TEP改善ステップ**に基づいて、まず最初に行う評価活動である「評価計画の設計」をどのように進めるのかについて明らかにする。
　これまでも述べてきたように、CD-TEP改善ステップでは、**効果モデル形成・発展ステージ**に対応させて、必要となる評価活動の指針（ガイドライン）が、ある程度明確に示されている。またCD-TEP法の評価目的は「効果モデルの形成・発展」と明確であり、さらに実践家参画型評価という位置づけから、評価実施体制もある程度は、アプリオリに想定されたものがある。
　これらによって、**CD-TEP改善ステップの指針**に従えば、「**評価計画の設計**」は、さほど難しいことではない。これは、実践家参画型評価の特徴として、実践家等が評価活動に容易に関わることができる評価ツールを提供するという趣旨に基づいている。
　その一方で、実践家参画型評価としては、特に評価計画に盛り込む必要のある内容がある。それは、プログラムの評価活動に関与する関係者、特に実践家等が、評価活動にどのように主体的に参画し、さらには実践家等を含めた「**評価チーム**」を形成し、評価活動を進めて行くのか、に関する計画的な取組みである。さらには、実践家等の評価人材としての育成プラン、評価キャパシティ形成計画も含まれることが望まれる。これらについては、実践家参画型評価を

［Ⅲ部］効果モデル形成・発展ステージに対応した評価活動　149

行うさまざまな状況に合わせて調整する必要がある（14章参照）。

　本章では、まず一般的な「評価計画の設計」に関する枠組みを示す。その枠組みと対比させながら、**CD-TEP 改善ステップを活用した「評価計画の設計」の特徴と配慮点**を明らかにする。中でも、プログラムに関わる実践家等の関係者の評価活動への関与に注目する。その上で、**CD-TEP 改善ステップ**の各論に当たる8章から11章に対して、総論的な方向づけを行うことにしたい。

2　CD-TEP 改善ステップの評価計画──評価設計一般との比較から

　「評価計画の設計」は、一連の評価活動のうち、まず最初に取り組む評価活動であり、一般的には熟練を要する複雑な活動である。**評価者の高い専門性が問われる活動**とも言える。これに対して、CD-TEP 改善ステップでは、上述したとおり評価目的や評価体制をある程度限定し、CD-TEP 改善ステップの指針に準拠することで、必要な評価計画の設計が、ある程度容易に行えることが意図されている。意識の高い実践家等であれば、**CD-TEP 改善ステップ**の指針に依拠して、適切な評価計画を設計し、それに基づいて評価活動を実施し、より良い成果を上げることが期待される。

　さて、評価活動の基本的な流れと、その中に占める評価設計の位置は、図7－1に示したとおりである。この図のとおり評価活動は、大きく分けて、「評価の設計」「データの収集・分析」「評価計画の報告」からなっている（源, 2017）。**「評価設計」は評価活動の基盤**となり、それに基づいて「データの収集・分析」「評価結果の報告・使用」が行われる（源, 2017）。

　さて「評価設計」には、一般的には次の4つの活動がある。

　1）評価主体と評価目的の確認（3節）

　2）評価を必要とするプログラム状況のアセスメント（4節）

　3）評価デザイン（評価アプローチ）の検討（5節）

　4）実際の評価計画の策定（7節）

　以上に加えて、前述したとおり、

　5）プログラム関係者の関与と評価キャパシティ形成の計画（6節）

も追加する必要がある。

　以下の各節では、これらの各活動について、一般的に評価計画に期待される内容を示すとともに、CD-TEP 改善ステップを活用した「評価計画の設計」

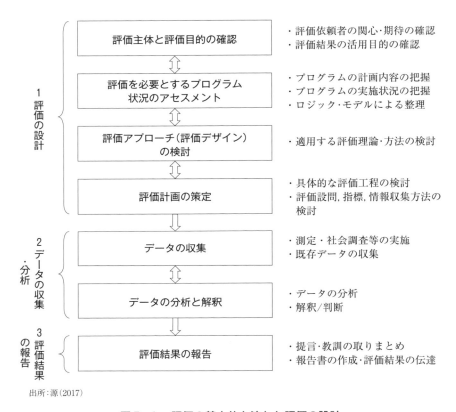

図7-1 評価の基本的な流れと評価の設計

の特徴と配慮点を明らかにする。

3 評価主体と評価目的の確認——実践家等の評価ニーズに注目して

1) 評価主体と評価目的の設定

　評価の設計段階では、まず最初に評価の目的を明確にし、評価対象となるプログラムの状況をアセスメントした上で、それに基づいて評価クエスチョンを設定する。その上で、評価クエスチョンに解答を与えることができる評価デザイン・評価アプローチ法を定める必要がある。

　このように評価計画の設計に当たって、まず**評価目的の明確化は不可欠**であ

る。同時に評価活動の企画は、一般的にさまざまな立場の人たちが関与することが想定される。そのため評価主体がどのような意図で、評価の実施を考慮するのかについても明らかにする必要がある。

評価の目的には、これまで触れてきたように、形成的評価の目的であるプログラムの改善と、総括的評価の目的である有意義なプログラムの判別と説明責任（アカウンタビリティ）がある。このほかに科学的な知識・知見の生成、プログラムの運営・管理、社会関係の形成や政治的方略などさまざまなレベルのものが存在する（Rossi ら、2004）。これらは、多様な社会的価値に依拠しているため、評価目的のあり方が、これから進める評価のあり方に大きな影響を及ぼすことになる。

また**評価の主体**についても、さまざまな立場の人たちが想定される。政策立案者と意思決定者、プログラムスポンサー、評価スポンサー、プログラム運営者、プログラム実践者、プログラム利用者、その家族、評価研究者などである（Rossi ら、2004）。これらの人たちのプログラムや評価に寄せる思いもさまざまであることが想定され、評価目的と同様に、**これから進める評価のあり方に大きな影響を及ぼす**。

これに対して、CD-TEP 改善ステップは、社会課題解決に有効な社会プログラムの**《効果モデル》の形成・発展が評価目的**であり、最終的には EBP プログラムとして幅広く社会に認証されることを目指している。また評価主体は、実践家参画型のボトムアップ評価（Chen、2010）を追求しており、**プログラムに直接関わる実践家等が主体となって評価を進める**ことが期待されている。

このように、CD-TEP 改善ステップでは、評価のあり方を定める評価目的と評価主体が、ある程度アプリオリに設定されていることが大きな特徴になっている。この枠組みが関係者に合意されるのであれば、CD-TEP 改善ステップに依拠した評価計画が設計できることになるだろう。

これに対して、《効果モデル》や EBP プログラムへの形成・発展を目指す評価目的は、評価研究者や政策立案者にとっては、それぞれの立場のミッションに深く関わるものである。評価主体として、積極的な役割を果たすことができるだろう。

しかしながら、実践現場で日々利用者のニーズに向き合う実践家等にとっては、身近な利用者の状況が改善することには関心があっても、**利用する社会プログラム自体の改善に対して、十分な関心が向かないことも少なからずあるだ**

ろう。

CD-TEP 改善ステップでは、**評価主体として実践家等を含む「評価チーム」**（実践家・研究者・有識者等）**を設定**することを想定している。実践家参画型評価を進める上で、評価主体に、実践家等のプログラムの実践に関わる関係者が、どのように実質的に関わることができるかが、重要なポイントとなるであろう。

以上を踏まえて次項では、実践家等が評価活動に積極的に関与することを可能にする状況を整理しておきたい。

2）実践家がなぜ評価活動を開始し、関与するのか

本書では、プログラムの実践現場で働く実践家等が、自分たちの関わるプログラムの改善や発展のために、評価活動を活用し、日々の実践を点検し、振り返る活動に何らかの形で関与することを想定している。

それでは、なぜ実践家等がそのような**評価活動に関与するきっかけ**を得るのであろうか。前述したように、利用者のニーズに日々向き合う実践家等にとっては利用者の状況の改善に関心があっても、プログラム自体の改善には十分関心が向かないことも考えられる。

これに対して、専門職たる実践家が、評価活動を開始するいくつかの具体的な場面を示しておきたい。

まず実践家が取り組んでいる社会プログラムが、当初の期待する成果を十分に上げていない場合である。たとえば、これまで何度か取り上げた障害者総合支援法の就労移行支援事業は、一般就労を望む障害のある人の思いを十分に実現できていない。これに対して、このような状況を生み出した制度モデルに飽き足らない実践家たちは、それぞれの事業所で創意工夫と独自のアイデアを取り入れてプログラムの改善を行い、成果を上げてきた。そのような取組みの成果を明らかにする評価活動が行われている（効果のあがる就労移行支援プログラムのあり方研究会, 2015）。

また「制度の狭間」問題（平野, 2015）**と呼ばれる従来のやり方では解決困難な課題が持ち込まれることがある**。たとえば、「ゴミ屋敷」と化した家に住む人の問題に対して、近隣住民から相談が行政窓口に寄せられることがある。この問題の背景には社会的孤立の問題があるとされ、サービス拒否をする「ゴミ屋敷」住人に対する保健福祉的な対応だけでは十分な解決ができない。対応す

[Ⅲ部] 効果モデル形成・発展ステージに対応した評価活動　153

る制度がない「制度の狭間」状態が生み出されている。これに対して、近隣住民と行政が一体となった効果的な「解決モデル」開発の取組みが、コミュニティソーシャルワーカー等の努力によって進められることになる。

　一方で、社会的課題解決のために世界的に評価が確立したEBPプログラムが存在する場合には、その取組みに触発されることがある。たとえば、精神科病院への長期入院の弊害が長らく主張されている。しかし、日本では有効な解決策が見出されずにいる。これに対して、包括型ケアマネジメントACTという、精神科病院の脱施設化に有効であると世界的に考えられるEBPプログラムについての知識を得る（大島, 2004）。あるいは意識の高い医療機関や周辺地域の地域事業所等では、アメリカで開発されたACTプログラムを何らかの形で取り入れる実践を開始する。それに対して、取り入れた「ACTプログラム」の有効性を検証する評価の取組みが行われる。

　以上、代表的な3ケースを示した。実践家にとっては、自身が関わるプログラムをより効果的になるよう改善したり、現場で直面する利用者のニーズに対応するために、独自に新しい《効果モデル》を開発したり、海外のEBPプログラムを導入するために評価活動を行うニーズは確かに存在する。それは、**実践家自身が支援の対象とする被支援者の課題解決に有益**だからでもある。

　また、**実践現場の専門職たる実践家の職業倫理**として、支援サービスの内容を日常的に常にモニタリングし、創意工夫をこらして、より良い支援になるよう努力すること、新しい知識を常に把握しそれを批判的に吟味した上で自らの支援に反映することが求められていることに対応するであろう。さらにそれは、実践家の**専門職としての力量向上**とも密接に関連している。

　このように実践現場でより利用者のニーズに合致した支援サービスを常に求める姿勢が実践現場に文化として共有され、**「学習する組織」**が形成されるためには、**実践家参画型評価アプローチは主要な動因**になるであろう（Senge, 2006）。

3）誰が評価活動の実施を発議・発案するのか

　これまで実践現場で、**利用者のニーズに直接触れる実践家が評価活動を開始**することを想定して、いくつかの場合を記述してきた。社会プログラムに関わる実践家は、効果の上がらないプログラムやニーズを満たせないプログラムの評価・検証を行い、また「制度の狭間」で対応する支援プログラムがない場合

など新しい支援サービスが求められる場合、そして諸外国で有効性が立証されている EBP プログラムの導入に関して、積極的な役割を果たすことができる。またその役割が期待されている。

　もちろん現実の状況を見ると、**実践家が評価活動の実施を発案し、評価を開始することはむしろ限られている**。多くの場合は、新しい社会ニーズの解決に関心を持つ大学関係者や研究者、新しい制度やプログラムの導入を考慮する自治体や中央省庁の担当者が評価の実施を発案する場合が中心的であろう。

　効果的な社会プログラムを開発し、形成・改善や実施・普及のために評価を活用することは、1 人の実践家個人だけに委ねられるものではない。問題解決や改善の必要性を認識する実践家の存在は不可欠だが、まずは①**その実践家が所属する職場が全体として対応すべき課題**でもある。

　さらには、②**対人サービスに関わる関係職種の職能団体、関係学会**、そして③**専門職を養成する教育機関（大学、大学院）の役割**も重要である。それらの組織では、現状の改善のために必要な《効果モデル》の開発や形成・改善、実施・普及に関する全体的な課題を取りまとめる責務があるであろう。**これらの組織と連携して、実践家参画型エンパワメント評価を実施する体制の構築が求められている**。

4　評価を必要とするプログラム状況のアセスメント

1）アセスメントの視点

　評価計画を設計するに当たって、**評価を必要とする当該のプログラムの状況を適切にアセスメントし評価デザインに適合させる必要**がある。

　考慮すべきプログラムの状況としては、(a)プログラムの概念化、プログラム理論と合意形成の状況、(b)プログラムの発達段階、(c)プログラムや評価に関する利害関係者の状況などに留意する必要がある。

　(a)**プログラムの概念化、プログラム理論と合意形成の状況**については、プログラム理論が形成されているか、それが関係者間で合意されているのかが、重要である。これに対して、**評価可能性アセスメント**（evaluability assessment）が用いられる場合がある。

　また、(b)**プログラムの発達段階**については、プログラムの効果レベルやエビデンスレベル、実施・普及のレベルなどに注目する必要がある。さらに、(c)**プ**

ログラムや評価に関する利害関係者の状況については、利害関係者分析が行われる。(a)のプログラム理論への合意形成がどのような利害関係者間でされているのかについても注目する必要がある。

2）プログラムの概念化、プログラム理論と合意形成の状況

評価計画を設計する基盤には、**プログラムの概念化**が行われ、**プログラム理論が形成**されていることが重要である（Rossi ら, =2005: 43）。たとえばプログラムゴールが共有化されず、主要なプログラム要素が特定され、関係者間で合意形成されていなければ、評価計画の設計は困難である。

プログラムが改善に役立つ有用な評価を行う準備ができているか否かの問いに回答を与えるアセスメントは、**評価可能性アセスメント**と呼ばれる。評価デザイン設定の前提条件として、このアセスメント実施が必要になる。

CD-TEP 改善ステップでは、(a)プログラムの概念化、プログラム理論と合意形成については、設計・開発評価ステージの中で体系的に行う。特に評価可能性アセスメントは、第2ステップの重要な評価課題になっている。既に実施されている制度モデルのプログラムであっても、評価可能性アセスメントの結果、プログラムの概念化、プログラム理論の形成が必要と判断されることもある。その場合、設計・開発評価ステージから評価活動をスタートする必要が生じるだろう。

3）プログラムの発達段階

ひとつの社会プログラムは、その生涯を発達的に捉えることができる（CORE, 2009）。**その異なる発達段階において、異なる評価クエスチョンが課題となり、そのため段階に応じて異なる評価アプローチが必要になる**（Rossi ら, =2005: 39）。評価デザインについても、異なる評価アプローチに対応したデザインを用意する。

(b)プログラムの発達段階については、プログラムの**エビデンスレベル**（表2-1（36頁参照））や**効果レベル**、**実施・普及のレベル**など、複数の視点から捉えることができる。特に**プログラム効果性**と**実施・普及の視点**は重要である。

CD-TEP 改善ステップでは、効果モデル形成・発展ステージを把握することで、必要とされる評価活動の指針を得ることができる。それにより、プログラム改善のために必要な評価計画を設計・策定することが可能になる。

効果モデル形成・発展ステージとして、CD-TEP 改善ステップでは、前述のとおり以下の**4段階ステージを設定**した（1章19頁参照）。すなわち、

第Ⅰステージ：開発・設計評価ステージ（8章で詳述）

第Ⅱ-1ステージ：形成・改善評価ステージ（導入期）（9章で詳述）

第Ⅱ-2ステージ：形成・改善評価ステージ（成熟期）（10章で詳述）

第Ⅲステージ：実施・普及評価ステージ（11章で詳述）、である。

各ステージでは、次のステージで使用する**効果モデル改訂版**へと、《効果モデル》を形成・改善することを目指して評価活動を行う（表4-2（89頁）参照）。

すなわち、

・開発・設計評価ステージでは、効果モデル（試行版）

・形成・改善評価ステージ（導入期）では、効果モデル（提示版）

・形成・改善評価ステージ（成熟期）では、効果モデル（エビデンス版）

・実施・普及評価ステージでは、効果モデル（実施普及版・総称）

への改訂を目指している。

この中で、《効果モデル》の試行版から提示版、エビデンス版への改訂は、《効果モデル》としてのエビデンスを蓄積し、効果レベル、エビデンスレベル（正木ら, 2006）を高める活動に対応する。

一方、エビデンス版から実施普及版（総称）への発展は、《効果モデル》が社会の中で「政治的組織的環境に適合し」（Rossi ら, 2004）、実施・普及が進展するという側面における、《効果モデル》の成長・発展に対応している。

4）プログラムや評価に関与する利害関係者の状況

「(a)プログラムの概念化、プログラム理論と合意形成」でも触れたが、**主要な利害関係者の間で、プログラムの使命（mission）やゴール、その他重大事項に合意がなければ評価計画の設計は困難である**（Rossi ら, =2005: 41）。価値やイデオロギーの対立があり、利害関係者の葛藤が根深く、敵対的であれば、評価がどんなに包括的で普遍的であっても調整できない（同上: 42）。そのような場合、評価者はある利害関係者だけの観点から評価計画を立てるというやり方もある（同上）。

(c)プログラムや評価に関する利害関係者の状況のアセスメントのために、**利害関係者分析**（CORE, 2009）が行われる。利害関係者分析は、エコマップのような形態で利害関係者の「マップ」を描き、プログラム評価への関与の強さ、

[Ⅲ部] 効果モデル形成・発展ステージに対応した評価活動　157

影響力の強さから主要な利害関係者を絞り込む。

CD-TEP 改善ステップで使用する実践家参画型エンパワメント評価では、プログラムに関わる**利害関係者の構造的な分析が不可欠**である。評価可能性アセスメントを行う際にも、主要な利害関係者を分析して、それらの人たちにはワークショップへの参加を依頼し、プログラムゴールやプログラムの設計、共有して活用する評価データなどについて合意形成した後に、評価活動を行う。

他方、**プログラムに関わる実践家等の関係者の分析**は、別の観点から重要である。評価活動に主体的、積極的に参加する実践家を把握して、**評価活動への関与の機会を広げ、実践家評価ファシリテータなどとして活躍して頂く可能性を模索することができる**。CD-TEP 改善ステップにおける、評価キャパシティ形成において欠くことのできないアセスメントである。

5　評価デザイン（評価アプローチ）の検討

評価対象となるプログラムの状況をアセスメントした後には、そのプログラム状況に対応して、どのような**評価デザイン**、**評価手法**を用いた評価活動を実施するのかを検討することになる。

以下では、プログラム評価の評価デザインに関わるいくつかの視点と類型を整理し、CD-TEP 改善ステップの評価アプローチの特徴を整理しておきたい。

1）評価デザインの2類型

評価デザインが重視される第1の理由は、プログラム実施後に起きた出来事が、プログラムに起因するのか、それともプログラムとは関係なく発生したのかに関して繰り返し問われる疑問に適切に答える必要からである（Weiss, = 2014: 111）。この点に関しては、プログラム評価の主要な目的の1つである総括的評価の観点からは、アウトカム／インパクト評価に関する評価デザインの設計が考慮される。

この目的に対して、**科学的なアウトカム／インパクト評価を行う厳格な評価デザインが追求**されてきた。**ランダム化比較試験**（RCT）、**準実験デザイン**を中心に整理がされ、医学における臨床評価等と同様の評価デザイン体系がまとめられている（Fitz-Gibbon ら, 1987; Hulley ら, 2013）。

一方で、プログラム評価のもう1つの主要な目的である**形成的評価の観点か**

ら、アウトカム／インパクト評価のみならず、プログラムのゴールや目標を達成する「方法」に相当するプログラム理論の評価や、プログラムプロセスの評価が重視される。

　社会プログラムは社会的な構成物である。問題解決をより良く実現するための「介入方法」は、社会の中で実施しながら検証されるべき特性を持つ。プログラムゴールを効果的に達成できる**「効果モデル」**の**「組成（効果的援助要素）」**や**「構造（プログラム理論）」**を、社会の合意を得ながら検討し、適切に形成・改善する必要がある。その目的のためには、プロセス評価やプログラム理論評価を、アウトカム／インパクト評価と組み合わせて実施すること、その実施に必要な有効な評価デザインを適切に設計することが求められている（Rossi ら，2004）。

　これに対して、**CD-TEP 改善ステップは、社会課題解決に有効な《効果モデル》の構築を目指す形成的評価のアプローチ法である。**定性的な、あるいは定量的なプロセス評価やプログラム理論評価を行い、《効果モデル》の形成・改善を目指している。もちろん CD-TEP 改善ステップ終盤の第11ステップでは、ランダム化比較試験（RCT）も実施され厳密なインパクト評価も試みられる。しかし、同時にこのステップ（第11ステップ）においても、質的・量的なプロセス評価とプログラム理論評価が行われ、《効果モデル》の形成・改善が目指されている。

2）評価クエスチョンと評価計画

　プログラムの形成・改善に役立つ、有用な評価計画を作成するためには、**評価計画をガイドする適切な評価クエスチョンを設定する必要がある。**

　評価クエスチョンは、一般的には、**評価階層**（1章2節参照）に対応した、**5つのプログラム課題ごとに整理**される。それは、ニーズ評価、プログラム理論評価、プロセス評価、アウトカム／インパクト評価、効率性評価の評価クエスチョンである。

　これら5つのプログラム評価の要素は、**図7−2**のようにニーズ評価を基底にして、建造ブロックのように順に理論評価、プロセス評価、アウトカム／インパクト評価、効率性評価と積み上がって行く構造をもつ。Rossi ら（2004）はこれを**「評価階層」**と名付けた。

**　評価階層は、効果モデル形成・発展ステージと密接な関係を持つ。**

[Ⅲ部] 効果モデル形成・発展ステージに対応した評価活動　159

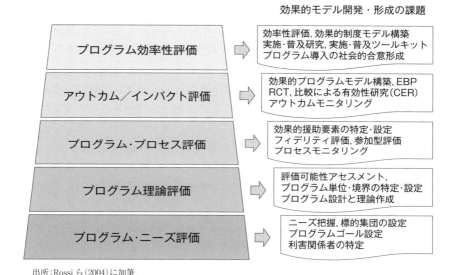

出所：Rossi ら(2004)に加筆

図7-2　評価階層と効果モデル形成・発展

　まず**設計・開発評価ステージ**では、評価階層の基底を支えるニーズ評価とプログラム理論評価が重要な役割を果たす。評価クエスチョンについては、これら2つの階層にまたがる設問を設定して、より良い《効果モデル》の開発・設計評価に有益な情報を提供する。たとえばニーズ評価でプログラムの**ターゲット集団**（標的集団）の特徴や背景、そのニーズが浮き彫りにされ、プログラム理論評価ではそのターゲット集団がプログラムの支援で解決すべき方向性やプログラムの届け方が検討される。

　次に**形成・発展ステージ**では、評価階層の中盤に位置づくプロセス評価とアウトカム／インパクト評価、さらには《効果モデル》の基盤が変更になる際には、プログラム理論評価が重要な役割を果たす。評価クエスチョンについては、これら3つの階層にまたがる設問を設定する。それぞれが有機的に連携して、より良い《効果モデル》の形成・改善評価に有益な情報を提供する。たとえば、プログラム効果をもたらすプロセス要因である「効果的援助要素」の同定がされるとともに、「効果的援助要素」から構成されたフィデリティ評価尺度がアウトカムの値と十分に高い相関関係にあるのかなどが検証される。

160　7章　評価計画の設計

　さらに、**実施・普及評価ステージ**では、評価階層の最上段にある効率性評価が活用される。それとともに、《効果モデル》を実施・運営する**システムレベルの「効果モデル」**（「効果モデル実施・普及方略」）に対する評価も検討される（詳細は11章6節参照）。

　以上のように、形成的評価では、**アウトカム／インパクト評価のみならず、他の各階層の評価が重視されること、そこでは定量的評価のみならず定性的評価が活用される特徴がある**。アウトカム／インパクト評価だけでなく、他階層の評価をも重視するのは、プログラム評価では、生み出される成果（アウトカム）だけでなく、それを生み出すプログラムのプロセス、プログラム理論、そしてその基盤となるニーズ、ニーズのある**ターゲット集団**などに対しても社会の関心が向けられるからである。

　そのために、評価階層各層にわたって関係者から提起される評価クエスチョンは、定量的評価で捉えられる定型化された評価デザインだけでは十分でない。アウトカム／インパクト評価に対して重要な影響をもたらすプログラムプロセス要因やプログラム理論を、探索的に、そして定性的に捉えることが求められている。

　このため**定性的評価**の実施が重視される。定性的評価は、「文脈の理解」「動的な情報把握」に関してプログラムの成果（アウトカム）とプロセスの関連を把握したり、プログラム実施のシステム的把握をする上で重要な役割を果たす。また定性的評価は、プログラム理論との適合性が高く、その質的評価の手法は、作動中のプログラム理論をより良く説明できることが知られている（Weiss, =2014）。

　これに対して、CD-TEP改善ステップでは、アウトカム／インパクト評価のみならず、他の各階層の評価（プロセス評価、プログラム理論評価、ニーズ評価）をも重視する。**定量的評価および定性的評価の双方において、各階層の評価をアウトカム／インパクト評価に関連づけた検討を行うことを特徴としている。**

3）評価のライフサイクルと評価デザイン

　評価のライフサイクルは、新しく開発されたプログラムを実践現場へ導入する時期から、その成熟期、そして実施・普及期まで伴走して、より効果的でエビデンスレベルの高い《効果モデル》へと成長・発展させる「評価」に関するライフサイクルである。

[Ⅲ部] 効果モデル形成・発展ステージに対応した評価活動　161

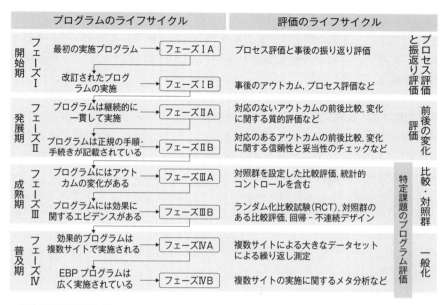

出所：CORE（2009：21, 23）

図7-3　プログラムと評価のライフサイクル

　コーネル大学 Trochim が所長を務める CORE（2009）は、開発されたプログラムについて**開始期**（Initiation）、**発展期**（Development）、**成熟期**（Maturity）、**普及期**（Dissemination）の順に発展するライフサイクルを設定した（図7-3）。そして「評価」についても、プログラムに伴走する形でのライフサイクルを設定した（図2-1（44頁）参照）。**成長・発展するプログラムの発展時期に応じて、必要とされる評価デザインが異なることを示している。**

　CD-TEP 改善ステップは、この評価のライフサイクルにほぼ対応する。**形成・改善評価ステージ（導入期）**は、フェーズⅠ「開始期」とフェーズⅡ「発展期」に対応し、**形成・改善評価ステージ（成熟期）**は、フェーズⅢ（成熟期）に相当する。また、**実施・普及評価期**は、フェーズⅣ（普及期）に対応している。

　それぞれのライフサイクル期、たとえばフェーズⅢ（成熟期）に、エビデンスレベルの高いランダム化比較試験（RCT）による実験デザインか、準実験デザインを実施することは、CD-TEP 改善ステップの形成・改善評価ステージ

162　7章　評価計画の設計

（成熟期）の「広域的試行評価調査②」のプロトコルとも共通している。

　このように、評価のライフサイクルを積み重ねる中で、エビデンスの蓄積を行い、プログラムモデルを発展させる点は、CD-TEP 改善ステップが依拠する枠組みと言える。

4）CD-TEP 改善ステップに関するまとめ

　プログラム評価の評価デザインの設定に関する一般的な枠組みを参照すると、CD-TEP 改善ステップは、社会課題解決に有効な《効果モデル》の構築を目指す**形成的評価のアプローチ法**であることが改めて確認される。

　また評価階層に関わる評価クエスチョンの視点からは、アウトカム／インパクト評価と、他階層の評価であるプロセス評価、プログラム理論評価とを連動させた分析を、定性的あるいは定量的な手法を用いて、体系的に行う特徴を持っている。それによって、より効果性の高い《効果モデル》の構築を目指す特徴がある。

　さらにプログラムと評価のライフサイクルに関する CORE（2009）の枠組みから、プログラムのライフサイクルに対応した評価手法のライフサイクルが示されている。CD-TEP 改善ステップは、この枠組みに準拠した評価アプローチを体系的に用意している。

　評価アプローチ（評価デザイン）の選択という観点からは、CD-TEP 改善ステップは、形成的評価として、《効果モデル》の効果レベル、エビデンスレベルを高めながら、モデルの成長・発展を進める体系的な評価アプローチ法を提示する枠組みであることが改めて確認される。

6　プログラム関係者の関与と評価キャパシティ形成の計画

　プログラムに関わる実践家等プログラム関係者の関与と評価キャパシティ形成を、計画的に意図的に進めるのは、実践家参画型エンパワメント評価の特徴の 1 つと言える。

　評価活動や評価プロジェクトに対する実践家等の関与を高め、評価キャパシティ形成に取り組むには、**3 つの視点**が重要であろう。

　第 1 に、評価プロジェクトの主体となる実践家を含む「評価チーム」の中で、実践家等が実質的な役割を果たし、中核的な存在になること、

[Ⅲ部] 効果モデル形成・発展ステージに対応した評価活動　　163

　第2に、前章で述べた評価に関わる実践家の役割や立場の4類型（145頁）について、評価に関わる役割と立場の主要な類型、特に**実践家評価ファシリテータ**になる実践家等の数を増やすこと、

　第3に、これも前章で触れた「評価の場」のうち、特に実践家参画型ワークショップや、試行評価プロジェクトの評価訪問、GP事例調査の調査訪問において、評価活動の魅力を伝え、評価活動への関与度を高めるとともに、評価キャパシティを向上させる情報提供や評価スキルを伝達すること。

　評価ステージ別に見ると、まず**設計・開発評価ステージ**では、「評価の場」の活用として**実践家等参画型ワークショップ**と**GP事例調査の調査訪問**において、評価活動の魅力を伝え、《効果モデル》の形成・発展の重要性について共通認識を得るための方略を立てる。また、評価プロジェクトの主体となる**実践家等を含む「評価チーム」**に意識の高い実践家等の参加を呼びかけ、GP事例調査等で積極的な役割を果たすように計画を立てる。

　また**形成・改善評価ステージ**（導入期・成熟期）では、「評価の場」の活用として、実践家等参画型ワークショップに加えて、**試行評価プロジェクトの評価訪問**が重要である。評価訪問を担当する評価ファシリテータとして、評価プロジェクトに関わる意識の高い実践家等に呼びかけて**実践家評価ファシリテータ**を担当して頂く。さらには、その中から実践家等を含む「評価チーム」のメンバーになる人材を増やす計画を立てるとよい。

　さらに**実施・普及評価ステージ**では、実施・普及の担い手として、プログラムの実践に関わる実践家等は大きな力を発揮する。**実施・普及評価の主体として、実践家等が主体となる「評価チーム」の形成**を目指す。実践家等が主体となる「評価チーム」が形成されると、そのチームが主体となって、広域レベルの《効果モデル》に関する技術支援センターが構築されることも期待できる。

7　実際の評価計画の策定

　これまで検討してきた「評価計画の設計」に関わる諸活動の結果を踏まえて、**評価プロジェクトのプロトコルを作成**する。その内容は、実践家等を含む「評価チーム」で共有し、確認する。多くの内容は、CD-TEP改善ステップを雛形にして作成できるであろう。このプロトコルを用いて、早い時期に研究倫理委員会に提出をして、評価プロジェクト実施の承認を得ることが望ましい。

164　7章　評価計画の設計

　これまで十分に検討されていない事項は、評価プロジェクトの進行に関する時間と、資金確保の計画であろう。

　進行に関する時間の管理は、工程表（ガントチャート等）を別途作成して、具体的に設定できると良い。第8ステップ、第11ステップの広域的試行評価調査①②の実施は、1年あるいは2〜3年などある程度の期間を要する。そのための準備期間、まとめの期間を含めて、ゆとりある評価計画の設定が必要になる。

　いま1つの**資金の確保**については、研究費などの申請を、公的機関や民間助成団体に対して行うのが有力な手立てであろう。一方、十分に成果を上げていない既存制度の改善については、担当する行政部局に働きかけて、資金確保をする方法もあるであろう。

8　まとめ──評価計画の策定を実際の評価活動に反映するために

　以上、**効果モデル形成・発展ステージに応じた実践家参画型評価の計画設計**について、**CD-TEP 改善ステップに準拠しながら提示した。この評価計画設計の特徴は、評価の計画段階から実践家等が関与・参画する形で行われる点にある。**そのため、評価は誰がどのように開始するかについて、実践家サイドから見た動機づけの所在とその役割について最初に記した。

　評価計画の策定・設計は、一般的にはとても複雑な取組みであり、評価者の専門性が問われる活動である。しかし、**実践家参画型エンパワメント評価では、CD-TEP 改善ステップを用いることで、意識の高い実践家であれば、その指針を受けて評価計画を設計し評価活動を実施できるように配慮している。**評価計画書の作成を実践家等を含む「評価チーム」で行うことは、以後の実践家参画型評価のプロセスを考慮すると不可欠な取組みと言えるであろう。

　本章で提示した評価計画書に提示した具体的な評価活動の進め方は、以下8章から11章に提示する。

文献

Chen HT（2010）. The bottom-up approach to integrative validity: A new perspective for program evaluation. Evaluation and Program Planning 22: 205-214.

Chen HT（2015）. Practical program evaluation: Theory-driven evaluation and the ingegrated evaluation perspective, 2nd Ed. SAGE.

Cornell Office for Research on Evaluation（CORE）(2009). The Evaluation Facilitator's Guide

[Ⅲ部] 効果モデル形成・発展ステージに対応した評価活動　165

to Systems Evaluation Protocol.

Fitz-Gibbon CT, Morris LL（1987）. How to design a program evaluation. Sage.

平野方紹（2015）. 支援の「狭間」をめぐる社会福祉の課題と論点. 社会福祉研究（122）: 19-28.

Hulley SB, Cummings SR, Browner WS, Grady DG, Newman TB（2013）. Designing clinical research, Fourth Edition. Lippincott Williams & Wilkins（=2014, 木原雅子, 木原正博訳. 医学的研究のデザイン——研究の質を高める疫学的アプローチ. メディカル・サイエンス・インターナショナル）.

効果のあがる就労移行支援プログラムのあり方研究会（分担研究責任者：植村英晴）（2015）. 効果的障害者就労移行支援プログラム全国試行評価調査を通した効果モデルの改善と実践家評価者の形成・育成——全国試行評価調査とその準備活動の経験からの示唆. 平成26年度 文部科学省・科学研究費補助金 基盤研究（A）実践家参画型福祉プログラム評価の方法論および評価教育法の開発とその有効性の検証. グループ分担研究報告書.

正木朋也, 津谷喜一郎（2006）. エビデンスに基づく医療（EBM）の系譜と方向性：保健医療評価に果たすコクラン共同計画の役割と未来. 日本評価研究6(1): 3-20.

源由理子（2017）. 評価の設計. 日本評価学会評価士養成講座テキスト.

大島巌編（2004）. ACT・ケアマネジメント・ホームヘルプサービス——精神障害者地域生活支援の新デザイン. 精神看護出版.

Rossi PH, Lipsey MW, Freeman HE（2004）. Evaluation: A systematic approach（7th edition）. SAGE（=2005, 大島巌, 平岡公一, 他監訳. プログラム評価の理論と方法——システマティックな対人サービス・政策評価の実践ガイド. 日本評論社）.

Senge PM（2006）. The fifth discipline: The art & practice of the learning organization. Doubleday（=2011, 枝廣淳子, 小田理一郎, 中小路佳代子訳. 学習する組織——システム思考で未来を創造する. 英治出版）.

植村英晴, 大島巌, 他（2015）. 効果的障害者就労移行支援プログラム全国試行評価調査を通した効果モデルの改善と実践家評価者の形成・育成——全国試行評価調査とその準備活動の経験からの示唆. 平成26年度 文部科学省・科学研究費補助金 基盤研究(A)実践家参画型福祉プログラム評価の方法論および評価教育法の開発とその有効性の検証. グループ分担研究報告書.

Weiss CH（1998）. Evaluation: Methods for studying programs and policies. 2nd Ed. Prentice Hall（=2014, 佐々木亮監訳, 前川美湖, 池田満訳. 入門評価学. 日本評論社）.

8章
設計・開発評価ステージの取組み:第1〜6ステップ
―― 第1次効果モデル(試行版)の設計・開発

1　はじめに

　本章8章から11章までは、**CD-TEP改善ステップ**の実施方法に関する各論である。

　これら一連の各論各章では、**CD-TEP改善ステップ**を用いて、社会問題や社会状況を改善するために導入される社会プログラムを、まずは課題解決に有効な効果的なプログラムモデルとして設計・開発し（本章）、続いて2つの形成・改善評価ステージ（導入期と成熟期）（9章と10章）と、さらには実施・普及評価ステージ（11章）を経て、より効果的で社会における実施・普及が進む《効果モデル》へと発展させるための**形成的評価の方法論**を体系的に、そして可能な限り具体的に示すことにする。

　同時に、**CD-TEP改善ステップを用いた実践家参画型評価**は、エンパワメント評価の1形態として、そこに関わる**実践家やその他関係者**（**実践家等**）、**さらには実施機関**（**組織**）の評価キャパシティの形成・向上をも目指している。すなわち、CD-TEP改善ステップのプロセスを進める中で、**実践家等関係者**の評価や《効果モデル》に対する関心と動機づけを高め、関与を促進し、より積極的に評価に参画することを促す。同時にそれによって**実施機関**（**組織**）が評価活動を介して「学習する組織」として活性化することをも促進する。そのためのアプローチ法を、各ステージごとに可能な限り具体的に提示することにしたい。

[Ⅲ部] 効果モデル形成・発展ステージに対応した評価活動　167

　本章8章では、まず**設計・開発評価ステージ**を進行させる、評価活動の「主体」がどのような人なのか、どのような動機や背景でプログラムの設計・開発評価に関わり、この評価ステージを進めて行くのかを素描したい。それによって、実践家参画型評価の進め方の概観を示す。

　その上で、このステージの課題と到達目標を、《効果モデル》の設計・開発と、評価キャパシティそれぞれについてまとめた上で、このステージの評価活動の概要とステップ進行の指針を示す。

　その指針に基づいて、CD-TEP 改善ステップのうち**設計・開発評価ステージ**に対応する第1ステップから第6ステップの進め方を具体的に提示することにしたい。

2　誰がどのように設計・開発評価ステージを開始するか

　設計・開発評価ステージを、誰がどのように開始するのか。前章で提示したいくつかの取組み事例に沿いながら、まず実践現場の実践家等が、どのように設計・開発評価に関与し、そのステージを開始するのかを、例示的に示しておきたい。

　設計・開発評価で取り上げる社会的課題とそれに対する社会プログラムについては、前章で整理したように、まず**既存サービスでは解決できないニーズに対して新しい取組みを開始する場合**と、いま1つには**既存の制度プログラムがうまく機能しない場合**に分けて考慮できる。

　これに対して、まずは実践プログラムに関わる現場の実践家等が評価活動を開始する上記2つの場面を最初に示す。その上で、研究者・評価専門家や、行政関係者が設計・開発評価に関わる評価活動を開始する場面を示すことにしたい。

1）実践家等が新規事業を開始し、評価活動に関与する場合［実践家／新規事業］

　まず実践家が新しい取組みを開始する場合は、最初に既存サービスでは解決できない深刻なニーズが専門職たる実践家の眼前に横たわっている場合が多い。

　社会課題解決のために、実践家の人たちはその問題を取り上げ、先駆的に課題解決のための取組みを開始する。たとえば、子どもの貧困問題に関連して家

族と共に夕食を取ることができない子どもたちの問題がある。十分な食事が取れず、また家族団らんや学習の機会にも欠ける状況に対して、実践の蓄積の中から「**子ども食堂**」を開設する試みが全国各地で進められている（室田, 2017; 吉田, 2016）。同様の例を挙げると枚挙にいとまがない。若年認知症の方や家族に対する支援、学齢期の子どもが親の介護者（ヤングケアラー）にならざるをえない状況への支援（澁谷, 2018）、長期間ひきこもりを続けて中高年になった人への支援（竹中, 2012）、がん患者の復職支援（遠藤, 2017）など、既存サービスでは適切に対応できない課題は社会に数多く存在する。

このような満たされない深刻なニーズに対して先駆的な取組みを開始する実践家、およびその所属する事業所が少なからずある。そこでは
① 事業所の独自予算を組んで取組みを開始することもあれば、
② 助成団体などに補助金を申請して事業を開始する場合もある。

このような場合、効果の上がる《効果モデル》を設計・開発するための評価アプローチ法が重要な役割を果たす。まず上記に挙げたような課題は、社会の中に幅広く存在する社会問題である。**課題解決の試みは、一個人、一事業所で完結するのではない。課題解決に有効なアプローチは社会において共有される必要がある。**そのためには、科学的な方法で実施される「**プログラム開発と評価**」のアプローチは欠くことができない。

先駆的な事業を開始するに当たって、補助金の助成を受けることも必要にもなる。そのためにも、課題解決に成果を上げることができる裏付けとなる、設計・開発評価によって得られた科学的な資料の提示が重要な意味を持つ。

2）既存制度プログラムの見直しのために評価活動に関与する場合［実践家／既存制度見直し］

既存の制度プログラムが適切に機能しなかったり、ニーズに十分に対応できていない課題もある。その場合、その「制度」で対応できないターゲット集団の絞り込みを行ったり、他の制度プログラムと組み合わせて、そのニーズに対応することが求められる場合がある。

前章で例示した**精神科デイケアと訪問支援を統合化したプログラム**はその一例である（コラム1参照）。診療報酬で対応されている「制度」としてのデイケアでは、本来ターゲット集団とすべき、長期入院経験者やひきこもりを続けている重い精神障害のある人たちに対して適切な支援が提供できない状態にある

[Ⅲ部] 効果モデル形成・発展ステージに対応した評価活動　169

［コラム１］　精神科デイケアおよび訪問支援統合化プログラム

　こんにち精神保健福祉の領域では、「入院医療中心から地域生活中心へ」とい
う国の基本方針に基づいて、地域移行の推進と有効な地域生活の継続支援のあ
り方が探索されている。そのような中、重い精神障害をもつために地域移行と
地域生活の維持・継続に大きな困難をもつ人たちへの地域における支援とし
て、従来重要な役割を果たしてきた精神科デイケアの役割が見直されている。
長期入院を続けていた人たちや長期間家庭等にひきこもって日中の行き場がな
く過ごしている人たちは、デイケア利用のニーズがあっても、通所できない課
題があった。

　これに対して、全国各地では自然発生的にデイケアスタッフが通所できない
利用者へ訪問支援を行ったり、訪問看護部門と連携してサービス提供をする医
療機関が散見されるようになった。これに対して、大山ら（2016）は2011年に全
国の精神科デイケア実施病院・診療所全1654機関を対象とした実態把握ニーズ
調査を実施し、56％のデイケアが訪問支援を併せて行う実態を明らかにした
（回収率63％）【第１ステップ】（表６-１（129頁）参照：以下同）。

　これに引き続き大山ら（2015）は、全国実態調査の中からデイケアと訪問支援
を統合的に行い、かつ訪問者数・支援回数などで成果を上げている好事例（GP
事例）17施設への訪問聞き取り調査を実施した【第３ステップ】。

　調査結果は、実践家等を含む大山らの「評価チーム」によって分析された。
その結果、統合化プログラムの理念・目標の共有化、サービス提供体制の確立
など６のカテゴリと27のサブカテゴリ，187の効果的要素が抽出された【第４ス
テップ】。それを踏まえて、GP事例調査協力者を含む実践家等参画型ワーク
シップを複数回開催して、第１次効果モデル（試行版）をまとめた（コラム表８-
１）【第５ステップ】。

　その後この「評価チーム」は、訪問支援を実施している精神科デイケアを対
象とした「全国事業所調査」【第７ステップ】と、「全国試行評価調査」【第８ス
テップ】を実施している。

コラム表８-１　精神科デイケア＆訪問支援統合化プログラムの効果的援助要素

領域	項目数・要素数
A領域：理念・支援の方向性	3項目・18要素
B領域：サービス提供組織	5項目・36要素
C領域：統合サービス導入のための工夫	6項目・37要素
D領域：提供されるサービス内容	6項目・46要素
E領域：対処空間の拡大に向けた支援	3項目・21要素
F領域：家族支援・インフォーマル資源の役割の拡大と強化	4項目・28要素

出所：①大山, 他（2016），②大山, 他（2015）

（大山ら, 2015; 2016）。たとえば精神科に入院していた精神障害のある人が、退院後に通うデイケアは全国に普及している。しかし長期入院などを経験した重い障害のある人たちは、退院後自宅にひきこもってしまうなど、デイケアへのニーズはあってもそこに通えないなどの問題が生じる。

　それに対して、訪問看護などのアウトリーチ支援を、デイケアに適切に組み合わせて統合的に実施するプログラムを再編成することができる。再発・再入院を防止し、地域生活を継続して質の高い生活を実現する上で有効であることが、実践レベルの積み重ねの中から明らかになってきた。このような取組みの中から、精神科デイケア＆訪問支援統合化プログラムが生み出された（大山ら, 2015）。

　また、障害者総合支援法の**就労移行支援事業**は、制度発足の当初には、一般就労を望む障害のある人の一般雇用を実現し、それを継続する制度設計にさまざまな課題があった。これに対して、いくつかの先駆的な事業所では、独自の創意工夫を組み入れた取組みを行った。施設内の就労準備訓練はほとんど行わず、施設外支援を中心とする支援方法に取り組む就労移行支援事業所があった（越川, 2009; 新藤ら, 2017; 効果のあがる就労移行支援プログラムのあり方研究会, 2015）。また国際的な EBP プログラムである IPS 援助つき雇用を取り入れた実践を事業所も少なからずある（伊藤ら, 2010）（9章コラム2、202頁参照）。

　これらの取組みには、制度としては補助対象ではない支援要素項目も少なからず含まれる。それに対しては、独自財源・自主財源で取り組むこともできる。また、活用可能な他事業・制度を取り入れるなどの配慮がなされる。さらに、これらの新しい取組みが主導する形で、制度の見直しを働きかけ、既存制度に改善がなされる場合もある。

　これらの取組みに対して設計・開発評価を導入する際には、より良い成果をあげている**好事例**（以下、GP 事例）を実践する実践家が、学会や事業所の協会などの集会で集まり、互いの実施方法を共有し、より良い実践方法を検討する機会を持つことがスタートラインになる場合が少なからずある。

3）研究者・評価専門家、行政関係者が設計・開発評価を開始する場合［研究者・行政関係者］

　既存サービスでは解決できない深刻なニーズが社会の中に存在する場合には、その問題に研究的に光を当て、学問的に問題提起することは、実践に関わ

[Ⅲ部] 効果モデル形成・発展ステージに対応した評価活動　171

る研究者・評価専門家の重要な使命である。

　研究者や評価専門家の場合は、そのような問題に対して有効なプログラムを研究開発して、その有効性を社会的に提案することが期待される。

　他方、行政サービスの中で見出された制度的に対応できていない重要課題に対して、行政関係者は独自に新しい制度を創設することも考慮できる。大阪府が全国に先駆けて取り組んだ、精神障害者退院促進支援事業（米田, 2002）や、精神障害者ピアヘルパー研修事業（鄭, 2012; 殿村ら, 2003）などが、その代表例である。

　実践家参画型エンパワメント評価の方法を提示する本書では、研究者・評価専門家、行政関係者が主導して新しい社会プログラムを設計・開発する状況においても、実践家等の関与によって、より効果的なプログラムの形成が可能になるという立場に立つ。**設計・開発評価ステージ**の早い段階から、実践家等を評価チームの一員に招き入れて、《効果モデル》の開発に取り組むことが期待できる。

3　設計・開発評価ステージの課題、到達目標

　ここで、改めて設計・開発評価の課題、このステージの到達目標を確認しておきたい。

　到達目標の第1は、言うまでもなく社会課題解決に有効な《効果モデル》を設計・開発することである。それとともに、ボトムアップ評価で進める形成的評価では、評価活動に対して実践家等関係者が主体的・積極的に参画することも求められる。**到達目標の第2は**、実践家等関係者の主体的な評価活動への参画と位置づけることができる。

1）効果モデル（試行版）の開発

　まず設計・開発評価ステージでは、社会課題解決を適切かつ効果的に行うことができる《効果モデル》の開発を目指す。このステージにおける評価活動の成果として生み出される**効果モデル**（試行版）は、それ以降に行う《効果モデル》の形成・発展に向けた評価活動の土台になるモデルである。

　設計・開発評価ステージでは、実証的にも理論的にも科学的な方法で《効果モデル》の設計・開発を行い、社会や関係者にも受け入れられるモデルの構築

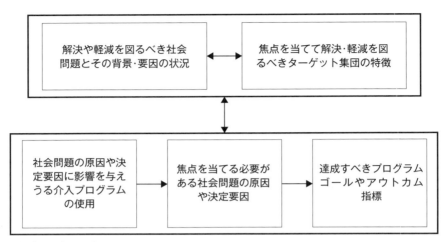

出所：Chen(2015:99)

図 8-1　プログラムスコープ

を目指す。

　《効果モデル》は、プログラムに関わる利害関係者が協働しながら**ボトムアップ型で形成・改善することが有効**であることが知られている（Chen, 2010）。そのためには、関係者間において、プログラム理論（インパクト理論、プロセス理論）を含む《効果モデル》のいくつかの要素が共有されている必要がある。

　それらの要素は、前述したプログラムゴール、ターゲット集団、問題発生の要因と決定因などが含まれる。これらを1つの図に表示したのが図8-1に示す**プログラムスコープ**である（Chen, 2015: 99）。その上で、プログラムゴールを有効に実現するプログラム要素（効果的援助要素）、それを尺度化したフィデリティ評価尺度、これらの内容を含んだプログラム実施マニュアルなどを**効果モデル5アイテム**として構築し、共有することができると良い。

2）実践家等の主体的・積極的な評価活動への参画

　効果モデル（試行版）を開発するとともに、実践家参画型評価では実践家やその他関係者（実践家等）が、改善の目的で行われる評価活動に主体的・積極的に参画することが目指される。

[Ⅲ部] 効果モデル形成・発展ステージに対応した評価活動　173

　前項で提示したように、意識の高い実践家等は、課題解決のために新規事業
を立ち上げることや、既存制度プログラムの見直しに積極的に関わり、新しい
視点から取組みをスタートさせることがある。その取組みに対して、実践家参
画型評価では、**プログラム開発と評価の視点**を持つとともに、他の実践家や関
係者に対して評価活動に対する動機づけを促す。

　一方で、研究者・評価専門家、行政関係者が設計・開発評価を開始する場合
には、初期の段階から「評価チーム」に実践家等の参加を考慮する。そのため
に、実践家等が主体的、積極的に評価活動に参画できるような環境を整えると
ともに、実践家等の参加を前向きに促す必要がある。

　これらの取組みを踏まえて、この段階の到達目標は、実践家等の関係者が
「評価チーム」に加わり、《効果モデル》の形成・改善に協働して取り組む「評
価チーム」を形成することにあると言えよう。

4　この評価ステージで行う評価活動の概要とステップ進行の指針——CD-TEP 改善ステップに基づく目標達成のための活動

　既に述べたように、設計・開発評価ステージで主に行う評価活動は、評価階
層の基底部を支えるニーズ評価とプログラム理論評価である（図8-2参照）。こ
の2つの階層の評価活動は、CD-TEP 改善ステップの第1ステップから第6
ステップにおいて行う。ニーズ評価とプログラム理論評価という2つの評価
は、これらのプロセスの中で、行き来しながら、このステージの到達目標であ
る、**効果モデル**（試行版）の完成を目指す。

1）改善ステップにおけるニーズ評価（第1・第3ステップ）

　CD-TEP 改善ステップにおけるニーズ評価は、**第1ステップの「現状分析
とニーズ把握」**からスタートする（本章5節、6節）。

　評価階層第1階層のニーズ評価では、プログラム対象のニーズ把握と問題分
析、問題発生の要因と決定因の把握、プログラムゴールの設定、ターゲット集
団の設定、**既存制度・関連プログラム**の現状分析、主な利害関係者の特定を行
う。

　これらの活動は、実践家等を含む「評価チーム」を結成（実践家・研究者・有
識者等を含む）して行う。同時に、実践家等参画型ワークショップ①（表6-1

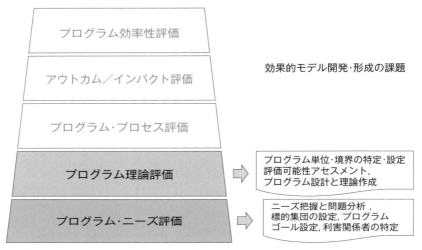

出所：大島（2015），Rossi ら（2004）に加筆して作成

図 8-2　効果モデル設計・開発評価と評価階層

（129頁）参照）を開催して実施しても良い。また既存の制度・関連プログラムがある場合には、プログラムの現状把握と課題分析の調査を行うこともできる。この調査は、**第 3 ステップ**で実施する **GP 事例調査**において、対象事業所を把握する実態把握調査の位置づけにもなっている。

　以上のとおり、ニーズ評価は、CD-TEP 改善ステップでは第 1 ステップと第 3 ステップにおいて、「評価チーム」による既存資料の分析、実践家等参画型ワークショップでの分析、既存の制度・関連プログラムの調査、GP 事例調査などによって実施する。

　これらニーズ評価の知見は、次のステップで取り組む**プログラム理論評価**、プログラム設計に向けて、**プログラムスコープ**（program scope）（Chen, 2015: 99; 後述, 図8-1参照）にまとめるとよい。

2）改善ステップにおけるプログラム理論評価（第 2・第 4 〜 6 ステップ）

　CD-TEP 改善ステップにおけるプログラム理論評価は、**第 2 ステップ**の「**評価可能性アセスメントの実施と予備的効果モデル（暫定版）作成**」からスタートする（本章 7 節、8 節）。

[Ⅲ部] 効果モデル形成・発展ステージに対応した評価活動　175

　評価階層第2階層のプログラム理論評価では、プログラム設計に関わる評価活動を行う。解決・軽減すべき社会課題とプログラムゴールの設定、ターゲット集団の設定、問題発生の要因と決定因などを含む**プログラムスコープ**（Chen, 2015: 99; 後述：8章5節）を分析する。それを踏まえて、プログラム理論のインパクト理論（Rossiら, 2004）、プログラムの単位・境界の特定・設定とプロセス理論（同上）、評価可能性アセスメントなどを行う。

　さらに既存の制度・関連プログラムの現状分析、主な利害関係者の特定の結果なども踏まえながら、**暫定的なプログラム理論を構築**する（**予備的効果モデル効果モデル（暫定版）**の形成）。

　その後、CD-TEP 改善ステップの第4～6ステップを経て、実践家等参画型ワークショップでの検討を踏まえて**効果モデル（試行版）**を構築する。

3）形成的調査：GP 事例調査の実施（第3ステップ）

　CD-TEP 改善ステップにおける**ニーズ評価とプログラム理論評価を連結する実証的調査が形成的調査**である。第3ステップでは、その代表的な取組みである「**GP 事例調査の実施**」を行う。

　第2ステップで形成した効果モデル（暫定版）のプログラム理論や、文献レビュー等の知見に基づいて、GP 事例調査等のインタビューガイドを作成する。その上で、**形成的調査**（formative research）（Chen, 2015: 102）を行う。形成的調査には、実践に関わる関係者のフォーカスグループ面接や、既存制度・関連プログラムの GP 事例への踏査調査なども含まれる。CD-TEP 改善ステップでは、優れた実践事例への相互訪問を促進するねらいもあり、GP 事例調査を重視するが、GP 事例関係者のフォーカスグループ面接や、実践家等参画型ワークショップに代えることも可能である。

4）実践家等参画型評価の推進とワークショップの活用

　CD-TEP 改善ステップの取組み全体を通して、《効果モデル》の設計・開発評価には、実践に関わる関係者（実践家等）の積極的な参画を得る。それぞれの立場からの創意工夫を、効果的な実践モデルを構築する評価活動に反映することが望ましい。そのために有効な取組みとして、実践家等が参画するワークショップを活用する。

　ワークショップに参画した実践家等の中から、実践家等が参画する「評価

チーム」を形成することができる。第3ステップのGP事例調査の実施は、実践家等を含む「評価チーム」を推進する契機になる。

　形成的調査の結果から得られる質的・量的評価情報は、質的評価、量的評価の分析方法論（13章参照）を用いて、実践家等を含む「評価チーム」が分析・検討する。その結果に基づいて、評価チームはプログラム理論を改訂し、次の評価ステージにおいて使用する**効果モデル（試行版）**を構築する。

5　ニーズ評価とプログラムスコープの作成［第1ステップ］
──設計・開発評価ステージの課題とその対応(1)

1）ニーズ評価の位置づけ

　効果的なプログラムモデルを設計・開発する出発点は、そのプログラムを必要とするニーズ状況を明らかにするために**ニーズ評価**を行うことにある。ニーズ評価の分析結果に基づいて、①社会課題となる**問題の範囲と程度**を明らかにし、②問題解決に必要な**プログラムゴール**を設定する。さらには、③プログラムが対象とする**ターゲット集団**を定め、④その置かれた状況を明らかにする。これらの一連の手続きが**ニーズ評価**と呼ばれている。

　ニーズ評価では、まず①課題となる社会問題を抱える人たちがどのような人たちであるか、そしてその人たちの社会問題がどのような状況にあるのかを明らかにする。

　その上で、その社会問題がどのような社会的背景や要因によって生み出されているかを分析する。社会プログラムの設計は、社会問題を生み出す社会的背景や要因のどこに、どのように働きかければ（介入すれば）、問題の解決に結びつくのかを明らかにすることから始める。この分析は、次に示す「プログラムスコープ」の中では、**問題の決定要因・原因**としてまとめられる。

　効果性を基盤にしたプログラム開発の方法をまとめたKettnerら（2017:42-47）は、効果モデルの設計・開発に関わるニーズ評価では、特に次の内容に焦点を当てた整理が必要とする。

　① 解決や軽減を図るべき社会問題とその背景・要因の状況
　② 焦点を当てて解決・軽減を図るべきターゲット集団の特徴
　③ 達成すべきプログラムゴールやアウトカム指標（プログラム目標）
　④ 焦点を当てる必要がある社会問題の原因や決定要因

[Ⅲ部] 効果モデル形成・発展ステージに対応した評価活動　177

⑤　社会問題の原因や決定要因に影響を与えうる介入プログラムの使用

以上に加えて、CORE（2009）は次の項目も重視する。

⑥　社会問題とその解決に関心を持つ利害関係者の分析（stakeholders analysis）

　これらのうち①〜⑤は、**図8-1**に示す**プログラムスコープ**（Chen, 2015: 99）にまとめられる。このうち、図中の上段にある、社会問題の状況とターゲット集団の特徴は、プログラムの境界（program boundaries）（CORE, 2009）を定めることに反映する。図中下段の「介入プログラム」はプログラム境界に対応し、プログラム単位としての構造と機能を持つ。プログラムゴールの達成のために、社会問題の原因や決定要因に働きかけを行う。

　⑥は⑤のプログラムの境界設定に関わる。同時にボトムアップ型の効果的な参加型評価を進める上で、基盤となる情報の把握と分析がされる。

　以上は、問題状況を経験している人たち（集団）に対するニーズ分析である。これとは別に、次項でまとめる「既存制度モデル・関連プログラムの現状分析」もニーズ評価の一環として位置づけ、実施する。

　これらの課題分析の検討結果を踏まえて、導入する社会プログラムのゴールとプログラム目標（program objectives）が設定される。同時に、プログラムが対象とするターゲット集団の状況と問題の範囲と程度が明らかにされる。そして繰り返しになるが、これらはプログラムスコープにまとめられる（図8-1）。

2）ニーズ評価から導かれるターゲット集団とプログラムゴールの設定

a. ターゲット集団の設定

　社会プログラムが対応する問題の特定と定義がなされ、問題状況を経験している人たち（集団）の特性、問題の規模・分布、そして問題の程度が明らかになった段階で、プログラムが対象とする「ターゲット集団」の設定を検討する。

　ターゲット集団の設定は、導入が考慮されるプログラムが、そのターゲット集団に効果的であるか、プログラムゴール・目標がターゲット集団に適切に設定されうるのかなど、**社会プログラムの提供サイドからも**検討がされる。このため、ニーズ評価による問題分析の知見を参照するとともに、後述するプログラム理論の検討と同時並行的に、相互に参照しながら進める。

　たとえば、本章の冒頭で取り上げたデイケア＆訪問支援統合化プログラムのターゲット集団は、「精神障害のある人の全体」ではない。長期入院を経験した人や現在ひきこもり状態にある人たちなど、日中活動の場であるデイケアに

通ってくることに困難が生じるリスクのある人たちを、ターゲット集団に設定する。

b. プログラムゴール（goal）、プログラム目標（objectives）の設定

プログラムゴールと目標の設定は、ターゲット集団設定の場合と同様に、①ニーズ評価の結果分析と、②プログラム理論の検討に基づくプログラム設計を同時並行的に進める。

プログラムゴール（goal）は、扱われる問題の特定および定義と密接に関わる。導入が考慮される社会プログラムの全体的使命（overall mission）を背景にし、幅広く解決の方向性について、抽象的な概念によって示す。たとえば、精神科病院の退院と地域移行・地域定着の促進などである。

これに対して、**プログラム目標**（objectives）は、具体的な、扱われるべき状態を特定した、成功基準として測定可能なものである（Rossi ら, 2004: 84-85）。たとえば地域移行率が30％であるとか、地域定着の指標として再入院率を10％未満にするなど、具体的な測定可能な指標として示される。

《効果モデル》を導入する事業所においては、事業所のミッションがプログラムのミッションであるプログラムゴールと一致するかどうかを十分に検討することが重要である（Kettner ら, 2017: 108-111）。

プログラムゴールと目標は、ニーズ分析で行った問題状況の改善を目指したものであり、プログラム設計をする上で行動の枠組みを提供する。プログラム理論のインパクト理論の一部となる、プログラムゴールと目標は、インパクト理論とともに作成され、利害関係者の合意形成の上で設定される。

効果的モデルを構築する際には、測定可能なプログラム目標を明確にして、その上で、その目標実現が可能になるプログラムモデルに注目してモデル構築を行う。

3）ニーズ評価を行うプロセス

実践家が効果的な介入を行う指針となる10のステップ（GTO の10ステップ）をまとめた Chinman ら（=2010: 12-13）は、ニーズと資源のアセスメントについて、次の8項目を示した。

（1）グループのメンバーで、データを集めるためのアセスメント委員やワークグループを結成する。必ず重要なステークホルダーを含む。

（2）リスク要因・保護要因を見極めるために、現在、入手可能なデータは何

かを検討する。

　(3) アセスメント委員会で、どのようなデータをこれから集める必要があるかを検討する。

　(4) データを集める最良の方法を検討し、データ収集計画を立てる。

　(5) データ収集計画を実施する。

　(6) データを分析・解釈する。

　(7) 取り組むべき重要なリスク要因・保護的要因を選別する。

　(8) 重要なリスク要因・保護要因に基づき、ゴールや目標を設定し、実施のためのプログラムや方略を選択する。

　CD-TEP改善ステップにおいても、ニーズ評価はほぼこの手順で進める。特に(1)の「アセスメント委員やワークグループの結成」については、改善ステップでは評価チームの結成、あるいはワークショップで行うとする（7章3節参照）。評価チームは、改善ステップの全課程を通じて評価活動をリードする位置にある。最初の段階で評価チームの設置が難しければ、当面の間、実践家等参画型ワークショップでこの活動を行う(8)の「ゴールや目標を設定し、実施のためのプログラムや方略を選択」についても、実践家等を含む「評価チーム」が行う。

４）改善ステップでニーズ評価を実施する方法

　CD-TEP改善ステップの第1ステップでは、前述のとおり、次の項目の検討が行われる（表6-1（129頁）参照）。

　(1) 問題状況の分析（性質、規模と広がり、背景や要因等）

　(2) ニーズ評価調査（含・既存モデルへの調査）の企画と実施

　(3) ターゲット集団とプログラムゴールの設定

　(4) プログラムスコープの設定

　(5) 効果モデルのステージアセスメント

　(6) 改善のモデルとなるGP事例の特定

　これらの事項全体を推進するのは、実践家等を含む「評価チーム」、あるいは実践家等参画型ワークショップである。

　このうち、特に(3)**ターゲット集団とプログラムゴールの設定**は、実践家等による意思決定や承認を受けられることが望ましい。このため実践家等参画型ワークショップでこの活動を行うことが望ましい。

また、(2)**ニーズ評価調査**については、次に述べるとおり、(1)**問題状況の分析**と併せて、実践家等参画型ワークショップで行うこともできる。

さて、(2)**ニーズ評価調査**について、改善ステップでは以下の5レベルの情報を扱う。

(a) 既存統計、機関記録等の分析

(b) 実践家等参画型ワークショップ（あるいはフォーカスグループ）：(1)の問題状況の分析と併せて実施する。関係プログラムエキスパートによるもの、評価チームに関わる実践家等を中心としたもの、そして利用者を含むものなどが考慮できる。

(c) プログラム関係者、利害関係者からの聞き取り調査

(d) 社会調査によるニーズ把握、分析

(e) 既存制度モデル・関連プログラムの現状分析

このうち(a)と(e)は評価チームによって必ず行う（資料分析だけの場合もある）。

(e)の既存制度モデル・関連プログラムの現状分析は、次節でその進め方を整理する。可能な限りプログラム実施事業所を対象とした広域での現状把握調査実施が望まれる。

さらに、(3)**ターゲット集団とプログラムゴールの設定**と(4)**プログラムスコープの設定**は、実践家等を含む「評価チーム」が行う。(4)**プログラムスコープの設定**については、図8-1（172頁）のフォーマットに(1)〜(4)のニーズ評価結果を記入しながら整理する。

ところで、(5)**効果モデルのステージアセスメント**は、既に7章4節で提示した。(1)〜(3)の分析結果を踏まえて、CD-TEP改善ステップの最初の段階において、改善ステップをどのように活用するのかを判断する上で重要である。

最後に、(6)**改善のモデルとなるGP事例の特定**は、**CD-TEP改善ステップ**の第3ステップを進める上で重要な情報を提供する。

6　既存制度モデル・関連プログラムの現状分析とGP事例特定[第1ステップ]——設計・開発評価ステージの課題とその対応(2)

1）この課題の位置づけ

既存制度モデル・関連プログラムの現状分析は、既存制度プログラムや試行プログラムが、十分に期待される成果を上げていない場合に行う、**新しい有効**

な《効果モデル》を設計・開発する基盤的となる調査活動である。前項で行ったニーズ状況把握と、プログラムゴールやターゲット集団の設定を踏まえて、既存プログラム・関連プログラムがニーズ状況にどのように対応できているのか把握する。

次節で取り上げる**第2ステップ**「**評価可能性アセスメント実施と予備的効果モデル（暫定版）の作成**」の課題を踏まえながら、そこで求められる、①プログラムゴールの明確化、②プログラムモデルの明確化、③評価実施の社会的合意形成の可能性に焦点を当てる。それとともに、④ターゲット集団のニーズがどのように各既存制度モデル・関連プログラムで扱われているのか、⑤その中でも効果を上げている取組みがあるのか、について検討・分析する。

特に⑤については、第3ステージ GP 事例調査の実施に向けて、その評価調査の結果を反映させる。

なお、既存サービスで解決できないニーズに対して、新しい取組みを開始する際には、解決できないニーズのある人を受け入れる「関連プログラム」がしばしば存在する。

たとえば、既存制度で対応されにくい若年認知症の方や家族に対する支援については、認知症高齢者へのデイケア・デイサービスが対応することが少なからずある。この場合、たとえば「関連プログラム」として、認知症高齢者のための通常のデイケア・デイサービスを調査対象にすることができる。またこのような取組みを先駆的に行う事業所のネットワークがあれば、そこに調査を依頼することもできる。

2）現状把握調査で明らかにすること、調査の視点

「既存制度モデル・関連プログラムの現状分析」は、問題分析・ニーズ評価の一環として行う。その視点は、次のとおりである。

（1）既存の制度プログラムが適切に機能しなかったり、ニーズに十分に対応できない問題に対応を迫られる状況が、どのように生み出されているのか

（2）このステップで明らかにされた「ターゲット集団」となる人たちが、各プログラムでどの程度、利用者として受け入れられているのか

（3）「ターゲット集団」となる人たちが受け入れられている規模と分布

（4）既存制度モデル・関連プログラムでは、「ターゲット集団」の人たちのニーズに対応して、プログラムゴールがどの程度達成されているのか

(5) 成果を上げているプログラムは、創意工夫やアイデアを取り入れた取組みをしているのか

(6) プログラムゴールについては、既存制度モデル・関連プログラムの間で共通しているのか

　以上を踏まえて、既存制度モデル・関連プログラムの現状把握調査の調査票を作成する。調査票の作成に先立って、都道府県、中央官庁における事業実施要綱を収集・分析して、調査票に反映させる。

　現状把握調査の調査票サンプル（精神科デイケアおよび訪問支援統合化プログラム）は次をご参照頂きたい。

● URL：http://cd-tep.com/m/s02-1.pdf

3）改善ステップで既存制度モデル・関連プログラムの現状把握調査を実施する方法

　この現状把握調査は、原則的に実践家等を含む「評価チーム」が主体となって実施する。調査に先立って、評価チームでは、都道府県、中央官庁における事業実施要綱を事前に収集・分析して、既存制度モデル・関連プログラムの現状分析をあらかじめ行っておく。

　調査票の作成は、前項で示した視点に基づいて作成する。

　調査対象事業のリストは、公的に発行されているものを利用できる。

　新しい取組みを開始する場合、既存制度の関連プログラムがなければ、独自のリストを作成する。

　調査対象リストを作成するに当たり、全国で実施するか東京近郊などの一定の広域地域で実施するかどうかは、多くの場合、予算や労力との関係で決まる。

　この現状把握調査は、その後に、GP事例調査の実施を想定する。訪問調査が可能な地域を設定して、その範囲で、対象リストを作成することもできる。

　調査結果の分析と報告書の作成は、評価チームが行う。必要に応じて、結果の分析を、実践家等参画型ワークショップで行うこともできる。

　調査結果の報告書は、可能な限り協力を得た事業所にフィードバックする。フィードバックに関わった連絡先の情報を得て、今後の情報共有と連携や、GP事例調査の依頼に役立てることもできる。

[Ⅲ部] 効果モデル形成・発展ステージに対応した評価活動　183

7　評価可能性アセスメント実施と予備的効果モデル（暫定版）の作成［第2ステップ］——設計・開発評価ステージの課題とその対応⑶

1）この課題の位置づけ

　CD-TEP改善ステップ第1ステップでニーズ評価が行われたことを踏まえて、第2ステップでは、**効果モデル5アイテムのうち2アイテム、すなわちプログラムゴールとインパクト理論**（EMC1）、そして**プロセス理論**（EMC2）のプログラム理論を、**予備的効果モデル**（暫定版）として、暫定的に定める。それを踏まえて次のステップで行うGP事例調査のためのインタビューガイドを作成する。

　第2ステップでは、**予備的効果モデル**（暫定版）の形成に先立って、最初に、**評価可能性アセスメント**（evaluability assessment）を行う（Wholey, 2015）。評価可能性アセスメントは、当該のプログラムが評価に必要な前提条件を満たしているかどうかを、①プログラムゴールや、②プログラム理論・プログラム設計、③プログラム評価に関わる利害関係者の合意形成の観点から確認する。前提条件が満たされていれば、評価をどのようにデザインすればよいかを調査し、確認する。

　評価可能アセスメントは、既存プログラムや試行的プログラムのみならず、関連プログラムにも適用して、新規プログラムの開発にも有用である。しかし、特に適切に機能せず、期待される十分な成果を上げることができずにいる既存プログラムに積極的に実施することには、次の意義がある。

　それはアセスメントのプロセスを通じて、多くの利害関係者が、導入を考慮する社会プログラムの意義や目標、性質についての理解を一致させて、より効果的なプログラムモデルを構築することにつながる。これは、プログラム理論の設計を容易にする意義と言える（Rossiら, =2005: 130）。評価可能性アセスメントの方法論を提唱したWholey（1994: 16）は、「評価可能性アセスメントはプログラムデザインを明確にし、プログラムの実態を探り、必要があれば（中略）基準に確実に合うようにデザインし直すのを助けるプロセスである」（Wholey, 1994: 16; Rossiら, =2005: 129より引用）と述べている。

2）評価可能性アセスメントと予備的効果モデル（暫定版）作成の方法

CD-TEP 改善ステップ第2ステップ「評価可能性アセスメントの実施と予備的効果モデル（暫定版）作成の方法」では、前述のとおり、次の項目の検討が行われる（表6-1（129頁）参照）。

(1) 評価可能性アセスメントの実施

(2) 文献レビューの実施

(3) プログラムスコープの分析（図8-1参照）。

(4) 予備的効果モデル（暫定版）のプログラムゴール設定とインパクト理論の作成

(5) 同プロセス理論作成

(6) プログラム境界分析、組織キャパシティ分析

(7) インタビューガイド作成

これらの評価活動を推進するのは、**実践家等を含む「評価チーム」**、あるいは**実践家等参画型ワークショップ**である。

このうち、特に(1)評価可能性アセスメントの実施、(3)プログラムスコープの分析、(4)予備的効果モデル（暫定版）のプログラムゴール設定とインパクト理論の作成、(5)同プロセス理論作成、(6)利害関係者分析、組織キャパシティ分析は、実践家等による意思決定や承認を受けられることが望ましい。このため実践家等参画型ワークショップでこの活動を行えるとよい。

(1)評価可能性アセスメントの実施については、Rossi ら（=2005: 128）は、次の3つが評価可能性アセスメントの主要な基準になっているとする。

(a) プログラムゴール・目標の明確化が利害関係者間で共有化し、合意形成されているか

(b) プログラム目標を最大化するのに有効なプログラムモデルが明確化されているか

(c) 期待される成果、社会的費用に関して、評価を実施するための社会的合意形成があるか、である。

この基準に基づいて、実践家等参画型ワークショップにおいては、プログラムに関わる実践家等が、それぞれの基準から該当のプログラムに関する評価可能性を検討し、基準に合うようにデザインし直す。

これによって既存制度モデルや新規プログラムは、プログラムゴールとインパクト理論、そしてプロセス理論などプログラムデザインの観点から見直され

る。これにより、プログラム理論の観点から《効果モデル》がより適切なものへ改訂が可能になる。同時に後ほど開発する《効果モデル》の評価ツールを十分に活用できる環境を整えられる。

以上を踏まえて、改善ステップ第2ステップでは、ワークショップや(2)文献レビューの結果を踏まえて、予備的効果モデル（暫定版）を暫定的に開発する。

この暫定版は、**効果モデル5アイテム**のうち、**プログラムゴールとインパクト理論**（EMC1）、**プロセス理論**（EMC2）という2アイテムのみを備えた暫定的なものである。改善ステップ第3ステップで実施するGP事例調査のインタビューガイドに活用するために暫定的に設定する。

3）プログラム境界分析、組織キャパシティ分析

プログラム境界分析と組織キャパシティ分析は、**プロセス理論**（EMC2）を設定する際に十分に検討を行う。

まずプログラム境界分析は、**プロセス理論・組織計画**（EMC2）と密接に関わっている。既存制度モデルの検討には、プログラムの根拠となる法令の検討（Kettner, 2017）や、1つのプログラムとして取り組むべきプログラムの「プログラム境界分析（program boundary analysis）」（CORE, 2009：17-19）を行う必要がある。これは、新しい効果的プログラムモデルを構築するには、法令の枠を超えてプログラム境界の設定を変更することが必要になることがしばしばあるためである。

たとえば制度モデルの障害者就労移行支援事業は、プログラムへの利用開始と終了後の継続支援において機能強化が必要である。そのため、障害者就業・生活支援センターと組み合わせることで、より効果的なモデルを構築する可能性が高まる。また、就労支援とは異なる他の生活支援、保健医療支援と有機的に連携した支援を構築するために相談支援事業（ケアマネジメント）と一体化した支援の構築が望まれる。

一方、組織キャパシティ分析は、新しい《効果モデル》を立ち上げてそれを有効に機能させるためには、日常業務の延長で事業を行う以上の労力を要する。組織的キャパシティには、人的キャパシティ、技術的キャパシティ、経済的キャパシティ、構造的・形式的キャパシティがある。

それぞれについてプログラムがどれだけうまく機能するか、直接的に関わってくる。一定の質の高いプログラムを実施するためには、組織が持つべきキャ

パシティは何かを見極めること、その内容をアセスメントして、プログラムの実施をサポートする必要がある（Chinman ら．=2010）。

4）GP 事例調査のインタビューガイドの作成

予備的効果モデル（暫定版）の作成を受けて、GP 事例を対象にして《効果モデル》の実施状況と、プログラムゴールの実現に向けた創意工夫と実践上の知見・アイデアを聞き取るためのインタビューガイドを作成する。

インタビューガイドは、まず**プログラムゴールとインパクト理論**（暫定版）（EMC1）に関わる取組みを面接で確認する。特に実施事業所・実施法人のビジョン・ミッションとその事業との関連、その事業に取り組んだ経緯、現在目指しているもの、そのための理念・哲学などを聞き取る。

その上で、**プロセス理論・サービス利用計画**（暫定版）（EMC2）に基づいて、プログラムゴールを達成するための取組みや活動について尋ねる。プログラムの開始から終了まで確認する。特にプログラムゴールやアウトカム目標、そして活動目標があれば確認をし、それぞれの実現のために行っている創意工夫と実践上の知恵・アイデアを聞き取る。最後に、**プロセス理論・組織計画**（暫定版）（EMC2）に基づいて、プログラムゴールを達成するための組織面の取組みについて確認する。

この聞き取り調査の中で、ゴール達成に有効な創意工夫の反映として、**効果的プログラム要素**（効果的援助要素）（EMC3）が構築され、また**プログラム実施マニュアル**（EMC5）に関するさまざまな示唆を得ることができる。

GP 事例調査の面接票・インタビューガイドの質問例は、**表 8-1**をご参照頂きたい。

8　形成的評価調査（GP 事例調査等）の実施［第 3 ステップ］
── 設計・開発評価ステージの課題とその対応(4)

1）この課題の位置づけ

第 3 ステップで行う GP 事例調査では、解決すべき社会課題などの課題に対して効果の上がる取組みを行う実践事例（GP 事例）に行う形成的調査（formative research）（Chen, 2015: 102）の代表的な 1 つである。GP 事例に関わる実践家等から《効果モデル》に関する豊富な質的情報が提供される。

[Ⅲ部] 効果モデル形成・発展ステージに対応した評価活動　187

表8-1　GP事例調査・インタビューガイドの質問例

1. プログラムゴールとインパクト理論に関わる質問内容の例
   ・貴団体が当該プログラムに取り組むようになったきっかけ
   ・当該プログラムに取り組むことと,貴団体の設立趣旨との関連
   ・(現状はどうあれ)貴団体が目指している当該プログラムについて
   ・当該プログラムが目指している目標を実現し,成果を上げるためにプログラムの設定
     上工夫していること,配慮していること
2. プロセス理論(サービス利用計画)に関わる質問内容の例
   ・プログラム標的集団へのサービス提供
     貴事業が対象とする標的集団へのサービス提供／プログラムの広報・啓発活動
   ・援助プロセスごとのゴールとサービス提供上の工夫・配慮
     利用者との関係づくり／ゴールに向けての動機づけ／ゴールに向けた準備訓練／ア
     セスメントと支援計画の作成／ゴールに向けた支援上の配慮／支援における生活の
     質の向上
3. プロセス理論(組織計画)に関わる質問内容の例
   ・支援専門職
     支援に関わるスタッフをどのように選定したか
   ・チームアプローチ
     支援を進めていく上で定期的に開催するチームミーティングがあるか／スタッフ間
     の情報共有の方法／支援方法をアドバイスできるスーパーバイザー
   ・生活支援サービス,保健医療機関との連携

　実践家等を含む「評価チーム」のメンバーが事業所訪問を行い、その活動に
関わる実践家等から取組み上の創意工夫、実践的経験知・アイデアなど、どの
ようにすれば効果的な取組みになるかを聞き取る。解決すべき社会的課題など
に対して,適切な制度的対応がされていない問題に対して、課題解決に有効な
取組み、特徴的で優れた成果の上がる取組みのエッセンスを把握する。

　可能な限り実践家等と十分に話し合いながら、効果を上げることのできる要
因、創意工夫、実践的経験知・アイデア、基盤となる支援理念等を聞き取りな
がら面接調査を進行させる。

　GP事例調査は、「評価チーム」の実践家等が調査員になって、GP事例の他
の実践現場と交流する貴重な機会になる。

　なおGP事例調査は、何らかの形で課題解決に関連したプログラムの関係者
に対するワークショップに代えて実施することもできる。

2）GP 事例の現場踏査調査の設定

GP 事例は、既存制度モデル・関連プログラムの現状分析や、「プログラム関係者、利害関係者からの聞き取り調査」の結果に基づいて10～20事例程度を選定する。

GP 事例の現場踏査調査のインタビューガイドの作成については、前項で触れた（表8-1）。

GP 事例のインタビューガイドのサンプル（就労移行支援プログラム）は、次をご参照頂きたい。

● URL：http://cd-tep.com/m/s02-2.pdf

既存・試行プログラムで位置づけが明確ではないが、予備的効果モデル（暫定版）のインパクト理論において設定するプログラムゴールは、国際的な水準で先行文献に基づいて設定されるものもある。また理論的な検討など、「関連するEBP プログラム、ベストプラクティスプログラムの知見、文献調査結果」を参考に設定する。

3）GP 事例の現場踏査調査時の意見交換

GP 事例調査時には、面接票・インタビューガイドに設定された質問だけでなく、プログラムゴールの設定経緯、地域における利用者のニーズの状況と対応、プログラムゴールを実現する上での努力や配慮、困難など、GP 事例の実例に即して意見交換を行う。

4）GP 事例の現場踏査調査事例報告書の作成

GP 事例調査から戻ったらできるだけ速やかに事例調査報告書をまとめる。

インパクト理論に関連する事例報告書の項目としては、①プログラムゴールの設定、②プログラムゴールに対する目標設定、また事例考察・コメントとして、③特徴的な取組み・事業所のストレングス、④より効果的な取組みになるための課題、などがある。

事例調査報告書とともに、聞き取り調査の記録を録音して必要に応じて逐語録を作成する。聞き取り内容などをコード化して質的内容分析の対象にする。

[Ⅲ部] 効果モデル形成・発展ステージに対応した評価活動　　189

9　質的評価データ分析、参画型ワークショップの準備
［第4ステップ］──設計・開発評価ステージの課題とその対応(5)

1）この課題の位置づけ

　第4ステップでは、前項までのGP事例調査や実践家等参画型ワークショップで得られた質的・量的評価データを、実践家等を含む「評価チーム」の中で検討する。

　必要に応じて、特に「プログラムゴールとインパクト理論（EMC1）」と、「プロセス理論（EMC2）」については、事前に実践家等参画型ワークショップを開催して、内容の検討を進めることもできる。

　質的データ分析の結果と、**第2ステップ**で作成した予備的効果モデル（暫定版）の作成時における実践家等参画型ワークショップの議論を踏まえる。まずは、**プログラムゴールとインパクト理論**（EMC1）、**プロセス理論**（EMC2）**の試行版（案）**をまとめる。それとともにこのステップでは、質的データ分析の結果に基づいて、**効果的援助要素リスト**（EMC3）**の案**を作成する。**効果モデル5アイテム**のうち、これら3アイテムの試行版（案）が、**第5ステップ**の「実践家等参画型ワークショップ③」に提示するため、**第4ステップ**において検討される。

　なお、**効果モデル5アイテム**のうち「評価ツール（EMC4）」と「実施マニュアル（EMC5）」の2アイテムの試行版（案）の作成は、次の**第5ステップ**を経て、**第6ステップ**「効果モデル（試行版）の形成・構築・改善」において主に行う。

2）第1次効果モデル（試行版）（案）の作成方法

　第4ステップでは、次の各項目の検討が行われる（表6-1（129頁）参照）。

　（1）GP事例調査や実践家等参画型ワークショップ（①②）で、実践家等から得た質的データの分析（内容分析、テキストマイニング、KJ法等）

　（2）質的データ分析に基づく効果的援助要素リスト（含・チェック項目）の抽出・構築

　（3）プログラム理論（インパクト理論、プロセス理論）試行版の作成

　（4）ワークショップの準備：実践家等参加度のアセスメントと提示資料・提

示方法の決定

　これらの評価活動を推進するのは、主に実践家等を含む「評価チーム」（実践家・研究者・有識者等）である。

　これら検討の中心になるのが、GP 事例調査や実践家等参画型ワークショップ（①②）において、実践家等から得た豊富な質的データの分析である。分析結果は、⑴**内容分析やテキストマイニングなどの方法**によって取りまとめられて、⑵**効果的援助要素リスト**（含・チェック項目）（EMC3）や、《効果モデル》の**実施マニュアル**（EMC5）に反映される。

　テキストデータの内容分析では、通常、テキストデータを切片化し、コーディングして分析を行う。**ステップ４では、プログラムゴールとインパクト理論**（EMC1）という社会的問題の課題解決という社会プログラムのゴールに対応させて、**より良い成果を生み出すプログラム要素という観点からコードの整理を行う。**

　プロセス理論（EMC2）についても同様である。社会プログラムがより良い成果を生み出す「取組み」の「設計図」という観点から、プロセス理論の２つの要素、「サービス利用計画」と「組織計画」を構築する。

　同時に、これらの作業は先行研究などによる文献的、理論的な裏付けも得ながら進める（演繹的アプローチ；Funnel ら、2011: 102）。このステップで作成する**プログラム理論（試行版）（インパクト理論**（EMC1）、および**プロセス理論**（EMC2））は、実践家等参画型ワークショップ①②で作成した予備的効果モデル（暫定版）を下敷きに発展させる（帰納的アプローチ；同上）。

　第３ステップの「GP 事例調査の実施」などの結果も踏まえて、**第４ステップ**における評価チームの検討を経て、第５ステップのワークショップに提示する案（効果モデル（試行版））を作成する。

　予備的効果モデル（暫定版）の「プロセス理論（サービス利用計画、組織計画）」では、作成されていない**効果的援助要素リスト**（EMC3）が、GP 事例調査の分析結果を踏まえて抽出される。その抽出内容は、**プロセス理論**（EMC2）の改訂に反映させる。

　なお、以上の《効果モデル》の各構成要素（アイテム）の作成方法は、５章に詳述している。

3）質的データの分析方法・まとめ方、ワークショップへの提示方法
——効果的援助要素リスト（EMC3）への反映

前項では主として**第4ステップ**において取りまとめる**第1次効果モデル**（試行版）の3アイテムのうち、**プログラム理論に関する2アイテム**（EMC1とEMC2）について述べてきた。ここでは、**効果的援助要素リスト**（EMC3）の作成について整理する。

効果的援助要素リスト（含チェック項目）（EMC3）の作成に当たっては、質的研究方法論の手法を最大限活用する。

前述のとおり、検討対象の中心になる質的情報は、GP事例調査や実践家等参画型ワークショップ（①②）において、実践家等から得た豊富な質的データである。

効果的援助要素リスト（EMC3）は、これらの実践家等から得た質的データの逐語録を作成し、それらを文脈の意味ごとに切片化する。対象となるプログラムの実践経験がある**実践家等を含む「評価チーム」**が、コーディングを行い《効果モデル》の成果に結びつく特徴的な実践内容を抽出する。

以上の整理に当たっては、前述のとおり、**プログラムゴールとインパクト理論**（EMC1）という社会的問題の課題解決に与る社会プログラムのゴールに対応させて、プログラムのより良い成果に影響するプログラム要素という観点からコードの整理を行う。また、文献による理論的検討から、プログラムゴールなどが共通するEBPプログラム、ベストプラクティスプログラムなどの知見も参考にする。

以上のような手順で、質的内容分析のコード分類（1次コード、2次コード、3次コード、カテゴリー、サブカテゴリー等）を行う。

CD-TEP法では、**効果的援助要素リスト**（EMC3）は、チェックボックス形式で記述することが推奨されている。チェックボックスの内容は可能な限り、成果を上げるための実践現場の創意工夫、実践知を記載できるようにすることが望ましい。そのため、コード分類として具体性の高い1次コードや、具体的な発言内容を反映したin vivo（イン・ヴィボ）コードを参考にすることが少なからずあり、有効である。

なお、これらの具体的発言内容は、**実施マニュアル**（EMC5）にも反映させる。**実施マニュアル**（EMC5）には、後述するように、GP事例調査などで明らかになったGP事例の報告を紹介すると効果的である。

なお、質的評価分析方法の詳細については「**13章 質的・量的評価データの収集・分析と効果モデル形成・発展への活用**」をご参照頂きたい。

4）実践家等の参加度のアセスメントと提示資料・方法の決定

繰り返しになるが、**第5ステップの実践家等参画型ワークショップ③**でまず検討するのは、効果モデル5アイテムのうち以下の3アイテムである。**第4ステップ**では、この3アイテムの検討を主に行い、ワークショップに提示する。

（1）**プログラムゴールとインパクト理論**（EMC1）

（2）**プロセス理論**（EMC2）

（3）**効果的援助要素リスト**（EMC3）

提示する3アイテムは、前項で記したように GP 事例調査などの内容分析の結果を踏まえて、**第1次効果モデル（試行版）**としてそれぞれ相互に密接に関連し、影響を及ぼし合うものとして設計する。

これらの作業は実践家等を含む「評価チーム」が中心となり行う。実践家等による実践的経験に基づく検討と、研究者による先行研究などによる文献的、理論的な検討はこのステップで行う。

一方、設計・開発評価ステージにおいては、実践現場からのインプットが重要な意味を持つ。**第5ステップ**「実践家等参画型ワークショップ③」では、提示する3アイテムについて、特に実践的な観点からの検証が可能なよう資料作成し、提示することが求められる。効果モデル3アイテムが、「プログラムゴールとインパクト理論（EMC1）」の達成というプログラムのより良い成果に影響する、「プロセス理論（EMC2）」になっているのか、「より良いプログラム要素（EMC3）」になっているのか、という観点から資料提示をすることが求められる。

ワークショップの準備として、以上の他に、ワークショップに参加する実践家等の選定と、参加する実践家等の参加度（コミットメント）のアセスメントを行う。

まずワークショップに参加する実践家等の選定については、《効果モデル》のゴール達成に意欲的・意識的に取り組んでいる実践家等、中でも社会プログラムの成果を上げている事業所の中核的な実践家等に参加を依頼する。**第3ステップ**で協力を得た GP 事例事業所の運営に関わる実践家等は有力である。

[Ⅲ部] 効果モデル形成・発展ステージに対応した評価活動　193

　次に参加する実践家等の参加度（コミットメント）のアセスメントについては、参加者のそれぞれがより良い効果的な《効果モデル》の設計・開発、形成・改善にどの程度積極的であるのか、主体的に関わることができるのかを判断する。その状況によって、参加度が十分に高い場合には、ワークショップで十分な意見交換を行い、実践家等が主体的に「**合意形成**」できるようにワークショップを運営する。これに対して参加度があまり高くないと判断された場合には、事前に準備した《効果モデル（案）》について、「**方向性の合意**」を得るようにワークショップを運営準備する。

10　参画型ワークショップ実施と効果モデル（試行版）の構築 ［第5・6ステップ］——設計・開発評価ステージの課題とその対応⑹

1）この課題の位置づけ
　第5ステップでは、実践家等参画型ワークショップを行い、実践家等プログラム関係者の協議と合意形成のもとで、実践場面で使用する**効果モデル（試行版）**を構築する。
　このワークショップは2段階に分けて行う。
　まず**第1段階**では、第4ステップで作成した**効果モデル3アイテム**（「プログラムゴールとインパクト理論（EMC1）」「プロセス理論（EMC2）」「効果的援助要素リスト（EMC3）」）の案を検討する。
　また**第2段階**では、第1段階の**実践家等参画型ワークショップ（WS）③**の検討結果を踏まえて行う**第6ステップ**「効果モデル（試行版）の形成・構築・改善」の検討結果に基づいて、**効果モデル5アイテム全項目**を対象とした検討を行う。
　第6ステップにおける検討は、**実践家等を含む「評価チーム」**が中心になって行う。この「評価チーム」は、**第1段階**のワークショップにおいて積極的な役割を果たした実践家等に参加を呼びかけて、**「評価チーム」へ参加する実践家等を拡充**する。**第6ステップ**では新たに《第1次効果モデル（試行版）》のアイテムとして提示する**実施マニュアル**（EMC5）を作成する。この活動に実践家等の積極的な参画は不可欠である。また**評価ツール**（EMC4）も作成する。**評価ツール**（EMC4）は実践場面でのモニタリングにも使用するため、実践的な使用への配慮を加えることは重要である。

第6ステップでは、効果モデル5アイテム全項目の試行版案を設計・開発する。

これらを踏まえて、**第5ステップ第2段階**では、改めて5アイテムの試行版案を、実践家等参画型ワークショップ③において検討する。

2）実践家等参画型ワークショップ③：第1次効果モデル（試行版）の設計・開発の方法（第5ステップの活動）

a. 第5ステップ第1段階

第5ステップ第1段階では、まず**第4ステップ**で検討した**第1次効果モデル**（試行版）の3アイテム、すなわちプログラムゴールとインパクト理論（EMC1）、プロセス理論（EMC2）、効果的援助要素リスト（EMC3）の検討を、実践家等参画型ワークショップにおいて実施する。

このワークショップでは、次の2つのタイプのワークショップを考慮する。

① プログラム理論設計・開発型ワークショップ

② 合意形成・意思決定型ワークショップ

まず①**プログラム理論設計・開発型ワークショップ**では、通常、実践家等参画型ワークショップにおいて重要な役割を果たす。このワークショップは、**第1ステップ**の実践家等参画型ワークショップ①や、**第2ステップ**のワークショップ②でも取り組まれる。また必要に応じて行われる**第4ステップ**のワークショップでも同様である。これらの取組み状況を勘案して、必要に応じて改めて「プログラム理論設計・開発型ワークショップ」を実施し、特に**プログラムゴールとインパクト理論**（EMC1）の設計・開発を軸にして、本ワークショップ参加者の間で共有しておく。

また②**合意形成・意思決定型ワークショップ**では、まず**第4ステップ**において、**実践家等を含む「評価チーム」**が作成した**効果モデル**（試行版）の案について、GP事例調査や質的分析の結果を含めて丁寧に説明する。必要に応じて、GP事例に取り組む実践家等から、テーマに関連した「実践報告・事例報告」を依頼することも考慮する。ワークショップでは、この**効果モデル**（試行版）案に対して、実践経験に基づく十分な意見交換・対話を繰り返した上で合意形成を図る。その上で必要な合意形成を行う。

第5ステップ第1段階のワークショップは、可能であれば1日（7〜8時間）、あるいは少なくとも半日（3〜4時間）をかけて実施することが望まし

い。ワークショップの内容としては、**効果モデル**（試行版案）に関する②合意形成・意思決定型ワークショップである。一方、①プログラム理論設計・開発型ワークショップを取り入れるかどうかは、前述のとおり、これまでの①プログラム理論設計・開発型ワークショップの取組みや、そこに参加した実践家等が実践家等参画型ワークショップ③とどの程度重複するかの状況に応じて、実施するかどうかを判断する。

b. 第5ステップ第2段階

第5ステップ第2段階では、第6ステップで検討した**第1次効果モデル**（試行版）の全5アイテムの検討を、実践家等参画型ワークショップにおいて実施する。**第5ステップ第1段階**で検討して、課題となった内容に対しては、**第6ステップ**では、実践家等を含む「評価チーム」が検討の上作成した試行版改訂案を検討する。同時に、第1段階では未検討の**評価ツール**（EMC4）と**実施マニュアル**（EMC5）を検討する。

このワークショップ第2段階においては、前項で示した2つのタイプのワークショップのうち、②合意形成・意思決定型ワークショップを中心に実施する。**第6ステップ**において、実践家等を含む「評価チーム」が作成した効果モデル（試行版）の全5アイテムの案（3アイテムについては改訂版の案）について、作成・改訂経緯を含めて丁寧に説明する。

第2段階では、実践現場に密接に関連した**実施マニュアル**（EMC5）、そして実践場面での使用が重視される**評価ツール**（EMC4）の試行版案が提案される。実践経験に基づく十分な意見交換・対話を繰り返した上で合意形成を図ることが特に重視される。そのため、可能であればGP事例に取り組む実践家等に、テーマに関連した「実践報告・事例報告」を依頼し、ワーショップの中で共有し、議論することは有効である。

ワークショップにおける意思決定は、合意できる範囲内で試行版案に対する合意を得たり、意思決定を行う。十分に意思決定ができなかった内容については、メーリングリストなどを利用して、その後も議論を継続する。

以上のプロセスを通して、**第1次効果モデル**（試行版）の内容を定める。なお実践家等参画型ワークショップ③では、参加者による合意形成と意思決定に力点を置くが、第1次効果モデル（試行版）の最終的な意思決定は実践家等を含む「評価チーム」の責任で行うことには留意が必要である。

3）第1次効果モデル（試行版）全5アイテムの設計・開発：効果モデル5アイテムの作成と試行版案の提案（第6ステップの活動）

第6ステップにおいては、まず、

(1) **第5ステップ第1段階**のワークショップで議論し、課題になった効果モデル3アイテム（EMC1-3）の内容を検討し改訂案を作成するとともに、

(2) 3アイテムの内容を踏まえて、未検討の**評価ツール**（EMC4）と**実施マニュアル**（EMC5）の試行版案を作成する。

5章でも詳述したように、**評価ツール**（EMC4）のフィデリティ評価尺度は、**効果的援助要素リスト**（EMC3）に基づいて作成する。またアウトカム指標・尺度は、**プログラムゴールとインパクト理論**（EMC1）に基づいて設定する。

また**実施マニュアル**（EMC5）には、**効果モデル5アイテム**のうち、**実施マニュアル**（EMC5）を除く4アイテムの内容が掲載されるとともに、**効果的援助要素リスト**（EMC3）については、その要素内容を記述するチェックボックスの内容が提示される。またその枠組みに従って、さらなる「実践現場の創意工夫、実践上のアイデア」を組み入れる記述を、後述するように、実践家等の参画を得ながら作成する。

これらの検討は、実践家等を含む「評価チーム」が行う。その際、既に述べたように、**第5ステップ第1段階**の実践家等参画型ワークショップに参加し積極的な役割を果たした実践家等に呼びかけて、「評価チーム」へ参加する実践家等を拡充する。

特に**実施マニュアル**（EMC5）の作成に当たり、実践現場の創意工夫、実践上のアイデアを組み入れることはたいへん重要である。実践家等を含む「評価チーム」の実践家の方々が執筆陣に加わり、積極的な役割を果たして頂くよう配慮する。**実施マニュアル**（EMC5）では、具体的な実践例・実践報告が重要な役割を果たす。実践家等を含む「評価チーム」に加わった実践家には、実践報告の執筆を依頼するとともに、**第5ステップ第2段階**のワークショップの折には、実践報告を依頼する。

また**評価ツール**（EMC4）の作成に当たって、既に述べたように、実践場面での積極的な使用を可能にするために、実践家等から率直な意見を反映するように配慮する。

「評価ツール（EMC4）」と「実施マニュアル（EMC5）」の具体的な作成方法は、5章に記述するとともに、CD-TEPのサイトに詳述している。実践家等

を含む「評価チーム」の検討においては、随時参照する。

　以上のとおり作成した**効果モデル（試行版）**の全5アイテムの案（3アイテムについては改訂案）は、**第5ステップ**に戻って、その［第2段階］の実践家等参画型ワークショップで検討する。

　第5ステップ第2段階のワークショップに臨むに先立って、実践家等を含む「評価チーム」内のさらなる検討と、実践家等参画型ワークショップに参加するメンバーに対して、メーリングリストなどを活用して、第1次効果モデル（試行版）の5アイテム案を提示して、事前に意見を求めることで、効率的なワークショップの運営が可能になるであろう。

11　まとめ──可能性と課題

　以上、実践家参画型エンパワーメント評価で取り組む、設計・開発評価ステージの評価活動が目指すもの、実施プロセス、実施内容を、具体的に提示した。エンパワメント評価の特徴として、より効果的な《効果モデル》の設計・開発、形成・改善と、プログラム利害関係者（特に本書では実践家等）の評価キャパシティの向上が同時に目指されている。

　このため、この評価活動の基本は、実践現場に根ざした「ボトムアップ型」の《効果モデル》設計・開発であり、それを行う「評価の場」として実践家等参画型ワークショップの重視である。また、有効な実践家等参画型ワークショップを開催できるよう、そのための準備を実践家等を含む「評価チーム」が中心になって実施する。また「評価チーム」に参画する実践家等の拡充も同時並行的に進めている。

　これらの評価活動は、ともすると時間と労力がかかるように思われる場合もある。しかしそれは、このような取組みが、より良い《効果モデル》の設計・形成・実施普及と、より効果的な取組みを目指す実践家評価担当者の主体形成、より良い評価チームの構築、実践現場が「学習する組織」に変革することの実現程度によって、評価・判断される必要があるであろう。

文献

Chen HT（2010）. The bottom-up approach to integrative validity: A new perspective for program evaluation. Evaluation and Program Planning 22: 205-214.

Chen HT（2015）. Practical program evaluation: Theory-driven evaluation and the ingegrated evaluation perspective, 2nd Ed. SAGE.

鄭敏基（2012）. 精神障害者ピアヘルパー養成プログラムの満足度と効果——修了生によるプログラムに対する振り返りを通して. 社会福祉学評論（11）:1-14.

Chinman M, Imm P, Wandersman A（2004）. Getting to Outcomes TM 2004: Promoting accountability through methods and tools for planning, implementation, and evaluation. RAND Corporation（=2010, 井上孝代, 伊藤武彦, 他訳. プログラムを成功に導く GTO の10ステップ——計画・実施・評価のための方法とツール. 風間書房）.

Cornell Office for Research on Evaluation（CORE）（2009）. The Evaluation Facilitator's Guide to Systems Evaluation Protocol.

遠藤源樹（2017）. 企業ができるがん治療と就労の両立支援実務ガイド. 日本法令.

Funnell SC, Rogers PJ（2011）. Purposeful program theory: Effective use of theories of change and logic models. Jossey-Bass.

伊藤順一郎, 香田真希子他（2010）. リカバリーを応援する個別就労支援プログラム IPS 入門. IPS ブックレット1. 地域精神保健福祉機構.

Kettner PM, Moroney RM, Martin LL（2017）. Designing and managing programs: An effectiveness-based approach, 5th ed. SAGE.

越川睦美（2009）. 就労移行支援事業. 精神科臨床サービス9: 261-263.

効果のあがる就労移行支援プログラムのあり方研究会（分担研究責任者：植村英晴）（2015）. 効果的障害者就労移行支援プログラム全国試行評価調査を通した効果モデルの改善と実践家評価者の形成・育成——全国試行評価調査とその準備活動の経験からの示唆. 平成26年度 文部科学省・科学研究費補助金 基盤研究（A）実践家参画型福祉プログラム評価の方法論および評価教育法の開発とその有効性の検証. グループ分担研究報告書.

室田信一（2017）. 子ども食堂の現状とこれからの可能性. 月刊福祉100（11）: 26-31.

大島巌（2015）. ソーシャルワークにおける「プログラム開発と評価」の意義・可能性、その方法——科学的根拠に基づく支援環境開発と実践現場変革のためのマクロ実践ソーシャルワーク. ソーシャルワーク研究40（4）: 5-15.

大山早紀子, 大島巌（2015）. 精神障害のある人が孤立することなく地域での生活を継続するための精神科デイケアと訪問支援を統合した地域ケアモデルの開発の可能性. ソーシャルワーク学会誌（30）: 13-26.

大山早紀子, 大島巌, 伊藤 順一郎（2016）. 重い精神障害のある人が孤立せず主体的な地域生活を継続するために必要な精神科デイケアの機能と役割——アウトリーチ支援を併用する精神科デイケアの全国実状調査の結果から精神障害とリハビリテーション20（1）: 54-62.

Rossi PH, Lipsey MW, Freeman HE（2004）. Evaluation: A systematic approach（7th edition）. SAGE.（=2005, 大島巌, 平岡公一, 他監訳. プログラム評価の理論と方法——システマティックな対人サービス・政策評価の実践ガイド. 日本評論社）.

澁谷智子（2018）. ヤングケアラー——介護を担う子ども・若者の現実. 中央公論社.

新藤健太, 大島巌, 浦野由佳, 植村英晴, 方真雅, 村里優, 全形文（2017）. 障害者就労移行支援プログラムにおける効果モデルの実践への適用可能性と効果的援助要素の検討——全国22事業所における1年間の試行的介入研究の結果から. 社会福祉学58（1）: 57-70.

植村英晴, 大島巌, 片山優美子, 新藤健太, 方真雅, 他（2015）. 効果的障害者就労移行支援プログラム全国試行評価調査を通した効果モデルの改善と実践家評価者の形成・育成——

全国試行評価調査とその準備活動の経験からの示唆. 平成26年度 文部科学省・科学研究費補助金 基盤研究（A）実践家参画型福祉プログラム評価の方法論および評価教育法の開発とその有効性の検証. グループ分担研究報告書.

竹中哲夫（2012）. 親の高齢化・親亡き後に対応したひきこもり支援――ライフプランの構築を考える. 臨床心理学研究50(1):80-89.

殿村寿敏，行實志都子，野田哲朗（2003）. 精神障害者ピアヘルパー等養成事業における現状と課題. 精神障害とリハビリテーション7(1):76-80.

Wholey JS（1994）. Assessing the feasibility and likely usefulness of evaluation. In Wholey JS, Hatry HP, Newcomer KE eds. Handbook of Practical Program Evaluation. Jossey-Bass, pp15-39.

Wholey JS（2015）. Exploratory evaluation. In Newcomer KE, Hatry HP, Wholey JS eds. Handbook of Practical Program Evaluation. Fourth edition. Jossey-Bass.

米田正代（2002）. 大阪府における社会的入院解消研究事業2年間の成果と今後の展望. 病院・地域精神医学45(4): 423-428.

吉田祐一郎（2016）. 子ども食堂活動の意味と構成要素の検討に向けた一考察――地域における子どもを主体とした居場所づくりに向けて. 四天王寺大学紀要(62): 355-368.

9章
形成・改善評価ステージ（導入期）の取組み：第7〜10ステップ
―― 第2次効果モデル（提示版）への改訂（形成・改善）に向けて

1 はじめに

　本章では、社会問題や社会状況を改善するために導入された**社会プログラムの《効果モデル》**を、課題解決をより効果的に実施できるものへと形成・改善するために用いられる**形成・改善評価ステージ（導入期）の方法論**を、体系的にそして具体的に示すことにする。

　この章で評価対象とする社会プログラムは、前章で取り上げた2つのタイプを想定している。すなわち、

　① 設計・開発評価ステージで設計・開発した"新しい"《効果モデル》

　② 一定程度の実績あるプログラムを、より効果的なものへと発展させる必要があるプログラム、である。

　この章では、この両者に適用できる、形成・改善評価のアプローチ法を、**CD-TEP改善ステップ**に基づいて明らかにする。

　前章と同様に、この章でもまず形成・改善評価ステージを進行させる、評価活動の「主体」がどのような立場にあるのか示した上で、この評価ステージの課題と到達目標をまとめる。その上で、このステージの評価活動の概要とステップ進行の指針を明らかにする。その指針に基づいて、形成・改善評価ステージに対応する、CD-TEP改善ステップの第7ステップから第10ステップの進め方を提示する。

2 誰がどのように形成・改善評価ステージ(導入期)を開始するか

形成・改善評価ステージ（導入期）の開始は、多くの場合前ステージの設計・開発評価ステージからの評価活動を継続することから始まる。

前評価ステージで、社会プログラムが設計・開発された場合、当然のことながら、その《効果モデル》を実施に移して、より効果的なものへと発展させることが目指される。

一方で、形成・改善評価ステージ（導入期）から評価が開始される場合がある。**プログラムに関わる実践家等**が、一定の成果を上げるプログラムを、**より効果的なものへの発展**させようと考慮する場合である。

たとえば、障害者総合支援法に基づく**就労移行支援事業**は、障害のある人たちの一般就労と職場定着に一定の有効性がある社会プログラムと評価されている。しかしながら1年以内の就労移行のない事業所が30％程度を占めるなど、成果の上がらない事業所も数多く存在するなど課題がある。このプログラムをより効果的な支援モデルへと形成・発展させることが求められている。これに対して、実践現場の創意工夫や実践的経験知などを反映し、適切なプログラム理論を備えたより効果的なプログラムへと形成・改善する取組みが行われている（コラム2参照。新藤ら, 2017; 効果のあがる就労移行支援プログラムのあり方研究会, 2015）。

また知的障害のある人の脱施設化を進める実績あるプログラムとして**地域移行型のグループホーム**（旧通勤寮）がある。このプログラムは地域定着や、地域移行後の地域生活の質の向上に一定の成果があるという報告がされているが（大村, 2013）、エビデンスレベルの高い効果的プログラムとの認定は必ずしもされていない。この場合、改めて《効果モデル》を5アイテム等の形で可視化し、評価ツールなどで計測可能な条件を整えて、実践家主導で形成・改善評価ステージを開始することができるであろう。

しかしこの場合でも、**プログラムゴールや標的集団の再設定**（目指すべき「地域定着」「生活の質」の再定義、標的集団をより重度の障害に位置づけ等）や**プログラムモデルの再設計**など、設計・開発評価ステージから、本格的に《効果モデル》を開始することが求められることもあるだろう。その場合、改めて評価研究者等と協働して、《効果モデル》の設計・開発を開始することもできる。

202   9章　形成・改善評価ステージ（導入期）の取組み

［コラム2］　障害者就労移行支援事業の「効果モデル」

　障害者就労移行支援事業は2005年に制度化されたが、成果がいまだ十分に収められていない現状がある。これに対し実践現場に適合的で効果的な支援モデルを再構築することが求められている。実践家等を含む「評価チーム」は、2007年以来、既存制度事業に対し実践的感覚に符合する支援ゴールを再設定し（就労移行だけでなく就労の維持・定着、生活の質向上を追加）、それらゴールを達成できる支援方法を IPS 援助付き雇用なども参考に設計・開発した。

（1）第1ステップ〜第6ステップまでの取組み

　制度開始直後の取組み状況・ニーズ調査を関東地方150事業所に行い、成果の上がる10事業所に GP 事例調査を実施した。GP 事例に関わる実践家の参画を得た意見交換会・ワークショップを重ね、このプログラムのインパクト理論やプロセス理論を形成して効果的援助要素を明らかにした。また効果的援助要素に基づき、フィデリティ尺度も作成した。その結果作成されたインパクト理論は5章図5-2、プロセス理論は5章図5-5と図5-6に示した。また効果的援助要素リストの構成はコラム表9-1に、効果的援助要素項目の例示は5章表5-4に示した。

（2）第7ステップから第12ステップまでの取組み

　2009年には全国1213か所の就労移行支援事業所を対象に郵送調査（第7ステップ：広域的事業所調査）を実施し、効果的援助要素の各項目（フィデリティ尺度得点）が就労移行率と正の相関関係にあることを明らかにした。

　2013〜2015年度には全国22か所の就労移行支援事業所を対象に1年間のプログラム介入研究（第8ステップ：広域的試行評価調査①）を実施し、このプログラムの実践現場への適用可能性・有効性を確認した（新藤ら, 2017）。

　現在は、2017年度より全国26事業所の参加を得て《効果モデル》の実施・普及を進めるための事業所組織体制の構築に関する実施・普及段階の評価調査に取り組んでいる（実施・普及評価ステージ：実施システムレベル第8ステップ）。今後は、比較による有効性研究（第11ステップ：広域的試行評価調査②）を実施し、このプログラムのエビデンスを強化することや、実践現場への実施・普及を図ることが課題となる。

コラム表9-1　効果のあがる就労移行支援プログラムの効果的援助要素

領域	項目数・要素数
A 領域：サービス提供組織	6項目・56要素
B 領域：プログラム対象者へのサービス提供	2項目・16要素
C 領域：利用開始から就労移行支援計画までの援助プロセス	3項目・13要素
D 領域：就労移行に向けての援助プロセス	8項目・63要素
E 領域：就労継続に必要な援助プロセス	4項目・24要素

出所：①効果のあがる就労移行支援プログラムのあり方研究会(2015), ②新藤, 他(2017)

[Ⅲ部] 効果モデル形成・発展ステージに対応した評価活動　203

3 形成・改善評価ステージ（導入期）の課題、到達目標の設定

　ここで改めて、この評価ステージの課題と到達目標を明らかにしておきたい。他のステージと同様に、

　① 効果モデル（試行版）を改訂（形成・改善）して、**第2次効果モデル**（提示版）**を構築する**

　② 実践家等の評価活動への関与・参画の促進、および評価キャパシティの向上を図る、

という**2つの課題**が設定される。

1）第2次効果モデル（提示版）への形成・改善

　形成・改善評価ステージ（導入期）**は、前評価ステージに設計・開発した効果モデル**（試行版）**を、試行段階のプログラムとして体系的に実践現場に導入し実施して実行可能性を確認するとともに、2つの評価調査を実施して、その有効性を検証する時期である。**

　2つの評価調査からは豊富な質的・量的評価データを得ることができる。これらの多くの評価情報に基づいて、**第1次効果モデル**（試行版）**を見直し、実践と実証に裏付けられたより効果的な第2次効果モデル**（提示版）**へと形成・改善することを目指す。**

　この評価ステージでは高いレベルのエビデンスを得るというよりは、次の評価ステージに向けて、《効果モデル》**をより良く形成・改善し、プログラム実施体制と評価実施体制を整えることが重要である。**エビデンスレベルの高い評価調査の実施については、次の評価ステージである**形成・改善評価ステージ**（成熟期）**の課題となる。**

2）実践家等の主体的・積極的な評価活動への参画

　実践家参画型エンパワメント評価では、《効果モデル》の形成・改善ともに、プログラム実践に関わる実践家等が、《効果モデル》の形成・発展のために行われる評価活動に主体的・積極的に関与・参画することを目指している。

　この評価ステージでは、《効果モデル》の形成・改善のための評価活動に、**多くの実践家等が関わる機会**を得る。特に**第8ステップ**「**広域的試行評価調査**

①」では、実践家等が日常的なモニタリング評価に関与する。ことに実践家等を含む評価ファシリテータは、フィデリティ評価を用いた評価訪問を複数回行い、《効果モデル》形成・改善について意見交換を行う。これらの機会を通して、実践家等がより主体的・積極的に評価活動へ参画することが促進されることが期待される。

　効果モデル（試行版）を使用する**形成・改善評価ステージ（導入期）**では、まず**第7ステップ**で「**広域的事業所調査：第1次効果モデル（試行版）の広域的な検証**」を行い、試行版の広域での実施可能性、受け入れ可能性を確認する。それとともに、次に**第8ステップ「広域的試行評価調査①：単一グループデザインで行う多施設共同調査」**を行い、実際の試行でのモニタリング調査を体系的に行う。これらのステップでは多くの実践家等が**効果モデル**（試行版）に関与して、さまざまな実践現場からのフィードバックを得ることを期待している。これらの取組みを踏まえて、**効果モデル**（提示版）が構築される。

4　この評価ステージで行う評価活動の概要とステップ進行の指針──CD-TEP 改善ステップに基づく目標達成のための活動

1）評価階層における位置づけ

　形成・改善評価ステージ（導入期）で行う評価活動は、図9−1に示すように評価階層中央部のプログラム・プロセス評価とアウトカム／インパクト評価を主軸に実施する。また、評価活動の結果、《効果モデル》の基盤となるプログラムの設計の変更が必要になることもある。その場合は、プログラム理論の見直しが検討される。

　まずプロセス評価については、**効果的援助要素リスト（EMC3）**（5章1節参照）の特定・設定が行われる（試行版のものがあれば使用：以下同）。また、それによって導かれる**評価ツール**（フィデリティ評価尺度・項目（EMC4：同上））がプロセス評価尺度として主に使用される（同上）。フィデリティ評価は、実践家等参画型でも行い、定期的な評価活動によって**プロセスモニタリング**が実施される（Bond ら，2000）。

　一方、アウトカム／インパクト評価は、**プログラムゴールとインパクト理論**（EMC1：同上）に基づいて、プログラムゴールの達成を適切に把握できる**アウ**

[Ⅲ部] 効果モデル形成・発展ステージに対応した評価活動　205

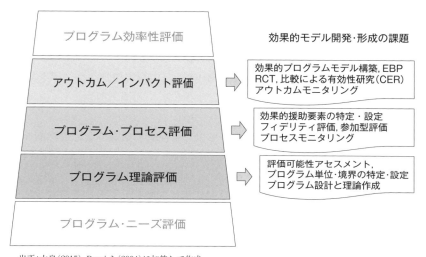

出所：大島（2015），Rossi ら（2004）に加筆して作成

図9-1　効果モデル形成・改善評価と評価階層

トカム尺度・指標（EMC4：同上）を選択する。また同様にプログラムゴール・インパクト理論（EMC1：同上）に基づいて、繰り返し測定可能な指標（たとえば就労率、再発率、地域滞在日数、再犯率など）を選択し、**アウトカムモニタリング指標に設定**する。

　形成・改善評価ステージ（導入期）で重要なのは、効果的援助要素から構成されるフィデリティ評価尺度・項目の値と、主要なアウトカム尺度・指標が十分によく相関・関連していることの確認である。効果的援助要素／フィデリティ評価尺度・項目が、確かにアウトカム尺度・指標に連動し、相関することを確認する。この確認はさまざまなレベルで行う。その結果に基づいて、効果的援助要素リスト（EMC3）など《効果モデル》に必要な見直しを行う。なお《効果モデル》の見直しの際には、必要に応じて同時にプロセス理論（EMC2）の改訂も考慮する。

　以上の検討は、形成・改善評価ステージ（成熟期）でも同様である。

2）形成・改善評価ステップ（導入期）に行われる2種類の評価調査

　形成・改善評価ステージ（導入期）では2種類の評価調査を実施する。第7

ステップ「広域的事業所調査」と、第8ステップ「広域的試行評価調査①：単一グループデザインで行う多施設共同調査」である。

この2つの評価調査では、いずれも効果的援助要素リスト（EMC3）から作成したフィデリティ評価尺度・項目（EMC4）と主要なアウトカム尺度・指標との関連を検討する。すなわち、両者が十分によく相関・関連していることを検証する。

第7ステップ「広域的事業所調査」では、自記式郵送調査などで可能な限り幅広いプログラム実施事業所に対して評価調査を実施する（通常100プログラム以上、場合によっては1000プログラム以上）。

フィデリティ評価尺度・項目は、自記式用に簡便化したものを使用する（道明ら, 2010; 小佐々ら, 2010）。アウトカム尺度・指標としては、アウトカムモニタリングの指標を中心に、客観的にかつ簡便に計測可能なものを選択する（大島ら, 2011）。これらフィデリティ評価尺度・項目とアウトカム尺度・指標の分布と相関関係の分析から、《効果モデル（試行版）》の有効性を検証し、モデルの見直しに反映させる（詳細は次節）。

この事業所調査では、良い成果を収めている事業所、高フィデリティの実践を行い意識の高い**事業所の情報**（名称・所在・実績等）が入手される。これらの情報は、次の**第8ステップ「広域的試行評価調査①」**、さらには第11ステップ「広域的試行評価調査②」の協力事業所の候補として有効に活用される。

第8ステップ「広域的試行評価調査①」（通常10〜30プログラムが参加）では、**単一グループデザイン**で行う。単一グループデザインであっても、**フィデリティ評価尺度との関連を検討することによって、多様な方法を使って、アウトカム尺度・指標との相関・関連性を検討できる**。

たとえばフィデリティ評価は通常、1年間の試行評価期間中に、3か月ごとあるいは半年ごとに3〜5回実施する。アウトカム評価についても同様である。以上のように、フィデリティ評価尺度・項目とアウトカム尺度・指標の時系列的に多様な相関・関連性が検討できる。

さらに、年に数回実施するフィデリティ評価を使用した、評価ファシリテータによる評価訪問の折に、プログラムに関わる実践家等と繰り返し《効果モデル》や効果的援助要素、評価の実施方法などについて意見交換を行う。これにより、《効果モデル》の改善・更新など関する質的評価情報を取得することができる（詳細は後述：本章6節）。

[Ⅲ部] 効果モデル形成・発展ステージに対応した評価活動　207

3）効果モデルの形成・発展（改訂・更新）

形成・改善評価ステップ（導入期）では、第7ステップ「広域的事業所調査」、第8ステップ「広域的試行評価調査①」の後に、実践家等参画型ワークショップや、そのための準備として質的・量的データ分析を行う機会を設けている。評価調査の質的・量的評価データの結果は、随時、分析・検討し、より効果的なモデルへの改訂と更新に活用する。

5　効果モデル（試行版）検証のための広域的事業所調査
　　［第7ステップ］──形成・改善評価ステージ（導入期）の評価課題とその対応(1)

1）この課題の位置づけ

第7ステップ「広域的事業所調査」は、これまで設計・開発してきた効果モデル（試行版）の**効果的援助要素リスト（EMC3）**、および**フィデリティ評価尺度・項目**（EMC4）が、広域の《効果モデル》関連プログラムにおいてどの程度実施されているのか、その実施状況を明らかにすることが主な目的の1つである。現実社会の中で実施可能な《効果モデル》になるには、《効果モデル》およびその「効果的援助要素／フィデリティ評価尺度・項目」の実施状況と、実施に関わる社会的背景や要因を明らかにすることが求められている（贄川ら，2011）。

なお、ここで《効果モデル》関連プログラムとは、就労移行支援事業の《効果モデル》であれば、就労移行支援事業の全体であり、精神科デイケアに訪問支援を統合した《効果モデル》では、たとえば精神科デイケアの全体ということになる。

さて形成・改善評価として重要なのは、「効果的援助要素（EMC3）およびフィデリティ評価尺度・項目（EMC4）」の実施状況と、実施事業所におけるプログラムゴールの達成状況、それとゴール達成を適切に把握する「アウトカム尺度・指標（EMC4）」の実施状況である。

さらには、フィデリティ評価尺度・項目値（EMC4）と、アウトカム尺度・指標値（EMC4）との相関や関係性にも注目する。フィデリティ評価の結果が良好な事業所が、プログラムゴールに関わるより良い成果・アウトカムと関連するのか。あるいは、効果的援助要素のうち、どの要素がアウトカムと強く結びつき、あるいは反対にアウトカムとの結びつきが弱い要素は何かなどの検討

が行われる。

同時に、広域的事業所調査は、**効果モデル**（試行版）の実施可能性や実施における有用性を確認する調査という位置づけがある。

さらには、この《効果モデル》に関心をもつ実践家等に対しては、今後の情報提供機会を提供する。それによって、その後に実施する広域的試行評価調査への協力事業所候補に位置づける道筋を提示することができる。

２）評価調査の実施方法
a. 使用する調査票、評価尺度、アウトカム尺度・指標

効果的援助要素を把握するフィデリティ評価尺度としては、**「広域調査用簡便版フィデリティ評価尺度」** を使用する（道明ら, 2010; 小佐々ら, 2010）。これは、事業所の担当者によって評価できる簡便な自記式のフィデリティ評価尺度である。

この他、**施設票**として、効果的援助要素の実施に関わる社会的背景に関するな要因、成果（アウトカム）に関する指標、効果的プログラムモデルの理念や事業所内での位置づけに関わる項目などを把握する。

施設票には、プログラム実施年度、プログラム対象者数、プログラム試行後の実績(数)などの事業所実績、数値目標や関係機関との連携、「効果的援助要素」のうち優先して行われている項目や実践に取り入れることが困難と感じる項目などの事業所の実情を把握する項目が含まれる。施設票はできるだけ簡便に、可能であれば２頁程度に留めるように配慮する。

広域的事業所調査用のアウトカム指標を含む施設票と、簡便版自記式フィデリティ評価尺度のサンプル（退院促進支援プログラム）は次をご参照頂きたい。

● URL：http://cd-tep.com/m/s09-1.pdf，http://cd-tep.com/m/s11-1.pdf

b. 対象事業所の選定、対象事業所リストの入手

全国、あるいは地域ブロック（関東、東北、近畿など）、都道府県など広域地域において、対象となる実践プログラム・関連プログラムに取り組む事業所を対象にする。対象事業所数が多い場合は無作為サンプルを抽出しても良い（1/2あるいは1/3の抽出等）。

既に制度化されて取り組まれているプログラムについては、全国の事業担当主管課等が管轄する事業所情報を入手する。これらのリストが入手が困難な場合は、ウェブ上で公開されているリストを使用したり、プログラム関係団体が

[Ⅲ部] 効果モデル形成・発展ステージに対応した評価活動　209

発行する事業所名簿を参照する。

ｃ．調査方法、回収率向上のための配慮、工夫

　この調査は原則として自記式郵送調査で実施する。このため、回収率が十分ではない可能性がある。評価調査の意義に対する適切な理解を得る目的で、**効果モデル（試行版）**の実施マニュアルやパンフレット、先行した報告書などを同封し、効果モデルの設計・開発と形成・改善の必要性と意義についての理解を促すこともできる。調査票に自由記述欄を設けることにより、フィデリティ評価尺度得点が低い事業所であっても、実践の工夫や配慮についての記載ができることで回答が得られやすくなる。

３）分析の方針

　広域圏の事業所を対象とした効果的援助要素の実施状況に関する評価調査の結果は、広域的な実施状況を明らかにできる。また、効果的援助要素・フィデリティ評価の促進要因・阻害要因を検討すること、アウトカム尺度・指標値と、効果的援助要素／フィデリティ評価尺度・項目値との関連を検討することを主な分析枠組みとし、次に示した分析を行う。

- **フィデリティ評価尺度・項目値の分布**
- **フィデリティ評価尺度・項目値の分布と、アウトカム尺度・指標値との相関分析**（コラム4（306頁）参照）
- **フィデリティ評価尺度・項目値の高低群と、アウトカム尺度・指標値の分布の分析**（コラム5（308頁）参照）
- **事例表を用いた事例分析**（高フィデリティ、アウトカム尺度・指標値の良好な事例の分析等）

　なお、量的評価分析方法の詳細は、「13章　質的・量的評価データの収集・分析と効果モデル形成・発展への活用」をご参照頂きたい。

４）結果のフィードバック

　広域的事業所調査の結果は、できるだけ早期に報告書にまとめる。

　この報告書は、**効果モデル（試行版）**の効果的援助要素／フィデリティ評価尺度・項目値が、現時点で全国的にどのような実施状況にあるのか、《効果モデル》に取り組む事業所が、全国（広域）の状況と比べて、どのような位置づけにあるのかを明確にする。加えて、全国（広域）で実施する際に、実施上の

課題となる点を明確にしたり、アウトカムと関連する効果的援助要素を大規模なサンプルから予備的に明らかにする。

作成された報告書は、**効果モデル（試行版）**の改訂に向けてワークショップで検討するとともに、《効果モデル》の実施・普及、制度化に向けても活用する。

5）効果モデルへの関心拡大とネットワーク形成

「広域的事業所調査」の実施は、設計・開発した《効果モデル》に対する理解を促し、今後の《効果モデル》の形成・発展に協力を得る広報的なねらいも有している。また良い成果を上げている **GP事例事業所の情報**（名称・所在・実績等）を把握したり、今後の協力に向けて意見交換を行うなど、《効果モデル》の形成・発展に向けて、ネットワーク形成の貴重な機会になるのが「広域的事業所調査」であると言うことができる。

6　広域的試行評価調査①：単一グループデザインで行う多施設共同調査［第8ステップ］
──形成・改善評価ステージ（導入期）の評価課題とその対応⑵

1）この課題の位置づけ

改善ステップ第8ステップとして実施する「**広域的試行評価調査①**」は、単一グループデザインではあるが、多様な形態で「フィデリティ評価尺度・項目」と「アウトカム尺度・指標」の相関・関連性を分析・検討することができる。

また評価ファシリテータが定期的に評価訪問をすることによって、《効果モデル》に取り組む実践家等と意見交換を行い、効果的な実施について、多くのフィードバック（質的評価情報等）を得ることができる。これにより、**効果モデル（試行版）**の見直しや、改訂・改善に多くの情報を入手することができる。

形成・改善評価ステージ（導入期）は、本来的には《効果モデル》の導入を適切に実現する時期でもある。精度の高い評価調査を実施する**形成・改善評価ステージ（成熟期）**に向けて、評価実施体制を整えることも目指している。

2）評価調査の実施方法

a. 参加事業所と評価調査で使用する評価デザイン

課題解決に有効な《効果モデル》の形成・構築に意欲を持つ実践家等、およびその実践家等が関与する事業所の参画を全国から募って実施する。通常

[Ⅲ部] 効果モデル形成・発展ステージに対応した評価活動　211

10〜30施設程度の参加を得て行うことが多い。

　評価デザインとしては、単一グループデザインによる多施設共同調査である。試行調査の実施期間は1年間を想定するが、準備期間、取りまとめ・振り返り期間を含めると、2年程度の実施期間になる（新藤ら, 2015; 2017）。

　これまで述べてきたように、プログラム実施事業所において行う《効果モデル》の効果的援助要素の実施状況をフィデリティ評価尺度・項目で把握し、同時にプログラムゴールに関わるアウトカム尺度・指標を測定して、フィデリティ評価尺度の高い実施状況が、アウトカム尺度・指標の改善に貢献することを検証する評価デザインを用いる。

　なお比較対照群を設けた比較による有効性研究（CER）で行う多施設共同調査による広域的試行評価調査②は、**改善ステップ第11ステップ**（10章参照）で実施する（IOM, 2009; NASW, 2010）。

b. 使用するフィデリティ評価尺度・項目、アウトカムモニタリング評価用具、他の評価用具

　使用するフィデリティ評価尺度は、第三者評価用フィデリティ評価尺度と自己評価フィデリティ評価尺度である（道明ら, 2010; 小佐々ら, 2010）。自己評価チェックシートに事前評定した後に、評価ファシリテータによる第三者評価を行う。

　自己評価チェックシートと第三者評価用フィデリティ評価尺度のサンプル（就労移行支援プログラム）は、次をご参照頂きたい。

● URL：http://cd-tep.com/m/s12-1.pdf,　http://cd-tep.com/m/s12-2.pdf

　プログラムゴールに関わるアウトカム尺度・指標に関する評価ツールは、**「プログラム実施事業所用」**と**「プログラム利用者用」**に分けられる。事業所への訪問、担当者や関係スタッフへの聞き取り、記録の閲覧などによって実施する。

　試行評価実施期間中に、フィデリティ評価尺度を用いた評価訪問を複数回実施する。評価訪問時の聞き取り調査では、フィデリティ評価尺度・項目に関する情報を把握するだけではなく、自由記述欄において事業所で行う実践の工夫や配慮に関する情報が得られるように留意する。

　評価訪問の実施マニュアルのサンプル（退院促進支援プログラム）は、次をご参照頂きたい。

● URL：http://cd-tep.com/m/s12-3.pdf

3）分析の方針

　フィデリティ評価尺度・項目が十分に実施がされ、《効果モデル》に沿った
プログラムにおいて、より良い成果（アウトカム）が得られることの検討が行
われる。多施設共同による《効果モデル》の試行は，モデルの有効性を一般化
する**外的妥当性を高める目的**でも行われる。

　これに対して、期待した成果が得られない場合には、その背景要因を多施設
共同調査の利点を活かして、施設背景などから明らかにし《効果モデル》の汎
用可能性および普及可能性を検討することもできる。

　また、試行期間中の各施設の効果モデル実施状況をフィデリティ評価尺度・
項目によって測定し、フィデリティ評価尺度得点のバラつきを生み出す要因を
明らかにすること、フィデリティ評価尺度・項目得点の違いがアウトカム尺
度・指標とどのように関連しているかを明らかにすることを分析枠組みとし
て、次に示す分析を行う（新藤ら，2014b）。

　　・フィデリティ評価尺度・項目値の分布
　　・フィデリティ評価尺度・項目値の分布と、アウトカム尺度・指標との相関分析
　　・フィデリティ評価尺度・項目値の分布の高低差と、アウトカム尺度・指標
　　　値の分布
　　・事例表を用いた事例分析（高フィデリティ、アウトカム尺度・指標値の良好な事
　　　例の分析等）

　なお、量的評価分析方法の詳細については**「13章　質的・量的評価データの
収集・分析と、効果モデル形成・発展への活用」**をご参照頂きたい。

4）結果のフィードバック

　評価調査で得られた結果については報告書をまとめ、参加事業所へフィード
バックする。モニタリング評価調査時に事業所からの報告には、事業所の創意
工夫や配慮により成果に結びついた取組み、効果的援助要素の取組みを十分に
実施したにもかかわらず成果に結びつかない事例などが多く含まれる。それら
の内容は、取りまとめて報告書に反映する。

　このような実践現場からのフィードバック（質的評価情報等）に基づいて、よ
り良い成果に結びつくプログラムモデルや、効果的援助要素が抽出されること
が期待される（新藤ら，2014b）。

　フィードバック報告のサンプル（障害者就労移行支援プログラム）は、次をご参

照頂きたい。

● URL：http://cd-tep.com/m/s12-4.pdf

5）効果モデル改訂・改善に向けての活動

この評価調査によって明らかになる、プログラムゴールになるアウトカム尺度・指標の達成に良好な影響をもたらす**効果的援助要素／フィデリティ評価尺度・項目**の相関分析結果をワークショップに提示し、《効果モデル》の改訂・改善について議論する（新藤ら，2014a）。

6）効果モデルへの関心拡大とネットワーク形成

これまで述べてきたように、**形成・改善評価ステージ（導入期）**の重要な課題の１つとして、《効果モデル》の導入を適切に実現して、評価実施体制を整えることがある。試行評価調査を進める中で、特にフィデリティ評価を用いた複数回にわたる評価訪問の機会などを活用して、実践家等が評価活動に関与・参画し、《効果モデル》を実施するための実施体制とネットワークが形成されることが期待されている。

7　質的・量的データ分析と実践家等参画型ワークショップ④の準備、効果モデル改訂案の作成［第9ステップ］
──形成・改善評価ステージ（導入期）の評価課題とその対応⑶

1）この課題の位置づけ

第9ステップでは、質的・量的データ分析と実践家等参画型ワークショップ④の準備、**第2次効果モデル**（提示版）に向けた改訂案の作成を行う。具体的には、**第7ステップ**の広域的事業所調査と、**第8ステップ**の広域的試行評価調査①で得られた質的・量的な情報（第7ステップは主に量的情報）を分析して、実践家等を含む「評価チーム」の中で検討する。

形成・改善評価ステージ（導入期）の２つの広域レベルでの評価調査は、導入期の《効果モデル》の形成と改善のために、豊富な情報を提供する。

第9ステップでは、この豊富な量的・質的な情報を整理・分析して、次の**第10ステップ**「実践家等参画型ワークショップ④：効果モデル（提示版）への形成・改善」に向けて、検討のための資料（分析表など）を用意する。同時に、この資料（分析表など）に基づいて、第2次効果モデル（提示版）の案を作成する。

214　9章　形成・改善評価ステージ（導入期）の取組み

　さらには、2つの広域レベルでの評価調査に参加した実践家等のうち、《効果モデル》の形成・改善に強い目的意識をもつ実践家等がいれば、参加を呼びかけて「評価チーム」の実践家等を拡充する。

2）量的データの分析方法・まとめ方、ワークショップへの提示方法

　形成・改善評価ステージ（導入期）の2つの広域レベルでの評価調査では、豊富な量的データが入手できる。以下では、まず量的データの分析方法・まとめ方を示す。

a. 量的データ分析の基本方針

　効果モデル（試行版）の改訂に向けた量的データを入手するのは、**第7ステップ「全国事業所調査」、第8ステップ「全国試行評価調査①（単一グループデザイン）」**である。これらの評価調査の分析が目指すことは、以下のとおりにまとめられる。

　①**第7ステップ**：広域レベルの事業所調査を横断調査で実施する。それによって、以下のことを明らかにする。

・(a)**広域レベルにおける効果的援助要素の実施状況の分布**（フィデリティ評価尺度（総合尺度と個別尺度）の分布）と、**アウトカム尺度・指標の分布状況**を明らかにする。

・(b)**両者の相関分析を行い、アウトカムの改善に効果的援助要素がどの程度寄与しうるのか、より効果的な実施のためには何が必要かを検討する。**

・(c)**効果に影響すると考えられる属性**（たとえば設立年、対象の障害種別など）をサブグループ別に相関分析を行い（サブカテゴリー分析）、条件の違いによる効果の違いを検証する。

　②**第8ステップ**：広域的試行評価調査①（単一グループデザイン）では、広域レベルの事業所の縦断調査を行う。

・(a)**効果的援助要素の実施状況の分布**（フィデリティ評価尺度（総合尺度と個別尺度）の分布）と、**アウトカム尺度・指標の分布状況を、時系列的に明らかにする。**

・(b)**フィデリティ評価尺度**（総合尺度と個別尺度）**と、アウトカム尺度・指標の相関分析を実施する。**必要に応じて、時系列的に相関係数の変化を分析する。

・(c)**フィデリティ評価値（総合尺度）の高低2群ごとにアウトカム尺度・指**

標の比較分析を行う。

　以上のとおり、これらの２ステップの量的分析が目指すことは、以下のとおりである。

　(1) **プロセスとアウトカムの分布**：プロセス評価として、効果的援助要素の実施状況の分布（フィデリティ評価尺度平均値のレーダーチャート表示など）と、アウトカム尺度・指標値の分布状況［平均値・標準偏差、度数分布など］、

　(2) **相関分析**：プロセス評価の効果的援助要素（フィデリティ評価（総合尺度と個別尺度））がアウトカム尺度・指標値と確かに相関しているのかどうかの確認・検証

　(3) **属性サブカテゴリー分析**：アウトカムに影響すると考えられる属性のサブカテゴリー別の分析により、条件の違いによるアウトカムの違いを検証する。

　(4) **時系列分析**：プロセス評価の効果的援助要素（フィデリティ評価尺度・項目）とアウトカム尺度・指標値が時間の経過と共に改善していることの確認・検証［平均値等の時系列分布］

　(5) **アウトカムの比較分析**：最終的には、《効果モデル》の実施がアウトカムの改善に貢献していることの検証である［フィデリティ高低群分析、効果モデル実施群と比較群の比較分析］。

　これら(1)～(5)の量的データ分析結果を確認・検証し、その成果を、**第10ステップの実践家等参画型ワークショップ④に提示し**、実践家等を中心とした関係者によって検討することになる。

b．量的データ分析の提示方法

　前項で示したように、２つの量的評価調査による(1)～(5)の分析結果を、実践家等参画型ワークショップで提示することになる。

　(1) ［**プロセスとアウトカムの分布**］プロセス評価の効果的援助要素（フィデリティ評価尺度・項目）とアウトカム尺度・指標の分布状況

　・フィデリティ評価尺度・項目の値は、レーダーチャートなどで提示する。個別事業所の値と全体傾向との比較や時系列的な変化の状況を検討する。

　・アウトカム尺度・指標値の平均値、標準偏差を表示する。第８ステップの広域的試行評価調査①では、時系列的な推移をグラフなどに表示することもできる。

(2)(3) [プロセスとアウトカムの相関分析] プロセス評価の効果的援助要素（フィデリティ評価尺度・項目）が、アウトカム尺度・指標に確かに相関しているかどうかを確認・検証する。

・フィデリティ評価尺度・項目（総合尺度と個別尺度）とアウトカム尺度・指標の相関分析を行う。それぞれの尺度の平均値・標準偏差の表示も行う。必要に応じて、サブカテゴリー分析による結果も提示する。
・ワークショップでは、相関係数の高い値を確認するとともに、相関が低い部分、負相関が検出されている組み合わせについて、その原因を検討し、必要な見直しを行う。量的データ分析を行う際には欠くことのできない検討である。

(4) [時系列分析] プロセス評価の効果的援助要素（フィデリティ評価尺度・項目）とアウトカム尺度・指標が時間の経過とともに改善していることの確認・検証を行う。

・(1)で検討した内容を時系列的に分析する。時系列的に改善状況を把握するとともに、アウトカム尺度・指標の値、あるいはフィデリティの値が減少した場合には、その要因を検討する。

(5) [アウトカムの比較分析] 効果モデル実施がアウトカムの改善に貢献していることの検証を行う。

主に2つの分析方法がある。

・1つは、フィデリティ評価尺度値の高低群別の分析である（コラム5（308頁）参照）。
・いま1つは、効果モデル実施群と比較群の比較分析である。

これらの結果、高フィデリティ群、効果モデル実施群に有意のアウトカム尺度・指標の結果が検出されない場合には、その原因を追求する。

c. 実践家等参画型ワークショップでの検討課題

(1) レーダーチャートの分布分析等：まずそれぞれの実施事業所におけるフィデリティ評価尺度・項目、アウトカム尺度・指標の結果を、レーダーチャートなどに提示して、実施事業所の実施体験との関係を検討する。ワークショップでは、実施状況についてプレゼンテーションを行い、要因を参加者とともに検討する。

(2) 相関分析：フィデリティ評価尺度・項目とアウトカム尺度・指標の相関

[Ⅲ部] 効果モデル形成・発展ステージに対応した評価活動　217

分析は、形成・改善評価段階のワークショップでは最も重要な検討課題である。まずは①の全国事業所調査で実施し、その検討を繰り返し実施して、必要に応じてモデルの形成・改善を行う。

（3）**時系列分析**：アウトカム尺度・指標、フィデリティ評価尺度・項目の値が改善した場合には、時系列的にその要因を検討し、悪化した場合も同様に要因を検討する。

（4）**アウトカムの比較分析**：効果モデルの実施が有効であることが検証されれば、その内容をワークショップで確認する。効果モデルの有効性が検証されない場合は、その要因を追求する。

3）質的データの分析方法・まとめ方、ワークショップへの提示方法
a. 質的データ分析の基本方針

　質的データの分析方法・まとめ方は、第4ステップ「質的データ分析と実践家等参画型ワークショップ③の準備」の進め方で述べた内容（8章9節（189-193頁）参照）を踏襲する。

　第9ステップ「質的・量的データ分析と実践家等参画型ワークショップ④」の準備において検討対象の中心になる質的情報は、次のとおりである。

　① 広域的試行評価調査・評価訪問時の意見交換記録（第8ステップ）
　② 広域的試行評価調査・実施マニュアルへの加筆項目（第8ステップ）
　③ 実践家等参画型形成評価サイトやメーリングリストによる意見交換の記録（第7・8ステップ）
　④ 広域的試行評価調査参加事業所のうち、GP事例と位置づけられる取組みに関する事例報告結果（調査者、実践家等）（第8ステップ）

　以上は、主に**第8ステップ**「広域的試行評価調査①」の評価訪問などの活動を通した実行中のプログラムに関する質的情報である。これらの情報については、**効果モデル**（提示版）**への改訂案**の作成のために可能な限り**効果モデル5アイテム**に関連した形で整理して、実践家等参画型ワークショップに提示する。

　5アイテムのうち次の3アイテムは質的データの寄与が特に重要であり、質的データ分析の成果を十分に反映する。

　・EMC3）**効果的援助要素リスト**
　・EMC4）**評価ツール**（特にフィデリティ評価尺度・項目）
　・EMC5）**実施マニュアル**

効果モデル（提示版）への改訂に向けて、実践上の創意工夫や実践現場で取り組まれている実践知を改訂案に反映することが求められている。

b. 効果的援助要素リスト、実施マニュアルの改善・追記の方法

広域的試行評価調査、およびその評価訪問時に得た**改善のための質的情報は、5アイテムに関連した形で整理し、ワークショップに向けた資料にまとめる**。たとえば、試行評価調査に協力している事業所から提案のあった、実践上の創意工夫、アイデアは、5アイテムの関連項目ごとに整理して提示する。

第8ステップの広域的試行評価調査①の参加事業所のうち、GP事例と位置づけられる取組みについては、特に注目する。ここでGP事例とは、プログラムゴールとインパクト理論（EMC1）に位置づけられる成果を上げている事業所であり、さらにはフィデリティ評価尺度の得点が高い事業所である。

GP事例と位置づけられる取組みに関する事例報告の結果、さらには評価訪問時の意見交換記録については、必要に応じて逐語録を作成する。その記録に対して内容分析などを行うことができる。すなわち、逐語録の文脈を意味ごとに切片化し、対象となるプログラムの実践経験がある実践家等を含む「評価チーム」において、コーディングを行う。プログラムゴールとインパクト理論（EMC1）との関わりから、形成・改善のために重要と考えられる特徴的な実践項目を抽出して整理する。

抽出された特徴的な実践は、**第1次効果モデル（試行版）の効果的援助要素リスト**（EMC3）と比較して、そのリストには含まれない特徴的な実践があれば、「New」などというラベルをつけて、リストに追記する。

さらに抽出された特徴的な実践項目をカテゴリ化し、新しい効果的援助要素のチェック項目も「New」などというラベルをつけて、試行版の**効果的援助要素リスト**（EMC3）と統合して提示する。

4）第2次効果モデル（提示版）（案）の作成方法

第2次効果モデル（提示版）に向けた改訂案として、実践家等参画型ワークショップ④に提示する**効果モデル5アイテム案**は、前項の質的データの分析結果に基づいて作成する。質的データ分析の結果を踏まえて、追加される項目、実践家等からの意見、提案などは、追記された部分や意見のあった箇所がわかるように提示する。

量的データ分析の結果については、検討課題（フィデリティ項目とアウトカム尺

度指標の相関の低さ、実施数の少なさ・大半の実施など）がわかるように配慮して資料を作成する。

なお、量的データ分析の結果だけに基づいて、効果モデル（試行版）の改訂はしない。たとえ相関分析の結果で、フィデリティ評価尺度・個別項目のうち、アウトカム尺度・指標との相関がない項目があったとしても、この段階でその項目を削除することはしない。量的データ分析の結果は、ワークショップでは「事実（E）」としてのみ参加者に伝え、参加者の実践における経験知（P）などとも照合して、必要な対応について合意形成を得る。

5）実践家等の参加度のアセスメントと提示資料・方法の決定

ワークショップの準備には、ワークショップに参加する実践家等の選定と、参加する実践家等の参加度（コミットメント）のアセスメントが含まれることは、これまでと同様である。

まずワークショップに参加する実践家等については、原則的に、**第8ステップ**「広域的試行評価調査①」に参加した事業所の運営に責任ある立場の実践家等に参加を依頼する。この他、《効果モデル》のゴール達成に意識的・意欲的に取り組んでいる実践家等、中でも改善のために積極的な取組みをしている事業所の関係者に参加を呼びかけることもできる。

次に、参加する実践家等の参加度（コミットメント）のアセスメントを行う。参加する実践家等それぞれがより良い《効果モデル》の設計・開発、形成・改善にどの程度積極的であるのか、主体的に関わることができるかを判断する。

参加度が十分に高い場合には、ワークショップにおいて十分な意見交換を行い、実践家等が主体的に「合意形成」できるようにワークショップを運営する。一方、参加度があまり高くない場合は、事前に準備した**第2次効果モデル**(提示版案)は、参加者から「方向性の合意」を得るようにワークショップを運営準備する。

8　実践家等参画型ワークショップ④：第2次効果モデル（提示版）への形成・改善［第10ステップ］
——形成・改善評価ステージ(導入期)の評価課題とその対応(4)

1）この課題の位置づけ

第10ステップでは、**第1次効果モデル**（試行版）の改訂を行い、**第2次効果**

モデル（提示版）への形成・改善を行う。そのために、実践家等参画型ワークショップ④を実施する。このステップでは、**形成・改善評価ステージ（導入期）に行った評価活動の成果を、質的・量的データ分析の形で整理して、より効果性の高い第2次効果モデル**（提示版）を形成する。

第9ステップ「質的・量的データ分析と実践家等参画型ワークショップ④の準備、効果モデル改訂案の作成」の結果を踏まえて、**第1次効果モデル**（試行版）について、実際に取り組まれた実践の結果に基づいて、量的評価結果、質的評価結果をワークショップで検討を行う。その結果に基づいて、**第2次効果モデル**（提示版）への形成・改善を行う。

2）実践家等参画型ワークショップ④：第2次効果モデル（提示版）の形成・改善評価の方法

このワークショップでは、次の4つのタイプの取組みを考慮する（源, 2015a; 2015b; 新藤ら, 2014a）。

① 量的評価結果に基づく、モデル形成・改善型ワークショップ
② 質的評価結果に基づく、モデル形成・改善型ワークショップ
③ プログラム理論改訂型ワークショップ
④ 合意形成・意思決定型ワークショップ

a．①量的評価結果に基づく、効果モデル形成・改善型ワークショップ

まず、この効果モデル形成・改善型ワークショップは、アウトカム尺度・指標の結果からプログラムゴールの達成を意識しながら、アウトカムに関連する効果的援助要素（フィデリティ評価尺度・項目）の実践状況を検討するものである。ワークショップでは、効果的援助要素の改善のために、実践上の有用性が高く、より効果的な《効果モデル》に発展させることを目指す（源, 2015a; 2015b; 新藤ら, 2014a）。

ワークショップの実施方法としては、実践家等参加者は、6～7名のグループに分かれて、配付資料を参照しながら効果的援助要素の項目を、1項目ずつ検討を加える。各グループには評価ファシリテータが入る。グループでの検討を経た後に、全体での意見交換を行い結果を集約する。

検討する量的評価結果の資料は、まず(1)アウトカム尺度・指標と、フィデリティ評価尺度・項目の分布検討資料（216頁・b(1)参照）、また(2)アウトカム尺度・指標とフィデリティ評価尺度・項目の相関関係検討資料（215頁・b(2)(3)参

照）である。

(1) **アウトカム尺度・指標と、フィデリティ評価尺度・項目の分布検討資料**は、ワークショップに参加する実践家等の事業所におけるアウトカム尺度・指標の値と、フィデリティ評価尺度・項目の値（平均値など）を、全国値と個別事業所の値を比較して示す。特にフィデリティ評価尺度・項目値については、レーダーチャートに表示する。時系列データがあれば、その変化についても検討する。

　まず全国値の分布で、平均値などが低い項目、高い項目の検討が行われる。同時に全国値と自事業所との差を検討して、そのように差が開いた要因を検討する。

(2) **アウトカム尺度・指標とフィデリティ評価尺度・項目の相関関係検討資料**は、プロセス評価の効果的援助要素の実施状況（フィデリティ評価）が、アウトカム尺度・指標に結びついているのか、相関分析やフィデリティ高低2群比較などの量的な結果分析結果を検討する。

　相関係数の大小のみならず、効果的援助要素の実施度は高いが、アウトカム尺度・指標に影響していない項目、実施度は低いがアウトカム尺度・指標に影響している項目等についても検討を加える。

　以上の検討から、**効果的援助要素リスト**（EMC3）の見直しに貴重な示唆が得られることが少なからずある。

　ワークショップ終了後は、各グループの評価ファシリテータが録音データと筆記記録をもとにグループごとの意見を網羅したディスカッション記録を作成し、後日これを持ち寄り、出された意見を**効果的援助要素リスト**（EMC3）の項目の一覧表に落とし込み、アウトカム尺度・指標との相関とあわせて参照しながら1つひとつ検討を行う。このようにして効果的援助要素の項目を修正し、**効果的援助要素リスト**（EMC3）の見直しに反映させる。

　以上の量的評価結果に基づく検討は、実践家等に客観的な量的調査データを提示して議論することで、経験と勘にのみに頼らないエビデンスに基づく議論を促すことが可能になる。たとえば、福祉現場において経験知からの発言、建設的な議論にならない場面が時にみられる。しかし本方法では数値データに立ち戻り、客観的な議論ができるメリットがある。

　データをしっかり読み込み分析をする視点から、さらに「そうだろうか」「なぜだろうか」と自身の実践を振り返る視点に議論が深まる。実践を客観的

に振り返るのみならず、結果の確からしさをより効果的に深めることができる手法である。

b. ②質的評価結果に基づく、効果モデル形成・改善型ワークショップ

第8ステップ「広域的試行評価調査」に基づいて、試行評価調査に関わる実践家等から出された創意工夫、アイデア、意見・提案について検討を加える。前項で述べたように、ワークショップで取り上げる資料は、可能な限り**効果モデル5アイテム**に関連させた形で整理し、**効果モデル（試行版）5アイテムへの追記**の形式で提示する。

ワークショップに参加する実践家等が活発に議論できる「争点となる資料」を用意しても良い。たとえば、事業所のパンフレットや，投稿記事（論文）などを共有しても良いだろう。

実践家等参画型ワークショップにおいて参加する実践家等に期待される役割は、**効果モデル5アイテム**に対する実践現場からのリアリティのあるフィードバックである。そのようなフィードバックが自由に発言できる雰囲気をワークショップの運営の中で配慮する必要がある。

実践家が最もリアリティを持った発言ができるのは、自らが関わる実践事例を報告し、それを他の実践家の取組み事例と比較する場面である。ワークショップでは、特に効果的援助要素の領域（通常は4～7領域）**ごとに、実践事例の報告を促し、その報告についての意見交換を行う。**

効果モデル5アイテムの検討についても、評価訪問の GP 事例調査で把握した実践例を可能な限り提示し、実践家等からの発言を促すように運営する。

c. ③プログラム理論改訂型ワークショップ

プログラム理論改訂型ワークショップは、プログラム理論設計・開発型ワークショップに対して、設計・開発された《効果モデル》のプログラムが実施された後に行う。プログラム理論は、プログラム実施と評価の基礎になるために、プログラム実施の結果、プログラムの「設計図」に当たるプログラム理論に変更が必要になる場合に行うことになる。

ワークショップでは実践家等の現場における経験に加え、フィディリティ尺度を用いた量的調査の結果を活用し、プログラム理論の検証を行う。その結果に基づいて、必要に応じてインパクト理論やプロセス理論、フィディリティ尺度、実施マニュアルを改訂する。すなわち、理論評価を改めて行うことになる。

[Ⅲ部] 効果モデル形成・発展ステージに対応した評価活動　223

d. ④合意形成・意思決定型ワークショップ

　合意形成・意思決定型ワークショップでは、まず実践家等を含む「評価チーム」が作成した**第2次効果モデル**（提示版）の案について、**②質的評価結果に基づく、モデル改善・形成型ワークショップ**の中で説明を加え、必要に応じて、GP 事例に取り組む実践家等に、テーマに関連した「実践報告・事例報告」を依頼する。

　また**①量的評価結果に基づく、モデル改善・形成型ワークショップ**と**③プログラム理論改訂型ワークショップ**の検討結果も踏まえながら、ワークショップの中で提示版の案を作成する。

　ワークショップでは、この提示版案に対して、実践経験に基づく十分な意見交換・対話を繰り返した上で合意形成を図る。その上で必要な意思決定を行う。

　以上のプロセスを通して、**第2次効果モデル**（提示版）について合意形成を得る。なお実践家等参画型ワークショップ④では、参加者による合意形成を得ることに力点を置くが、**第2次効果モデル**（提示版）の最終的な意思決定は、実践家等を含む「評価チーム」の責任で行うことは、前述したとおりである。

9　まとめ──可能性と課題

　以上、実践家参画型エンパワメント評価で取り組む、形成・改善評価ステージ（導入期）の評価活動が目指すもの、その実施プロセス、実施内容を提示した。

　エンパワメント評価がその特徴とする、①より効果的な《効果モデル》の形成・改善と、②プログラム利害関係者（本書では実践家等）の評価キャパシティの向上を実現する上で、**形成・改善評価ステージ（導入期）の評価活動**は、要の位置にあると言うことができよう。

　①より効果的な《効果モデル》の形成・改善については、**第7ステップ**「広域的事業所調査」、**第8ステップ**「広域的試行評価調査①（単一グループデザイン）」によって、《効果モデル》を実践的・実証的に検証して、より効果的なモデルに改訂する。

　また、②プログラム利害関係者の評価キャパシティの向上に向けて、**第1次効果モデル**（試行版）を実際に実施する中で、実践家等参画型ワークショップを開催し、またその準備のために実践家等を拡充した「評価チーム」を形成して、評価活動に関与する実践家等が主体的に評価活動に関与する道筋をつける

ことが考慮できる。

　これらの評価活動は、実践現場に負担をかける側面もある。しかし、同時に、社会的な課題解決を志向する実践家等にとっては、課題解決のミッションと一体的な取組みとして位置づけることができよう。このような位置づけがなされた実践家等と評価研究者の協働作業は、より生産的な成果物を生み出す可能性を高めるであろう。

文献

Becker DR, Smith J, Tanzman B, Drake RE, Tremblay T（2001）. Fidelity of supported employment programs and employment outcomes. Psychiatric Services52（6）: 834-836.

Bond GR, Evans L, Salyers MP, Williams J, Kim WHW（2000）. Measurement of fidelity in psychiatric rehabilitation. Mental Health Services Research 2: 75-87.

Chen HT（2015）. Practical program evaluation: Theory-driven evaluation and the integrated evaluation perspective, 2nd Ed. SAGE.

道明章乃, 贄川信幸, 大島巌, 小佐々典靖, 古屋龍太, 瀧本里香（2010）. 障害者退院促進支援プログラム・フィデリティ尺度. 平成21年度 日本社会事業大学学内共同研究報告書「効果の上がる退院促進支援事業・就労移行支援事業モニタリングシステムの開発——効果的プログラム要素を活用したフィデリティ尺度の作成」（主任研究者：大島巌）. pp9-84.

IOM（US Institute of Medicine）（2009）. Initial National Priorities for Comparative Effectiveness Research. Washington, DC: The National Academies Press. https://doi.org/10. 17226/12648.

小佐々典靖, 大島巌, 上村勇夫, 贄川信幸, 道明章乃, 香田真希子, 高原優美子, 佐藤久夫（2010）. 障害者就労移行支援プログラム・フィデリティ尺度. 平成21年度 日本社会事業大学学内共同研究報告書「効果の上がる退院促進支援事業・就労移行支援事業モニタリングシステムの開発——効果的プログラム要素を活用したフィデリティ尺度の作成」（主任研究者：大島巌）. pp85-155.

McGrew JH, Bond GR, Dietzen L, et al.（1994）. Measuring the fidelity of implementation of a mental health program model. Journal of Consulting Clinical Psychology 62: 670-678.

効果のあがる就労移行支援プログラムのあり方研究会（分担研究責任者：植村英晴）（2015）. 効果的障害者就労移行支援プログラム全国試行評価調査を通した効果モデルの改善と実践家評価者の形成・育成——全国試行評価調査とその準備活動の経験からの示唆. 平成26年度 文部科学省・科学研究費補助金 基盤研究（A）実践家参画型福祉プログラム評価の方法論および評価教育法の開発とその有効性の検証. グループ分担研究報告書.

源由理子（2015a）. ワークショップの実施方法（1）:総論.（所収）大島巌, 平岡公一, 児玉桂子, 他. 実践家参画型福祉プログラム評価の方法論および評価教育法の開発とその有効性の検証. 平成23～26年度文部科学省科学研究費補助金基盤研究（A）総括報告書（課題番号：23243068）（主任研究者：大嶋巌）.

源由理子（2015b）. 社会福祉領域における実践家が参画する評価の意義と可能性——参加型評価方式からの考察. ソーシャルワーク研究40（4）: 35-43.

National Association of Social Workers（NASW）（2010）. Comparative Effectiveness Research（CER）and Social Work: Strengthening the Connection. NASW.

贄川信幸，道明章乃，大島巌，他（2011）. 精神障害者退院促進・地域定着支援プログラム効果モデルの構築とその評価. 成22年度文部科学省・科学研究費補助金基盤研究（A）「プログラム評価理論・方法論を用いた効果的な福祉実践モデル構築へのアプローチ法開発」（主任研究者：大島巌）グループ分担研究報告書「精神障害者退院促進・地域定着支援プログラムを効果的プログラムモデルに再構築し発展させるための方策――プログラム理論・エビデンス・実践間の円環的対話による，効果的福祉実践プログラムモデル形成のための評価アプローチ法（CD-TEP法）からの示唆」（分担研究責任者：古屋龍太），pp55-67.

大村美保（2013）. 一般就労する知的障害者の経済的自立と地域生活――通勤寮の自立支援モデルとその評価. 久美出版.

大島巌（2015）. ソーシャルワークにおける「プログラム開発と評価」の意義・可能性，その方法――科学的根拠に基づく支援環境開発と実践現場変革のためのマクロ実践ソーシャルワーク. ソーシャルワーク研究40（4）: 5-15.

大島巌，贄川信幸，吉田光爾（2011）. 福祉アウトカム指標開発の枠組み――福祉関連QOL尺度作成に向けて. 平成22年度文部科学省・科学研究費補助金基盤研究（A）「プログラム評価理論・方法論を用いた効果的な福祉実践モデル構築へのアプローチ法開発」（主任研究者：大島巌）グループ分担研究報告書「福祉実践プログラムのゴールを定めるアウトカム指標・尺度――共通ゴールとしての福祉関連QOL尺度作成をめざして」，pp5-10.

大山早紀子，大島巌，源由理子，夏原博史，下園美保子（2014）. 効果的プログラムモデル形成のための実践家参画型評価アプローチ法の開発（その6）――プログラム開発段階におけるエンパワーメント評価活用の可能性. 日本評価学会第15回全国大会抄録集，pp211-214.

新藤健太，大島巌，大山早紀子，他（2014a）. 効果的プログラムモデル形成のための実践家参画型評価アプローチ法の開発（その3）――「実践家参画型ワークショップの活用」に注目して. 日本評価学会第11回春季大会抄録集.

新藤健太，大島巌，植村英晴，他（2014b）. 効果的プログラムモデル形成のための実践家参画型評価アプローチ法の開発（その5）――「評価結果の活用」に注目して. 日本評価学会第15回全国大会抄録集，pp203-210.

新藤健太，大島巌，植村英晴，他（2015）. 効果的プログラムモデル形成のための実践家参画型評価アプローチ法の開発（その7）――効果モデル改善ステップにおける「全国試行評価調査（1年間の提示版プログラム試行評価調査)」の位置とその検証. 日本評価学会第12回春季大会抄録集.

新藤健太，大島巌，浦野由佳，他（2017）. 障害者就労移行支援プログラムにおける効果モデルの実践への適用可能性と効果的援助要素の検討――全国22事業所における1年間の試行的介入の結果から. 社会福祉学58（1）: 57-70.

植村英晴，大島巌，片山優美子，新藤健太，方真雅，他（2015）. 効果的障害者就労移行支援プログラム全国試行評価調査を通した効果モデルの改善と実践家評価者の形成・育成――全国試行評価調査とその準備活動の経験からの示唆. 平成26年度 文部科学省・科学研究費補助金 基盤研究（A）実践家参画型福祉プログラム評価の方法論および評価教育法の開発とその有効性の検証. グループ分担研究報告書.

10章
形成・改善評価ステージ（成熟期）の取組み：第11〜12ステップ
—— 第3次効果モデル（エビデンス版）への改訂（形成・改善）に向けて

1　はじめに

　本章では、導入された社会プログラムの《効果モデル》を、よりエビデンスレベルが高く、課題解決により適切に対応できる《効果モデル》へと形成・発展させるための**形成・改善評価（成熟期）の方法論**を提示する。

　この章で評価対象とする社会プログラムは、形成・改善評価（導入期）の取組みで一定の有効性が確認され、形成・改善評価の結果、《効果モデル》の効果的援助要素／フィデリティ評価尺度・項目や、プログラム理論に見直しを行って、より優れた《効果モデル》に発展したものである。

　この章では、まず形成・改善評価ステージを進行させる評価活動の「主体」を明らかにする。その上で、このステージの課題と到達目標についてまとめ、本ステージの評価活動の概要とステップ進行の指針を示す。

　その指針に基づいて、**CD-TEP改善ステップ**のうち**形成・改善評価ステージ（成熟期）**に対応する第11ステップ、第12ステップの進め方を示すことにしたい。

2　誰がどのように形成・改善評価ステージ（成熟期）を開始するか

　形成・改善評価ステージ（成熟期）の開始は、通常は、前ステージの**形成・**

[Ⅲ部] 効果モデル形成・発展ステージに対応した評価活動　227

改善評価ステージ（導入期）を受け継ぐ形で行う。

　この時期までには、実践家等を含む評価チームも成熟期に到達し、実践家等を含む評価主体（評価チーム）が、自主的・主体的にこのステージの評価活動に取り組むことが望まれる。

3　形成・改善評価ステージ（成熟期）の達成課題、到達目標の設定

　このステージの課題と到達目標を、改めて明らかにしておきたい。前ステージまでと同様に、2つの達成課題・目標がある。それは①**効果モデル**（提示版）を形成・改善して**効果モデル**（エビデンス版）を構築すること、②実践家等の評価活動への関与・参画のさらなる促進、および評価キャパシティの向上である。

1）第3次効果モデル（エビデンス版）への形成・改善

　形成・改善評価ステージ（成熟期）では、前評価ステージで形成・改善した**効果モデル**（提示版）に対して、**第11ステップ**「**広域的試行評価調査②：比較による有効性研究**（CER）**で行う多施設共同調査**」を行い、その有効性を検証して、よりエビデンスレベルが高い**第3次効果モデル**（エビデンス版）への形成・改善を目指す。前評価ステージで実施した「広域的試行評価調査①」と同様に、評価ファシリテータによる評価訪問も実施して、豊富な質的・量的評価データを入手して、**第2次効果モデル**（提示版）を見直し、実践とエビデンスに裏付けられたより効果的な**第3次効果モデル**（エビデンス版）へと形成・改善することを目指す。

　なお、ここで「**エビデンス版**」という名称を使用する理由を示しておく。

　まず**理由の第1**は、《効果モデル》としての完成された1つの形態は国際的に認証される EBP プログラムになること目指しているからである。EBP プログラムは、既述したとおり、複数の地域でのランダム化比較試験（RCT）の検証を経て国際的に認証されることが一般的である（正木ら, 2006; 大島, 2010）。**形成・改善評価ステージ**（成熟期）における成果は、まだ EBP プログラムに発展する途上にあるが、国際的基準に適合したエビデンスが蓄積されつつあるという意味で「エビデンス版」と呼ぶことにしたい。

228　10章　形成・改善評価ステージ（成熟期）の取組み

　理由の第2は、実践プログラムの《効果モデル》は、利用者の多様なニーズに応えるために、より有効なものへと継続的な改善を常に必要とする（CORE, 2009; Urban ら, 2014）。効果的で質の高い《効果モデル》と認定されても、常に継続的改善を必要とする状態にあることを意識するためにも「完成版」などの名称は用いず、一定のエビデンスが蓄積され、今後もエビデンスを蓄積して行くという意味を込めて、**「エビデンス版」という名称**を用いる（Rossi ら, 2004）。

2）実践家等のより主体的で積極的な評価活動への参画

　形成・改善評価ステージ（成熟期）では、これまでの CD-TEP 改善ステップの取組みの中で、実践家等を含む「評価チーム」も成熟期に達して、実践家等を含む評価主体が、自主的・主体的にこのステージの評価活動に取り組む体制を発展させることが期待されている。

　成熟期における主な評価活動は、**第11ステップ「広域的試行評価調査②：比較による有効性研究（CER）で行う多施設共同調査」**である。この試行的評価調査においては、第8ステップの「広域的試行評価調査①」と同様に、日常的なアウトカムモニタリング評価や、評価ファシリテータによる評価訪問等の機会を通じて、実践家等がより主体的・積極的に評価活動に参画することが促進される（IOM, 2009; NASW, 2010）。

　これによって、次のステージである**実施・普及評価ステージ**において、実践家を含む「評価チーム」が《効果モデル》を社会の中に適切に位置づけるための主体になることが期待される。

4　この評価ステージで行う評価活動の概要とステップ進行
　の指針──CD-TEP 改善ステップに基づく目標達成のための活動

1）評価階層における位置づけ

　形成・改善評価ステージ（成熟期）で行う評価活動は、導入期の場合と同様に、図9-1（205頁）に示した評価階層中央部のプログラム・プロセス評価とアウトカム／インパクト評価を中軸に実施する。また《効果モデル》の形成・改善に関して、評価活動の結果、モデルの理論的な基盤が変更になる際には、プログラム理論の見直しが検討される。

　評価階層における位置づけは、**形成・改善評価ステージ（導入期）**と基本的

[Ⅲ部] 効果モデル形成・発展ステージに対応した評価活動　　229

には同様である。ただし、導入期の評価活動の成果として生み出された**効果モデル（提示版）**は、ある程度完成度の高いモデルである。**第11ステップ**で行う「広域的試行評価調査②」に参加するプログラム実施事業所は、**効果モデル（提示版）**に準拠した実践になるように、フィデリティ評価での検証を得ておく必要がある。

　その上で、アウトカム／インパクト評価に注目が向けられる。

　十分な成果（アウトカム）が生み出されない場合は、プロセス評価（フィデリティ評価）やプログラム理論評価に立ち戻ることもある。それによって、効果的援助要素など必要な加筆・修正を加えて、より効果的な**効果モデル（エビデンス版）**へと形成・改善を目指す取組みになる。

２）形成・改善評価ステップ（成熟期）で行われる評価調査

　形成・改善評価ステージ（成熟期）では**第11ステップ**において、「広域的試行評価調査②：**比較による有効性研究（CER）**」を実施する。比較による有効性研究（CER; Comparative Effectiveness Research）は、《効果モデル》の実施群と、《効果モデル》を実施しない対照群とを比較する有効性に関する比較研究である（IOM, 2009; NASW, 2010）。エビデンスレベルの高い知見が得られる**ランダム化比較試験**（RCT; Randomized Clinical Trial）を実施するか、あるいはそれが難しい場合には、比較群（対照群）をおいた準実験デザインで試行評価調査を実施する。

　このステップの前には、**第10ステップ**で「実践家等参画型ワークショップ④」を行い、効果モデル（提示版）への改訂を行っている。

　「広域的試行評価調査②」を実施した後には、**第12ステップ**で「**第3次効果モデル（エビデンス版）の形成・改善**」を行う。このステップでは、「広域的試行評価調査②」における質的・量的データを分析し、その後に「実践家等参画型ワークショップ⑤」によって、**効果モデル（エビデンス版）**の形成・構築を行う。

３）形成・改善評価ステージ（成熟期）における評価実施体制

　実践家参画型評価において、実践家等が主体になって「比較による有効性研究（CER）」を行うのは、必ずしも容易なことではない。実施するのであれば、これまで評価活動に関する経験を積んだ**実践家等を含む「評価チーム」**が、ラ

ンダム化比較試験（RCT）などに関する評価デザインに通じた評価専門家のサポートを得ながら、科学的に信頼性の高い評価調査を実施することが望まれる（Torgerson ら, 2008）。

これらの評価活動を行うに当たって、「評価チーム」は、評価活動などを支援するための組織・拠点（たとえば《効果モデル》に関わる **EBP 技術支援センター**）を設置して、あるいは設置を働きかけて活動を展開することが望まれる。EBP 技術支援センターには、NPO 法人のみならず、**実践家養成大学**（福祉系大学院など）や国や都道府県の**研究機関**、技術支援センターなどが協力機関として役割を果たすことも期待される（Blase, 2009; Gough ら, 2018; Salyers ら, 2007）。このような評価支援組織を含む評価支援体制については、15章で取り上げる。

４）「評価チーム」への実践家等の関与・参画の拡大

実践家等が評価活動に関与・参画する **CD-TEP 改善ステップ**の「評価の場」では、ステップが進行するに伴って実践家等の関与・参画が拡大するように配慮する。前ステップである「導入期」の場合と同様に、特に**第11ステップ「広域的試行評価調査②」**は、実践家等が評価活動に関与・参画する上で貴重な機会となる。

まず「広域的試行評価調査②」に先立って行う説明会や、研修会の位置づけも持つ「意見交換会」における実践家等の積極的な関与・参画が、その後の「評価チーム」への関与・参画を拡大する貴重な機会になる。

同時に、試行期間中に複数回実施される「試行評価プロジェクトの評価訪問等」（3～5回程度を想定）は、実践家等にとって、《効果モデル》の実践の質を高めるとともに、評価に関するキャパシティを向上させるための貴重な体験の機会になる。

5 広域的試行評価調査②：比較による有効性研究（CER）で行う多施設共同調査［第11ステップ］
——形成・改善評価ステージ（成熟期）の評価課題とその対応⑴

１）この課題の位置づけ

第11ステップでは、「広域的試行評価調査②」として「比較による有効性研究（CER）で行う多施設共同調査」を実施する（IOM, 2009; NASW, 2010）。この評価活動は、《効果モデル》の実施群と、《効果モデル》を実施しない対照群と

を比較する、有効性に関する比較研究である。エビデンスレベルの高いランダム化比較試験（RCT）による実験デザイン、あるいは準実験デザインによって実施する。本書で目指す《効果モデル》の形成・発展という達成目標からすると、エビデンスレベルを高める上では、**最終段階の取組みとなる**。併せて、次のステージの課題として、《効果モデル》を社会の中に位置づけ、実施・普及を進めることが求められるようになる。

多施設共同調査という位置づけで、一定数の施設が参加して実施する（20〜30施設を想定）。また、《効果モデル》の実施を進めて、実践家等参画型で改善のための評価活動に取り組む。このことは、《効果モデル》のその後の発展のために貴重な機会となる。

第11ステップの実施が適切に行えるように、「広域的試行評価調査②」に使用する**第2次効果モデル**（提示版）の5アイテムを整備する。その上で、協力事業所スタッフ等に対する研修・意見交換会を行い、また評価ファシリテータの評価訪問などのコンサルテーションの機会などを活用して、質の高い実践を行う。これらの取組みを踏まえて、精度の高い量的・質的な評価情報を入手する。また、**第12ステップ**では第11ステップの「広域的試行評価調査②」の評価結果に基づいて、より効果的で有用性の高い**第3次効果モデル**（エビデンス版）を構築する。

2）評価調査の実施方法
a. 参加事業所と評価調査で使用する評価デザイン

第8ステップの「広域的試行評価調査①」と同様に、課題解決に有効な《効果モデル》を構築することに意欲を持つ実践家等、およびその実践家が関わる事業所の参画を全国から募って実施する。通常20〜30施設程度の参加を得て行う。《効果モデル》を実施する施設と、当面のあいだ《効果モデル》実施を待機する群（通常半年、あるいは1年の待機）の2群に、無作為に施設を割り付けて、この2群間のアウトカム尺度・指標値の違いを比較・分析する（ウェイティングリスト法）。比較研究を行うため、協力施設数は全体で20施設以上あることが望ましい。

ランダム化比較試験（RCT）を実施するか、あるいはそれが難しい場合には、**準実験デザイン**で試行評価調査を実施する。ランダム化比較試験（RCT）を実施する場合は、**クラスターランダム化比較試験**（Torgersonら, 2008）とい

232　10章　形成・改善評価ステージ（成熟期）の取組み

う評価デザインを用いて実施すると比較的取組みが進めやすい（13章2節3項d
参照）。

　広域的試行評価調査②の期間は、施設単位で実施群と待機群に割り当てる場
合には、2年あるいは3年の期間を想定する。さらに準備期間、取りまとめ・
振り返り期間を含めると、3年以上の期間が必要になる。

b. 使用するフィデリティ評価尺度・項目、アウトカムモニタリング評価用具、
**　他の評価用具**

　使用するフィデリティ評価尺度には、第三者評価用フィデリティ評価尺度と
自己評価用フィデリティ評価尺度がある（道明ら, 2010; 小佐々ら, 2010）。プログ
ラムゴールに関わるアウトカム尺度・指標に関する評価ツールは、「**プログラ
ム実施事業所用**」と「**プログラム利用者用**」に分けられ、事業所への訪問、担
当者や関係スタッフへの聞き取り、記録の閲覧などによって実施する。

　試行評価実施期間中に、フィデリティ評価尺度を用いた評価訪問を複数回実
施する（通常3〜5回程度を想定）。これは、《効果モデル》実施の質を確保する
ためである。評価訪問時の聞き取り調査では、フィデリティ評価尺度・項目に
関する情報を把握するだけでなく、自由記述欄において事業所で行う実践の創
意工夫や実施上の配慮に関する情報が得られるよう留意する。

3）分析の方針

　この**第11ステップ**の「広域的試行評価調査②」は、《効果モデル》の実施群
と実施しない対照群とを比較する評価デザイン、**有効性に関する比較研究**
（CER）である。

　まず、《効果モデル》の実施状況についてフィデリティ評価尺度・項目で評
価して、十分に《効果モデル》に沿ったプログラムが実施されていることを確
認する必要がある。その上で、この試行評価調査の分析の中心は、《効果モデ
ル》実施群と《効果モデル》非実施群（含・待機群）の2群における、アウト
カム尺度・指標の改善度の違いである。

　これらを明らかにすることを主な分析枠組みとして、次に示したような分析
を行う。

　　・フィデリティ評価尺度・項目値の分布
　　・フィデリティ評価尺度・項目値の分布とアウトカム尺度・指標値の相関分
　　　析

・効果モデル実施群と対照群間の比較分析

なお量的評価分析方法の詳細については13章「質的・量的評価データの収集・分析と効果モデル形成・発展への活用」をご参照頂きたい。

4）結果のフィードバック

「評価チーム」は、評価調査で得られた結果について、報告書をまとめて参加事業所へフィードバックする。モニタリング評価調査時の事業所からの報告を整理し、事業所の創意工夫や配慮により成果に結びついた取組み、効果的援助要素の取組みを十分に実施したにもかかわらず成果に結びつかない事例などを取りまとめて報告書に反映する。

このような実践現場からのフィードバックに基づいて、より効果に結びつくプログラムモデルや、効果的援助要素が抽出されることが期待される。

5）「効果モデル」改訂に向けての作業

この評価調査を基にプログラムゴールとなるアウトカム尺度・指標の向上に良い影響をもたらす効果的援助要素の分析を行う。その結果に基づいて、効果モデル（エビデンス版）の改訂に向けた提案を行う。

6　質的・量的データ分析と実践家等参画型ワークショップ⑤の準備［第12ステップ］
――形成・改善評価ステージ（成熟期）の評価課題とその対応(2)

1）この課題の位置づけ

第12ステップでは、**第11ステップ**「広域的試行評価調査②：比較による有効性研究（CER）で行う多施設共同調査」を踏まえて、まずは内的妥当性の高い方法を用いて実施されたこの試行評価調査の質的・量的データ分析を行う。その上で、**実践家等参画型ワークショップ⑤**の実施準備を整える（源, 2015a; 2015b; 新藤ら, 2014）。

準備が整ったら、**実践家等参画型ワークショップ⑤**を開催して《効果モデル》の改訂版として、**第3次効果モデル**（エビデンス版）を構築する。

第12ステップでは、［**第1段階**］として「質的・量的データ分析」「ワークショップの準備」、［**第2段階**］として「実践家等参画型ワークショップの実施」「《効果モデル》の改訂」を行う。このような多くの評価活動を1つの「改

234　10章　形成・改善評価ステージ（成熟期）の取組み

善ステップ」の１ステップに盛り込んでいる。

　これらの評価活動は、これまで進めてきた他ステップに引き続き、順序を追って取り組む。そのノウハウが蓄積され、「質的・量的データ分析」「ワークショップの準備」を行う**実践家等を含めた「評価チーム」**と、《**効果モデル**》の改訂を行うワークショップ参加者との間の境界が縮小することが期待される。このため、**第１段階**と**第２段階**の活動を、一連の連続した評価活動として**第12ステップ**に位置づけている。

　この節では、このうち第１段階の活動を取り上げる。

２）量的データ分析の方法・まとめ方、ワークショップへの提示方法

　形成・改善評価ステージ（成熟期）における評価活動は、**第11ステップ**「広域的試行評価調査②」に基づいて行われる。この評価調査は、ランダム化比較試験（RCT）を含む比較による有効性研究（CER）を実施し、内的妥当性の高い知見を得ることを主眼とする評価デザインを用いている。主に量的データ分析で精度の高い知見を得ることが期待されている（Torgersonら, 2008）。

　プログラムゴールとインパクト理論（EMC1）との関係で、より効果的なプロセス理論（EMC2）や、効果的援助要素リスト（EMC3）を探求する取組みの一環でもある。

　そのため量的データ分析では、**比較による有効性研究**（CER）**の成果**を示すだけではなく、**プログラムのアウトカム向上に関わるプロセス理論（EMC2）や効果的援助要素リスト（EMC3）の精度を高める分析も、同時並行的に実施する**。

　また、導入期の取組みと同様に、評価ファシリテータによる評価訪問時の意見交換結果を中心に、より効果的なモデルを発展・成長させるという観点から、実践現場の創意工夫、実践上の知恵を反映できる取組みにする必要がある。

a. 量的データ分析の基本方針

　第11ステップ「広域的試行評価調査②：比較による有効性研究（CER）で行う多施設共同調査」によって収集する量的データ分析は、**まず第一義的には**、《**効果モデル**》**実施群と非実施の対照群におけるアウトカム尺度・指標値の改善度の差を比較・分析する**（Torgersonら, 2008）。

　分析方法としては、一般的には**共分散分析**を使用する。補助的な分析として、

[Ⅲ部] 効果モデル形成・発展ステージに対応した評価活動　235

連続量の場合は 2 群間の平均値の差の検定、離散量の場合は χ^2 検定などを使用する（13章 4 節 2 項④およびコラム 5（308頁）参照）。

　また、**実践家等参画型ワークショップ⑤**で検討する際には、実施事業所ごとに、アウトカム尺度・指標値の分布と改善度を提示してもよい。

　その際、各実施施設のアウトカム分布や改善度に影響を及ぼすことが考慮される重要な属性（たとえば都市部・農村部など地域特性、設立年、重要な連携機関との関係性など）による交互作用を、分散分析等で提示することもできる。

　さらに、フィデリティ評価尺度値を実施事業所ごとに表示すると、ワークショップの検討に当たって有用である。

b. 量的データ分析の精度を高めるために

　量的データ分析では、以上の他に、プログラムのアウトカム向上に関わるプロセス理論（EMC2）や効果的援助要素リスト（EMC3）の精度を高める分析を、**第10ステップ**における量的分析資料と同様に実施する（9 章 7 節 2 項（214-217頁）参照）。

　すなわち、まず(1)アウトカム尺度・指標と、フィデリティ評価尺度・項目値の基礎的統計量（度数、平均値、標準偏差など）、次に(2)アウトカム尺度・指標とフィデリティ評価尺度・項目値の相関分析などの検討資料である。

3）質的データの分析方法・まとめ方、ワークショップへの提示方法

a. 質的データ分析の基本方針

　質的データの分析方法・まとめ方は、9 章の形成・改善評価ステージ（導入期）の進め方で述べた内容を踏襲する（9 章 7 節 3 項（217-218頁）参照）。

　形成・改善評価ステージ（成熟期）において検討の中心になる質的情報は、次のとおりである。

　① 広域的試行評価調査②・評価訪問時の意見交換記録

　② 広域的試行評価調査②・実施マニュアルへの加筆項目

　③ 実践家等参画型形成評価サイトやメーリングリストによる意見交換の記録

　④ 広域的試行評価調査②参加事業所のうち、GP 事例と位置づけられる取組みに関する事例報告結果（調査者、実践家）

　以上は、主に**第11ステップ**「広域的試行評価調査②」の評価訪問などの活動を通した質的情報である。これらの情報は、**第 3 次効果モデル（エビデンス版）**

への改訂に向けて、可能な限り効果モデル（提示版）の効果モデル5アイテムに関連した形で整理して、**第12ステップの実践家等参画型ワークショップに提示する。**

ｂ．効果的援助要素リスト、実施マニュアルの改善・追記の方法

第10ステップと同様に、広域的試行評価調査②、およびその評価訪問時に得た改善のための質的情報は、効果モデル5アイテムに関連した形で整理し、ワークショップに向けた資料として提示する。

また同様に、「④広域的試行評価調査参加事業所」のうち、**GP事例と位置づけられる事業所の取組みに注目し、必要に応じて事例報告を依頼する。**

４）第3次効果モデル（エビデンス版）（案）の作成方法

第3次効果モデル（エビデンス版）の案として、実践家等参画型ワークショップ⑤に提示する効果モデル5アイテム案は、**第10ステップの場合と同様に、前項の質的データの分析結果に基づいたものとする。**質的データ分析の結果を踏まえて、追加項目、実践家等からの意見・提案等は、追記された部分や意見のあった箇所がわかるように提示する。

量的データ分析の結果は、検討課題がわかるように配慮して資料提示をする。特に比較による有効性研究（CER）で行う多施設共同調査における、参加事業所単位のアウトカム尺度・指標の値、改善度を、全体の代表値と比較する表は、関係者らに強い関心が持たれるだろう。十分に精査して結果を示すとともに、《効果モデル》実施群の中で改善が十分でない事業所の事例、《効果モデル》非実施の対照群で改善が認められる事業所事例の提示には、背景となる情報も分析して提示するように配慮する。

第3次効果モデル（エビデンス版）の案を提示するに当たっては、**第10ステップの場合と同様に、量的データ分析の結果のみに基づいて、《効果モデル》提示版の改訂はしない。**量的データ分析の結果は、ワークショップにおいて事実として参加者に伝えて、意見を尋ね、必要な変更について合意形成を図る。

５）実践家等の参加度のアセスメントと提示資料・方法の決定

ワークショップの準備には、これまでと同様にワークショップに参加する実践家等の選択と、参加する実践家等の参加度（コミットメント）のアセスメントが含まれる。

[Ⅲ部] 効果モデル形成・発展ステージに対応した評価活動　237

　ワークショップへの参加は、原則的に**第11ステップ**「広域的試行評価調査
②」に参加している事業所の運営に責任のある立場の実践家に依頼する。この
他、《効果モデル》のゴール達成に意識的・意欲的に取り組んでいる実践家、
中でも改善のために積極的な取組みをしている事業所の関係者に参加を呼びか
けることもできる。

7　実践家等参画型ワークショップ⑤：第3次効果モデル （エビデンス版）への形成・改善［第12ステップ］
───形成・改善評価ステージ（成熟期）の評価課題とその対応⑶

1）この課題の位置づけ

　第12ステップの第2段階の課題として、**第2次効果モデル**（提示版）の改訂
を行い、**第3次効果モデル**（エビデンス版）への形成・改善を行うために実践
家等参画型ワークショップ⑤を行う。このステップでは、**形成・改善評価ス
テージ**（成熟期）に行った第11ステップの評価活動の成果を、質的・量的デー
タ分析で整理して、より効果性の高い**第3次効果モデル**（エビデンス版）を形
成することを目指す。前節で示した「質的・量的データ分析と実践家等参画型
ワークショップ⑤の準備」を踏まえて、量的評価結果、質的評価結果をワーク
ショップで検討する。その検討結果に基づいて、**第3次効果モデル**（エビデン
ス版）への形成・改善を行う。

2）実践家等参画型ワークショップ⑤：第3次効果モデル（エビデンス版）への 形成・改善評価の方法

　このワークショップでは、**第10ステップ**で行ったのと同様に、次の4つのタ
イプの取組みを考慮する（源, 2015a; 2015b; 新藤ら, 2014）。

　① 量的評価結果に基づく効果モデル形成・改善型ワークショップ
　② 質的評価結果に基づく効果モデル形成・改善型ワークショップ
　③ プログラム理論改訂型ワークショップ
　④ 合意形成・意思決定型ワークショップ

　これらのワークショップの実施方法は、9章8節（219-223頁）と同様であ
り、ご参照頂きたい。

8 まとめ──可能性と課題

以上この章では、**形成・改善評価ステージ（成熟期）**の評価活動によって、EBP 効果モデルとしてエビデンスレベルの高い**効果モデル**（エビデンス版）を形成・発展させるために実施する評価の実施方法の指針を示した。

実践家参画型エンパワメント評価は、実践現場の実践家等の参画を得て、**ボトムアップ評価**（Chen, 2015）として実施される点に特徴がある。実践家等を含む「評価チーム」が主体となって、設計・開発評価ステージ、形成・改善評価ステージ（導入期）の蓄積を踏まえて、この評価ステージで、精度の高い評価活動を行うことには大きな意義がある。

一方で、エビデンスレベルの高い、ランダム化比較試験（RCT）を含む比較による有効性研究（CER）を、多施設共同調査という規模の大きな試行評価調査を実践家等を含む「評価チーム」が行うことは、必ずしも容易ではないだろう。精度の高い評価調査を実施する経験やスキルも必要であるし、実践現場の業務を持ちながら規模の大きな評価プロジェクトに関わるのも容易ではない。

しかしながらその一方で、この取組みは、社会課題解決という実践家としての職業的ミッションを、課題解決に有効な社会プログラムのモデルを生み出すことで実現できる大きな魅力がある。また、生成される《効果モデル》も、ボトムアップ評価の特性を活かして、実践家等の《効果モデル》に対するオーナーシップを高めることによって、実施・普及の促進に有益であることが想定される（Chen, 2015）。さらに、《効果モデル》の内的妥当性のみならず、モデルの一般化を可能とする外的妥当性をも確保する意義は少なくない。

さらには、プロジェクトに参加する実践家や、効果モデル実施事業所における評価キャパシティが向上し、それに伴って実践現場を「学習する組織」（Senge, 2006）に変革する効果も期待される。

このような取組みが実現するには、繰り返し述べてきたように、このような評価プロジェクトの実施をサポートする技術支援の仕組みや、社会課題解決に取り組む広域の組織と主体の存在が不可欠である。

これらの課題解決に向けた取組みについては、次章以降に継続して検討を加えて行く。

文献

Blase KA（2009）. Technical assistance to promote service and system change. Roadmap to Effective Intervention Practices #4. Tampa, Florida: University of South Florida, Technical Assistance Center on Social Emotional Intervention for Young Children. http://www. challengingbehavior.org（2018. 10. 25取得）

Chen HT（2015）. Practical program evaluation: Theory-driven evaluation and the integrated evaluation perspective, 2nd Ed. SAGE.

Cornell Office for Research on Evaluation（CORE）(2009). The Evaluation Facilitator's Guide to Systems Evaluation Protocol.

道明章乃, 贄川信幸, 大島巌, 小佐々典靖, 古屋龍太, 瀧本里香（2010）. 障害者退院促進支援プログラム・フィデリティ尺度. 平成21年度 日本社会事業大学学内共同研究報告書「効果の上がる退院促進支援事業・就労移行支援事業モニタリングシステムの開発──効果的プログラム要素を活用したフィデリティ尺度の作成」（主任研究者：大島巌）, pp9-84.

Gough D, Maidment C, Sharples J（2018）. UK what works centres: Aims, methods and contexts. EPPI-Centre, Institute of Education.

IOM（US Institute of Medicine）(2009). Initial National Priorities for Comparative Effectiveness Research. Washington, DC: The National Academies Press. https://doi. org/10. 17226/12648.

小佐々典靖, 大島巌, 上村勇夫, 贄川信幸, 道明章乃, 香田真希子, 高原優美子, 佐藤久夫（2010）. 障害者就労移行支援プログラム・フィデリティ尺度. 平成21年度 日本社会事業大学学内共同研究報告書「効果の上がる退院促進支援事業・就労移行支援事業モニタリングシステムの開発──効果的プログラム要素を活用したフィデリティ尺度の作成」（主任研究者：大島巌）, pp85-155.

正木朋也, 津谷喜一郎（2006）. エビデンスに基づく医療（EBM）の系譜と方向性──保健医療評価に果たすコクラン共同計画の役割と未来. 日本評価研究6(1): 3-20.

源由理子（2015a）. ワークショップの実施方法（1）:総論.（所収）大島巌, 平岡公一, 児玉桂子, 他. 実践家参画型福祉プログラム評価の方法論および評価教育法の開発とその有効性の検証. 平成23〜26年度文部科学省科学研究費補助金基盤研究（A）総括報告書（課題番号：23243068）（主任研究者：大嶋巌）.

源由理子（2015b）. 社会福祉領域における実践家が参画する評価の意義と可能性──参加型評価方式からの考察. ソーシャルワーク研究40(4): 35-43.

National Association of Social Workers（NASW）(2010). Comparative Effectiveness Research（CER）and Social Work: Strengthening the Connection. NASW.

大島巌（2010）. 精神保健福祉領域における科学的根拠にもとづく実践（EBP）の発展からみたプログラム評価方法論への貢献. 日本評価研究10(1)：31-41.

Rossi PH, Lipsey MW, Freeman HE（2004）. Evaluation: A systematic approach（7th edition）. SAGE（=2005, 大島巌, 平岡公一, 他監訳. プログラム評価の理論と方法──システマティックな対人サービス・政策評価の実践ガイド. 日本評論社）.

Salyers MP, et al.（2007）. The Role of Technical Assistance Centers in Implementing EBPs. Am J Psychiatr Rehab 10: 85-101.

Senge PM（2006）. The fifth discipline: The art & practice of the learning organization. Doubleday（=2011, 枝廣淳子, 小田理一郎, 中小路佳代子訳. 学習する組織──システム

思考で未来を創造する. 英治出版).

新藤健太, 大島巌, 大山早紀子, 他 (2014). 効果的プログラムモデル形成のための実践家参画型評価アプローチ法の開発（その3）——「実践家参画型ワークショップの活用」に注目して. 日本評価学会第11回春季大会抄録集.

Torgerson DJ, Torgerson CJ (2008). Designing randomised trials in health, Education and the Social Sciences: An Introduction. Palgrave Macmillan (=2010, 原田隆之, 大島巌, 津富宏, 上別府圭子監訳. ランダム化比較試験（RCT）の設計——ヒューマンサービス, 社会科学領域における活用のために. 日本評論社).

Urban JB, Hargraves M, Trochim WM (2014). Evolutionary Evaluation: Implications for evaluators, researchers, practitioners, funders and the evidence-based program mandate. Evaluation and Program Planning 45: 127-139.

[Ⅲ部] 効果モデル形成・発展ステージに対応した評価活動　241

11章

実施・普及評価ステージの取組み：実施・普及方略第1～12ステップ

——各種の実施・普及モデル構築と効果モデルの成長・発展

1　はじめに

この章では、前章までに構築された一定のエビデンスレベルを有する社会プログラムの《効果モデル》を、社会の中に適切に位置づけて、ニーズのある人たちに届けられるように実施・普及を進めるための実施・普及評価の方法論を提示する。

この章で評価対象とする社会プログラムは、形成・改善評価の取組みによって、《効果モデル》に対する見直し・改訂が行われ、**一定の有効性のあることが確認された《効果モデル》**である。主に**第3次効果モデル（エビデンス版）**を想定するが、**第2次効果モデル（提示版）**を使用することもできる。ボトムアップ評価の観点から実施機関（組織）レベルでの実施体制整備を実施・普及評価を用いて進めて、エビデンスレベルを高めるための比較による有効性研究（CER; Comparative Effectiveness Research）（IOM, 2009; NASW, 2010）を同時並行的に進めることも考慮する。

この章では、まず実施・普及評価ステージを進行させる評価活動の「主体」を明らかにした上で、この評価ステージの課題と到達目標についてまとめ、本ステージの評価活動の概要とステップ進行の指針を示す。

その際、《効果モデル》の実施・普及は、社会の状況に応じてさまざまな形をとって進める必要がある。本章では、いくつかの形の**効果モデル（実施普及版・総称）**（以下同）を取り上げる。

242 11章 実施・普及評価ステージの取組み

それらのうち、「**実施体制整備版**」の構築は、実施・普及評価ステージにおける評価活動として独自の取組みである。本章では、**実施システムレベルの《効果モデル》**（「効果モデル実施・普及方略」）を形成・発展させる方法について明らかにし、他の**効果モデル**（実施普及版・総称）に活用する方法についても提示する。

2 誰がどのように実施・普及評価ステージを開始するか

実施・普及評価ステージの開始は、通常、前ステージの形成・改善評価ステージ（成熟期）を受け継ぐ形で行う。これまで設計・開発評価ステージから、形成・改善評価ステージ（導入期）、形成・改善評価ステージ（成熟期）へと進んできたが、**いよいよその《効果モデル》を社会の中に定着させて、実施・普及をさせることが、効果モデル発展の課題になる。**

その中で、実践家等を含む「評価チーム」も設計・開発評価ステージからの積み重ねを経て成熟期に達する。**実践家等を含む評価主体が、《効果モデル》の実施・普及の主体となってステージの評価活動に取り組むことが期待されている。**

他方で、諸外国で構築された EBP プログラムを日本に技術移転することが**課題になる場合がある。**この場合、日本においても諸外国で構築された EBP プログラムが効果をもたらすのか、日本に技術移転する場合には、**プロセス理論（EMC2）や効果的援助要素リスト**（EMC3）（Bond ら, 2000）の中に追加するもの、見直しが必要なもの、不要な内容のものはないのかなど、十分な検討が必要になる。

実践上の魅力・関心から、諸外国で構築された EBP プログラムに対して、**実践家が主導してプログラムに取り組む場合**もあるだろう。他方では、もちろん**研究者サイドが主導して取り組む場合**もある。

それぞれの場合について、設計・開発評価ステージで議論したように実践家等を含む「評価チーム」を結成して、評価活動に取り組むことが望ましい。また諸外国で構築された **EBP プログラム**、たとえば **ACT プログラムや家族心理教育**などは、上述したとおり、そのまま日本に導入するのは不適切であることがある（大島, 2016）。技術移転のための評価活動が必要になったり、日本における効果評価も必要となる。このため、評価研究の経験がある人が「評価

チーム」に加わると良いであろう。

この評価ステージでは、《効果モデル》の実施・普及が課題となる。《効果モデル》の実施・普及の推進にとって、実践家等の主体的・積極的な関与は大きな意味を持つ。これらのことから、特にこの評価ステージでは、実践家等が「評価チーム」により積極的に参画して、評価研究者と協働でこの取組みを進めることが求められる。

3 実施・普及評価ステージの課題、到達目標の設定

1）ステージの課題と到達目標の概要

このステージの課題と到達目標は、前ステージまでに形成・構築された効果的で、一定程度のエビデンスレベルにある《効果モデル》を、社会の中に適切に位置づけて、ニーズのある多くの人たちに届けられるように実施・普及を進めることである。

これまでの評価ステージでは、試行版→提示版→エビデンス版と《効果モデル》の版を改め、効果レベルを高めることを目標に評価活動を進めてきた。これに対して、実施・普及評価ステージでは、社会の中で受け入れられ、実施・普及が促進される効果モデル（実施普及版・総称）を構築することが、到達課題であり、目標となる。

同時に、実践家等の主体的・積極的な評価活動への参画という課題と到達目標から見ると、実施・普及の取組みは重要である。これまで形成してきた実践家等を含む「評価チーム」もいよいよ成熟期に達するという課題がある。実践家等を含む「評価チーム」の成熟により、社会のニーズを適切に反映して、《効果モデル》の積極的な実施・普及を推進する主体としての「強み」を育てることができる。

2）このステージで構築を目指す「効果モデル（実施普及版・総称）」

このステージでは、これまで《効果モデル》に課されていた「効果レベル／エビデンスレベルを高める」という課題は既に達成されたものとして、その上で次なる発展課題が課せられる。それは、既に触れたとおり、「効果モデルを社会の中に適切に位置づけて、ニーズのある多くの人たちに届くように実施・普及を進める」という実施・普及の課題である。

244　11章　実施・普及評価ステージの取組み

　この課題に応えるために、実施する社会状況に合わせた、**いくつかの視点の異なる《効果モデル》**を発展させる必要が生じる。

　4章でも取り上げたが、実施・普及評価ステージでは、まずその中核的な取組みとして、**実施システムレベルで《効果モデル》の適切かつ効果的な実施を支える「実施体制整備版」**がある。

　また、諸外国で開発された EBP プログラム等を国内に導入し、実施・普及を進める**「技術移転版」**、国や自治体の制度に位置づけて実施・普及を進める**「制度版」**がある。さらに、プログラムレベルの《効果モデル》構築の延長上に位置づく、実施・普及に関して社会の価値判断を経済的側面から取り入れた**「効率性普及版」**、実践現場の実施可能性という観点から改善を加えた**「実践的普及版」**などがある。

　次節では、それぞれの**効果モデル**（実施普及版・総称）の概要をまず示すことにする。

4　実施・普及評価ステージで構築する「効果モデル（実施普及版・総称）」

1）効果モデル（実施体制整備版）
　──実施・普及を進める実施システムレベルの効果モデル（「実施・普及方略」）を包含したモデル

　まず、**《効果モデル》の実施・普及には、実施システムレベルにおいて、《効果モデル》を適切かつ効果的に実施する体制の整備が必要となる理由**を明らかにしておきたい。

　その背景には、《効果モデル》が仮にエビデンスレベルが高い国際的な EBP プログラムであっても、そのプログラムの実施・普及には社会的に大きな障壁・困難が伴うことが歴史的に示されてきた現実がある。

　それは**「サービスギャップ」**（service gap）（Raviv ら, 2009）あるいは、**「科学とサービスのギャップ」**（science-to-service gap）（Drake ら, 2009; Fixsen ら, 2009）として知られている。EBP の有効性が明らかになって20〜30年以上が経過し、世界各地で同様の知見が蓄積されても、現実にはニーズを持つごくわずかの人たちにしか EBP が適用されていない現状が問題視されるようになった（Lehman ら, 1998）。

　一般的に薬物療法は、それが優れたものであり国等の承認が得られれば、医

師個人の判断で使用し普及できる。薬剤も工場で大量生産できる。しかし EBP プログラムの導入は、多くの場合、実施機関やそれを取り巻く地域ケアの体制、財政などのシステムを変更し、多数のスタッフや関係者の意識を変え、さらには多職種のスタッフが実施の技術を身に付けなければ取り組めない。これが EBP プログラムの実施・普及上、大きな制約になる。これらのことは、本書で開発を目指す《効果モデル》でも同様である。

　これに対して欧米諸国、特にアメリカでは、連邦政府が主導して、EBP プログラムの有効な実施体制・サービス提供体制のあり方や、実施・普及の工夫をガイドラインに示すとともに、EBP の実施・普及を容易にする用具（ツールキット）を提供して、組織的な実施・普及に取り組む体制を整備するアプローチを行い、成果を上げてきた（Drake ら, 2003; SAMHSA, =2009; 大島, 2010a; 2010b; 2016）。

　以上のとおり、プログラムレベルの《効果モデル》を効果的に実施・普及するためには、《効果モデル》単独ではなく、**実施システムレベルの《効果モデル》**（本書では「効果モデル実施・普及方略」あるいは単に「実施・普及方略」と呼ぶ。本章6節で後述）を形成・構築して、有効に実施することが重要である。このプログラムレベルと実施システムレベルからなる**二層構造の効果モデル**が、**効果モデル（実施体制整備版）**である。

2）効果モデル（技術移転版）——EBP プログラムの技術移転により形成・構築する効果モデル

　実施・普及評価ステージで構築を目指す《効果モデル》には、諸外国で開発され発展した EBP プログラムを日本社会（他国の社会、以下同）に導入し、日本社会での有効性を明らかにするとともに、実施・普及を進める場合もある。前ステージの形成・改善評価ステージ（成熟期）まで取り組んだ**効果モデル（エビデンス版）**とは異なり、導入の初期から日本社会における《効果モデル》の形成・改善の課題とともに、実施・普及の課題を持つという特徴がある。

　その際まずは、①その EBP プログラムが日本社会に適合し、有効な成果を上げることができるのか、**追試評価研究を行って実証的に検証**することが必要である。その上で、②その EBP プログラムを日本社会の制度や文化に適切に適合させて、日本社会において、より効果的に十分に機能する《効果モデル》に発展させることも求められる。

　たとえば世界的な EBP プログラムで、脱施設化を進める上で重要な役割を

246 11章 実施・普及評価ステージの取組み

果たした**包括型ケアマネジメント ACT** がある（大島, 2016）。このプログラムを日本社会への技術移転する場合を考えてみたい。

ACT を開発したアメリカでは、脱施設化による地域移行・地域定着というプログラムゴールを有効に実現するプログラム要素（効果的援助要素）の中に、家族支援の課題は含まれてはいない。しかしながら、日本において脱施設化を進めて行く上では、家族支援は重要な要素である。これを受けて、**日本において家族支援の要素を ACT の効果的援助要素に追加することを検討する必要がある。**このように日本で ACT を実施する上で、ACT の効果性を高めることができるのか否かについて、十分に科学的な検証を行うことが必要になる。

このような**技術移転の取組み**は、国外のモデルを国内に導入する際に課題になるだけではない。都市部で開発された《効果モデル》を、自国の農村地域に導入する場合も、同様の課題が生じる。

以上は、世界標準の EBP プログラムを、各国に実施・普及するために、その国に適合的な技術移転を検討するアプローチであるが、一方で実施・普及の課題に応えるアプローチも求められる。

EBP プログラムは、前項で述べたように、EBP を実施・普及する体制整備とともに進める必要がある。特に国の文化や制度的背景が異なる **EBP という社会的イノベーションを導入するには、その文化や制度背景に合わせた体制整備を行う必要がある。**そのために、**EBP プログラムの導入は、当該プログラムの実施・普及ガイドライン、ツールキットの導入および技術移転とともに進める必要がある。**

3）効果モデル（制度版）──効果モデルを制度・施策化するアプローチ

社会的に課題解決が求められている社会問題や社会状況に対して、有効に対応できる社会プログラムがあれば、それを国や自治体の制度・施策に位置づけて体系的に取り組むことが求められる。

本書で取り上げてきた《効果モデル》はそのような取組みである。**科学的な効果性・有効性が確立した後には、国や自治体の制度・施策に位置づけられることが、本来的には期待される。**そのことにより、《効果モデル》を社会の中に確実に定着させ、実施・普及することが可能になる。

以上から《効果モデル》の実施・普及モデルの有力な 1 つとして、**制度・施策化された《効果モデル》**があり、それを**効果モデル（制度版）**と呼ぶことに

[Ⅲ部] 効果モデル形成・発展ステージに対応した評価活動 247

する。

効果モデル（制度版）は、前ステージの形成・改善評価ステージで形成した**効果モデル（エビデンス版）**を踏まえて構築する必要がある。そのために、**効果モデル（エビデンス版）のプログラム理論や効果的援助要素など効果モデル5アイテムは、制度版でも活用することが望ましい。**

しかしながら、社会プログラムの制度・施策化には、政治プロセスが関与するし、また従来の行政文化が残る中で、エビデンスに基づくアプローチをどのように根づかせて行くのかは、日本社会において大きな課題である。

4）効果モデル（効率性普及版）

──プログラムレベルの「改善ステップ」から形成・構築される効果モデル①

社会の中で《効果モデル》の実施・普及を進めて行く上で、《効果モデル》に対する社会の価値意識を反映した評価の実施が望ましい。《効果モデル》に対する効率性評価は、《効果モデル》に基づく介入の価値を、経済的価値の側面から捉える評価方法論であり、《効果モデル》の実施・普及に関わる評価として重要である。そのような観点から形成・構築されたものが**効果モデル（効率性普及版）**である。

図11-1に示すように実施・普及期の課題としては、効率性評価の実施が期待されている。プログラム評価の評価階層では、プロセス評価とアウトカム・インパクト評価までは、効果性を高めエビデンスレベルを向上させることを課題に評価活動を行ってきた。しかしその一方で、**《効果モデル》が成果を生み出すことに対して、社会はどの程度のコストをかけるか、それは効果性を高めた成果に見合うのか、といったことが社会の価値判断が課題になる。**効率性評価は、そのような社会の価値判断に対して、有益な客観的情報を提示する。《効果モデル》にはプログラムプロセスとして、「プロセス理論（EMC2）」と「効果的援助要素（EMC3）」が設定されるが、それぞれの援助要素、プログラムプロセスにはコストを要するので、効率性評価の視点から見直すことが問われる。それらの評価結果に基づいて、社会的に合意可能な**効果モデル（実施普及版・総称）**を形成・構築できるかどうかを検討することができる。

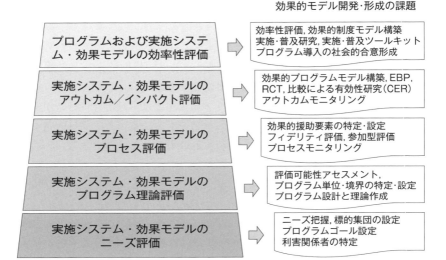

図11-1　効果モデル実施・普及評価と評価階層

5）効果モデル（実践的普及版）
──プログラムレベルの「改善ステップ」から形成・構築される効果モデル②

　これまで取り組んできたプログラムレベルの「改善ステップ」においても、実施・普及の側面から、《効果モデル》の形成・発展に取り組むべき課題が残っている。それは、技術移転版と共通の課題を持っており、**標準化された《効果モデル》は、必要に応じて《効果モデル》を実施する実施機関（組織）の状況に適合する形で、必要な改訂を行うことができる**（効果モデル（実践的普及版））。実践的普及版のモデルは、実施・普及の容易さ、困難さに注目した事業所ごとにおける《効果モデル》の改善である。

　その取組みは、**形成・改善評価ステージ**の導入期と成熟期において行う第8ステップ「広域的試行評価調査①」と第11ステップ「広域的試行評価調査②」における多施設共同研究でも実施してきた。

　それは、多施設共同でプログラムを実施することに伴う、事業所ごとの実施・普及の容易さや、逆に実施の困難さに目を向けて、エビデンスレベルは維持しながらも、**実施・普及のしやすさ**（feasibility）**の観点から、《効果モデル》**

の「使い勝手」に対して、必要な改善を加えるアプローチである。このような改善の取組みは、日常実践における改善の主要課題である。

EBP プログラムとして社会的に認証された《効果モデル》は、日常実践の中で常に検証が行われ、実践現場と利用者のニーズに合致したプログラムに改善されることが求められている。

5 実施・普及評価ステージを進める「実施・普及方略」の指針

実施・普及評価ステージでは、《効果モデル》の実施・普及のために、さまざまな実施・普及モデルの構築、すなわち「実施体制整備版」を中心に、「技術移転版」「制度版」「効率性普及版」「実践的普及版」などの構築を進める。これらの取組みは、「実施体制整備版」を中心に相互に関連させながら、全体としては、《効果モデル》の実施・普及が効果的に、かつ適切に行われるように配慮する。

これら実施・普及の取組みの中で、「実施体制整備版」の構築は、実施・普及評価ステージにおける評価活動として独自で、中心的な取組みである。同時に、その他の効果モデル（実施普及版・総称）の基盤として参照される。そこで行われる質の高い評価活動の知見は、その他の「実施普及版・総称」の発展にとっても有用であろう。

CD-TEP 法に基づく「改善ステップ」は、①プログラムレベルの「改善ステップ」（8章～10章で既述）と、②実施システムレベルの「改善ステップ」の2類型あることは、既に述べたとおりである（6章3節4項（141-142頁）参照）。

②実施システムレベルの「改善ステップ」は、表6-1（129頁）の注にも記載してあるとおり、「実施・普及評価について、EBP 等効果モデルが構築された後に、プログラムレベルの《効果モデル》を実施・運営するシステムレベルの『効果モデル』を各ステップで評価する」としている。「実施体制整備版」の構築に不可欠な方法である。

次節では、システムレベルの「改善ステップ」を使用した評価方法と、「実施体制整備版」の設計・開発の方法、形成・改善の方法を詳しく示す。

一方、「効率性普及版」と「実践的普及版」の構築は、主にプログラムレベルの「改善ステップ」第8と第11ステップの「広域的試行評価調査①」「広域的試行評価調査②」において、全国など広域で実施する多施設共同研究の中で

も構築されている。

これらの「実施普及版・総称」の構築は、次節（6節）で「実施体制整備版」の構築方法を示した後に、7節で一括して示すことにしたい。

6 効果モデル（実施体制整備版）の構築
──実施・普及評価ステージの評価課題と必要な評価活動（1）

実施・普及評価ステージの中心課題である「《効果モデル》を社会の中に適切に位置づけて、ニーズのある多くの人たちに行き届くように実施・普及を進める」課題のためには、**実施システムレベルで、《効果モデル》を適切かつ効果的に実施するための体制整備を、戦略的で体系的に進める活動**（以下、「効果モデル実施・普及方略」「実施・普及方略」）が重要である。

その活動の結果として構築される、実施・普及体制が整備された実施システムレベルの《効果モデル》が、**効果モデル（実施体制整備版）**である。

この節では、**効果モデル（実施体制整備版）**を構築するために行われる、戦略的で体系的な取組み（「効果モデル実施・普及方略」）の全体像を概説的に示すことにしたい。

1）この課題の位置づけ

この節では、《効果モデル》の実施・普及を進めるために必要な、**実施システムレベルにおける組織的な取組みを取り上げる**。この組織的な取組みを、本書では「**効果モデル実施・普及方略**」、あるいは単に「**実施・普及方略**」と呼ぶ。

「効果モデル実施・普及方略」は、《効果モデル》というある種のイノベーションを、実施機関（組織）内に体系的に取り入れて、組織内への実施・普及を進めるものである。それを奏功させ、組織内に維持・定着することを目指している。

そこで具体的に使用されるのは、「**効果モデル実施・普及ツールキット**」と、それを活用する「方略」の指針を記した**ガイドライン**（実施・普及ガイドライン）である。これらを活用して、実施機関（組織）レベルの実施・普及を体系的に進める活動について述べる。このアプローチは、**アメリカ連邦政府 SAMH-SA の EBP ツールキットプロジェクト**で成果を収め、EBP 実施・普及領域で

[Ⅲ部] 効果モデル形成・発展ステージに対応した評価活動　　251

注目されるようになった（SAMHSA,=2009; 大島, 2010a; 2010b）。

　「効果モデル実施・普及方略」は、実施システムレベルで取り組む１つの「社会プログラム」と見なすことができる。《効果モデル》を第１層目の「プログラム」として、「実施・普及方略」は第２層目の「プログラム」と位置づける（Proctor ら, 2009; 2013）。イメージとしては、「効果モデル実施・普及方略」は《効果モデル》を乗せる「船や車」として、《効果モデル》を適切に、そして効果的に実施システム内に実施・普及させることを目指している。この取組みで構築される《効果モデル》は、**第２層目の「効果モデル実施・普及方略」**をも含む、実施体制を整えた《効果モデル》であり、本書ではこれを**効果モデル（実施体制整備版）**と呼ぶことにした。

　さて、実施・普及評価ステージにおける評価課題は、このシステムレベルの**「プログラム（実施・普及方略）」**を、（システムレベルの）**効果モデルとして設計・開発し、その有効性を評価して、より良いものへと形成・改善し、実施機関（組織）に適用する**ことにある。

２）「実施・普及ツールキット」と「ガイドライン」

　効果モデル（実施体制整備版）では、アメリカ連邦厚生省 SAMHSA（=2009）が発展させた、EBP プログラムの実施・普及を進める指針であるガイドラインと、実施・普及ツールキットを活用する。ここでは、その概要を示す。

　EBP プログラムの実施・普及ツールキットとは、①**実施・普及ガイドライン文書**——対象となる《効果モデル》の実践プログラムに関心をもった実践家等とその所属する実施機関・事業所が、適切にプログラムを実施するために必要な組織づくりのあり方や、活動の進め方、実施上の工夫・進め方のヒントなどの**指針を記した文書類**（ガイドライン）と、②**各種の用具類**（ツール）——そのプログラムを進めて行くために有用な——を、パッケージとしてまとめたものである。

　アメリカ連邦厚生省 SAMHSA（=2009）が、EBP プログラムの実施・普及を進めるために開発した EBP ツールキットプロジェクトを嚆矢として、《効果モデル》の実施・普及を進めるアプローチとして注目されている。①実施・普及ガイドラインと、②実施・普及を進めるための各種用具類（実施・普及ツールキット）からなるが、それらを分けて**実施・普及ガイドライン、実施・普及ツールキット**と呼称することもある。

アメリカ連邦政府 SAMHSA（=2009）の EBP ツールキットでは、各 EBP プログラムについて、効果的な実施・普及モデルを作成して、そのモデルをさまざまの角度から記述する研修テキスト（ワークブック）や、広報用パンフレット、研修ビデオ（DVD）、紹介ビデオ（DVD）などを用意している。利用者や家族・他のインフォーマル支援者、プログラムの実践家や事業所管理者、精神保健行政担当者といった、それぞれの立場の関係者が、当該《効果モデル》に取り組んで、実施体制を構築するためのさまざまな創意工夫と経験的実践知が文書にまとめられている。

日本では、大島ら（2011）の研究チームが開発した**「心理教育の立ち上げ方・進め方ツールキット」**が、SAMHSA の EBP ツールキットを日本の文化と保健・医療・福祉サービスに適合させ、発展させた代表的な取組み（心理教育領域）として知られている。

3）実施システムレベルの「効果モデル実施・普及方略」
—— システムレベルの「効果モデル5アイテム」に注目して

実施システムレベルの「効果モデル実施・普及方略」は、上述した実施・普及ツールキットとガイドラインを中心にして、各《効果モデル》の状況に合わせて、設計・開発する。

たとえば EBP プログラムである**家族心理教育プログラム**は、比較的組織規模が大きい精神科病院で実施することが多いため、精神科病院の組織状況に合わせて「実施・普及方略」を設計する（コラム3参照）。また **IPS 援助付き雇用**は、日本では、障害者総合支援法の就労移行支援事業所や精神科デイケアで行われることが多い。しかし、就労移行支援事業所で実施する場合は、事業所の組織規模は通常小さく、地域の他の就労支援事業所や生活支援を行う事業所、医療機関などと地域ネットワークを形成して実施することが必要となる。そのような状況に合わせて、地域ネットワークの地域型支援チームで実施・普及が可能になるように、「実施・普及方略」を構築することが望ましい。

実施システムレベルの「実施・普及方略」を設計・開発するに当たっては、プログラムレベルの《効果モデル》と同様に、**「実施・普及方略」5アイテム**を作成することが望ましい。ただし、実施システムレベルの「実施・普及方略」は、各種《効果モデル》の差異によらず、共通する要素も多く存在する。そのため、以下で示すように、**5アイテムの雛形**を作成し、部分的な加筆・修

[コラム3] **家族心理教育の実施・普及方略プログラム**

　統合失調症をもつ人たちに対する家族心理教育は、薬物療法にも匹敵する有効性が複数のランダム化比較試験（RCT）で実証され、治療ガイドラインなどで実施の必要性が合意されているEBPプログラムである。しかし有効性が明らかになって30年以上経過しても実施・普及が進んでいない。

　この現状を改善するために、効果的でかつ容易に実施できる標準化された効果モデルを作成し、実施・普及に向けたシステム整備が求められる。その有力なアプローチが、アメリカ連邦政府SAMHSAが開発したEBPツールキットである。

　大島ら（2011）の研究チームは、日本の精神保健福祉サービスに適合的な実施・普及のためのガイドラインを作成し、ガイドラインの活用に有用なツールキットを開発して実施システム・スタッフレベルでの有効性を実証した（大島ら、2010）。医療機関等実施機関における実施システム上の効果的援助要素を実施・普及ガイドラインに示すとともに、実施状況をモニターする実施・普及ガイドラインフィデリティ尺度も開発した（大島ら、2011）。このガイドラインは、取組みの進捗を判定するフローチャートも用意している（コラム図11-1）。

　EBPの実施・普及には、各施設の取組みを支援する技術支援センターが重要だ。現在5地域ブロックに設置された地域研究会が「技術支援センター」となり、ツールキットを活用し心理教育の実施・普及を促進する試行研究に取り組んでいる。

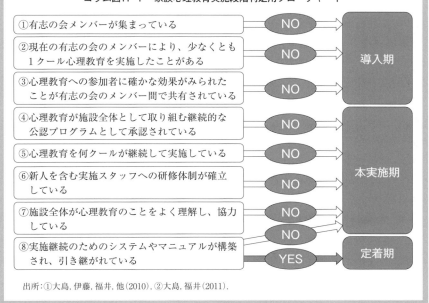

コラム図11-1　家族心理教育実施段階判定用フローチャート

出所：①大島,伊藤,福井,他（2010），②大島,福井（2011）。

正を行うことによって、さまざまな《効果モデル》に適用することが可能になる。

実施システムレベルの「実施・普及方略」5アイテムは、以下の点に配慮して作成する。

a. 実施・普及活動のゴールとインパクト理論（EMC1）

効果モデル実施・普及活動を、実施機関（組織）において体系的に進めることによって達成すべきゴールは何かを明確にしておく必要がある。最終ゴールは何かを適切に見極めて、最終ゴールを実現するために必要な成果の連鎖をインパクト理論にまとめておく。

図11-2は、Proctorら（2009）を参考に、CD-TEP法を用いた実践家参画型エンパワメント評価プロジェクトで使用した効果モデル実施・普及活動のロジックモデルである。

実施・普及活動のアウトカムは、最終アウトカムに「**利用者アウトカム**」の**改善**を置いた。また中間アウトカムを「**サービスアウトカム**」、近位アウトカムを「**実施アウトカム**」とする。

実施・普及活動の最終的なアウトカムは、《効果モデル》が組織内に十分に実施・普及し、適切に実施されることに伴って生み出される「利用者アウトカム」である。「利用者アウトカム」には《効果モデル》の種類ごと利用者の種別ごとに異なる最終アウトカム変数・指標を配置する。

「**実施アウトカム**」は、実施・普及活動の直接的な成果として生み出されるものであり、「**サービスアウトカム**」はその活動により、サービスの質が向上し、「利用者アウトカム」に結びつくことが想定されるアウトカムである。

「**実施アウトカム**」について、体系的なレビュー論文をまとめたProctorら（2011）は、8つの評価次元を整理した。それは、①受容度（acceptability）、②採択（adoption）、③適合性（appropriateness）、④実行可能性（feasibility）、⑤実践度・準拠度（fidelity）、⑥実施経費（implementation cost）、⑦浸透度（penetration）、⑧持続可能性（sustainability）、である。

図11-2には、「**実施アウトカム**」として、①EBP等の実践支援によるものと、②評価支援によるもののそれぞれを示した。

まず実施機関（組織）レベルでの実施としては、受容度、浸透度、スタッフの実施態度として受容度、有用度、変化への準備性などと、さらに実施・普及ガイドラインのフィデリティ尺度、実施システムの持続可能度などがある。

以上に参考にして、各《効果モデル》やそのプログラムが置かれている組織

図11-2 実践家参画型エンパワメント評価を活用した実施・普及アプローチのロジックモデル

福祉EBP等プログラム導入	EBP-TAC支援プロセス		支援のアウトカム（効果）		
	組織・運営	支援機能	実施アウトカム	サービスアウトカム	利用者アウトカム
(1) 設計・開発評価ステージ・プログラム（コミュニティSwer配置プログラムなど）	・福祉系大学＝実践現場パートナーシップ型	①EBP等の実践支援・EBP等実践の研修・EBP等実践のコンサルテーション・プログラム立ち上げ支援	①EBP等の実践支援および②評価支援に関する 1) 組織の実施（受容度・浸透度） 2) スタッフの実施態度（受容度、有用感、変化への準備性、等） 3) 効果モデルフィデリティ（準拠度） 4) 実施システムの持続可能性	①EBP等の実践支援による・利用者中心サービス提供・サービスキャップの縮減・タイムリーなサービス提供 ②評価支援による・利用者ニーズに合致したプログラムの改善・連続的質向上戦略指標（CQI）・評価人材のコンピテンシー向上・評価人材/SW人材の成長、エンパワメント・「学習する組織」指標の向上	・各EBP等プログラムの支援ゴールに対応したアウトカム指標の改善 ・サービス満足度の改善
(2) 形成・改善評価ステージ・プログラム（就労移行支援高齢者環境づくりプログラムなど）	・自治体関与型	②評価支援・評価研修・評価のコンサルテーション/スーパービジョン・評価活動支援・評価モニタリング・評価担当者育成支援			
(3) 実施・普及評価ステージ・プログラム（IPS援助つき雇用プログラム、ACTプログラム、家族心理教育プログラムなど）	・NPO等独立型/関与型 ・研究機関＝実践現場パートナーシップ型	③組織づくり支援・ネットワーク形成支援、ピア評価担当者形成支援			

出所：Proctor らを参考に大島が作成 (2014)

状況、環境条件などにも配慮して、実施・普及活動のゴールとインパクト理論を設定する必要がある。

b. 実施・普及活動のプロセス理論（EMC2）

実施・普及活動のプロセス理論として、まず**「サービス利用計画」**としては、3章でも取り上げた Fixsen ら（2005; 2009）の**コア実施要素**（Core Implementation Components）を参照する必要がある。これは、効果モデル実施・普及を実践現場で組織的に進める推進力になる取組みの要素を、①担当者選択、②スタッフ研修、③コンサルテーションとコーチング、④スタッフ評価とフィデリティ評価、⑤プログラム評価（意思決定支援とデータシステム）、⑥促進的で管理的なサポート、⑦システム介入、というサイクルとしてまとめたものであった（図3-1（60頁）参照）。

コア実施要素の中には、④スタッフ評価とフィデリティ評価、⑤プログラム評価として、実施・普及活動と評価活動が対になって行われる。これらは実施・普及評価の主要な活動と言うことができよう。このように、**効果モデル実施・普及活動の中心には評価活動が位置づいており、《効果モデル》の見直しや、スタッフ活動の見直しに活用される。**

また、支援チームを形成する際にも、**評価モニタリング会議**を開催するなど、評価活動を活用する。

以上の実施・普及活動のプロセス全体を通じて、その活動の基底に位置づくものとして、**「実施機関の実施・普及状況アセスメント」**があり、それに基づいて、**「戦略・実施プラン策定と実行の支援」**が行われる。実施システムレベルの「効果モデル実施・普及方略」を提示する最も主要な介入プロセスということができる。

プロセス理論の組織計画については、効果モデル実施機関（組織）における評価人材の位置づけを明確にする必要がある。同時に、コア実施要素でも、それを推進する**パーベイヤー**（purveyors；技術移転支援専門組織あるいは人材）が位置づく。本書で取り上げる**評価ファシリテータ**や技術支援センター（TAC）は同等の役割を持つ者として位置づける必要がある（3章3節、15章参照）。

c. 実施・普及活動の効果的援助要素リスト（EMC3）

前項の「b．実施・普及活動のプロセス理論（EMC2）」を踏まえて、「実施・普及活動の効果的援助要素リスト（EMC3）」を作成する。

前述のとおり、「実施・普及方略」の基盤となる**「実施機関の実施・普及状**

[Ⅲ部] 効果モデル形成・発展ステージに対応した評価活動　257

況アセスメント」と「戦略・実施プラン策定と実行の支援」は重要である。

　また評価活動を活用した取組みとしては支援チーム形成とチームでの《効果モデル》の質保証／質改善の活動、同様の趣旨でのクラウドシステムの活用、評価訪問の実施と活用などがある（Wandersmanら, 2012）。

　また**効果モデル5アイテム**を活用する実施・普及活動としては、プログラム実施マニュアルを支援チームで共有・活用する働きかけ、さらに組織計画として実施・普及組織の形成、地域型支援チームの形成、評価ファシリテータや実践支援コンサルタントなど外部人材の活用などがある。

d. 実施・普及活動の評価ツール（EMC4）

　プログラムレベルの《効果モデル》の評価ツールと同様に、アウトカム指標・尺度と、フィデリティ評価尺度を中心に活用する。

　アウトカム指標・尺度には、利用者アウトカムの指標・尺度以外にも、サービスアウトカムや実施アウトカムの指標・尺度も活用する。実施・普及活動の成果としては特にスタッフと組織のアウトカムの変化が重要である。

　同時に、実施機関（組織）における《効果モデル》の実施・普及レベル（支援チームの組織形成・組織活動状況など）を把握することも重要である。また、サービスアウトカムの1指標になるが、スタッフの評価キャパシティ形成状況（ECAI; Evaluation Capacity Assessment Instrumentなど）も可能な限り測定すると良い（Suarez-Balcazarら, 2015; Taylor-Ritzlerら, 2013）。

　フィデリティ評価尺度については、**プログラムレベル《効果モデル》のフィデリティ評価尺度**は必ず使用する。同時に、実施・普及ガイドラインで示した内容、具体的には前項 c. の「実施・普及活動の効果的援助要素リスト（EMC3）」に対応する**実施・普及方略に関するフィデリティ尺度**をも作成して活用する（大島ら, 2011）。

e. 実施・普及活動の実施マニュアル（含・実施・普及ガイドライン）（EMC5）

　実施・普及活動の実施マニュアル（EMC5）の内容は、**実施・普及ガイドライン**がほぼ相当する。上記で述べた「実施・普及方略」5アイテムの内容を含めて記載する。

　プログラムレベルの《効果モデル》には、この《効果モデル》を適切に実施するためのプログラム実施マニュアルが用意されていた。実施・普及ガイドラインは、実施施設の状況次第で、プログラム実施マニュアルと同じ冊子に製本してもよい。

4）「効果モデル実施・普及方略」の設計・開発、形成・改善

これまで述べてきた「効果モデル実施・普及方略」の設計・開発を、「改善ステップ」のプロセスに従って進める。

前述したように、「効果モデル実施・普及方略」には、各種《効果モデル》の差異によらず、共通する要素が多く存在する。そのため新しく作成する「効果モデル実施・普及方略」は、既に作成されている効果モデル実施・普及ガイドラインや「実施・普及方略」5アイテムなどを雛形にして、作成することができる（大島ら, 2011; 効果のあがる就労移行支援プログラムのあり方研究会, 2017）。

新しい《効果モデル》に適用するに当たっては、その《効果モデル》を実行する実施機関（組織）の規模、スタッフや管理者の《効果モデル》導入に対する意識の高さ、導入を必要とする利用者のニーズ状況、その《効果モデル》が主に依拠する社会制度の状況（社会福祉制度、保健医療制度、教育制度、労働制度、科学技術制度など）、実施機関（組織）が位置する地域や住民の状況などに留意して、当該の《効果モデル》と実施機関（組織）にふさわしい「効果モデル実施・普及方略」を作成するとよいであろう。

7　その他の効果モデル（実施普及版・総称）の構築
——実施・普及評価ステージの評価課題と必要な評価活動（2）

この節では、「体制整備版」以外の「実施普及版」を構築するための評価課題と、必要な評価活動について、その概要を示しておきたい。

1）効果モデル（技術移転版）の構築

国際的に認証された EBP プログラムは、通常、ランダム化比較試験（RCT）に基づく効果評価を複数の国・地域で実施し、良好な成績を得たものである。

日本における導入時には、改めてプログラムレベルの「改善ステップ」第11ステップ「広域的試行評価調査②」を実施し、日本社会における有効性を検証することが必要である。同時に、日本社会の制度や社会、文化に適合させて、日本において、より効果的に機能する《効果モデル》に発展させることが求められる。そのためにプログラム理論、中でもプロセス理論の見直し、そして効果的援助要素の追加などを考慮する。

ただし、国際的に確立している EBP プログラムの場合、国際的なフィデリ

ティ評価に反映する効果的援助要素の内容は、仮に日本社会に適合しない援助要素であったとしても、ひとまずは基準に合わせて把握する必要がある。効果的援助要素のレベルで言うと、**日本社会の制度や社会、文化に適合させる項目は、「追加項目」として位置づける必要がある。**

2）効果モデル（制度版）の構築

効果モデル（制度版）は、社会的な課題解決のニーズに適切に応えるために、**効果モデル**（エビデンス版）に依拠して構築することが望ましい。

新しい制度・施策の導入に当たって、当該の制度にさまざまな側面で関わる実践家を含む関係者や学識経験者、行政関係者が参加して行われる審議会等において審議が繰り返され、**効果モデル**（制度版）が社会に提案されることが多いであろう。この審議会の位置づけについては、複数ステップにわたって実施される「実践家等参画型ワークショップ」に代わるものと位置づけることもできる。ワークショップの場を、可能な限り有意義なものにすることが、構成員に求められる。

審議会等においては、ワークショップにおいて《効果モデル》の設計・開発と、形成・改善を行うとともに、可能な限り**効果モデル**（制度版）の5アイテムの明確化と構築、さらには既存制度体系での実施を考慮した実施・普及ガイドラインやツールキットの策定などに関する議論が進められることが期待される。これらの討議は、制度モデルにおける実施要綱や実施マニュアルに反映することができる。

3）効果モデル（効率性普及版）、および効果モデル（実践的普及版）の構築

効果モデル（効率性普及版）、および効果モデル（実践的普及版）の構築は、前述のとおり、プログラムレベルの形成・改善評価ステージにおける**第8と第11ステップの広域的試行評価調査①②**の多施設共同研究の中で実施することができる。

試行評価調査では、評価訪問や意見交換会などが繰り返し行われる。その中で明らかになる事業所ごとの実施・普及の容易さや、反対に実施の困難さに目を向けた意見交換を行う。それらの実践知を踏まえながら、《効果モデル》の**効果性やエビデンスレベルを維持しながらも、実施・普及の取組みやすさの観点から《効果モデル》に必要な改善を加える。**

効果モデル（効率性普及版）では、効率性をプログラム実施プロセスのレベルで評価したものである。特に効果的援助要素の内容は、効率性分析の観点から見直しが行われ、プログラムアウトカムの実現に効果的であり、かつ効率的な援助要素を検証することができる。それによって、社会に受け入れられる、実施・普及に優れた《効果モデル》が形成されるであろう。

8　まとめ——可能性と課題

この章では、形成・改善評価ステージ（成熟期）までに形成された**効果モデル（エビデンス版）**を、社会の中に適切に位置づけて、実施・普及を進めるための評価方法を提示し、その成果物として生成されるいくつかの**効果モデル（実施普及版・総称）**を明らかにした。

これらのうち、**効果モデル（実施体制整備版）**は、実施システムレベルで《効果モデル》を適切かつ効果的に実施するための体制整備を戦略的で体系的に進める活動（「**効果モデル実施・普及方略**」）の成果物である。これ以外の**効果モデル（実施普及版・総称）**においても、**「実施・普及方略」**を雛形に実施・普及のモデル構築をすることが望まれる。

《効果モデル》の実施・普及を進めるのは、効果モデル実施機関（組織）が中心となる。この実施・普及活動には、自組織だけで取り組むことには困難が伴うことが少なからずある。《効果モデル》のより良い実施・普及と、そのために必要な評価活動を適切かつ効果的に実施できるよう支援する**技術支援の体制整備**（技術支援センターの整備など）は重要な課題である。

実践家参画型エンパワメント評価の活動で形成された実践家等を含む「**評価チーム**」は、実施・普及評価ステージにおいて**より積極的で、より主体的な活動を行うことが期待される**。本書で取り上げている実践家参画型エンパワメント評価は、これまで述べてきた評価活動によって、実践家等が力量を身に付けて、利用者ニーズに合致した、より質の高い社会プログラムの効果モデルを生み出し実施することができる人材になることを可能とする。**このような人材が活躍する拠点として、効果モデルの技術支援の拠点、技術支援センターが位置づくことが期待される。**

文献

Bond GR, Evans L, Salyers MP, Williams J, Kim WHW (2000). Measurement of fidelity in psychiatric rehabilitation. Mental Health Services Research 2: 75-87.

Drake RE, Goldman HH eds (2003). Evidence-Based Practices in mental health care. American Psychiatric Association.

Drake RE, Essock SM (2009). The science-to-service gap in real-world schizophrenia treatment: The 95% problem. Schizophrenia Bulletin 35: 677-678.

Fixsen DL, Naoom SF, Blase KA, Friendman RM, Wallace F (2005). Implementation research: A synthesis of the literature. University of South Florida.

Fixsen DL, et al. (2009). Core Implementation Components. Res Social Work Practice 19: 531-540.

IOM (US Institute of Medicine) (2009). Initial National Priorities for Comparative Effectiveness Research. Washington, DC: The National Academies Press. https://doi.org/10.17226/12648

効果のあがる就労移行支援プログラムのあり方研究会（分担研究責任者：植村英晴）(2017). 効果のあがる就労移行支援プログラム実施・普及マニュアル──「就労移行支援をより効果的に、より多くの人に」をめざした第3次全国試行評価調査プロジェクト版. 文部科学省・科学研究費補助金基盤研究（A）実践家参画型エンパワメント評価を活用した有効なEBP技術支援センターモデル構築（研究責任者：大嶋巌）報告書.

Lehman AF, Steinwachs DM (1998). Patterns of usual care for schizophrenia: Initial results from the Schizophrenia Patient Outcomes Research Team (PORT) Client Survey. Schizophrenia Bulletin. 24 (1):11-20; discussion 20-32.

National Association of Social Workers (NASW) (2010). Comparative Effectiveness Research (CER) and Social Work: Strengthening the Connection. NASW.

大島巌 (2010a). 精神保健福祉領域における科学的根拠にもとづく実践（EBP）の発展からみたプログラム評価方法論への貢献. 日本評価研究10(1)：31-41.

大島巌 (2010b). 心理教育の実施普及に向けて──EBPツールキットとサービス普及研究の可能性. 臨床精神医学39(6):743-750.

大島巌 (2015). ソーシャルワークにおける「プログラム開発と評価」の意義・可能性、その方法──科学的根拠に基づく支援環境開発と実践現場変革のためのマクロ実践ソーシャルワーク. ソーシャルワーク研究40(4)： 5-15.

大島巌 (2016). マクロ実践ソーシャルワークの新パラダイム：エビデンスに基づく支援環境開発アプローチ──精神保健福祉への適用例から. 有斐閣.

大島巌，伊藤順一郎，福井里江，他 (2010). 統合失調症を持つ人たちを対象にした科学的根拠に基づく心理社会的介入プログラム普及促進のためのツールキット開発とその有効性の評価（その10）──心理教育普及ツールキットプロジェクト研究の概要と総括. 平成21年度厚生労働省精神・神経疾患研究委託費総括報告書（主任研究者：塚田和美），pp167-182.

大島巌，福井里江編 (2011). 心理社会的介入プログラム実施・普及ガイドラインに基づく心理教育の立ち上げ方・進め方ツールキットI：本編. 地域精神保健福祉機構・コンボ.

Proctor EK, Landsverk J, Aarons G, Chambers D, Glisson C, Mittman B (2009). Implementation Research in Mental Health Services. Adm Policy Ment Health 36: 24-34.

Proctor EK, Silmere H, Raghavan R, Hovmand P, Aarons G, Bunger A, Griffey R, Hensley M

(2011). Outcomes for Implementation Research: Conceptual distinctions, measurement changes, and research agenda. Adm Policy Ment Health 38: 65-76.

Proctor EK, Powell BJ, McMillen JC (2013). Implementation strategy: Recommendations for specifying and reporting. Implementation Science 8: 139-150.

Raviv A, Raviv A, Vago-Gefen I, Fink AS (2009). The personal service gap: Factors affecting adolescents' willingness to seek help. J Adolescence. 32: 483-499.

SAMHSA: アメリカ連邦政府保健省薬物依存精神保健サービス部編. 日本精神障害者リハビリテーション学会監訳 (2009). アメリカ連邦政府 EBP 実施・普及ツールキットシリーズ. 日本精神障害者リハビリテーション学会.

Suarez-Balcazar Y, Taylor-Ritzler T, Morales-Curtin G (2015). Building evaluation capacity to engage in empowerment evaluation: A case of organizational transformation. In Fetterman DM, Kaftarian SJ, Wandersman A, eds. Empowerment evaluation : Knowledge and tools for self-assessment, evaluation capacity building, and accountability, 2nd Ed. Sage Publications.

Taylor-Ritzler T, Suarez-Balcazar Y, Garcia-Iriarte E, Henry DB, Balcazar FE (2013). Understanding and measuring evaluation capacity: A model and instrument validation study. American Journal of Evaluation 34(2): 190-206.

植村英晴, 大島巌, 方真雅, 新藤健太, 他 (2017). 効果のあがる就労移行支援プログラム実施・普及マニュアル──「就労移行支援をより効果的に、より多くの人に」をめざした第3次全国試行評価調査プロジェクト版. 文部科学省・科学研究費補助金基盤研究 (A) 実践家参画型エンパワメント評価を活用した有効な EBP 技術支援センターモデル構築 (研究責任者：大嶋巌) 報告書.

Wandersman A, Chien VH, Katz J (2012). Toward an evidence-based system for innovation support for implementing innovations with quality: Tools, training, technical assistance, and quality assurance/quality improvemen. American Journal of Community Psychology 50 (3-4): 445-459.

IV部
効果モデル形成・発展ステージ横断的な活動と体制整備

12章
実践家参画型で進める効果モデル形成・発展の方法(1)
―「評価の場」における評価情報の共有とモデル改訂

1　本章の位置づけ

　本書では、新しい評価アプローチ法として実践家参画型エンパワメント評価と、その具体的な評価手法であるCD-TEP改善ステップを提案し、その具体的な評価の進め方について、これまで各論各章（7章～11章）で提示してきた。この評価方法は、**実践家、さらには利用者や市民、その他関係者たち**（stakeholders）（**実践家等**、あるいは**実践家等関係者**と呼ぶ）、および評価研究者が協働して、より優れた《効果モデル》を構築するための新しい取組みである。

　この章では、**実践家等関係者**と**評価研究者**が、《効果モデル》についての共通理解を得ながら、実践における経験、実践知(P)を中心に据えて、協働して《効果モデル》の検証と改善を行う意見交換・情報共有の場を「評価の場」という概念で捉えることにする。

　「評価の場」では、実践家等から《効果モデル》に関わる実践上の経験、実践知(P)がフィードバックされ、共有される。そこには実践知(P)に加えて、評価データの収集・分析結果に基づくエビデンス(E)、そしてそれまで構築してきた《効果モデル》の理論(T)をも共有する。それら**共有した情報・内容**を「**評価の場**」で**分析・検討**することを通して、より効果的な《効果モデル》への改訂に向けた協議が可能になると考える。

　《効果モデル》は、実践現場との接点を持つ「評価の場」の検証を経て、より優れた《効果モデル》に形成・発展（改訂）すると位置づけている。

[Ⅳ部] 効果モデル形成・発展ステージ横断的な活動と体制整備　265

　この章では、「評価の場」における実践からのフィードバックと共有、それに基づく検証・分析を、どのように《効果モデル》の形成・発展、さらにはその「改訂」に反映するのか、その方法を CD-TEP 改善ステップ全プロセスを振り返り、改めて整理することにしたい。

2　改善ステップ「評価の場」における「効果モデル」の形成・発展

1）改善ステップ「評価の場」とその類型

　CD-TEP 改善ステップでは、そのすべてのステップにおいて、実践家等関係者と評価研究者が交流し、評価活動を行う場、すなわち**「評価の場」**を設けている。「評価の場」では、実践現場の創意工夫や実践知等のフィードバックと共有、それに基づく検証を得て、より優れた《効果モデル》に形成・発展させること、さらには《効果モデル》を改訂することを目指している。

　「評価の場」においては、CD-TEP 法に基づき、**実践家等と評価研究者が相互に交流し、対等な立場での意見交換を行い、検証できること**が重要である。そのために、《効果モデル》を**5 アイテムで可視化**して、具体的な改善方策を議論できる形態を備えている。特に、実践現場の創意工夫や実践知を随時反映・追加・修正できる、「チェックボックス方式」で記述した**効果的援助要素リスト（EMC3）**（5 章 4 節（109-112頁）参照）と、実践上の効果的な実施のアイデアを盛り込んだ、**実施マニュアル**（EMC5）（5 章 6 節（120-125頁）参照）は重要である（Solomon ら, 2009）。

　実践家等と評価研究者は、5 アイテムで可視化された《効果モデル》を、それぞれの立場と経験・知識・技術を活かし、協働してより優れたものに形成・発展できるよう、より良く交流し、十分に意見交換することが望まれる。そのために「評価の場」は、フラットな意見交換ができる民主的な運営に心がける必要がある。

　CD-TEP 改善ステップでは、実践現場と評価活動の相互交流の場（「評価の場」）として、次の**7 場面の評価活動**（「評価活動場面の種別」）を、以下のとおり設定した（表12-1）。

　① 実践家等参画型ワークショップ（源, 2016）
　② 実践家等との意見交換会（説明会・研修会・セミナー・振り返り会等）
　③ GP 事例調査：効果的取組を行う好事例（GP 事例）への踏査調査と意

表12-1　改善ステップにおける「評価の場」の展開と実践家の関与

改善ステップ	ステップ名（ステップの課題）	評価活動7場面の種別（評価の場）						
		①実践家等参画型ワークショップ	②実践家等との意見交換会（説明会・研修会・セミナー・振り返り会等）	③GP事例調査	④試行評価プロジェクトの評価訪問	⑤実践家等参画型形成評価サイトやメーリングリスト等での意見交換	⑥実施マニュアル等に関する相互討論と共同執筆	⑦実践家等を含む「評価チーム」での検討会
第1ステップ	現状分析・ニーズ評価：問題状況とニーズの分析，ターゲット集団とプログラムゴールの設定	○						○
第2ステップ	評価可能性アセスメントの実施と予備的効果モデル（暫定版）作成	○						◉
第3ステップ	GP事例調査の実施			◉				○
第4ステップ	質的データ分析と実践家等参画型ワークショップ③の準備	○						◉
第5ステップ	実践家等参画型ワークショップ③：第1次効果モデル（試行版）構築	◉						○
第6ステップ	第1次効果モデル（試行版）の形成・構築・改善：効果モデル5アイテムの作成	○				△	○	◉
第7ステップ	広域的事業所調査：第1次効果モデル（試行版）の広域的な検証							◉
第8ステップ	広域的試行評価調査①：単一グループデザインで行う多施設共同調査		○		◉	○		◉
第9ステップ	質的・量的データ分析と実践家等参画型ワークショップ④：準備，効果モデル改訂案の作成	○						◉
第10ステップ	実践家等参画型ワークショップ④：第2次効果モデル（提示版）への形成・改善	◉						◉
第11ステップ	広域的試行評価調査②：比較による有効性研究（CER）で行う多施設共同調査		○		◉	○		○
第12ステップ	第3次効果モデル（エビデンス版）への形成・改善：質的・量的データ分析と実践家等参画型ワークショップ⑤による効果モデル（エビデンス版）への形成・改善	◉				○		◉

注：◉ 効果モデル形成・発展に中心的なインプット，○ 中心的ではないが重要な位置づけ，△ 補助的な位置づけ

見交換
④ 試行評価プロジェクトの評価訪問
⑤ 実践家等参画型形成評価サイトやメーリングリスト等での意見交換
⑥ 実施マニュアル等に関する相互討論と共同執筆
⑦ 実践家等を含む「評価チーム」（実践家・有識者・評価研究者など）での検討会

2）改善ステップ「評価の場」の展開と実践家等の関与

CD-TEP 改善ステップの進展に伴う「評価の場」の展開と位置づけは**表12-1**に示したとおりである。

各ステップにおける「評価の場」として、《効果モデル》の形成・発展のために重要なインプットを得る中心的な場を「◉」で表記した。また中心的ではないが重要な位置づけを持つ場を「○」で示し、補助的な役割を持つ場を「△」と模式的に示した。

評価活動7場面のうち、CD-TEP 改善ステップの全プロセスを通して主要な役割を果たすのが①**実践家等参画型ワークショップ**である。実践家等参画型ワークショップは、第1ステップから第12ステップまでの、一部ステップを除いて位置づけられている。特に第5ステップ、第10ステップ、第12ステップの3つ実践家等参画型ワークショップは重要な役割を果たす。それまでの《効果モデル》を見直し、**次なるステージの《効果モデル》**（試行版、提示版、エビデンス版、実施普及版（広義）など）へと**「改訂」**する中心的な役割を担っている。

また、①**実践家等参画型ワークショップ**と同様に、CD-TEP 改善ステップの全プロセスを通してプロセスを前進させる役割を担うのが、⑦**実践家等を含む「評価チーム」**（実践家・有識者・評価研究者など）である。この「評価チーム」には、既存プログラムの「改善」の必要を強く認識する実践家、あるいは実践家の有識者等が、まずは参画し、評価研究者とともに CD-TEP 改善ステップの評価活動を主導する（後に詳述：本章4節）。

この「評価チーム」には、評価プロジェクト開始後に試行評価調査の評価ファシリテータなど積極的な役割を果たした実践家等が、招かれて加わることもある。「評価チーム」の検討会は、CD-TEP 改善ステップの評価活動の諸プロセスで、中核的な役割を担う「評価の場」になる。

以上のほか、**設計・開発評価ステージ**においては、③ **GP 事例調査**は形成的評価調査（Chen, 2015）の1つとして、《効果モデル》の設計・開発において

重要である。予備的効果モデル（暫定版）を用いたインタビューガイドを使用して、「評価チーム」の関係者が踏査調査を行う。調査時には、「評価チーム」が実践家と意見交換をして《効果モデル》のプログラム理論や効果的援助要素リスト等に関する重要なインプットを得る。

　一方、**形成・改善評価ステージ（導入期／成熟期）**においては、④**試行評価プロジェクトの評価訪問**が大切な位置を占める。③**GP事例調査**と同様に、直接的に実践現場から実践に根ざした評価情報を得るとともに、次の2つの意義がある。

　第1に、実際に実践現場で《効果モデル》に沿った実践を行った結果を踏まえて、その取組みを振り返り、意見交換する意義。

　第2に、《効果モデル》実施に関わる事業所有志が、実践家評価ファシリテータとなり、評価訪問を行う意義、である。

　《効果モデル》に対する実践家相互の意見交換を、評価訪問の折に行うことができる。実例に即して、《効果モデル》を検証するのに貴重な機会となる。

　さらに、第4ステップ、第6ステップ、第9ステップ、第12ステップで行う、⑦**実践家等を含む「評価チーム」**による質的・量的評価データ分析も重要である。質的・量的評価データという実践現場からのエビデンスを得て、《効果モデル》を形成・発展させる貴重な機会になる（次章で詳述）。

　以下では、「評価の場」の**「評価活動場面の種別」**ごとに、「評価の場」からのフィードバックとその共有、検証を受けて、どのように《効果モデル》の形成・発展を行い、《効果モデル》を改訂するのか、その方法を整理して示す。

3　評価活動場面(1)：実践家等参画型ワークショップの実施方法

　前述のとおり、実践家等参画型ワークショップは、《効果モデル》の形成・発展のための評価活動の中心である。「評価の場」として、まずは《効果モデル》が必要とされるニーズ状況を分析し、《効果モデル》を設計・開発する。それとともに、**実践家等を含む「評価チーム」**によってまとめられた質的・量的評価データの結果（エビデンス）を検討して、《効果モデル》を形成・発展させる。改訂のための**「合意形成」**もしくは**「方向性の合意」**をこのワークショップで行う。同時に、その場自体が実践家等による積極的な参画・関与に

[IV部] 効果モデル形成・発展ステージ横断的な活動と体制整備　269

よって、実践現場から《効果モデル》を形成・改善する創意工夫や実践的経験知を共有する貴重な質的評価の場にもなる。

このように、実践家等参画型ワークショップを有効に運営することが、実践家参画型評価の成否を決める重要な要因となる。

さらには、このワークショップは、14章にも触れるように、実践家等の関係者が、評価アプローチ方法を習得し、評価キャパシティを身に付けるための貴重な「学びの場」にもなっている。

以下では、実践家等参画型ワークショップの実施方法を、CD-TEP 改善ステップの全実施プロセスの中に位置づけて、総括的に提示する。

なお、質的・量的評価データの分析方法と検討方法、および効果モデル形成・発展への活用の方法については、独立させて次章（13章）にまとめることにしたい。

1）実践家参画型評価におけるワークショップの機能と役割

実践家参画型評価では、実践家等と評価研究者が協働して「評価の場」を活用し、《効果モデル》の設計・開発と、《効果モデル》の継続的な形成・改善を行う。その「評価の場」を実現する方法論が実践家等参画型ワークショップ（以下、ワークショップ）である。

ワークショップは、プログラムに関係する実践家等——たとえば事業所のスタッフ、事業所管理者、福祉担当部局の行政職員など——が参加して、**《効果モデル》の設計・開発や形成・改善**のための意見交換を行う「討議の場」でもある。

ここで留意すべき点は、「討議の場」は関係者の「対話」を基本とすることである（源, 2016）。そのため、社会調査などの情報源として関係者を位置づけるものではない。**ワークショップは、関係者の意見を「聞く」場ではなく、関係者が主体となって、《効果モデル》の形成・発展について、何らかの価値判断を行う場と位置づける。**すなわち、パブリック・コメントやインタビューなどのように情報源としてのサービス利用者や実践家ではなく、それぞれが当事者としての立場から、《効果モデル》の形成・発展に関わる評価（形成的評価）に主体的に関わることが求められるのである。

ここではワークショップの機能について、a. 実践家等関係者が参画することの意義と、b. ワークショップにおける合意形成過程の2つの側面から考察

する。

a. 評価に実践家等関係者が参画することの意義

　実践家等参画型評価アプローチの目的は、より効果性が高く、実施・普及が可能な《効果モデル》を構築するためである。科学的なプログラム評価の方法論を基盤にして、実践家等の参画による形成的評価を通して、継続的なプログラムの設計・開発と、形成・改善が可能になる（大島ら, 2013）。

　ワークショップは、プログラム理論や効果的援助要素リスト等の《効果モデル》の諸要素を検討・検証することを通して、実践家等が実践現場での経験を振り返る、この相互学習を通して、新しいアイディアを創造する場を提供する。

　Schön（1983）は、複雑で不確実性が高く価値観の衝突が起こる現代社会において、達成しうる目的とその達成を可能とする手段に枠組みを与えることができるのは、実践者による「わざ」であるとする。すなわち、自らの経験を内省し、新しい知見を構築していくことを「実践者の行為の中の省察（Reflection-in-action）」とした（Schön, 1983: 40-41）。そして、そのような「わざ」を、厳密さを主旨とした技術的合理性に対して、**「非技術的なプロセス**（non-technical process）」と呼んだ。この「非技術的なプロセス」は、**政策課題に対して新しい理論を構築する手段**であるとする（同上）。実践者の行為の中の省察とは、既に確立した理論や技術に頼るのではなく、固有の問題への対処を通して新しい理論を構築するものである。

　質的・量的評価データ分析による科学的な根拠を踏まえつつ、実践家等関係者がワークショップに参画することにより、実践現場の文脈に応じた《効果モデル》を構築できる。実践家等の参画によるワークショップは、実践現場で活動しているからこそわかる実践家等の情報を、プログラムの形成・発展に反映させるボトムアップの仕組みでもある。プログラム実施プロセスにおいてどのような弊害があるか、プログラムの目標はニーズを適切に反映しているか、などといった視点から評価を行うことで、より効果的なプログラム形成と改善に向けた評価情報の抽出が可能になるのである。

　さらには、**ワークショップにおける実践家等の知見をもとにした相互の「学び」は、ワークショップ参加者自身、そして所属組織の能力構築にもつながることが期待される。**《効果モデル》の設計・開発、実施、評価、形成・改善といった実践現場の PDCA サイクルを動かす原動力にもなるであろう。

b. ワークショップにおける合意形成と参加者の行動変容

　ワークショップで繰り広げられる対話は、ある種の合意形成を目指すものである。ここで言う合意形成とは、同じ意見に統一するというよりも、相互の意見の相違を踏まえた**「意見の再形成」**を意味する。

　「意見の再形成」を行うためには、参加者が合理的判断を行うことができる場の設定が必要になる。たとえば、①プログラムに関する情報を参加者間で共有すること、②ワークショップでは誰でも自由に発言できることが重要である。前者は、実践家参画型アプローチで行われているような質的・量的評価データの分析結果や、事例調査結果の共有が含まれる。後者は、後述するファシリテータの役割に負うところが大きい。ワークショップは、お互いの意見に耳を傾け、多様なアイディアが合理的判断によって収束していくという民主的な参加が大きな特徴である。

　そのような対話の過程（プロセス）では、参加者自身や所属組織の意識、態度、行動変容をもたらすことが指摘されている（源, 2008）。具体的には、まず、ワークショップ参加者のプログラムに対するコミットメントや責任感の醸成と、プログラムを可視化することによる説明責任（アカウンタビリティ）の強化につながることが期待される。

　評価に参加する人々の能力強化や説明責任強化を含むエンパワメントを提唱するFettermanは、関係者自らがプログラム評価に携わることを通して、アカウンタビリティの中でも、特に自己説明責任（self-accountability）が明確になることが重要であるとする（Fetterman, 2001; Fettermanら, 2005）。つまり関係者自らが評価を行うことの根源には、自分たちのプログラムをどのように組み立てるかは、自分たちの責任ではないか、という問いかけがある。

　また対話の場では、相互の意見を取り入れるなど**建設的な議論が展開**されるため、**その過程を通して参加者間の信頼関係やネットワークの形成にも役立**つ。つまり、ワークショップでは、同じ課題解決に向けて日頃から悩んでいる事柄を共有することにより、相互の信頼関係や地域を超えたネットワークづくりに貢献でき、またピアレビューの仲間として機能することも期待できるのである。

　以上、**2つの側面から**実践家参画型評価アプローチにおけるワークショップの役割と機能、期待される効果を見てきた。

　まとめると、実践家がワークショップに参画し、《効果モデル》の形成や改

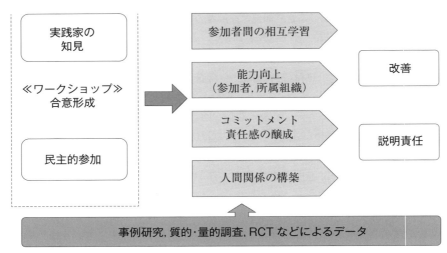

出所：源(2015a)

図12-1　ワークショップの機能

善のための評価を行うことで、

(1)《効果モデル》の形成・改善に向けて、実践家の省察に基づく貴重な知見が活用されるとともに、参加者の評価キャパシティ形成にもつながること、

(2)民主的参加を通した関係者の行動変容によって、アカウンタビリティの強化、人間関係の構築が起こることが期待されている。

実際に、「デイケアおよびアウトリーチ支援統合化プログラム」（コラム1（169頁）参照）に対して、ワークショップで行われた事後調査では、関係者間の相互交流につながり、ひいては参加者の実践能力の向上といった実践家のエンパワメントにつながることが報告されている（大山ら, 2014）。

また、実施後のアンケート調査やフィードバックから、参加者が、異なる機関での取組みや、同じ専門職の異なる視点からの意見をある種の驚きをもって学習することを楽しんでいたこと、ワークショップの方式を自らの組織内で実施したいとする人が複数いたことが確認されている（源ら, 2013）。そして、これらの変化は継続的な形成・改善評価を通して、プログラムの改善につながっていくであろう（図12-1参照）。

２）CD-TEP 改善ステップにおけるワークショップの位置づけ

CD-TEP 改善ステップにおけるワークショップは、改善ステップを進めるための主要な方法と位置づけられる。

その機能は、(a)**効果モデルの設計・開発段階のワークショップ**（第１ステップ、第５ステップ）と、(b)**効果モデルの検証と形成・改善段階のワークショップ**（第10ステップ、第12ステップ）に分けることができる。

a. 効果モデルの設計・開発段階のワークショップ

《効果モデル》を設計・開発する段階におけるワークショップには、《効果モデル》を作成するために必要な**情報提供の機能**がある。

たとえば、質的・量的評価調査と並行してワークショップを行い、好事例（GP 事例）調査のための暫定的なアウトカム候補（支援ゴール）の設定や、インパクト理論の検討を行う[**第１ステップおよび第２ステップ**]。

また、GP 事例調査とその聞き取り調査結果の質的評価データの分析結果を踏まえて、**効果モデル５アイテム**を作成し、その内容についての「合意形成」もしくは「方向性の合意」を行う機能がある。

ただし、**ワークショップにおける結果が、そのまま《効果モデル》の最終版になるのではない**。前述したように参加型の対話を基盤とした評価プロセスの場は、自由な発言と実践家の合理的判断に基づく意見交換が基本であり、自由な発言の機会を阻害しないためにある程度の曖昧さを許容することが必要となる。したがって、ワークショップで形成されたプログラム理論が必ずしも論理的ではない場合も多い。

ワークショップで承認された結果は、⑦**実践家等を含む「評価チーム」**によるさらなる検討や、より多くの関係者とのメーリングリスト等による審議を経て、**最終版が確定**されるのである。

b. 効果モデルの検証と形成・改善段階のワークショップ

この段階におけるワークショップの機能は、フィディリティ尺度を用いた広域的試行評価調査などの質的・量的評価データの検証結果を手がかりに、《効果モデル》の改訂について議論する場を提供する。その議論を踏まえて、**効果モデル５アイテム等**の改訂方針について合意形成や方向性の合意を行う。

前項で述べたワークショップの特性を踏まえると、《効果モデル》構築後は、質的・量的評価調査の結果を共有した実践家等が、モデル実践の現場経験を踏まえて、《効果モデル》を継続的に見直す仕組みの１つであると位置づけるこ

とができる。

3) ワークショップの類型と方法論

a. ワークショップの類型とその特徴

　実践家等参画型評価アプローチにおけるワークショップの類型には、前項に示したように、「1）効果モデル設計・開発型」と「2）効果モデル形成・改善型」の2つがある。その実施方法は、《効果モデル》の特徴や、並行して行われる質的・量的評価調査の方法によって多様である。以下、プログラム評価論の観点から各類型の特徴についてまとめる。

① 効果モデル設計・開発型ワークショップ

　まず、効果モデル設計・開発型のワークショップは、CD-TEP 改善ステップでは**第1ステップ**と**第2ステップ**のワークショップ、および**第5ステップ**のワークショップが該当する。解決されるべき社会的課題（ニーズ）を明らかにする**ニーズ評価**と、《効果モデル》の設計・開発を行う**理論評価（セオリー評価）**を行う場となる。

　プログラム評価には、既に述べたように、(a)プログラムのニーズ評価、(b)プログラムの設計を問うプログラム理論評価、(c)プログラムの実施過程を問うプロセスの評価、(d)プログラムの効果を問うアウトカム／インパクトの評価、(e)プログラムのコストの適切性を問う効率性評価の**5つの階層**がある（Rossi ら, 2004: 80）。

　ニーズ評価や理論評価が他の評価と異なる点は、(c) (d) (e)の評価は、その前提にある理論モデル（ロジック・モデル）を所与の要件としている点にある。(c)プロセスの評価、(d)アウトカム／インパクト評価や、(e)効率性の評価は、あらかじめ形成された理論モデルに基づき、目的に対する手段の道具としての"正しさ"を科学的に検証する方法である。

　そこでは、測定や検証を科学的な厳密さをもって判断する道具的な「問題の解決」の妥当性が中心課題となる。解決すべき問題がそれで良いのか、といった「問題の設定」や「問題の組み立て方」の議論はあまり対象とならない。

　(a)ニーズ評価や(b)プログラム理論評価は、《効果モデル》の構築を前提として、問題の所在やそれを解決するための組み立て方（プログラムの設計）を問うのである。**効果モデル設計・開発型ワークショップでは、実践家等関係者の参画のもと、(a)ニーズ評価や(b)理論評価を行い、効果的なプログラム理論、すな**

わちインパクト理論とプロセス理論を組み立てていく。

効果モデル設計・開発のための第一歩は、**目指すべきゴール（最終アウトカム）** は何かを議論することである。その際には、⑴実践家が現場で感じている社会的ニーズの所在とその大きさが議論される。それとともに、⑵別途実施される質的・量的評価調査の客観的データも議論の根拠となる。

通常、ゴール設定に関する合意には時間がかかるが、可能な範囲で議論に時間をかける必要がある。なぜならば、これから解決しようとする課題を参加者が共有することによってはじめて、その解決に対してどのような手段が効果的かという建設的な議論が可能になるからである。

ゴールを共有したところで、それを実現するための手段の検討に入る。

実践家は既に現場において、さまざまな障壁や困難に対応しながら実践を重ねている。それらの知見を出し合うことによって、より適切な手段やゴール達成に向けての活動や組織計画などを検討するのである。

合意形成を重視するワークショップにおいて、プログラム理論を評価する基準は、その仮説の「もっともらしさ（plausibility）」である。 それは、多様なアクターとの対話による多様な知識——実務家の経験や研究者の見解など——を踏まえた検討が必要であるとされる（Knowlton ら, 2013）。

そこでは、厳密さ（rigor）よりも、内容の適切性（relevance）に重点が置かれ、その意味では理論評価はアート（わざ）の部分が大きい。ただし、プログラム評価の全体の流れから捉えると、包括的な文献調査や、科学的な厳密さに重点を置いた質的・量的評価調査の結果と組み合わせることにより、より妥当なプログラム理論を形成することができる。

《効果モデル》の設計・開発段階で行われるワークショップは、効果モデル設計・開発型に分類されるが、ワークショップの実施時期によって、

⑴ 暫定的なプログラム理論や、効果的援助要素リストなど、効果モデル5アイテムの設計・開発の検討に主眼が置かれる場合と、

⑵ 作成されたプログラム理論など《効果モデル》の合意形成・方向性の合意が行われる場合の、二とおりがある。

② 効果モデル形成・改善型ワークショップ

効果モデル形成・改善型ワークショップは、CD-TEP 改善ステップでは**第10ステップ**と**第12ステップ**のワークショップが該当する。ニーズ評価と理論評価を経て構築された《効果モデル》が実践現場で実施された後に行われるワー

クショップである。ここで中心となる評価方法は、(c)プロセス評価、(d)アウトカム／インパクト評価である。さらには、その検討を踏まえた、《効果モデル》改訂に向けた(b)プログラム理論評価である。

ワークショップでは、プロセス理論である「組織計画」や「サービス利用計画」（Rossi ら, 2004）を中心に、以下のような視点に基づいて評価を行う。

(i) プログラムの資源(インプット)に関するもの

プログラムを実施するための資源（予算、人員、物資、施設、情報など）が計画どおりに投入されたか、過不足はあるか、それらの資源は十分に活用されているか、など。

(ii) 活動状況(手段)に関するもの

プログラムは計画に沿って適切に実施されているか、それらの手段は有効に機能しているか、資源は有効な活動に結びついているか、実施組織は効率的に機能しているか、外部から必要な協力、支援、理解が得られているか、人員は適切に配置され期待どおりの役割を果たしているか、など。

(iii) 活動の結果(アウトプット)とアウトカムに関するもの

意図したとおりの直接的な結果（アウトプット）が得られているか、その結果によりターゲット・グループ（サービスの受け手、意図した対象グループ）に期待どおりの成果（アウトプットに近い近位レベルのもの）が現れているか、より上位の最終アウトカムへ貢献するような変化がみられるか、など。

これらの視点のうち(i)と(ii)は、CD-TEP法では、**第8ステップや第11ステップの広域的試行評価調査**の中で行われる、フィデリティ評価項目・効果的援助要素による**プロセスモニタリング**が該当する。同時に、(iii)についても、同じ広域的試行評価調査において**アウトカム評価、アウトカムモニタリング**が行われる。これは、より近位レベルのアウトカムを、プロセス理論とのつながりから経時的に捉えて行く。

ワークショップでは実践家の現場における経験に加え、**評価ツール**（EMC4）にある**フィデリティ評価尺度**と、**アウトカム尺度・指標**との相関分析などを用いた量的・質的評価調査の結果を活用して、《効果モデル》の検証を行う。その結果に基づいて、必要に応じてプログラムゴールとインパクト理論（EMC1）や、プロセス理論（EMC2）、効果的援助要素リスト（EMC3）、実施マニュアル（EMC5）など**効果モデル5アイテム**の改訂を行う。

効果モデル形成・改善型ワークショップは、《効果モデル》の検証と改訂段

[IV部] 効果モデル形成・発展ステージ横断的な活動と体制整備　277

階で行われる。ワークショップの実施時期によっては、(1)改訂内容の検討に主眼が置かれる場合と、(2)その合意形成・方向性の合意が行われる場合の二とおりがある。

　なお、ワークショップにおける検討方法は、次章で述べる量的評価データ分析結果のグループ討議や、討論用ワークシートを用いる方法、ロジックモデルを活用する方法、困難事例の話題提供シートを用いる方法、模造紙・付箋を用いるワーク、KJ 法を用いるワーク、実践家による事例発表による方法、など多様なものを考慮できる。 6 ～10名程度のグループ討議と、全体討議を組み合わせて行うものが多い。

b. ワークショップの流れ

① 事前準備（実施主体：実践家等を含む「評価チーム」）

　ワークショップ実施前には、実践家等を含む「評価チーム」が中心となって、ワークショップ参加者間で共有するためのデータの分析・整理を行い、ワークショップへの提示資料を作成する。CD-TEP 改善ステップでは**第 4 ステップ、第 6 ステップ、第 9 ステップ、第12ステップ**の活動になる。

　効果モデル設計・開発型ワークショップでは、暫定的アウトカムやインパクト理論（EMC1）、プロセス理論（EMC2）を作成するために有効な質的・量的評価調査の結果（含・GP 事例調査）、あるいは文献調査の結果などが提示される。また効果的援助要素リストの候補（EMC3）をまとめ、実施マニュアル（EMC5）案を作成することも含まれる。

　効果モデル形成・改善型ワークショップでは、フィディリティ尺度による量的評価調査の結果や広域的事業所における定期的モニタリング、それらの質的データ分析、比較による有効性分析（CER）を用いた広域的試行評価調査の結果などが提示される（質的評価データの分析方法、量的評価データの分析方法、ワークショップへの提示方法については、次章13章を参照）。

② ワークショップの実施（実施主体：実践家、ファシリテータ）

　ワークショップにおける議論の主体は、あくまでも実践家等である。ただし、ワークショップにおける対話を適切に促進する役割を担うファシリテータの存在が不可欠である（ファシリテータの技能については次項）。ワークショップでは、**7 場面の評価活動のうち、実践家等を含む「評価チーム」での検討会**から提示された質的・量的評価データの分析結果の共有を行った上で、《効果モデル》の設計・開発、もしくは《効果モデル》の形成・改善についての実践家間

での議論を行う。

CD-TEP 改善ステップでは、**設計・開発評価ステージ**と、**形成・改善評価ステージ**において、いずれも 2 ラウンドのワークショップ（第 1・2 ステップと第 5 ステップ、および第10ステップと第12ステップ）が行われる。

③ **ワークショップの結果の活用（実施主体：実践家等を含む「評価チーム」）**

ワークショップ終了後は、その実施結果に基づいて、実践家等を含む「評価チーム」が主体となって《効果モデル》を科学的・論理的に体系化する。

4）ワークショップにおける評価ファシリテータの役割とスキル

評価ファシリテータは、ワークショップを効果的に実施するために不可欠な人材である。ファシリテータの役割の主なものを 3 点挙げる（源, 2014）。

第 1 の役割に、ワークショップを適切に運営、促進する役割である。ファシリテータはプログラム評価理論の修得に加え、中立的な立場で話し合いを進行し（いろいろな意見を相対化し）、すべての参加者が対等な立場で意見を述べ合うことができるような工夫やグループダイナミックスを生み出すスキルが必要となる。社会心理学的なアプローチや対人関係を築くコミュニケーション能力も求められる。

第 2 の役割として、評価についての知識を有していない参加者に対し、プログラム評価に関して、基礎的な情報を提供するトレーナーの役割がある。アウトカム／インパクト理論、プロセス理論といった評価用語を丁寧に説明するとともに、「効果モデルの設計・開発、もしくは形成・改善に向けた評価や検証」を行っているのだという目的意識の共有を図る必要があろう。

そして**第 3 の役割**は、ワークショップの結果をベースに、プログラム理論の論理性を精査する役割がある。ワークショップの討議の場では、多様な意見の抽出や、創発的な討議を行うことが求められる。そのことは一方で、「論理性」を犠牲にする場合も多い。討議を通して出されたアイディアの論理性について、必要に応じて関連データと照らし合わせながら、再検討する必要がある。

CD-TEP 法に基づく実践家参画型エンパワメント評価では、このようなファシリテータの役割を研究者が担う場合もある（研究者評価ファシリテータ）。このことはファシリテータに評価対象のプログラムに対する深い理解を伴うといった利点がある。

その一方で、研究者としての立場が、ともすれば実践家主体の多様な意見を引き出すファシリテータとしての役割を阻害する可能性も否めない。

立場が異なる多様な人々の意見を引き出し、グループダイナミックスを高めるためには、中立的な立場で、多様な意見を相対化できるファシリテータの機能が重要であり、研究者と実践家の関係性がフラットな状態であることが求められる（源, 2015b）。

5）実践家等の合意形成と方向性の合意

a. 効果モデル開発・改訂のためのワークショップの位置づけ

繰り返し述べてきたように、CD-TEP 法に基づく実践家等参画型ワークショップにおける最も重要な機能は、《効果モデル》の設計・開発と、形成・改善に関する、**ワークショップ参加者の「合意形成」と「方向性の合意」**である。その「合意形成」と「方向性の合意」が、実践家等の参画を得て最も有効に、意義ある形でワークショップが運営される必要がある。

そのためには、ワークショップに参加する実践家等関係者が、どの程度、《効果モデル》の形成的評価プロジェクトに主体的に参画する準備が整っているのか、またワークショップに関与可能かなどについて、**参加度のアセスメント**を行う必要がある。実践家等の参加度が低いとアセスメントされた場合は、「方向性の合意」のみの資料提示を行う場合もある。

b. 効果モデル開発・改訂のためのワークショップ実施方法

実践家等参画型ワークショップで、《効果モデル》の開発・改訂を決定するために、**効果モデル5アイテム**を提示し、その内容についての「合意形成」と「方向性の合意」を行う必要がある。その決定プロセスに、実践家が十分に関与できるように配慮する必要がある。

前項でも述べたように、実践家が最もリアリティを持った発言ができるのは、自らが関わる実践事例を報告し、それを他の実践家の取組み事例と比較する場面である。ワークショップの中では、**可能な限り実践家自らの実践に引き寄せることができる事例提示を推奨する必要がある。**また、**実施マニュアルの中には、GP 事例などの事例報告をできるだけ多く掲載する。**その内容をワークショップでは議論できるように配慮することが望ましい。

4 評価活動場面(2)：実践家等を含む「評価チーム」での検討会の実施方法

1）実践家等を含む「評価チーム」の検討会の意義と「評価の場」における位置づけ

　本書で取り上げてきた、CD-TEP法に基づく実践家参画型エンパワメント評価では、①実践家等参画型ワークショップとともに、⑦実践家等を含む「評価チーム」での検討会は、改善ステップの全プロセスにわたって中心的な役割を果たす。

　この「評価チーム」には、評価研究者のほか、実践家等として、次のような人材が「実践家等」を代表して参加する。

・当該の新規《効果モデル》の立ち上げに関与した実践家
・既存プログラムの改善の必要性を強く認識する実践家
・職能団体・関連団体などに所属する実践家有識者
・実践研究の推進を志す実践現場を経験した研究者など

　さらに、評価プロジェクト開始後には、試行評価調査の評価ファシリテータなど積極的に参画した実践家が、プロジェクト途中から招かれて参加することも推奨されている。

　このように、実践家参画型評価を進める上で、「評価チーム」に加わる実践家等は、重要な役割を果たす。実践家参画型評価プロジェクト推進の成否は、これらの実践家等に懸かっていると言っても過言ではないだろう。

　実践家等の評価チーム員は、評価研究者メンバーと役割分担をしながら、特に評価プロジェクト全般にわたって、実践からの知見のインプット、実践家等関係者の評価プロジェクトへの参画を進める中心的な役割を担う必要がある。

　実践家参画型評価プロジェクトで重要な役割を果たす、①**実践家等参画型ワークショップ**についても、その準備を進めるのは「評価チーム」である。実践家等に十分に配慮した準備を整えることができるかどうかは、「評価チーム」に参加する実践家等メンバーの重要な役割である。

　より良い《効果モデル》を形成・発展させる上で、実践現場からの知見(P)を十分に踏まえて、《効果モデル》に加筆・修正することの重要性は言うまでもない。そのような取組みの中核を、実践家等メンバーが担っている。

２）実践家等を含む「評価チーム」の体制、検討内容・役割分担等の概要

　「評価チーム」のメンバーである実践家は、次のような活動に参画することで、実践家としては、評価プロジェクトへの関与の程度が最も高くなる。
　　・実践家による GP 事例調査への関与
　　・評価ファシリテータとして、協力事業所への評価訪問の実施
　　・それらの事例報告
　　・量的・質的評価データ分析の検討会への参画と、分析への関与
　　・各段階の《効果モデル》の原案・改訂案の作成
　　・実施マニュアル等の共同執筆などへの関わり、など

　これらの活動によって、自身の評価キャパシティを向上させ、より資質の高い実践家評価者として知識・技術・価値観を身に付ける。
　特に、量的・質的評価データ分析での役割は、評価キャパシティ形成を行う上で、高い評価能力を担保するものになるであろう。それは同時に、実践からの創意工夫、実践的経験知を《効果モデル》に、より適切にインプットする上で有効な役割を果たすことになる。
　さらには、①**実践家等参画型ワークショップの準備**を進めるに当たって、**「評価チーム」の実践家メンバーの役割**は大きい。実践家等が多く参加するワークショップにおいて、実践家等が活発に実践知の意見交換ができるように準備する。その際、実践家等に対し配慮が行き届いた資料の準備に注力することになる。またワークショップに参加する実践家等がどの程度、ワークシップに関与可能か、効果モデル形成・改善や評価プロジェクトに参画する準備が整っているか、参加度のアセスメントを行い、提示資料を検討する。

３）実践上の創意工夫等に関する意見交換の進め方

　「評価チーム」の中では、実践家等メンバーと評価研究者は対等な関係で議論に参加する。量的・質的評価データ分析の検討など、評価研究に関する経験が不足する場合はあるだろう。しかし、ワークショップに参加する実践家等との窓口、パイプ役としての役割を明確にし、チーム内で十分な役割を果たすよう配慮する。
　CD-TEP 改善ステップの進行・進展を考慮すると、実践家メンバーは、「評価チーム」の初期段階では、GP 事例調査（第３ステップ）の調査担当者、中

期・後期には広域的試行評価調査（第8・第11ステップ）の評価ファシリテータ
として、評価訪問の担当を担う。実践経験を踏まえながら、《効果モデル》に
関わる多くの実践現場のリアリティに触れることができる。これらの経験に基
づいて、評価調査の手法を身に付けるとともに、《効果モデル》に関わる実践
現場の知見を広げる。それにより、「評価チーム」の検討会においても重要な
貢献をすることが期待される。

5　評価活動場面⑶：GP 事例調査の実施方法

1）GP 事例調査の意義と、「評価の場」における位置づけ

　GP 事例調査は、改善ステップ**第3ステップ**で取り組まれる、代表的な**形成
的評価調査**（formative research）（Chen, 2015）の1つである。《効果モデル》を
設計・開発する段階で、貴重な情報収集が期待できる。

　具体的には、解決すべき社会課題、あるいは適切な制度的対応がされていな
い問題に対して、**効果を上げている実践事例**（GP 事例）を取り上げる。事業
所訪問調査を行って、その活動に関わる実践家から課題解決に有効な創意工夫
や、実践的な経験知などを聞き取る。そして、どのようにすれば、より効果的
な取組みになるかを検討する。

　GP 事例調査では、**効果の上がる実践を行う実践事例から、効果的な取組み
を学ぶ姿勢で、実践家等との対話によって調査を進める**。その対話を通して、
効果を上げることのできる要因、創意工夫、実践的アイデア・実践知、基盤と
なる支援理念などを聞き取る。それらの取組みの中から、《効果モデル》を構
築するさまざまなアイデアを得る。

　なお、対象事業所の選定方法や、インタビューガイドの作成、報告書作成な
どについては、8章に詳細が記されている。

2）インタビューガイドによる面接と、実践家等との対話による
###　　フィードバック

　第2ステップで、予備的効果モデル（暫定版）に依拠して作成した**インタ
ビューガイド**に基づいて調査面接を進める（表8-1（187頁）参照）。実践家等と
の対話の中から、事業所の創意工夫や実践知などが語られる。

　実践家等を含む「評価チーム」からは、インタビューガイドの基盤となる

[Ⅳ部] 効果モデル形成・発展ステージ横断的な活動と体制整備　283

《効果モデル》の枠組みが実践家等に示される。それに基づいて実践家等と対話をしながら、どのような《効果モデル（暫定版)》を構築すれば良いのか、協議をしながら面接を進める。それによって**双方向性の対話**が進行する。

　GP 事例調査時には、インタビューガイドに設定された質問だけでなく、プログラムゴールの設定経緯、地域における利用者のニーズの状況と対応、プログラムゴールを実現する上での努力や配慮、困難など、GP 事例の実態に即して意見交換を行う。

3）GP 事例調査のまとめ、フィードバック

　GP 事例関係の実践家から聞き取った内容は、録音して必要に応じて**逐語録などを作成**する。**コード化**などを行い、質的評価データに対する内容分析の対象にする。これらの活動は、**第 4 ステップ**において実践家等を含む「評価チーム」が実施する。**質的評価データ分析**を行い、その分析結果に基づいて、効果的援助要素リスト（EMC3）や、実施マニュアル（EMC5）を作成する。

　GP 事例調査から戻ったら、できるだけ速やかに**事例調査報告書**をまとめて、調査結果を「評価チーム」や実践家等と共有する。事例調査報告書の項目（例示）は次のとおりである。

　⑴ プログラムゴールの設定
　⑵ ターゲット集団へのサービス提供
　⑶ 援助プロセスごとのゴールとサービス提供上の工夫・配慮
　⑷ サービス提供組織上の配慮
　⑸ 特徴的な取組み・事業所のストレングス
　⑹ より効果的な取組みになるための課題、など
　事例調査の結果は、実施マニュアル（EMC5）にも反映させる。

4）その後のプロジェクトへのリクルート

　GP 事例調査の対象となった実践家等には、必要に応じて、その後に行われる**第 5 ステップの実践家等参画型ワークショップ③**や、その後の広域的試行評価調査①（**第 8 ステップ**）に招待する。

6 評価活動場面(4)：試行評価プロジェクトの評価訪問の実施方法

1）評価訪問の意義と「評価の場」における位置づけ

CD-TEP 改善ステップの**第8ステップ**と**第11ステップ**で行う**広域的試行評価調査**は、《効果モデル》が構築された後に、そのモデルに基づいたプログラム実践を実際に実施し、その有効性を明らかにするものである。

またそれは、協力事業所に対して、評価ファシリテータが**評価訪問**を行い、実践に関わる実践家等からの聞き取り調査等を行い、**対話によって実施状況と成果を確認**する点に特徴がある。その評価訪問の折には、フィデリティ評価を行い、具体的なプログラム実施状況を定量的・定性的の両面から把握する（新藤ら、2015; 浦野ら、2015）。

さらに第三者評価として、評価ファシリテータの**客観的な定量的フィデリティ評価**を行うとともに、実践家等と評価者との対話から、プログラムゴール達成に有効な創意工夫や実践的知見・アイデアを定性的にも把握して、**効果的援助要素リスト**（EMC3）等の改訂・改善に向けた討議を行う際に、豊富な質的評価データを得ることができる。

もちろん同時に、フィデリティ評価尺度による定量的評価データも入手できる。これにより、アウトカム尺度・指標との相関分析などを実施して、アウトカム尺度・指標に影響するプログラム要素（効果的援助要素）を、定量的にも明らかにできる。

このように、**実践家等との対話から、定性的および定量的な評価データを得て、総合的に《効果モデル》の形成・改善を考慮できる点に特徴がある**。

さらには試行評価プロジェクトでは、評価ファシリテータによる複数回の評価訪問を行う特徴がある。《効果モデル》の形成・改善に対して、実践家等との複数回にわたる意見交換を行うことになる。これらの機会を通して、実践家等がより主体的・積極的に評価活動に参画することが促進される効果も期待できる。

2）創意工夫に関する意見交換と効果モデル形成・改善への反映

評価訪問によって、実践に関わる実践家等から、ゴール達成に有効な創意工

夫や実践的知見を伺い、効果的援助要素リスト（EMC3）に関する討議を行う点は、第3ステップのGP事例調査と共通する。

　GP事例調査と異なるのは、それまでに《効果モデル》に関わる効果的援助要素リスト（EMC3）が特定されている点にある。そのリスト内容に基づいて、実践家等と意見交換が行える。効果的援助要素リスト（EMC3）の中で、効果が実感できない点、より効果的にするための創意工夫や改善点、実施が困難な点など、さまざまな観点から議論を行うことができる。

　この評価訪問には、他の協力事業所の実践家等が、実践家評価ファシリテータとして関わることができる。同じく《効果モデル》の実践に関わる者同士が、改めて実践現場の創意工夫や困難を討議して、相互に体験を共有できる意義は大きい。

　この評価訪問では、評価ファシリテータが協力事業所に、**フィデリティ評価結果のフィードバック**をする機会を持つ特徴がある。評価訪問当日の最後に、暫定的なフィードバックを行う機会を持つとともに、後日文書でのフィードバックを、レーダーチャートなどを使用して行う。

　特に評価訪問当日のフィードバックでは、定量的に表された効果的援助要素の実施状況の実態と、個々の事業所の実感としての取組みが比較される。評価結果の妥当性を協議・検証するとともに、改善・改訂のための意見交換を行い、アイデアを共有できる利点がある。

3）評価訪問のまとめ、フィードバック

　評価訪問をして実践家等から聞き取った内容は録音して、必要に応じて逐語録等を作成する。質的評価法の方法に基づいてコード化等を行う。特に効果的援助要素リスト、フィデリティ評価尺度・項目の改善・改訂のため見直しが必要な項目は、**質的研究・内容分析の対象**とする。

　これらの見直しの活動は、第10ステップ、第12ステップにおいて、実践家等を含む「評価チーム」が実施する。その結果に基づいて効果的援助要素リスト（EMC3）や、実施マニュアル（EMC5）の改訂を検討する。

　評価訪問から戻ったら、できるだけ速やかに**評価訪問報告書**をまとめる。同時に、文書でのフィードバックを行うために、「**フィードバックシート**」を作成する。フィードバックシートには、**フィデリティ評価尺度・項目のレーダーチャート**を掲載すると良い。フィデリティ評価尺度・項目の全国平均値や、協

力事業所ごとの過去のフィデリティ評価尺度・項目値とが比較できるように配慮する。

　同時に、フィードバックシートには、①良かった点をできるだけ多く挙げ（10項目など）、②改善のためのアイデアを、重要なポイントに絞って２～３項目指摘する。最後には、③総合評価を記載する。《効果モデル》の試行評価調査に関わって頂いていることに謝意を述べるとともに、今後の改善点や実施・普及の方向性について指摘する。

　このフィードバックシートは、できるだけ速やかに協力事業所に送り、実践家等の確認を得る。合意が取れたシートは、協力事業所内のスタッフ全体で共有して頂き、そこでのフィードバックも得るとよい。

　各協力事業所のフィードバックシートは、プロジェクト全体の振り返り会などでも活用することができる。

7　評価活動場面(5)：その他の評価活動場面での実施方法

　以上、CD-TEP法で主に取り上げる７つの評価活動場面のうち、４活動を整理した。他の３活動については概要のみを示すことにしたい。

１）実践家等との意見交換会（説明会・研修会・セミナー・振り返り会等）

　比較的多くの幅広い実践家等が参加する機会になる。具体的には、セミナー・説明会・実施方法研修会・評価研修会・中間報告会・振り返り会・最終成果報告会など、多様な形態が存在する。これらは、14章では、さまざまな関心をもつ人たちの評価人材育成の動機づけとの関係で取り上げている。

　実践における経験(P)を中心に据えた、《効果モデル》の検証と改善を行う意見交換・情報共有の場という観点では、特に実施マニュアル（EMC5）や効果的援助要素リスト（EMC3）については、さまざまな観点から貴重なインプットが行われる場になることが経験されている。

２）実践家等参画型形成評価サイトやメーリングリスト等での意見交換

　実践家等の「評価チーム」への関与・参画が拡大し、評価活動に参画するようになった実践家が多くなると、実践家等参画型形成評価サイトやメーリングリストの活用が活発化する。これらアクティブな関係者による活発な意見交換

は、《効果モデル》改善や改訂のために貴重な情報源になる。

この評価サイトのサンプルは次をご参照頂きたい。

● URL：http://ppcfe.com/

3）実施マニュアル等に関する相互討論と共同執筆

実施マニュアル等の相互討論と共同執筆は、《効果モデル》に関する検討会・ワークショップの発展型として行われる。

《効果モデル》の改善・改良により強い関心を持つ実践家に呼びかけて相互討論と共同執筆を行う。その際、《効果モデル》に関するワークショップにおいて行われた、実践家等が関与する取組みの実践報告を事例報告として、実施マニュアルに掲載することを考慮できる。またその他実践に根ざしたインプットを、実施マニュアル等に加筆することが可能である．

評価ファシリテータは、これら取組みを含めて、実践家等が評価活動に積極的に参画することを促進するよう、関心をもつ実践家等に働きかけを進めることが望まれる。

8　おわりに
——改善ステップ「評価の場」における「効果モデル」検証と改善の意義と役割

この章では、実践家等関係者と評価研究者が協働して《効果モデル》の検証と改善のための意見交換・情報共有を行う場である「評価の場」に注目し、各「評価の場」において、実践からのフィードバックと共有、それに基づく検証・分析をどのように行うのか、《効果モデル》の形成・発展ステージに横断的な活動として整理した。

2節に整理したとおり、「評価の場」には7つの評価活動場面の種別がある。すべての形成・発展ステージに共通して重要な役割を果たす、①実践家等参画型ワークショップと⑦実践家等を含む「評価チーム」での検討会、そして、実践場面で好事例（GP事例）の実践家等との積極的な交流が可能な、③GP事例調査、および④評価訪問を中心に提示した。

これらの場は、いずれも《効果モデル》に関わる実践家等の実践知(P)を反映する貴重な場である。《効果モデル》の形成・発展、およびモデルの改善・改訂に重要な役割を果たす。

それぞれの「評価の場」では、実践家等との対話や交流の中から、良質の定性的評価情報を得て、それを《効果モデル》の形成・発展のために反映する。その反映が有効に行われるには、「評価の場」の民主的な運営や、実践家等への評価キャパシティ形成に向けた働きかけなど、共通する運営方法がある。また、その場を運営する評価ファシリテータの役割にも注目する必要がある。

　以上のようにこの章では、まずは《効果モデル》の形成・発展のために必要な、質の高い実践現場の定性的評価情報を「評価の場」でどのように把握して、共有するのかという点を中心に示した。次章13章では、このように得られた評価情報を、どのように集約・分析し、またその分析結果から《効果モデル》の改善・改訂に向けた取組みにつなげるのか、その方法を示すことにしたい。

文献

Chen HT（2015）．Practical program evaluation: Theory-driven evaluation and the ingegrated evaluation perspective, 2nd Ed. SAGE.

Fetterman DM（2001）．Foundation of Empowerment Evaluation. Sage Publications.

Fetterman DM, Wandersman A eds.（2005）．Empowerment Evaluation Principles in Practice. New York: Guilford Publications.

Knowlton LW, Phillips CC（2013）．The Logic Model Guidebook-Better Strategies for Great Results. Sage Pulbications.

源由理子（2008）．参加型評価の理論と実践．（所収）三好皓一編著．評価論を学ぶひとのために．世界思想社．

源由理子（2014）．地域ガバナンスおける協働型プログラム評価の試み．評価クォータリー（30): 2-17.

源由理子（2015a）．ワークショップの実施方法（1):総論．（所収）大島巌，平岡公一，児玉桂子，他．実践家参画型福祉プログラム評価の方法論および評価教育法の開発とその有効性の検証．平成23～26年度文部科学省省科学研究費補助金基盤研究（A）総括報告書（課題番号：23243068)（主任研究者：大嶋巌).

源由理子（2015b）．社会福祉領域における実践家が参画する評価の意義と可能性——参加型評価方式からの考察．ソーシャルワーク研究40(4): 35-43.

源由理子編（2016）．参加型評価——改善と変革のための評価の実践．晃洋書房．

源由理子，大山早紀子，高橋浩介，大島巌（2013）．効果的福祉実践プログラムの形成過程におけるプログラム理論構築の方法——実践家参画型評価ワークショップの活用．日本評価学会第10回全国大会要旨収録．

大島巌，贄川信幸，中越章乃，他（2013）．効果的プログラムモデル形成のための実践家参画型評価アプローチ法の開発——その方法と現状の到達点，課題．日本評価学会春季第10回大会集録，pp143-150.

大山早紀子，大島巌，源由理子，夏原博史，下園美保子（2014）．プログラム開発段階におけるエ

ンパワメント評価活用の可能性. 日本評価学会第15回全国大会要旨収録.

Rossi PH, Freeman HE, Lipsey MW (2004). Evaluation: a systematic approach, 7th ed. Sage.

Schön DA (1983). The reflective practitioner: How professionals think in action. Basic Books (=2007, 柳田昌一, 三輪健二監訳. 省察的実践とは何か——プロフェショナルの行為と試行. 鳳書房).

新藤健太, 浦野由佳, 方真雅, 他 (2015). 評価ファシリテータにとってのマニュアル. (所収) 効果のあがる就労移行支援プログラムのあり方研究会. 実践家評価担当者・評価ファシリテータマニュアル (第2版). 文部科学省科学研究費補助金基盤研究 (A) 実践家参画型効果的プログラムモデル形成評価研究班. pp61-117.

Solomon P, Cavanaugh MM, Draine J (2009). Randomized controlled trials: Design and implementation for community-based psychosocial interventions. Oxford University Press.

植村英晴, 大島巌, 新藤健太, 他 (2015). 実践家評価担当者・評価ファシリテータマニュアル (第2版). 文部科学省科学研究費補助金基盤研究 (A) 実践家参画型効果的プログラムモデル形成評価研究班.

浦野由香, 新藤健太, 大島巌 (2015). 評価ファシリテータの役割, 評価ファシリテータ実施マニュアル. (所収) 大島巌, 平岡公一, 児玉桂子, 他. 実践家参画型福祉プログラム評価の方法論および評価教育法の開発とその有効性の検証. 平成23〜26年度文部科学省科学研究費補助金基盤研究 (A) 総括報告書 (課題番号：23243068) (主任研究者：大嶋巌).

13章 質的・量的評価データの収集・分析と効果モデル形成・発展への活用

——実践家等参画型で進める効果モデル形成・発展の方法（2）

1 本章の位置づけ

　本章では、前章に引き続いて、実践家参画型で進める効果モデル形成・発展の方法について検討する。前章では、実践家等と評価研究者が協働して運営する「評価の場」の活動全般に注目した。この評価の場が《効果モデル》に関わる**実践家等の実践知(P)を反映する貴重な場**であり、《効果モデル》の形成・発展、およびモデルの改訂に重要な役割を果たすことを示し、その実施方法を整理した。

　これに対して本章では、質的・量的評価データの収集と分析という**科学的な評価活動による知見・エビデンス(E)に注目**する。より効果的な《効果モデル》の形成・発展、およびモデルの改訂に向けた実践家等参画型の評価活動として、**有効なエビデンス(E)の生成方法、活用方法**を検討する。

　具体的には、実践家等参画型評価プロジェクトの中で収集される質的・量的な評価データの収集方法、収集された評価データの分析方法（生成方法）、実践家等参画型ワークショップなどの「評価の場」へのエビデンスの有効な提示方法、共有方法を明らかにする。

　評価データの**科学的な分析結果(E)**は、まずは**実践家等を含む「評価チーム」**が取りまとめ、実践家等が主体となる**実践家等参画型ワークショップに提示**する。ワークショップでは、実践家等が評価結果(E)に関心を持ち、その内容を理解した上で活発な意見交換が行えるよう配慮された資料を提示・共有する。そ

[IV部] 効果モデル形成・発展ステージ横断的な活動と体制整備　291

こでは、評価の分析結果(E)を踏まえながらも、一方では実践における経験知(P)、そして《効果モデル》の理論(T)も改めてグループで共有し、どのように《効果モデル》を改善・改訂するのかを検討する。そのような意見交換を可能にする、有効なワークショップの運営方法についても検討する。

2　質的・量的評価データの収集方法

1）改善ステップにおける評価データ収集の流れ（概要）

　CD-TEP 改善ステップでは、質的・量的評価データは、改善ステップのプロセスから収集される。

　まず、**質的評価データ**は、前章で示したように、主に CD-TEP 改善ステップの中で行われる**7 場面**の「**評価の場**」において収集される。すなわち、《効果モデル》の形成・発展に関連して、実践家等から発言された「語り」やその他の情報（記録、ワークショップの成果物など）が、**実践からのフィードバック(P)**として把握される。

　これら質的評価データに対して、質的評価データの分析が行われ、その分析結果が、**質的評価のエビデンス(E)**として、改めて「評価の場」に提示・共有される。

　また**量的評価データ**は、CD-TEP 改善ステップのいくつかのステップで実施される評価調査から収集される。具体的には、第 1 ステップの「ニーズ把握調査」、第 7 ステップの「広域的事業所調査」、第 8 ステップと第11ステップの「広域的試行評価調査①②」である。

2）質的評価データの収集方法

a．7つの評価活動場面での評価データ収集

　上述のとおり、CD-TEP 改善ステップでは、質的評価データは、主に評価活動 7 場面の中で収集が行われる。精度が高く、良質の質的評価データを収集する方法は、前章に詳細にまとめている（12章参照）。

　質的評価データの種類は、以下のとおりに整理できる。

・実践家等参画型ワークショップ、GP 事例調査や評価訪問、意見交換会などの録音とその逐語録
・ワークショップの成果物としてのプログラム理論などの資料記録

・評価サイトやメーリングリスト等による意見交換における記録

・調査票や評価票への記録・追記

・実施マニュアルへの記録・追記

などである。このほかに、

・実践家等によってまとめられた事例報告（ワークショップや実施マニュアルにおいて、《効果モデル》に関わる GP 事例の事例報告を実践家等に依頼）

も含まれる。

　《効果モデル》の実践を進める中で、その実践に関連して**収集される各種の質的評価データは、主に効果的援助要素**（EMC3）や**実施マニュアル**（EMC5）**に反映される**。プログラムプロセスに関連するものが多い。《効果モデル》の新しい取組みに関するさまざまな実践家等の創意工夫や実践知が、実施プロセスの改善に反映される。

b．質的評価法のデザイン

　評価データの収集は、一般的に評価法のデザインと密接に関連する。CD-TEP 改善ステップでは、比較的定型化された評価プロセスと評価デザインが用意されている。前項に記したように、**7 場面の「評価の場」での評価情報の収集**が行われる。

　7 場面の「評価の場」は、構造の明確な評価デザインの 1 類型といえる。質的評価法のデザインの他の類型の要素として考慮すべきことには、評価の時期・スケジュール、標本抽出の方法などがある。

　まず、**評価の時期**に関しては、**質的評価には、実行中のプログラムの特徴を明らかにするという性格がある**（Weiss, =2014）。このため、たとえば広域的試行評価調査の評価訪問の時期は、開始直後・実施中・プロジェクト終了時などのように設定する。**プロジェクトの進行に沿って質的評価データが収集される**。

　一方、**標本抽出方法**としては、プロジェクト参加者、参加事業所については、希望を募って手挙げ方式で加入するのが一般的である。関心のある事業所からスタートとするスノーボールサンプリングを用いることもある。

c．一般的な質的評価のデータ収集方法との比較

　一般的に質的評価のデータ収集は、次の形態で行われる。すなわち、エスノグラフィー、参与観察、観察、インフォーマルインタビュー、フォーカスグ

ループ、文書、ケーススタディなどである（Weiss,=2014）。

　繰り返しになるが、CD-TEP改善ステップは、比較的定型化された評価プロセスと評価デザインをもつ。このため、**7場面の「評価の場」**（前章）を設定し、そこから質的評価データを収集することを想定している。

　一方で必要に応じて、そのプロトコルを超えた（はみ出した）評価も質的評価データには必要であるし、把握しなければならないこともある。しかし質的研究の柔軟性をある程度制限しても、エンパワメント評価の特性上、実践家等の取組みを容易にするメリットには注目する必要がある。

3）量的評価データの収集方法

a．改善ステップにおける量的評価データの収集

　繰り返し述べているが、本書で用いるCD-TEP改善ステップでは、比較的定型化された評価デザインが用意されている。

　量的評価データが収集されるのは、次のステップにおける評価調査となる。

　(1) 第1ステップ：ニーズ把握調査（含・既存モデル調査）

　(2) 第7ステップ：広域的事業所調査

　(3) 第8ステップ：広域的試行評価調査①

　(4) 第11ステップ：広域的試行評価調査②

　評価デザインとしては、(1)と(2)が**横断調査**で実施され、(3)と(4)は**前向きの介入評価調査**であり、**縦断調査**で実施される。

b．横断調査における量的評価データの収集方法

　まず**横断調査の実施方法**については、主には質問紙を用いた郵送調査で実施する。郵送調査以外では、質問紙を用いた配票留め置き調査、メール調査、ウェブ調査を使用することも可能である。

　対象とするサンプルの単位は、CD-TEP法では、《効果モデル》関連プログラムを実施する事業所およびその実施プログラムを主に想定している。しかし、(1)**ニーズ把握調査**（第1ステップ）では社会的支援を必要としている当事者や家族等身近な支援者（当事者等）を対象にすることが一般的であろう。

　対象の母集団は、「効果モデル」関連プログラムを実施する事業所の場合、関連プログラムが制度モデルのときは、**既存制度の対象事業所の全数**ということになる。たとえば、これまで例示してきたもので示すと、就労移行支援事業の「効果モデル」であれば、就労移行支援事業の全体であり、精神科デイケア

294　13章　質的・量的評価データの収集・分析と効果モデル形成・発展への活用

に訪問支援を統合した「効果モデル」であれば、精神科デイケアの全体ということになる。

　これらは、既存制度モデルを使用した関連プログラムであり、既存制度の対象事業所リストを活用して、**(2)広域的事業所調査**（第7ステップ）であれば全数、あるいはサンプリング（無作為抽出／任意抽出）してその一部を対象事業所とする。

　既存制度には関連しない新規のプログラムの場合、対象事業所リストがあれば活用するが、対象リストがないことがしばしばある。そのような際には、好事例（GP事例）に取り組む事業所からのスノーボールサンプリングで実施してもよい。GP事例の対象事例は、関係者からの情報収集のほか、新規事業の取組みであれば、学会報告、ネット調査などで把握する。

　対象サンプルの単位が、当事者等の場合は、そのような当事者等が参加する当事者会の協力を得る方法、特定の対象者リストがあれば活用する方法、関係者からのスノーボールサンプリングなどの方法がある。

　調査の内容については、297-298頁のeで後述する。

c．縦断調査（前向きの介入評価調査）における量的評価データの収集方法

　ここで用いる縦断調査とは、(3)(4)広域的試行評価調査①②の《効果モデル》の実施に関連して、《効果モデル》の実施前、実施中、実施後、フォローアップ期間を追跡する縦断調査となる。**前向き**（prospective）**の介入評価調査**である（図13-1）。

　(3)広域的試行評価調査①（第8ステップ）は、比較群（対照群）を設定しない、単一グループデザインで実施する。これに対して、**(4)広域的試行評価調査②**（第11ステップ）は、比較群（対照群）を設定した実験デザイン（ランダム化比較試験：RCT）か、準実験デザインで実施する（296頁参照）。

　評価測定の時点は、いずれの場合でも、図13-1のように《効果モデル》の実施前、実施中（必要に応じて複数回）、実施後、フォローアップ期間の時点を設定し、繰り返しの評価測定を行う。

　比較群（対照群）を設定する(4)広域的試行評価調査②では、**評価測定の時点**は《効果モデル》実施群の評価測定の時点と揃える必要がある（図13-1）。

　評価測定の方法については、図13-1に示すように多様な方法が存在する。

　評価者・回答者は、当事者等、《効果モデル》のスタッフ・担当者、《効果モデル》の管理者、第三者評価者（評価ファシリテータ）が主に想定される。**調査**

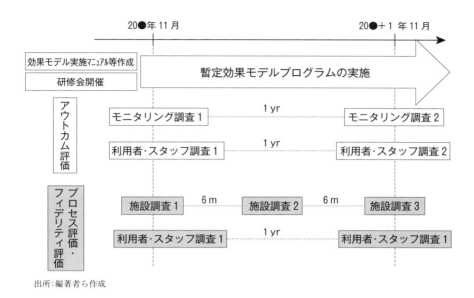

図13-1　広域的試行評価調査①②のデザイン

の方法・評価測定の方法としては、自記式質問紙、評価尺度（自己評定／他者評定）、日報・週報・月報や電子カルテ、クラウドシステム等で把握されるイベント発生状況（利用開始日・終了日、一般就労開始日・離職日、退院日・再入院日、出所日・再入所日、フォローアップ開始日・終了日など）を記録するもの、検査データ等を記録するもの、などがある。

対象とするサンプルの単位は、横断調査の場合と同様に、《効果モデル》関連プログラムを実施する事業所、およびその実施プログラムである。

試行評価調査の性格上、**手挙げ方式**で、参加希望する事業所・プログラムを募って実施する。全数調査や無作為抽出調査で実施することが難しい場合が少なからずある。プログラムへの参加意欲の面で適切な実施が困難であることがしばしばあるためである。ただし、対象事業所の代表性に偏りが生じる可能性がある。そのため結果の一般化（外的妥当性）には十分に留意が必要である。

対象者については、事業所利用時期・利用開始時期などに基づいて抽出をする。加入基準（年齢・重症度など）を設定して、対象を絞り込むこともできる。

試行評価調査に参加する利用者・当事者等から、評価研究プロジェクトへの

参加について説明と同意（Informed Consent）を取った上で、自記式調査票の回答を得たり、記録類の情報を入手する。近年、大学等では評価研究実施にあたって、倫理審査が義務づけられることがある。その際、試行評価調査に参加する利用者・当事者等に対する説明と同意は必須事項である。

一方、評価研究プロジェクトという研究枠組みではなく、通常の支援の枠組みの中で実施する場合もある。その際、事業所としては、利用者・当事者等に新しい支援方法について十分な説明をし、了解を得る必要がある。

d．縦断調査における比較群（対照群）の設定

比較群（対照群）の設定は、(4)広域的試行評価調査②を実施する場合に必要になる。事業所単位でランダムに割り付ければ、**実験デザイン（ランダム化比較試験：RCT）となる（クラスターランダム化比較試験（クラスター RCT））**。また群間の等質性が実現するように配慮して群を割り付ければ、**準実験デザイン**となる（Torgerson ら，2008）。

試行評価調査の性格上、手挙げ方式で参加希望する事業所を募ることが多い。その際、プログラム《効果モデル》の介入開始を半年あるいは1年遅らせる群（ウェイティングリスト群）を設定し、「直ちに《効果モデル》を開始する群」と、「ウェイティングリスト群」をランダムに割り付けることができる。ウェイティング期間内において比較することでRCTが実施できる（**ウェイティングリスト法RCT**）。

同一事業所内で、利用者・当事者等単位にランダム化割り付けを行うこともできる。しかしその場合、《効果モデル》の影響が比較群にも及んで**希釈バイアス**等が生じたり、不満による意欲の低下が生まれたり、倫理的な配慮が必要になったりすることがある。これに対して、事業所単位のランダム割り付けは、このような影響を受けにくい。

一方、**準実験デザインで比較群（対照群）を設定する**ということは、ランダム化割り付けによる「**等質対象（equivalent targets）の選定**」は行われないということである。可能な限り、**マッチング法**などで均質対象を確保する努力をすることにより、**内的妥当性の精度**を高めることができる。準実験デザインにおいては、効果モデル実施群と比較群には、持続的趨勢バイアス、干渉的イベントバイアス、成熟バイアスなどが生じる可能性はある。しかしいくつかの条件を統制することによって、内的妥当性を高めることができる（Rossi ら，=2005：256-274）。

e. 調査内容、使用する指標・尺度

　量的評価データを把握する評価調査における最も主要な指標・尺度、把握するべき調査内容の中心は、プログラムゴールに関わる**アウトカム評価の尺度・指標**である。次に把握すべきなのは、プロセス評価の尺度として、プログラムゴール達成に関連したプログラム要素（効果的援助要素）を尺度化した**フィデリティ評価尺度**である。

　アウトカム尺度・指標とフィデリティ評価尺度の両者の測定は、CD-TEP改善ステップの4つの量的評価調査（293頁参照）では、ニーズ評価段階の(1)ニーズ把握調査を除いていずれも実施する。

　前向きの介入評価調査である、(3)(4)**広域的試行評価調査①②**では、アウトカム尺度・指標とフィデリティ評価尺度・項目の評価測定は、多面的かつ時系列的に繰り返し行われる。

　横断調査の(2)**広域的事業所調査**においては、アウトカム尺度・指標と、フィデリティ評価尺度・項目は自記式郵送調査用に簡便化している。簡便化したフィデリティ評価尺度・項目とアウトカム尺度・指標が、どのように相関するのかを分析できるよう配慮する（9章5節参照）。

　横断調査の(1)**ニーズ把握調査**では、アウトカム尺度・指標に結びつくニーズを把握するとともに、プログラムゴールを達成し、アウトカムを実現する要因を探索的に把握する。

　アウトカム尺度・指標とフィデリティ評価尺度・項目の測定以外に把握が必要なのは、**《効果モデル》の実施・普及に関する情報**である。特に事業所の組織としての、実施・普及段階の評価、スタッフ・関係者への浸透度、《効果モデル》の実施・普及に関する困難・障壁などの把握は、実施・普及評価を進めて行く上で重要である。これら内容は、特に(2)**広域的事業所調査**において調査する。

　CD-TEP改善ステップでは、**アウトカム尺度・指標とフィデリティ評価尺度・項目の選定**は、**効果モデル5アイテム設定時**に、他の4アイテムの設定と同時並行的に進める。

　適切な**アウトカム尺度・指標**（EMC4）**の設定**は、実施されるべきプログラムゴールの設定との関係で重要である。改善ステップ第2ステップの予備的効果モデル（暫定版）作成、および第5ステップの実践家等参画型ワークショップ③：効果モデル（試行版）の形成・構築において、まずプログラムゴールの

設定をし、**インパクト理論**（EMC1）が形成する。これらのワークショップにおいて、近位アウトカム、中位アウトカム、遠位アウトカムが設定される。それとともに、それら**アウトカムを測定する尺度・指標が検討**され、評価プロジェクトで使用することの合意形成と意思決定が行われる。

　フィデリティ評価尺度・項目（EMC4）**の設定**については、第5ステップの実践家等参画型ワークショップ③：効果モデル（試行版）の形成・構築において、**プロセス理論**（EMC2）が形成され、同時に《効果モデル》の**効果的援助要素リスト**（EMC3）が形成される。それらの検討の結果を踏まえて、**効果モデルフィデリティ評価尺度**が、**評価ツール**（EMC4）の1つとして構築される。

　精度が高く良質な量的評価データを入手するために構築される、アウトカム尺度・指標とフィデリティ評価尺度・項目は、このように実践家等参画型の丁寧な質的評価活動の中から生み出されることは、改めて銘記しておきたい。

4）クラウドシステムからの評価データの収集と共有

　以上の量的評価データ、質的評価データを記録し、特に量的評価データについては、「アウトカム尺度・指標」「フィデリティ評価尺度・項目」ともに、時系列的に記録し関係者間で共有する仕組みとして**クラウドシステム**（効果モデル評価サイト等）が有用である。

　クラウドシステムには、アウトカム指標として、日報・週報・月報に記載するような**イベント発生状況**（利用開始日・終了日、一般就労開始日・離職日、退院日・再入院日など）を記録すると、その結果を**指標として時系列的に表示**できる。それによって、《効果モデル》の現状の取組みを可視化して共有することができる。

　質的評価データについても、クラウドシステム上の**日々のログデータ**として活用できる。クラウドシステムは《効果モデル》のプログラムの進捗状況と、利用者の状況を体系的に可視化して把握し、その知見を共有するための評価ツールとして有用である。

3　質的評価データ分析の意義と分析方法、まとめ方

1）質的評価データの意義と評価階層から見た位置

　CD-TEP 改善ステップでは、**効果モデル形成・発展の根拠になる科学的な**

評価活動による知見・エビデンス(E)に、実践に関わる**実践家等の経験に基づく発言や記録(P)**といった質的評価データを多く活用する。

　これは、実践レベルでの**日常的な継続的改善**に注目していること、また開拓的な新しい効果的な取組みを取り上げていること、などが主な理由である。実践家等の創意工夫や実践知を《効果モデル》の形成・発展に反映させるためには、**質的評価データがより重要な意味を持っている**と考えるからである。

　一般的に質的評価には、以下のような意義と特長があることが知られている (Weiss, =2014: 106-109, 336, 352)。

- ・定性的評価者（質的評価者）は出来事の的確な測定よりも、理解に重点を置く
- ・プログラムが形づくられるまでのプロセスや、そのプロセスがどう参加者に影響を与えたかについての詳細な知見を重視する
- ・プログラムがどう動いているかについての考えを徐々に明確にしながら、データの中から繰り返されるテーマやパターンを見出そうとする
- ・定性的調査（質的評価）は、現場で発展する。評価者自身が計測する測定用具である。（中略）評価者は流れに沿って自身の判断力を発揮させながら、データを収集し咀嚼する
- ・実行中のプログラムの特徴を明らかにする情報をくまなく探し、隅々まで目を凝らすことができる
- ・静的よりも動的な情報を、少ない静止画よりも動画を提供することができる
- ・評価者が予め決めた分類だけに頼るのではなく、複数の視点からのエビデンスを組み込むことができる
- ・時間と歴史の認識ができる
- ・定性的評価（質的評価）は一般的に成果達成プロセスについて理解しようと努める。調査は、プログラム事業と利用者の反応を仲介する仕組みに集中する

　一方で、量的評価のメリットはよく知られており、客観性や結果の一般化、普遍化の側面から優位な位置にある。しかしその基盤となる**量的評価データの測定基準は、質的評価研究結果に基づいて構成される**ことが一般的である (Trochim, 2005: 121)。

　特に、上記の質的評価の意義と特長でまとめた「文脈の理解」や「動的な情報の把握」については、プログラムの成果（アウトカム／インパクト）とプロセ

スの関連性を把握したり、プログラム実施のシステム的な把握をする上で重要である。このように**効果モデル5アイテム**のうち、**効果的援助要素リスト**（EMC3）や、プログラム理論（プログラムゴールとインパクト理論（EMC1）、プロセス理論（EMC2））を構築するために欠くことのできない情報を、質的評価データから得ることができる。

　評価階層との関連では、質的評価データは、特にプロセス評価において重要な役割を果たす。CD-TEP改善ステップにおいても、**プロセス評価**に関しては多くの質的評価データが活用されている。

　また、**プログラム理論の設計・開発や形成・改善**においても、質的評価情報は主要な役割を果たす。Weiss（=2014）は、「定性的な評価（質的評価）は、（中略）プログラム理論の考え方と適合性が高い。（中略）定性的手法は、作動中のプログラム理論を大変よく説明できる」と述べている（Weiss, =2014: 352）。

　CD-TEP改善ステップの**第2ステップ**および**第4-5ステップ**では、プログラム理論を開発する際に、実践家等参画型ワークショップにおいて、質的評価情報が中心的な役割を果たす。またプログラム理論の改訂が必要な場合には、**第10ステップ、第12ステップ**のワークショップにおいて、質的評価データを用いて十分な議論が行われる。

　他方で、**アウトカム／インパクト評価**においては、**質的評価情報と量的評価情報の長短のバランスが変わってくる**（Weiss, =2014: 109）。特に社会プログラムが達成すべき数値目標を持つ場合には、量的なアウトカム評価が求められる。たとえば就労移行支援事業における就労移行率、就労継続率などである。

　しかし**質的なアウトカム評価が重視される場面**もある。どのような効果をもたらすのかを探索したり、効果を理解することに密接に関連する事象を把握する場面である（同上）。

2）プロセス評価における質的評価データの分析と実践家等への提示
a．質的評価データの分析方法

　前項で述べたとおり、質的評価は、プログラムの成果（アウトカム／インパクト）と関連するプロセスの特徴を詳細に明らかにし、繰り返されるテーマやパターンを見出したり、その実施状況をシステム的に把握するための多くの情報を提供することができる。CD-TEP法では、《効果モデル》を可視化するため

[IV部] 効果モデル形成・発展ステージ横断的な活動と体制整備　301

に、5アイテムの構成要素を提供する。このうち、**効果的援助要素リスト**
（EMC3）や、**実施マニュアル（EMC5）**には、実践家等から提供された、《効果
モデル》の優れた実践に関わる質的評価データの分析結果が反映される。また
評価ツール（EMC4）のうち、プロセス評価尺度であるフィデリティ評価尺度・
項目には、**効果的援助要素リスト（EMC3）**の内容が活用される。

　プログラムプロセスに関わる《効果モデル》の質的評価データは、GP事例
調査や実践家等参画型ワークショップから得られる。これらの質的評価データ
は、**内容分析**、**テキストマイニング**、**KJ法**などによってまとめられ、効果的
援助要素リスト（EMC3）や、実施マニュアル（EMC5）の作成に活用される。

　テキストデータの内容分析は、テキストデータを切片化して、その上で、社
会プログラムのゴールに対応させて、プログラムのより良い成果に影響するプ
ログラム要素という観点からコードの整理を行う。

　まず、具体的な発言内容を反映したin vivo（イン・ヴィボ）コードを作成す
る。その上で、1次コード、2次コード、3次コード、サブカテゴリ、カテゴ
リ、コアカテゴリ等を抽出する。コードを分類する過程では、**KJ法**を用いた
り**テキストマイニング**を用いることもできる。

　また、プログラム理論を作成するワークショップを用いることもできる。プ
ログラムゴールを実現する「活動や取組み」を探索するワークショップを行
い、その中から**効果的援助要素（EMC3）**を抽出してもよい。

　CD-TEP法では、効果的援助要素リスト（EMC3）を、チェックボックス形
式で記述することを推奨する。コード分類として具体性の高いin vivo（イン・
ヴィボ）コードや1次コードの内容をチェックボックス項目に選定するように
配慮する（表5-2（110頁）参照）。

　実施マニュアル（EMC5）のうちプログラムの実施方法は、「効果的援助要素
に基づく支援」を中心に記述する。in vivo（イン・ヴィボ）コードや1次コー
ドなど具体的な発言内容を、実施マニュアルにも反映させる（表5-5（122頁）
参照）。なお、実施マニュアル（EMC5）には、GP事例調査などで把握したGP
事例報告の具体的な内容を掲載すると効果的である。

b. 実践家等への提示方法

　以上の作業は、実践家等を含む「評価チーム」が行い、改善ステップ**第5ス**
テップ（あるいは**第10ステップ**、**第12ステップ**）において、実践家等が中心となる
ワークショップに提示する。

302　**13章　質的・量的評価データの収集・分析と効果モデル形成・発展への活用**

　プログラムプロセスに関わる質的評価データは、主にチェックボックス形式からなる効果的援助要素リスト（EMC3）を提示する。効果的援助要素リスト（EMC3）の提示にあたっては、議論の必要なポイントを赤文字などで明示したり、ペンディング項目を色文字などで示しても良い。

c. 改訂版案の分析と提示方法

　第1次効果モデルである試行版が完成した後には、改善ステップ**第8ステップ**や**第11ステップ**の広域的試行評価調査①②などで《効果モデル》の試行を行う。その試行結果に基づいて《効果モデル》の改訂を行う。

　その際、質的評価データは、**評価活動7場面**のうち、①実践家等参画型ワークショップ、②実践家等との意見交換会、③GP事例調査の訪問における実践家等との意見交換や対話の中から、主に得ることができる。

　改訂・改善の内容は、**第9ステップ**の実践家等を含む「評価チーム」において検討する。

3）プログラム理論の構築と検証における質的評価データの活用

　前述したように、**質的評価はプログラム理論の考え方と適合性が高い**。また、質的評価の手法は、作動中のプログラム理論を大変よく説明できると考えられている（Weiss, =2014: 352）。

　まずプログラム理論の構築に当たっては、実践家等参画型ワークショップが有効であることが知られている（12章参照）。

　また第1次効果モデルである試行版が完成した後には、広域的試行評価調査①②によって《効果モデル》が検証され、プログラム理論の改訂が必要になる場合も生じる。

　実践家等参画型ワークショップへの提示は、新旧のプログラム理論を対比させて提示する。改訂部分を色文字で表示するなどの配慮ができるとよい。

4）アウトカム／インパクト評価における質的評価データの活用

　質的評価調査はプログラムのプロセスを調査し、量的評価調査はアウトカム（成果）を調査する（Mark ら, 1987）と言われるように、両者は相互補完性をもっている（Weiss, =2014: 356）。

　量的なアウトカム評価のためには、尺度や指標の選択、作成が必要になる。《効果モデル》のアウトカム／インパクト評価でどの尺度・指標を使用するか

は、その《効果モデル》のプログラム特性を良く考慮して、慎重に選択する。また、ただ単に量的に測定しやすい尺度・指標を選択するといった、指標ありきの議論にならないように十分に配慮する。

その際、質的評価情報が重要である。その出発点は、プログラム理論のインパクト理論作成である。実践家等と共に、効果モデル5アイテムの1つである**プログラムゴールとインパクト理論**（EMC1）をワークショップなどで慎重に吟味し、《効果モデル》のアウトカム尺度・指標として使用するのが適切かどうかを判断する。

同時に、GP事例調査や評価訪問の折には、《効果モデル》がプログラム利用者にどのような効果をもたらすのかを探索し、効果をもたらす背景についても常に検証するよう心がける。

アウトカムの質的評価は、実践家等参画型ワークショップにおいて、インパクト理論の検討の中で行う。その中で、それぞれの事業所のニーズに合致した成果は何か、またそれをどのように測定すれば良いのかを検討することができる。

4　量的評価データ分析の意義と分析方法、まとめ方

1）量的データ分析の意義と評価階層から見たアプローチ

量的データ分析の意義とメリットはよく知られている。客観性や結果の一般化、普遍化において優れている（Weiss, =2014: 106）。また、量的データを使用する多くの統計技法が存在しており、時に複雑な社会事象の関係性を客観的に分析することに優れている。さらには質的な評価手法に比較して、より客観的なデータを示すものと考えられている（Weiss, =2014: 106-107）。特に事象の測定とそれにバイアスを与える要因の排除を科学的な手続きで行える点が優れている（Liamputtong, =2012: 9）。

以上のように、科学的な評価活動による知見・エビデンス(E)によって、《効果モデル》の形成・発展を志向するCD-TEP法には、量的評価データの分析を欠くことはできない。

量的評価手法は、**5つの評価階層**の中でも**アウトカム／インパクト評価**に優れ、質的評価はプロセス評価に利点があるとされる（Weiss, =2014: 108-109）。

一方で、プログラムが特定の活動に定まっている場合には、プログラムプロセスの特性を示すために定量的手法が活用できる（Weiss, =2014: 108）。**フィデ**

リティ評価尺度がその代表的なものである。

　形成的評価の方法論である CD-TEP 法は、《効果モデル》の形成・発展のために、**評価階層の中盤に位置づくプロセス評価とアウトカム評価の関係性の分析を重視する**。そのため、プログラムゴール達成に有効なプログラム要素（効果的援助要素）を特定して、フィデリティ評価尺度を構築する。また、**効果的援助要素リスト**（EMC3）を中心にプログラムプロセスを見直し、必要に応じてプログラム理論・プロセス理論の見直しや改訂・改善を考慮する。

　このように、CD-TEP 法を用いた形成的評価では、フィデリティ評価の尺度得点に注目して、その項目得点や下位尺度の分布や推移、アウトカム尺度・指標値との相関分析等の量的評価分析を実施する。その分析結果に基づいて、《効果モデル》の形成・改善のために必要な検討を行う。

2）量的評価データの分析方法と実践家等への提示

　《効果モデル》の形成・改善に関わる量的評価データの分析は、基本的には、フィデリティ評価尺度・項目などプロセス評価に関する評価結果と、アウトカム尺度・指標に関する評価結果の分布と関係性の検討、時系列的データの分析である。その分析方法は、概ね以下の 4 つに整理できる。

① プロセスとアウトカムの尺度・項目の分布

　フィデリティ評価尺度・項目と、アウトカム尺度・指標の分布を平均値、標準偏差で示す。個別事業所の値と参加事業所全体の値との比較や、これら値の時系列的な変化の状況を検討する。

　フィデリティ評価尺度・項目の値は、**レーダーチャートなどで提示**してもよい。

　第 7 ステップ「広域的事業所調査」から得た量的データについては、効果的援助要素の実施状況を、自記式フィデリティ評価尺度の尺度全体、領域、項目ごとに、平均値、標準偏差、得点分布を算出する。領域・項目ごとの平均値は、それぞれレーダーチャートグラフ等の形で、視覚的に実施状況が把握しやすいように示す。平均点が高い領域・項目、低い領域・項目について記述する（広域的な実施状況の整理（9 章 5 節））。

　また、主に施設特性と自記式フィデリティ評価尺度の得点との関連を検討する。自記式フィデリティ尺度の尺度全体得点、領域得点、および項目得点の順にそれぞれ関連を検討することで、効果的援助要素の実施を促進・阻害する施設特性が検討できる（フィデリティ評価尺度・項目の促進・阻害要因の検討）。

[Ⅳ部] 効果モデル形成・発展ステージ横断的な活動と体制整備　305

② プロセス評価とアウトカム評価の相関分析

　プロセス評価の尺度、フィデリティ評価尺度（総合尺度と下位尺度、個別尺度）とアウトカム尺度・指標の相関分析を行う（コラム4参照）。

　また、それぞれの尺度の平均値・標準偏差も示す。必要に応じて、関連する属性によるサブカテゴリー分析を行って、結果を示すことも有効である。

　前項で述べたように、CD-TEP法を用いた形成的評価の取組みでは、**フィデリティ評価尺度・項目値とアウトカム尺度・指標値の相関関係を分析**し、《効果モデル》の形成・改善や、改訂のための客観的で普遍的な知見を得る分析が可能である。

　第7ステップ「広域的事業所調査」から得た量的評価データは、事業所の過去の実績（成果）をアウトカム指標として把握すれば、フィデリティ評価尺度・項目得点との相関分析によって、効果的援助要素がアウトカムとどのように関連するのかを検討できる（9章7節参照）。

　第8ステップと第11ステップの「広域的試行評価調査①②」から得られた量的データについても、フィデリティ評価尺度・項目の得点が、アウトカム尺度・指標値とどのように関連するのかを、アウトカム尺度・指標値との相関分析によって明らかにできる（9章7節、10章6節参照）。

　また、**多施設共同の効果モデル試行評価調査に参加した15〜30事業所の事例表を作成**し、効果的援助要素／フィデリティ評価尺度・項目の実施状況と、**アウトカム尺度・指標値の状況を対比**させながら、**事業所の事例分析を行うことができる**。事業所特性によって、「効果的援助要素／フィデリティ評価尺度・項目」と「アウトカム指標」の**相関・関連が直線的でない場合のグループ別分析**や、新たな効果的援助要素の抽出などといった**関係性の探索的な分析**も考慮できるだろう（事例表を用いた事例分析）。

③ 時系列分析

　「フィデリティ評価尺度・項目」と「アウトカム尺度・指標」の評価値が、時系列的に、ともに改善していることを確認・検証する。特に「フィデリティ評価尺度・項目」については、下位尺度値（通常5〜7尺度程度）の時系列変化も提示する。《効果モデル》は、時系列的にプログラムプロセス、そしてアウトカムに反映することが明らかになると、因果関係の推論に有益である。この分析も、フィデリティ評価尺度・項目値とアウトカム尺度・指標値の関係性を

306 　13章　質的・量的評価データの収集・分析と効果モデル形成・発展への活用

[コラム4]　**相関分析の分析例**

　「効果のあがる就労移行支援プログラム」の取組みでは、2013年に全国22か所の就労移行支援事業所を対象とした1年間の全国試行評価調査（第8ステップ）を実施した（コラム2、202頁参照）。

　この試行評価調査の分析では、効果的援助要素の各領域・項目（フィデリティ尺度得点）と達成が期待されるアウトカム（1年間の就労移行者数・2年間の就労定着率）との関連を検討する分析（相関分析）を行った。その結果をコラム表13-3に示す。

コラム表13-3　効果的援助要素の各領域・項目とアウトカムの関連

項目	移行者数	定着率	項目	移行者数	定着率
総合	.533		D 領域	.571	
A 領域			D-1	.624	.343
A-1	.204	.263	D-2①	− .202	− .445
A-2	− .386	.499	D-2②	.489	.219
A-3	− .231		D-3	.350	
A-4			D-4		.273
A-5			D-5	.568	− .209
A-6	.275		D-6	.275	
B 領域			D-7	.572	
B-1			D-8	.635	.262
B-2	.346	− .219	E 領域	.523	.334
C 領域	.317		E-1		.413
C-1			E-2	.576	
C-2			E-3	.430	.213
C-3	.287		E-4		

　この分析によって、効果的援助要素の多くの項目（フィデリティ尺度得点）がアウトカム（1年間の就労移行者数・2年間の就労定着率）と関連（相関）していることが明らかになった。

　一方で、効果的援助要素のいくつかの項目は、アウトカムとの関連が認められない、あるいは負の相関関係であることが示された。このため、このプログラムの精度を高め、より効果的なプログラムへ発展させるために、これらの項目を中心に、効果的援助要素のさらなる検討・改訂を行う必要があることが示唆された。

出所：新藤, 他(2017)

[IV部] 効果モデル形成・発展ステージ横断的な活動と体制整備　307

時間軸との関係で検討する重要な分析方法である。

第8ステップと第11ステップの「広域的試行評価調査①②」では複数の評価時点にわたってフィデリティ評価が実施される。そのために、各評価時点におけるフィデリティ評価尺度・項目値の分布や、評価方法の違いによるフィデリティ評価尺度・項目値の分布を明らかにすることができる。また、フィデリティ評価尺度・項目値の分布の違いを生み出す施設特性、スタッフ特性、対象利用者の違いによる特性なども明らかにする（フィデリティ評価尺度・項目の分布（9章7節、10章6節参照））。

④ **効果モデルのアウトカム比較分析**

《効果モデル》の実施が、アウトカムの改善に貢献することを検証するために、2つの分析方法がある。

(a) **比較群との比較分析**：1つは、《効果モデル》を実施する実施群と、実施しない比較群（対照群）を**比較する分析**がある。実施群と比較群がランダムに割り付けられていると、**ランダム化比較試験**（RCT）になる。内的妥当性が高い評価方法として知られている。

第11ステップ「広域的試行評価調査②」から得られた量的データについて分析する。一般的には次のように変数を設定した共分散分析を実施する。

・**従属変数**：《効果モデル》試行後のアウトカム尺度・指標値

・**独立変数**：《効果モデル》実施群と、《効果モデル》非実施の比較群

・**共変量**：《効果モデル》試行前のアウトカム尺度・指標値、その他実施施設の基礎属性など

多施設共同による試行は、《効果モデル》の**外的妥当性**を高めることが目的に加えられる。期待した成果が得られない場合には、その背景要因を分析し、《効果モデル》の汎用可能性および普及可能性を検討する。この点も分析の焦点となる（効果モデル実施群と対照群の比較分析（10章6節））。

(b) **高低フィデリティ群の比較分析**：比較群をおかず、すべての施設において《効果モデル》を実施する場合には、**高フィデリティ群と低フィデリティ群を比較する方法**がある。「効果モデル」の強い影響があると推定されるグループとして、フィデリティ評価値の高いグループ（**高フィデリティ群**）を位置づけ、一方、「効果モデル」の影響が弱いと想定されるフィデリティ評価値の低いグループ（**低フィデリティ群**）を設定する。この2群間に、アウトカム尺度・指標値の得点差を検討する方法である（コラム5参照）。

308　13章　質的・量的評価データの収集・分析と効果モデル形成・発展への活用

[コラム5]　**2群比較の分析例**

　コラム2で紹介した「効果のあがる就労移行支援プログラム」では、効果的援助要素はA領域からE領域までの5領域・23項目・172要素で構成され、これらの実施度を測定するためのフィデリティ尺度も作成された（コラム2、202頁参照）。

　2013年には全国22か所の就労移行支援事業所を対象に、1年間の全国試行評価調査（第8ステップ）を実施した。この試行評価調査の分析では、プログラムの実施度（フィデリティ尺度得点）を高群・低群に分け、両群のアウトカム達成状況を比較する分析（共分散分析）を行った。その結果をコラム表13-1と13-2に示す。

コラム表13-1　プログラムの実施と1年間の就労移行者数の関係

フィデリティ尺度総合得点		共分散分析	
高群(11事業所)	低群(11事業所)		
平均(標準偏差)	平均(標準偏差)	F 値	P 値
12.45(7.75)	7.00(7.22)	5.131	0.035

コラム表13-2　プログラムの実施と2年間の就労定着率の関係

フィデリティ尺度C領域・D領域・E領域の合計得点		共分散分析	
高群(11事業所)	低群(11事業所)		
平均(標準偏差)	平均(標準偏差)	F 値	P 値
26.91(19.45)	10.99(11.37)	7.050	0.016

　この分析によって、プログラムの実施度（フィデリティ尺度得点）が高い群は、低群に比べてアウトカムの達成状況が高いことが明らかになった。

　なお、この研究・分析は実際に実践現場へのプログラム導入を通して得られた結果であり、プログラムの有効性のみならず、プログラムの実践現場への適用可能性をも同時に示すことができた点に意義がある。

出所：新藤, 他(2017)

具体的に CD-TEP 改善ステップでは、**第8ステップ**「広域的試行評価調査①」から得られた量的データを分析する。フィデリティ評価尺度の分布における高低差が、アウトカム尺度・指標値の分布にどのように影響しているのかを分析する。フィデリティ評価尺度の中央値、三分位数などにより、高低2群、あるいは高中低3群別のグループを作り、それぞれの群において、アウトカム尺度・指標値がどのように変化するのか、値の改善がどの程度行われるのかを分析する（9章7節2項b(4)参照）。

なお CD-TEP 法では、以上の量的データ分析の結果だけに基づいて《効果モデル》の改訂を行うことはない。相関分析の結果で「フィデリティ評価尺度の個別項目」のうち、「アウトカム尺度・指標」との相関がまったく認められない項目があったとしても、この段階ではその項目の削除はしない。量的データ分析の結果は、ワークショップにおいて「事実・エビデンス（E）」として参加者に伝える。その上で、参加者の「実践における経験知（P）」などとも照合して、必要な対応について合意形成を得る。

5　ワークショップを用いた質的評価データの検討、効果モデル改訂の方法

1）ワークショップにおける質的評価データ分析結果の位置づけ

質的評価データ分析の結果を用いたワークショップは、CD-TEP 改善ステップのワークショップを実施するすべてのステップ（第1・2・5・10・12ステップ）で実施し、いずれも重要な役割を果たす（表12-1（266頁）参照）。

なかでも**設計・開発評価ステージ**では、**第5ステップ**のワークショップが重要である。このワークショップでは、**第1ステップ**で実施する現状分析のためのニーズアセスメントや実践家等参画型ワークショップ、**第3ステップ**の GP 事例調査の結果を踏まえて、主には質的評価データの分析結果に基づいて、《効果モデル》の設計・開発を行う。文献調査に基づく理論評価、ニーズアセスメントによる量的データ分析も用いるが、基本的には質的評価データの分析結果の比重が大きい。

一方、**形成・改善評価ステージ**では、**第10ステップ、第12ステップ**において行うワークショップでは、量的評価データの分析結果も、質的評価データ分析

結果と合わせて、重要な役割を果たす。他方で、特に《効果モデル》の改訂・改善を図る際には、実践現場の創意工夫や実践上のアイデア（P）からもたらされる質的評価データの分析結果は重要な寄与をする。

2）質的評価データの種類とワークショップにおける提示方法

実践家等参画型ワークショップで、主に取り上げる質的評価データの種類は、以下のとおりである。

① GP 事例調査の聞き取り調査記録

② 前回までの実践家等参画型ワークショップにおける発言記録

③ ニーズアセスメントにおける発言記録

④ 全国試行評価調査・評価訪問時の意見交換記録

⑤ 全国試行評価調査・実施マニュアルへの加筆項目

⑥ 実践家等参画型形成評価サイトやメーリングリストによる意見交換の記録

⑦ GP 事例調査などに基づく事例報告結果（実践家等、研究者）

ワークショップで取り上げる質的評価データは、可能な限り**効果モデル 5 アイテム**に関連させて整理する。5 アイテムのうち、特に次の 2 つのアイテムに対する質的評価データの寄与は重要である。

・EMC3）効果的援助要素リスト

・EMC5）実施マニュアル

効果的援助要素リスト（EMC3）には、質的研究の内容分析等のコード分類（1 次コード、2 次コード、3 次コード、カテゴリ、サブカテゴリ等）（Krippendorff, 1980)、やテキストマイニングの分析結果（樋口, 2014）を反映させる。

効果的援助要素リストは、チェックボックス形式で記述することが推奨されている。チェックボックスの内容は可能な限り、実践現場の創意工夫、アイデアを記載することが望ましい（大島ら, 2015）。そのため、コード分類として具体性の高い 1 次コードや、具体的な発言内容を反映した in vivo（イン・ヴィボ）コードを参考にしても良い。

これらの具体的発言内容は、**実施マニュアル**（EMC5）にも反映させる。実施マニュアルには、GP 事例調査などで把握された、有意義なプログラム事例を紹介しても良い。

事例報告は、GP 事例調査に関わった評価研究者がまとめる方法もあるが、意識の高い実践家等に自らの事例を報告・執筆するよう依頼する方法もある（評価場面⑥「実施マニュアル等に関する相互討論と共同執筆」、12章7節3項（287頁）参照）。

なお、**プログラムゴールとインパクト理論**（EMC1）と**プロセス理論**（EMC2）については、質的研究法の1つであるグラウンデッド・セオリー・アプローチ（Grounded Theory Approach; GTA）を取り入れて検討することもできる（Glaser ら, 1967）。

3）ワークショップにおける検討方法

前項で述べたように、ワークショップで取り上げる資料は、可能な限り**効果モデル5アイテム**に関連した形式、可能であれば5アイテムの形式で提示する。とはいえ複数回開催するワークショップの初期の段階では、効果モデル5アイテムの形式で提示せず、ワークショップに参加した実践家等が活発に議論できる**「争点となる資料」**を用意してもよい。

実践家等参画型ワークショップの最も主要な機能は、効果モデル形成に関する**「合意形成」**と**「方向性の合意」**である。そのために、最終的には、「効果モデル5アイテム」の提示が必要となる。

実践家等参画型ワークショップにおいて参加する実践家等に期待される役割は、**効果モデル5アイテム**に対する実践現場からのリアリティのあるフィードバックである。そのようなフィードバックが自由に発言できる雰囲気を、ワークショップでは形成する必要がある。

実践家等が最もリアリティを持った発言ができるのは、**自らが関わる実践事例を報告**し、それを他の実践家等の取組み事例と比較する場面であろう。ワークショップでは、効果的援助要素の領域（通常は4～7領域）ごとに、実践事例の報告を促し、その報告についての意見交換を行う。

「効果モデル5アイテム」の検討についても、GP 事例調査で把握した実践例を可能な限り提示し、実践家等からの発言を促すように運営する。

6　ワークショップを用いた量的評価データの検討、効果モデル改訂の方法

1）ワークショップにおける量的評価データ分析の位置づけ

　量的評価データの分析結果は、**形成・改善評価ステージ**（導入期、成熟期）の2つのワークショップ（**第10ステップ**および**第12ステップ**）に提示されて、《効果モデル》の形成・改善とその改訂のために活用される。

　参加型ワークショップの種類はいくつかあるが、ここでは**効果モデル形成・改善型**（改訂型）**ワークショップ**が対応する。

　ただし、《効果モデル》の改訂は、プログラム理論に限定せず、効果モデル5アイテム全般にわたって行われる。

　そのためのワークショップの実施方法は、生成するコンテンツの内容に対応して多様な方法がありうる。

　本章4節で述べたとおり、量的評価データの分析方法とワークショップへの提示方法について「**量的データ分析の結果だけに基づいて、《効果モデル》の改訂は行わない**」。量的評価データの分析結果はワークショップで検討し、それに基づいて《効果モデル》の一部の改訂、たとえば効果的援助要素リスト（EMC3）の改訂・改善などに反映する。

2）ワークショップにおける検討方法

　実践家等参画型ワークショップでは、まずは6〜10名程度のグループに分かれて本章4節でまとめた量的評価分析の資料を共有し、読み合わせと意見交換を行い、グループ討議が終了した段階で、全体共有と全体討議を行う。グループ討議には、各グループに評価ファシリテータが入り、評価結果の読み取りをサポートするとともに、《効果モデル》の形成・改善とモデル改訂に向けて活発な意見が出るように発言を促す。

　量的評価分析の資料は、以下の内容である。

　① **プロセスとアウトカムの尺度・項目値の分布**：フィデリティ評価尺度・項目値とアウトカム尺度・指標値の分布。フィデリティ評価尺度・項目の値はレーダーチャートなどで提示

　② **フィデリティ評価尺度・項目値**（総合尺度・下位尺度・個別項目尺度）**とア**

[IV部] 効果モデル形成・発展ステージ横断的な活動と体制整備　313

ウトカム尺度・指標値の相関分析：
　③ **時系列分析**：フィデリティ評価尺度・項目値とアウトカム尺度・指標値の時系列変化
　④ **効果モデルの効果評価の分析**：「効果モデル」実施群と比較群（対照群）の比較分析、および高フィデリティ群と低フィデリティ群の比較分析

　特に②③は、アウトカム尺度・指標値に影響するフィデリティ評価尺度・項目値の影響を検討する上で重要である。
　②**の相関分析**については、相関係数の大小のみならず、個別フィデリティ評価尺度・項目の平均値は高いが、アウトカム尺度・指標値に相関していない項目、あるいはフィデリティ評価尺度・項目値は低いが、アウトカム尺度・指標値に相関している項目等についても検討を加える。
　たとえば、以下のような検討項目（例示）を設定して、個別フィデリティ項目の各項目に対して1項目ずつ検討のうえ、グループ討議を行うとよい（山野ら, 2015）。
　(a) フィデリティ評価尺度の個別項目の平均値が低い項目については、実践との照合を行い、その原因を検討する
　(b) フィデリティ評価尺度の個別項目の平均値は高いが、アウトカムとの相関が低い項目について、その要因を検討する
　(c) フィデリティ評価尺度の個別項目の平均値が低いが、アウトカムとの相関が高い項目について、その要因を検討する
　(d) フィデリティ評価尺度の個別項目について、それぞれの実践的な重要度について協議する
　ワークショップ終了後には、各グループのファシリテータが討議記録を作成し、出された意見を個別フィデリティ評価尺度・項目のリストに落とし込む。実践家等を含む「評価チーム」で、各項目の改訂・改善案を作成する。改訂・改善案については、ワークショップ参加者等からのチェックを受ける。
　その後開催するワークショップでは、この「効果モデル」改訂案を検討し、ワークショップ参加者からの情報・意見を反映して改訂案に追加・加筆を行う。改訂・改善する対象は、**効果的援助要素リスト（EMC3）、実施マニュアル（EMC5）**のみならず、**プログラム理論（EMC1・EMC2）**を含むこともある。

3）ワークショップ実施結果のまとめと「効果モデル」の改訂

　以上の量的評価結果に基づく検討により、実践家等に客観的な量的調査データを提示して議論することで、経験と勘によらないエビデンスに基づく議論を促すことができる。たとえば、福祉現場においては経験知からの発言ばかりが強調され、建設的な議論にならない場面がしばしばみられる。しかし本方法では数値データや質的データに戻り、客観的な視点を得ることができる。

　データをしっかり読み込み、分析をする視点によって「そうだろうか」「なぜだろうか」と自身の実践を振り返る形で議論が深化する。実践を客観的に振り返ることができるばかりでなく、結果の確からしさをより効果的に深めることができる手法（山野ら, 2015）である。

7　まとめ

　本章では、質的・量的評価データの収集と分析という、**科学的な評価活動による知見・エビデンス(E)**に注目し、より優れた《効果モデル》の形成・発展、およびモデルの改訂に向けた実践家等参画型の評価活動として、有効なエビデンス(E)の生成方法、活用方法を検討した。

　実践家等参画型で進められる「評価の場」における評価活動において、まずは、質的・量的評価データの収集が行われ、質的・量的な評価情報が分析される。その上で、実践家等参画型ワークショップで検討するための分析資料がまとめられる。これらを踏まえて、実践家等参画型ワークショップでの検討が行われ、《効果モデル》の**試行版**から、**提示版、エビデンス版**へと改訂する方法を整理した。

　実践家等も十分に参画しながら、評価結果・エビデンスに基づいた検討を行い、《効果モデル》が適切に形成・発展するためには、評価結果・エビデンスのまとめ方、それに基づく意見交換・情報共有の方法論が重要である。本章では、そのアプローチ法を具体的に提示した。これらの方法論は、まだ取組みをスタートして間もない段階である。今後、実践家参画型評価で進めるためのより良い分析方法、検討方法の実践事例を積み上げて行くことが望まれる。

文献

Glaser BG, Strauss AL（1967）. The discovery of grounded theory: Strategies for qualitive research. Routledge（=1996, 後藤隆, 大出春江, 水野節夫訳. データ対話型理論の発見——調査からいかに理論をうみだすか. 新曜社）.

樋口耕一（2014）. 社会調査のための計量テキスト分析——内容分析の継承と発展を目指して. ナカニシヤ出版.

Krippendorff K（1980）. Content Analysis: An Introduction to Its Methodology. Sage Publications（=1989, 三上俊治, 椎野信雄, 橋元良明訳. メッセージ分析の技法——「内容分析」への招待. 勁草書房）.

Liamputtong P（2010）. Research methods in health: Foundation for Evidence-Based Practice. Oxford University Press（=2012, 木原雅子, 木原正博訳. 現代の医学的研究方法——質的・量的方法, ミクストメソッド, EBP. メディカル・サイエンス・インターナショナル）.

Mark M（1987）. Alternative moldels of the use of multiple methods. New Direcitons for Program Evaluation（30）: 95-100.

大島巌, 平岡公一, 児玉桂子, 他（2015）. 実践家参画型福祉プログラム評価の方法論および評価教育法の開発とその有効性の検証. 平成23～26年度文部科学省科学研究費補助金基盤研究（A）総括報告書（課題番号：23243068）（主任研究者：大嶋巌）.

Rossi PH, Lipsey MW, Freeman HE（2004）. Evaluation: A systematic approach（7th edition）. SAGE（=2005, 大島巌, 平岡公一, 他監訳. プログラム評価の理論と方法——システマティックな対人サービス・政策評価の実践ガイド. 日本評論社）.

新藤健太, 大島巌, 浦野由佳, 他（2017）. 障害者就労移行支援プログラムにおける効果モデルの実践現場への適用可能性と効果的援助要素の検討——全国22事業所における1年間の試行的介入研究の結果から. 社会福祉学58(1)：57-70.

Torgerson DJ, Torgerson CJ（2008）. Designing randomised trials in health, Education and the Social Sciences: An Introduction. Palgrave Macmillan（=2010, 原田隆之, 大島巌, 津富宏, 上別府圭子監訳：ランダム化比較試験（RCT）の設計——ヒューマンサービス, 社会科学領域における活用のために. 日本評論社）.

Trochim WMK（2005）. Research methods: The concise knowledge base. Cengage Learning.

Weiss CH（1998）. Evaluation: Methods for studying programs and policies. 2nd Ed. Prentice Hall（=2014, 佐々木亮監訳, 前川美湖, 池田満訳. 入門評価学. 日本評論社）.

山野則子編（2015）. エビデンスに基づく効果的なスクールソーシャルワーク——現場で使える教育行政との協働プログラム. 明石書店.

山野則子, 梅田直美, 厨子健一（2014）. 効果的スクールソーシャルワーカー配置プログラム構築に向けた全国調査——効果的プログラム要素の実施状況, および効果（アウトカム）との相関分析. 社会福祉学54(4)：82-97.

山野則子, 横井葉子, 大友秀治, 駒田安紀, 逗子健一（2015）. ワークショップの実施方法(2):量的分析を活用した実践家参画型ワークショップにおける効果モデルの構築.（所収）大島巌, 平岡公一, 児玉桂子, 他. 実践家参画型福祉プログラム評価の方法論および評価教育法の開発とその有効性の検証. 平成23～26年度文部科学省科学研究費補助金基盤研究（A）総括報告書（課題番号：23243068）（主任研究者：大嶋巌）.

14章

CD-TEP 改善ステップに基づく評価キャパシティの形成

――「評価の場」を「評価キャパシティ形成の場」にするための ECB ガイドライン

1　本章の位置づけ

　本書で取り上げてきた CD-TEP 法は、実践家、さらにはその他関係者たち（実践家等）、および評価研究者が協働してより良い《効果モデル》を構築することを可能にする**新しい評価アプローチ法**である。同時にこの方法は、エンパワメント評価の1形態として、そこに関わる**実践家等の評価キャパシティの形成・向上**をも目指している。

　本書12章では、実践現場との交流の場である「評価の場」が《効果モデル》の形成・発展にとって重要な役割を果たすこと、そのために CD-TEP 改善ステップにおける「評価の場」に参画する実践家等の評価に対する関わり方と、評価の力量（評価キャパシティ）の形成が、《効果モデル》の形成・発展に重要な役割を果たすことを示した。そしてその有効な方法を提示した。

　その一方で、CD-TEP 改善ステップにおける「評価の場」は、評価プロジェクトに参加する実践家等関係者が、個人としてあるいは組織として、**評価に対する関心を拡大し、評価キャパシティ形成に寄与することも志向する**。

　それでは、実践家等の評価キャパシティ形成に向けて、「評価の場」を**どのように運営すれば「評価キャパシティ形成の場」として、より良い成果を生み出すことができるだろうか**。次には、その検討が必要となる。

　本章では、CD-TEP 改善ステップの「評価の場」における実践家等関係者の個人として、さらには組織としての評価キャパシティ形成に注目する。「評

［IV部］効果モデル形成・発展ステージ横断的な活動と体制整備　317

価の場」を有効な「評価キャパシティ形成の場」、評価人材の「育成の場」に
するためにはどのような配慮や取組みが必要であるか、を明らかにすることに
したい。具体的には、改善ステップ各段階で実践家等と評価研究者、他の関係
者が協働で進める「評価の場」の評価活動場面を、どのように組み合わせプロ
セスを進展させることが、有効な「評価キャパシティ形成の場」に結びつくの
か、実践家等評価人材の評価キャパシティ形成に関する方策・方略を、ガイド
ラインとして提示することにしたい（図14-1参照）。

2　改善ステップと実践家個人レベルの評価キャパシティの形成

1）CD-TEP 改善ステップにおける実践家評価人材

　上述したとおり CD-TEP 改善ステップでは、《効果モデル》の形成・発展と
ともに、いまひとつの重要な課題としてプログラムに関わる実践家等個人、お
よびその所属する組織が「評価キャパシティ」を身に付け、実践現場の評価課
題に対応できる力量を形成することが企図されている。

　その際、特にプログラムに関わる実践家個人については、3章にも一部示し
たように、評価に関わる人材は以下の4区分（A～D）に分類されている（図
14-1・2）。評価プロジェクトでは、これらの人材を想定して、評価キャパシ
ティ形成を進める必要がある。それによって、実践家個人と所属組織全体の
「評価キャパシティ形成」に寄与することが期待される。

　なお、以下では実践家以外の評価人材として、評価キャパシティ形成に関与
する(E)専任（研究者）評価ファシリテータ、(F)評価研究者をも考慮に入れる。

(A)《効果モデル》のプログラムスタッフ

　《効果モデル》のプログラムに関わるスタッフである。評価に関する直接的
な担当者ではないが、《効果モデル》の（事業所内の）実施に関して、「実施マ
ニュアル（EMC5）（含・評価マニュアル）」を日常的に活用して支援に関わること
が期待されている。

　同時に、「実施マニュアル（EMC5）」に記載されている「効果的援助要素リ
スト（EMC3）」の内容については、実施内容にそのスタッフなりの創意工夫を
加えたり、より効果的な実践知があれば「実施マニュアル（EMC5）」に追記す
る。それを、事業所内、あるいはプロジェクト内で共有し、《効果モデル》の

14章 CD-TEP 改善ステップに基づく評価キャパシティの形成

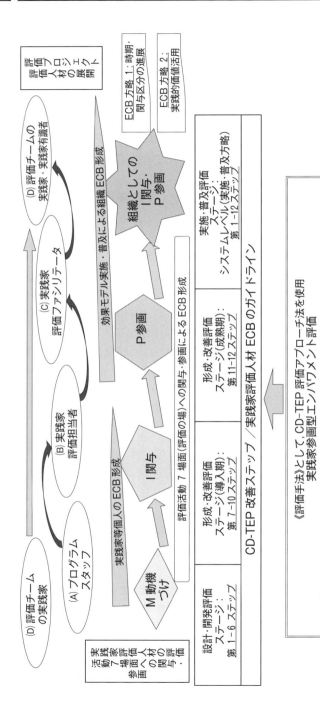

図14-1 CD-TEP 実践家参画型評価に基づく評価キャパシティ形成（ECB）

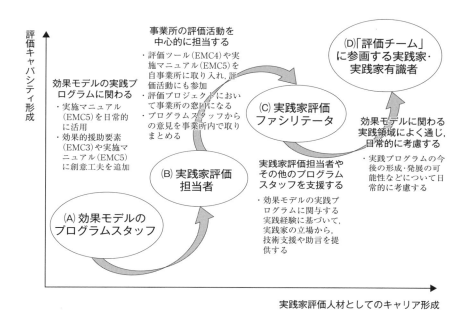

図14-2　CD-TEP実践家参画型評価プロジェクトにおける実践家評価人材の展開

形成・発展に役立てる。また担当する利用者に対する《効果モデル》の適用状況を、事業所の記録に記載する。また《効果モデル》の成果（アウトカム）に関わる情報は、「評価ツール（EMC4）」を用いて記録する。それに基づいて、十分な成果が上げられているのか、事業所全体で共有する。

さらには、各人が「学習する組織」の一員として《効果モデル》の形成・発展に寄与することが期待されている。

⒝ 実践家評価担当者

実践現場において、事業所の評価活動を中心的に担う実践家である。「評価ツール（EMC4）」や「実施マニュアル（EMC5）」をより良く理解して、自事業所に取り入れ、評価プロジェクトにも参加する。評価プロジェクトの事業所の窓口になる。「プログラム開発と評価」の知識と技術を一定程度身に付けて、所属事業所において《効果モデル》のより良い実施と、《効果モデル》の形成・発展に貢献する。

また《効果モデル》のより良い実践方法に関して、⒜**プログラムスタッフ**か

ら出された意見・提案について、事業所内で取りまとめる。その結果を事業所内で共有したり、評価プロジェクト全体で共有する役割が期待されている。

(C) 実践家評価ファシリテータ

3章に述べたように、**評価ファシリテータ**には、実践現場に所属する**(C)実践家評価ファシリテータ**と、評価・研究機関や技術支援センターに所属し実践現場を支援する**(E)専任（研究者）評価ファシリテータ**がある。

まず、この両者を併せた**評価ファシリテータ**全般の役割について、改めてここで確認しておきたい。

評価ファシリテータは、(1)実践家評価担当者やその他プログラムスタッフと協働して評価活動に従事し、各事業所で当該実践プログラムが《効果モデル》の基準（フィデリティ尺度等（EMC4））に照らして、効果的に実施されるよう支援する。同時に、(2)評価活動が実践現場で適切に実施され、《効果モデル》がより効果的に形成・発展するように**技術支援や助言を提供**する。

さらに(1)と(2)を合わせて、(3)評価結果をコンサルテーションの手段として活用し、当該の実践プログラムがより効果的になるように、実践家等と共に《効果モデル》の形成・発展を促進する。

評価ファシリテータのうち、実践現場に所属する**(C)実践家評価ファシリテータ**は、(B)実践家評価担当者等が、評価活動に関与する経験を積む中で、《効果モデル》の形成・発展や、その手段としての「プログラム開発と評価」の方法論に関心を持ち、評価キャパシティを身に付けて、評価ファシリテータの役割を担うようになった人材である。

(B)実践家評価担当者等と同じ「実践家」の立場で評価活動に関与する。同時に、(B)実践家評価担当者や、その他の(A)プログラムスタッフの評価活動を支援する。《効果モデル》の実践プログラムに関与する実践経験に基づいて（もちろん評価結果に依拠して）、ピア（仲間）の実践家の立場から、技術支援や助言を提供できる特長がある。**ピア評価ファシリテータ**とも呼ぶことがある。

(D) 「評価チーム」に参画する実践家、実践家有識者

本書における実践家等を含む「評価チーム」（評価チーム）は、実践家参画型評価プロジェクトを実施・遂行する中核となる。評価プロジェクトの実施主体は、前述のとおり実践家養成系大学・大学院など教育・研究機関（福祉系大学院など）の場合もあれば、職能団体（日本社会福祉士会、日本看護協会、日本作業療法士協会など）、事業所団体（全国社会福祉法人経営者協議会、日本病院会など）、《効

[Ⅳ部] 効果モデル形成・発展ステージ横断的な活動と体制整備　321

果モデル》の実施支援をする非営利団体など（ACT ネットワーク等）の場合も
ある。

　これに対して、CD-TEP 改善ステップを用いた実践家参画型評価のアプ
ローチ法を提示する本書では、実践家、あるいは実践経験が豊かな実践家有識
者が、何らかの形で「評価チーム」に加わり、評価プロジェクトを実施・推進
する主体になることを想定している。

　「評価チーム」に参加する実践家は、基本的に《効果モデル》に関わる実践
領域によく通じており、その実践プログラムの今後の形成・発展の可能性など
について日常的に考慮する人材が望ましい。あるいは実践現場を経験した後に
教育・研究者になった人材も考慮できる。たとえば、障害者総合支援法の就労
移行支援事業所の運営に関わり、事業所の運営方法に一定の見識を有し、全国
協議会就労移行支援部門など全国的な組織に所属して、就労移行支援事業所の
今後の発展方向性を日常的に考慮している⒟実践家有識者などが想定されてい
る。

　これらの人材は、評価プロジェクトの立ち上げ当初からプロジェクトに関与
することを想定している。

　それとともに、あるいはそれに加えて、その後に CD-TEP 改善ステップが
進展するに伴って、⒞実践家評価ファシリテータなどから追加的に「評価チー
ム」に関わる人材も、評価キャパシティ形成の方策・方略として前提にしてい
る。たとえば CD-TEP 改善ステップの「広域的試行評価調査①②」において、
⒞実践家評価ファシリテータになり、評価ファシリテータとして積極的な役割
を果たした実践家等が招かれて「評価チーム」に加わる場合などである。

　以上のとおり、CD-TEP 法の評価プロジェクトでは、改善ステップのプロ
セスを進展させる中で、実践家等の評価キャパシティを形成させて、実践家評
価人材としての役割を変化させ、評価キャパシティをも発展させて行くことを
目指している（図14-1参照）。

　最終的には、《効果モデル》に対する実践家各自のオーナーシップを高めて、
評価プロジェクトの実施主体である「評価チーム」に参画することまでもが想
定されている。

２）改善ステップ「評価の場」に基づく「評価活動場面」の活用
　次に、改善ステップ「評価の場」において用いられる「評価活動場面」の活

用についてまとめておきたい。12章に提示したように、「評価活動場面」について、CD-TEP 改善ステップでは、次の 7 場面（評価活動 7 場面）を想定した（表14-1、図14-3 参照）。

① 実践家等参画型ワークショップ

② 実践家等との意見交換会（説明会・研修会・セミナー・振り返り会等）

③ GP 事例調査：効果的取組みを行う好事例（GP 事例）への踏査調査と意見交換

④ 評価訪問：試行評価プロジェクトの評価訪問

⑤ 実践家等参画型形成評価サイトやメーリングリスト等での意見交換（以下、評価サイト等での意見交換）

⑥ 実施マニュアル等に関する相互討論と共同執筆

⑦ 実践家等を含む「評価チーム」（実践家・有識者・評価研究者など）での検討会

　これらは、**評価キャパシティ形成の方略**の観点からその特徴を整理できる。すなわち、評価キャパシティ形成の方略は、一般的にはその様式として、(a)対面によるミーティング、(b)電話・電話ミーティング、(c)E メールや Web によるミーティング、(d)評価マニュアルなど書面による方法、が知られている（Labin ら、2012）。

　他方、(i)研修、(ii)技術支援・コーチング・サポート、(iii)評価活動への関与という分類も行われている（Labin ら、2012）。

　CD-TEP 改善ステップ「評価の場」における**「評価活動 7 場面」**は、「⑤評価サイト等での意見交換」を除いて、原則として「(a)対面によるミーティング」が主に用いられている。

　また改善ステップ「評価の場」では、その方略として、「(iii)評価活動への関与」が中心になっている。評価プロジェクトにおける一連の活動では、「(iii)**評価活動への関与**」を積極的に進める中で、(i)**研修**、(ii)**技術支援・コーチング・サポート**を、主に「(a)**対面によるミーティング**」によって取り入れるのが、このアプローチの特徴である。

　さて、これら実践現場と評価活動の相互交流の場である「評価の場」における「評価活動場面」は、いずれも(B)**実践家評価担当者**や《効果モデル》の(A)**プログラムスタッフ**が、(C)**実践家評価ファシリテータ**などと共に《効果モデル》をより効果的に形成・発展させるために、それぞれの対等な立場で意見交換を

[IV部] 効果モデル形成・発展ステージ横断的な活動と体制整備　323

表14-1　改善ステップ別「評価キャパシティ形成の場」の発展

改善ステップ	ステップ名（ステップの課題）	①実践家等参画型ワークショップ	②実践家等との意見交換会（説明会・研修会・セミナー・振り返り会等）	③GP事例調査	④試行評価プロジェクトの評価訪問	⑤実践家等参画型効果モデル形成評価サイトやメーリングリスト等での意見交換	⑥実施マニュアル等に関する相互討論と共同執筆	⑦実践家等を含む「評価チーム」での検討会
	評価活動場面の種別（評価キャパシティ形成の場）							
第1ステップ	現状分析・ニーズ評価：問題状況とニーズの分析，ターゲット集団とプログラムゴールの設定	○M						○P
第2ステップ	評価可能性アセスメントの実施と予備的効果モデル（暫定版）作成	○M						●P
第3ステップ	GP事例調査の実施			●M				○P
第4ステップ	質的データ分析と実践家等参画型ワークショップ③の準備	○MI						●P
第5ステップ	実践家等参画型ワークショップ③：第1次効果モデル（試行版）構築	●I						○P
第6ステップ	第1次効果モデル（試行版）の形成・構築・改善：効果モデル5アイテムの作成	○I			△I		○P	●P
第7ステップ	広域的事業所調査：第1次効果モデル（試行版）の広域的な検証							●P
第8ステップ	広域的試行評価調査①：単一グループデザインで行う多施設共同調査		○M		●P	○P	○P	○P
第9ステップ	質的・量的データ分析と実践家等参画型ワークショップ：④準備，効果モデル改訂案の作成	○P				○P		●P
第10ステップ	実践家等参画型ワークショップ④：第2次効果モデル（提示版）への形成・改善	●P				○P	○P	○P
第11ステップ	広域的試行評価調査②：比較による有効性研究（CER）で行う多施設共同調査		○M		●P	○P	○P	○P
第12ステップ	第3次効果モデル（エビデンス版）への形成・改善：質的・量的データ分析と実践家等参画型ワークショップ⑤による効果モデル（エビデンス版）への形成・改善	●P				○P		●P

注：M 実践家の関心と動機づけへの働きかけ，I 実践家の関与を促進，P 実践家のより積極的な参画を促進

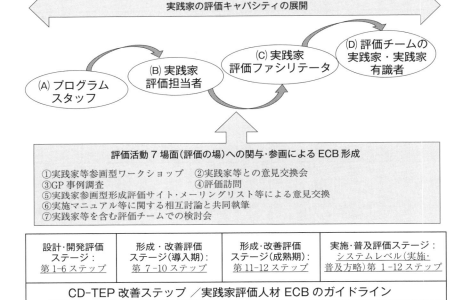

図14-3 実践家の評価キャパシティ形成と評価活動7場面

行い、協働して評価活動を行う特徴がある。

その活動の中で、(E)専任(研究者)評価ファシリテータや(F)評価研究者が、実践家等の「評価キャパシティ形成」を意図的に行うことによって、「評価の場」を「評価キャパシティ形成の場」「育成の場」とするアプローチを取り入れている。

すなわち、その意図的な人材育成の取組みによって、(B)実践家評価担当者や(A)プログラムスタッフなどが、《効果モデル》と評価に対する関心と動機づけを高め、何らかの形で《効果モデル》の形成・発展のために継続的に関与し、評価活動に参画することを目指して活動を続ける。

3) 改善ステップの進展(前進)と「評価キャパシティ形成」

改善ステップ「評価の場」は、実践家等の相互学習の場であり、貴重な「成長の場」「学びの場」となる場として位置づけている。

[IV部] 効果モデル形成・発展ステージ横断的な活動と体制整備　325

　「評価の場」を実践家等の「成長の場」「学びの場」とするためには、既に述べたとおり、実践家等の「評価キャパシティ形成」を意図的に行う方策・方略を持つことが必要であり、それは重要な意味を持っている。

　改善ステップ各ステップにおいて用いられる7場面の「評価活動場面」をどのように「評価キャパシティ形成の場」にするのか、その方策・方略を実践家参画型評価プロジェクトの経験に基づいて表14-1に示した。

　表中では、表12-1（266頁）にならい、改善ステップの進展に応じて、「評価活動7場面」ごとに、《効果モデル》の形成・発展の貢献程度に応じて「◉」「○」「△」で模式的に示す（関係しないものはブランク表示）。

　その右側にある英文字は、実践家等の「評価キャパシティ形成」の方略に基づいて、「動機づけ」から「積極的関与」に進展させる場を表示した。すなわち、その方略とは、

・Mは、実践家の関心と動機づけ（interest & Motivation）への働きかけ
・Iは、実践家の関与（Involvement）を促進する働きかけ
・Pは、実践家のより積極的な参画（Participation）を促進する働きかけ

である。これらの評定は評価プロジェクトの経験に基づいて提示している。

　さてここでまず、改善ステップ**第1ステップ**から登場する「⑦実践家等を含む『評価チーム』の検討会」は、実績のある実践家等（実践家有識者など）を、「評価チーム」への参加を呼びかける場合を含めて「**P参画**」とした。「評価チーム」は、CD-TEP改善ステップの全過程を通じて実践家が主体的に参画することを裏付ける重要な基盤となる。

　一方で、CD-TEP改善ステップでは中心的な位置を占める「①実践家等参画型ワークショップ」も第1ステップから導入される。

　「①実践家等参画型ワークショップ」は、改善ステップの進展に伴って、その位置づけを徐々に変化させる。まず改善ステップ第1ステップ、第2ステップでは、各プログラム実施事業所から**(B)実践家評価担当者**が招かれてワークショップに参加する。このように、改善ステップの最初の段階（第1ステップ、第2ステップ等）で実施される「①実践家等参画型ワークショップ」は、評価プロジェクトに参加する実践家の「**M動機づけ**」の段階からスタートする。

　改善ステップが進展し、**第5ステップ**「実践家等参画型ワークショップ③」の頃からは、実践家等の「**I関与**」の程度が強まる。

さらに、**第7ステップ以降の形成・改善評価ステージ**（導入期・成熟期）に入ると、**第9ステップ**「実践家等参画型ワークショップ④」において、実践家等の関与の程度は高まり、「**P参画**」が中心となる（意図的な方略として）。

　特に、第8ステップと第11ステップの「広域的試行評価調査①②」の「**④試行評価プロジェクトの評価訪問**」は、参加する実践家等の関与の程度を高める重要な場であり、そして機会となる。

　そこに関与する評価人材として、**ⓒ実践家評価ファシリテータ**は重要な役割を果たす。具体的には**ⒷB実践家評価担当者**が、主体的に**ⓒ実践家評価ファシリテータ**の役割を担うことを申し出ることが少なからずある。形成・改善評価ステージ（導入期・成熟期）における「**P参画**」の代表的な活動である。

　第8ステップと第11ステップの「広域的試行評価調査①②」に関連して行われる、「**⑥実施マニュアル等に関する相互討論と共同執筆**」は、評価チームへの関与度が高まった状態であり、「**P参画**」の活動と位置づける。

　《効果モデル》の形成・発展ステージ別に見ると、**設計・開発評価ステージ**は、各施設の実践家評価担当者を中心に、主に「**M動機づけ**」を高める時期である。また**形成・改善評価ステージ**（導入期・成熟期）になるにつれて「**I関与**」の関わりが増える。「**④試行評価プロジェクトの評価訪問等**」で、実践家が評価ファシリテータの役割を担う中で、評価プロジェクトに「**P参画**」することが意図される。

　以上のとおり、改善ステップ「評価の場」に基づく「評価活動場面」の類型は、「**M動機づけ**」からスタートし、改善ステップが進展する中で「**I関与**」の程度を強める。そして**形成・改善評価ステージ**（導入期・成熟期）の中で、「**P参画**」の程度を増すことになる。

3　「評価活動7場面」を活用した評価キャパシティ形成の方略
──実践家等の「関心と動機づけ」から「関与・参画」を導くために

　前節では、**実践家等個人レベルの評価キャパシティ形成**（以下 ECB；Evaluation Capacity Building）を、(A)プログラムスタッフ、(B)実践家評価担当者、(C)実践家評価ファシリテータ、(D)「評価チーム」に参画する実践家・実践家有識者へという展開を示した。それを、主に**実践家等個人レベル**の評価キャパシティ形成の観点から整理した。その上で、その展開に寄与する改善ステップの進展

[IV部] 効果モデル形成・発展ステージ横断的な活動と体制整備　　327

（前進）と、「評価の場」の**「評価活動7場面」の役割**を提示した。その活動の中で、(E)専任（研究者）ファシリテータや(F)評価研究者が、実践家等の「評価キャパシティ形成」を意図的に行う方策・方略の重要性を述べてきた。

　この節では、「評価の場」を「評価キャパシティ形成の場」「育成の場」とするための実践家等個人レベルへの働きかけの方策・方略を、**「評価活動7場面」別**に、ガイドラインとして整理し提示する。

1）ECB方略1：ECB時期・関与区分の進展

　まず、実践家等個人レベルの評価キャパシティの形成の方策・方略を考えるに当たって、実践家等個人が評価に関心を持ち、関与する程度から、その関心・関与の時期区分を整理する方法が有用である（Labin ら, 2012）。その時期区分は、前節で示した分類を参照して、実践家等の関心と動機づけ（Interest & Motivation）への働きかけ導入期（**M導入期**）、実践家等の関与（Involvement）を促進する時期（**Ｉ関与期**）、実践家等がより積極的に参画（Participation）する時期（**Ｐ参画期**）に分けられる。

　(M)実践家等の関心と動機づけへの働きかけ導入期（M導入期）は、実践家等が実践現場の課題解決のために《効果モデル》の導入が必要であることを認識し、《効果モデル》の形成・発展のために「プログラム開発と評価」の必要性を認識する時期である。《効果モデル》の意義や必要性、その開発と改善のための方法である「プログラム開発と評価」のアプローチ法を、幅広く知って貰う機会の提供が重要である。同時に、《効果モデル》や評価アプローチ法に触れて、その有用性を実感する機会も大切である。「評価活動場面」としては、「②実践家等との意見交換」、そして「①実践家等参画型ワークショップ」の活用が考慮される。

　(I)実践家等の関与を促進する時期（Ｉ関与期）は、実践家等が《効果モデル》を活用するのみならず、その形成・発展に関与できること、さらには、実践家等の関与によって、実践現場の問題解決により有効性の高い《効果モデル》の形成・発展に貢献できることを体得する時期でもある。《効果モデル》を形成・発展させる「①実践家等参画型ワークショップ」に関与することや、「④試行評価プロジェクトの評価訪問等」「⑤評価サイト等での意見交換」を通して、《効果モデル》やその形成・発展アプローチの有用性を体得する貴重な機会になる。

㊗実践家がより積極的に参画する時期（P参画期）は、実践家等が《効果モデル》やその形成・発展アプローチの有用性を体得した上で、《効果モデル》が自分たちが作り上げてきたものであるというオーナーシップを強める時期である。より積極的に《効果モデル》の形成・発展のために評価活動等に参画し、《効果モデル》の形成・発展に寄与することを考慮する。「①実践家等参画型ワークショップ」や、「④試行評価プロジェクトの評価訪問等への参加」「⑤評価サイト等での意見交換」を継続するとともに、「⑥実施マニュアル等に関する相互討論と共同執筆」に関与する。「⑦実践家等を含む『評価チーム』での検討会」等に参画することもある。

2）ECB 方略 2：関与・参画を導く実践的価値の活用

実践家等が《効果モデル》の形成・発展に関与・参画することを導き、促進する価値や魅力が、実践家等の評価キャパシティ形成の背景にあることが、前項の記述から明らかになる。評価キャパシティ形成の方策・方略となる実践家等の関与・参画を導き、引きつける実践的価値と魅力は、次のように整理できるであろう（図14-4参照）（大島, 2016: 57-62）。

㋑ **当事者ニーズに応える科学的な効果モデルの形成・発展**：実践現場や社会の課題解決のために、より効果的な社会プログラム（《効果モデル》）を開発し、形成・改善することが可能である

㋺ **実践家等参画型アプローチの有効性**：より効果的な社会プログラム（《効果モデル》）を設計・開発し、形成・改善するには、実践家等の関与・参画が不可欠であり、有効である

㋩ **実践家等のネットワーク形成の有効性**：より効果的な社会プログラム（《効果モデル》）を設計・開発し、形成・改善するには、多くの実践家が協働して実践知を共有し、意見交換することができるネットワークを形成することが重要である

㋥ **効果モデルのオーナーシップ向上**：実践家等が《効果モデル》の設計・開発、形成・改善に関与することによって、《効果モデル》へのオーナーシップを高めることができる

㋭ **効果モデル形成・発展に関わる評価キャパシティの向上**：「評価キャパシティ」の向上は、《効果モデル》のプログラムをよりよく知り、良いプログラム実践を行うことにつながる（Fetterman ら, =2014: 48; Weiss, =2014: 135-136）。

[IV部] 効果モデル形成・発展ステージ横断的な活動と体制整備

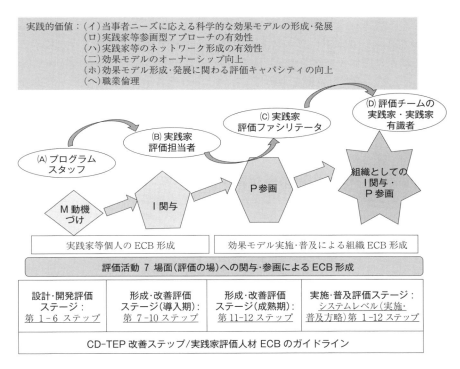

図14-4　ECB における「実践家等関与区分の進展」と「実践的価値の活用」

(ヘ) **職業倫理**：科学的な「プログラム開発と評価」を通して、自らの実践を常に振り返り、より効果的になるよう努力することは、対人専門職の職業倫理である。

　以上は、**経験的に生み出された実践的な価値**を多く含む。このいくつかは、今後、科学的な実証・検証が求められるであろう。しかし一方で実践家等が《効果モデル》やその形成・発展に関与・参画する上では重要なメッセージになると考える。

　CD-TEP 改善ステップを用いた実践家参画型評価プロジェクトでは、前述のとおり、「評価活動場面」を活用して一連の「(ⅲ)評価活動への関与」を積極的に進める中で、(ⅰ)研修、(ⅱ)技術支援・コーチング・サポートを、主に対面によるミーティングを用いて取り入れる。それによって、実践家等の評価キャパ

シティを形成することを目指している。

そのために、評価プロジェクトへの関与・参画を導き、促進するための方策・方略が、評価キャパシティ形成の方略(ECB方略; Evaluation Capacity Building方略)として、重要な位置を占める。このような働きかけを適切に行いうるように、ここで述べた実践的価値を、「評価活動場面」において適切に伝え、共有することが、評価プロジェクトを有効に進め、成果をもたらすためにも重要な「鍵」になる。

3) 評価活動7場面のECB方略①:実践家等参画型ワークショップ

以下この3項から9項まで、これまでに整理した**評価キャパシティ形成方略**(ECB方略)(方略1と方略2)に基づいて、改善ステップ「評価活動場面」別に特徴づけられる評価キャパシティ形成の方針・方向性を整理する。

まず「評価活動場面」として最初に取り上げるのは、CD-TEP改善ステップにおける最も中心的な位置づけを持つ**実践家等参画型ワークショップ**である。

a. ECB時期・関与区分の進展

実践家等参画型ワークショップ(以下、単にワークショップ)は、CD-TEP改善ステップの多くのプロセスで活用されており、評価キャパシティ形成方略の時期区分でも、**M導入期**から**I関与期**、**P参画期**のすべての時期区分にわたって活用される。改善ステップの全体的なプロセスを通して、ワークショップ参加者のグループとしての発展を考慮する必要がある。

まず**改善ステップの序盤**(第1、2、4ステップ)は**M導入期**である。主に《効果モデル》に関わる実践に取り組む実践家等は、通常、ワークショップに招かれて参加する。ワークショップでは、《効果モデル》に関わる自身の実践現場における状況を踏まえて議論する。

改善ステップの中盤(第5、6ステップ)のワークショップでは、《効果モデル(試行版)》の構築に向けて集中的な議論が行われ、グループとしての凝集性も高まる時期であり、**I関与期**に当たる。

改善ステップの中終盤(第9、10、12ステップ)のワークショップでは、広域的事業所調査(第7ステップ)と2つの広域的評価調査(第8、11ステップ)の評価結果を検討して、《効果モデル》の形成・改善に注力する。広域的評価調査では、(C)**実践家評価ファシリテータ**として、「④評価訪問」などを経験した実践家等もワークショップに参加する。また「⑤評価サイト等での意見交換」が

行われ、「⑥実施マニュアル等に関する相互討論と共同執筆」に加わる実践家等も生まれる。このように他の「評価活動場面」も活用しながら実践家等の関与・参画が進み、**P参画期**の対応が必要になる時期である。

P参画期のワークショップは、**実践家等を含む「評価チーム」の検討会**のメンバーと参加者の重なりが増える。評価プロジェクトや《効果モデル》に対するオーナーシップが高まることが期待される。

b. 関与・参画を導く実践的価値の活用

改善ステップにおいて行われる各段階におけるワークショップでは、本章2節で提示した実践的価値は全般にわたって参加者に共有される。その中でも特に、「**実践家等のネットワーク形成の有効性**」は重要である。ワークショップに参加して、参加者の相互学習を進めて、より効果的な《効果モデル》を形成する活動に参加する中で、実践家等相互のネットワーク形成が進められる。これは、ワークショップ開催の魅力の1つである。一方で、ワークショップを活性化し、有効に機能させるためにも重要なメッセージになる。

c. 実践家等参画型ワークショップとECB学習機能

改善ステップの序盤（第1、2、4ステップ）では、招かれた実践家等が主に自身の実践現場経験に基づく議論を行うとともに、プログラム理論（ロジックモデル）作成のためのワークショップを行う。

一方、改善ステップの中盤（第5、6ステップ）のワークショップになると、《効果モデル（試行版）》の構築に向けて、GP事例調査の結果やワークショップでの議論結果などを踏まえて、**効果モデル5アイテム**を作成し、ワークショップでの合意形成を行う。

さらに、改善ステップの中終盤（第9、10、12ステップ）のワークショップでは、広域的事業所調査（第7ステップ）と2つの広域的試行評価調査（第8、11ステップ）の評価結果、分析結果を検討して、《効果モデル》の改訂版（提示版、エビデンス版）を構築する。

以上の**ワークショップ活動には、評価キャパシティ形成に関わる多くの学習的機能が含まれている**。12章で述べたように、ワークショップによる「評価の場」は、参加者の相互学習過程の場でもある。実践家はワークショップの経験を通して、(1)評価に関する知識、(2)実践家自身の認識・態度変容、並びに(3)対象分野に関する知識、さらには(4)ファシリテーション技術、といった4つ項目に関連する知識やスキルを身に付けることができると考えられる。

まず(1)**評価に関する知識**については、《効果モデル》の設計・開発段階における二ーズアセスメント、プログラム理論評価といった手法を通してプログラム理論（インパクト理論とプロセス理論）についての理解を深めることができる。ワークショップの参加者自らが対話を通してプログラム理論を構築していく過程を通して、学んで行く。

また《効果モデル》の**形成・改善ステージ**（導入期・成熟期とも）では、アウトカムモニタリング、プロセスモニタリングといった、プログラム実施途中の改善を行うことを目的にした評価のあり方について理解を深める。さらには、質的・量的データ分析の結果を読み取る力量も身に付けることができる。

また、(2)**実践家自身の主体性や当事者意識の強化**も期待できる。ワークショップの主体は評価者・研究者ではなく、あくまでも実践家等である。新たな《効果モデル》の設計・開発、形成・改善に向けての提言などについて、主体性を持って取り組む中で、《効果モデル》に関わる当事者意識や、オーナーシップが強化される。「自分たちのモデルを作成する」という主体的な意識が生まれる（大山ら, 2014）。このような実践家自身の認識・行動変容は、12章の**図12-1**（272頁）で既述した「コミットメントや責任感の醸成」につながるものであるし、《効果モデル》を実施する現場における実施・普及や、継続的な評価やモニタリングを実施し、《効果モデル》の形成・改善を行う評価人材には不可欠な要素であろう。

以上に加えて、ワークショップへの参加を通して、(3)**対象分野に関する知識がさらに深まる**ことを挙げたい。たとえば、他の事業所の取組みや GP 事例調査の結果から、さまざまな教訓を得ることができる。実践家等評価人材は、各所属組織における《効果モデル》の実施・普及と見直しにおいて中心的な役割を果たすことが期待されており、当該分野における深い知識は、それらを推進するためにも重要である。2節で取り上げた実践的価値「**プログラムの実施キャパシティ向上**」に関わる学びである。

これらに加えて、ワークショップを実施する際に不可欠な(4)**ファシリテータとしての技術**を学ぶことも可能である．他のファシリテータの実施方法を見て、多様な意見の引き出し方や、合意形成の方法について考える機会となり、またポストイット等を使用した、意見を可視化する討議の方法について学ぶことができる。

これらの学びの経験を通じて、実践家評価人材は、評価者としてのみなら

[IV部] 効果モデル形成・発展ステージ横断的な活動と体制整備　333

ず、科学的な視点を持った実践家としても成長することが期待される。

4）評価活動7場面のECB方略②：実践家等との意見交換会

a．ECB時期・関与区分の進展

「実践家等との意見交換会」は、改善ステップの第5、第6ステップで**第1次効果モデル**（試行版）が完成し、広域的事業所調査（第7ステップ）と2つの広域的試行評価調査（第8、11ステップ）などの評価プロジェクトを実施するに当たって開催されることが通例である。

意見交換会の内容としては、評価プロジェクトの開始時点において、プロジェクト参加事業所を募る説明会、セミナーの開催、あるいは参加を表明した事業所に対して行う、《効果モデル》に関する研修会・意見交換会、さらには評価方法に関する研修会などである。また、評価プロジェクトの主催者（評価チーム）が、《効果モデル》の取組みに関する公開の研修会・セミナーを開催し、関心を持つ関係者を募る場合もある。

一般の実践家等と評価チーム、評価研究者が交流する一連の取組みは、実践家参画型評価プロジェクトにおいて**M導入期**に位置する貴重な機会になる。

上記で示した各種の実践家との意見交換会等は、意識の高い実践家が「プログラム開発と評価」の方法を用いて、日常実践における創意工夫、アイデアをより良い効果的なプログラムの設計・開発、形成・改善などに貢献できることを知る貴重な機会になる。それによって、《効果モデル》に関与するモチベーションを高め、評価プロジェクト等への関与を希望し、積極的に参画するというプロセスの入口を開く。

b．関与・参画を導く実践的価値の活用

「実践家等との意見交換会」の場では、《効果モデル》に関心を持つ、一般の意欲ある実践家・関係者や、プロジェクト参加を決めた事業所でも一般のスタッフに働きかけをするために意見交換会が開催される。2節で提示した**実践的価値**は、可能な限り幅広く、メッセージとして伝える必要がある。

特に「実践家等との意見交換会」の場に参加しようと考える実践家等は、現状の実践状況には満足ができていない、意欲の高い人たちが多い。これに対して、評価プロジェクトに誘う実践的価値としては、「**当事者ニーズに応える効果モデルの形成・発展**」「**プログラムの実施キャパシティ向上**」「**職業倫理**」などが有効であろう。

c. 実践家等との意見交換会等と ECB 学習機能

「実践家等との意見交換会」の場を改めて整理すると次のとおりになる。

2つの広域的評価調査のプロジェクトの中では、以下の実践家等との意見交換の場が用意される。

(1) プロジェクト参加事業所を募るための説明会・セミナー

(2) プロジェクト参加を表明した事業所に対する効果モデル研修会・意見交換会(《効果モデル》の実施方法、および評価方法)

(3) プロジェクト中間段階における中間報告会、実践家等との意見交換会

(4) プロジェクト終了後の成果報告会、実践家等との意見交換会(振り返り会)

また評価プロジェクト主催者が開催する、

(5) 効果モデルに関する公開研修会・セミナー

このうち、(1)と(5)は《効果モデル》に関心を持つ、意欲ある実践家・関係者を幅広く募る場合に用いる。

《効果モデル》や評価プロジェクトに関心を持つ実践家等関係者は、これらの説明会・意見交換会、公開研修会・セミナーなどに参加する中で、評価プロジェクトへの参加を考慮する。評価プロジェクトへの参加を決めると、(2)〜(4)の研修会・意見交換会・報告会に参加へと進むことになる。

さらに評価プロジェクトに参加することになると、これらの研修会・意見交換会以外にも、評価ファシリテータとの交流や技術支援、他事業所の関係者からの実務経験に基づいた助言や技術支援による、実践的な知識や技術の習得が可能になる。さらに、これらの体験を上乗せしながら、(2)〜(4)の研修会・意見交換会・報告会に参加し、プロジェクトに参加した他の実践家と共に実践家参画型評価の経験を深めることができる。

さて、「実践家等との意見交換会の場」に改めて限定して、主な学習的機能を整理すると、この場は基本的には M導入期 に位置する。《効果モデル》や評価プロジェクトの魅力や可能性を知り、関与したり学ぶことのモチベーションを獲得する。その上で、いくつかの研修機能が意見交換の場には用意されている((2)(5)等)。《効果モデル》の実施方法と、《効果モデル》に関連した評価方法（フィデリティ評価など）を、その研修会・意見交換会等の中で学ぶことになる。その学びがモチベーションの向上に寄与することが期待される。

[IV部] 効果モデル形成・発展ステージ横断的な活動と体制整備　335

5）評価活動7場面のECB方略③：GP事例調査
a．ECB時期・関与区分の進展

「GP事例への踏査調査と意見交換」（以下、GP事例調査）は、改善ステップ第3ステップにおいて実施され、第4～6ステップ以降で**第1次効果モデル**（試行版）を作成する上で重要な、主に質的な情報を提供する。GP事例調査において、調査員を務めるのは原則として「**(D)実践家等を含む評価チーム**（評価チーム）」のメンバーであり、実践家等を含んでいる。一方GP事例調査を受けるのは、《効果モデル》に関わる効果的取組みを行うGP事例事業所を運営する実践家等である。

　これらの**実践家等に対するECB方略**は、まずは、**GP事例事業所を運営する実践家**に向けられる。GP事例への踏査調査では、《効果モデル》に関連して実践の優れた点を確認するとともに、優れた実践を行うための障壁や、改善すべき課題を共に議論する。GP事例調査を行うに当たって作成したインタビューガイド、およびその基盤となる予備的効果モデル（暫定版）についても意見交換することがある。これらの対話の中で、GP事例事業所を運営する実践家等が、《効果モデル》や評価プロジェクトに対する関心を深め、評価プロジェクト参加への動機づけを高める**M導入期**の機会になる。

　GP事例事業所を運営する実践家は、もともと《効果モデル》と共通するゴール（たとえば就労移行支援事業なら就労移行、職場定着等）を目指して創意工夫やさまざまなアイデアを用いて、効果的なGP事例として注目される事業を行っていることが想定される。評価プロジェクトに参加が期待される有力なメンバー候補でもある。

　一方、いま1つの**実践家等に対するECB方略**は、**実践家を含む評価チーム**のメンバーである実践家等に向けられる。これら実践家等は、評価チームの一員だが、評価や調査の実施者の経験を持たない場合がある。これら**P参画期**にある**調査チームの実践家等**が、最初は評価や調査の経験が豊富な評価研究者と同行して、GP事例調査に臨むことにより評価プロジェクトへの参画の程度がより深まることが期待される。

b．関与・参画を導く実践的価値の活用

　「GP事例調査」では、調査対象となる実践家等は、《効果モデル》と共通するゴールを目指して効果的で、社会的にも注目される実践を行っている実践家等である。その実践家にとって、自らのGP事例を参考にした《効果モデル》

の構築は、2節で提示した実践的価値を当てはめると、「**実践家等参画型アプローチの有効性**」を感じさせるものとなるであろう。また効果的な実践を行う他のGP事例事業所と連携することは魅力的であり、「**実践家等のネットワーク形成の有効性**」が重要になるであろう。さらに、評価調査の中から、プログラムをよりよく知ることにより、より良いプログラム実践を行うことにつながる「**プログラムの実施キャパシティ向上**」も重要であろう。

　一方、調査訪問を行う評価チームの実践家にとっては、GP事例事業所を運営する実践家が評価プロジェクトに参加することを通して、「効果モデルのオーナーシップ向上」を実感することができるであろう。

c. GP 事例調査と ECB 学習機能

　改善ステップ第3ステップで実施される「**GP 事例調査**」は、《効果モデル》の取組みを行う実践現場を訪問して、まずそこでの実践の優れた点を確認する。その上で、GP事例事業所を運営する実践家等と共に、優れた実践を行うために直面する障壁や、改善すべき課題を、真摯に討議して解決策を話し合うという特徴を持つ。

　GP事例事業所の運営に関わる実践家等が、評価研究者や実践家有識者など「評価チーム」と、《効果モデル》をめぐって意見交換をする経験は、自らの実践を振り返る貴重な機会となる。《効果モデル》の取組みを調査結果資料としてフィードバックし、対話の中で実践の改善に向けたアイデアを得る場にもなるであろう。

　一方、**調査訪問を行う「評価チーム」の実践家等**にとっては、《効果モデル》に関わる他事業所の実践現場を訪問する魅力が少なからずある。自らが経験していない実践現場を、調査を介して相互訪問する枠組みは、意欲ある実践家等にとって、自らの成長を支える貴重な機会となるであろう。

6）評価活動 7 場面の ECB 方略④：試行評価プロジェクトの評価訪問

a. ECB 時期・関与区分の進展

　「**④試行評価プロジェクトの評価訪問**」（以下、評価訪問）は、改善ステップ第8ステップ、および第11ステップの広域的試行評価調査①②において実施される。これらの評価調査では、評価プロジェクトの間に複数回（通常は3〜5回）、評価ファシリテータの評価訪問が行われる。そこでは、試行評価プロジェクト参加事業所に対する技術支援やコンサルテーションが提供される。この評価訪

問に対して、⒝実践家評価担当者などの実践家等が、⒞実践家評価ファシリテータとなり、実践現場を支援する⒠専任（研究者）評価ファシリテータと共に、自事業所とは別の他事業所を評価訪問することが推奨されている。⒝実践家評価担当者が評価プロジェクトに対する関心を深めて⒞実践家評価ファシリテータとなることは、Ⅰ関与期あるいはＰ参画期の貴重な体験になるであろう。

Ⅰ関与期とＰ参画期については、評価プロジェクトを取り巻く状況に依存するが、第8ステップがⅠ関与期であった場合には第11ステップにＰ参画期を目指す努力を行う必要がある。

b. 関与・参画を導く実践的価値の活用

「④評価訪問」では、既に評価プロジェクトに参加することを約束した事業所が対象になる。その事業所の運営責任者、および⒝実践家評価担当者それぞれにとって、この評価プロジェクトへの参画を継続する実践的価値（本章第2節参照）はどのようなものであるのか。

その**事業所の運営責任者**にとっては、「当事者ニーズに応える効果モデルの形成・発展」「プログラムの実施キャパシティ向上」が重要であろう。また、事業所の⒝**実践家評価担当者**にとっては、「**実践家等参画型アプローチの有効性**」「**実践家等のネットワーク形成の有効性**」「**プログラムの実施キャパシティ向上**」が重要となろう。

c. 評価訪問とECB学習機能

改善ステップ第8ステップおよび第11ステップで実施される④**評価訪問**は、評価プロジェクトに参加する事業所の実践現場を相互訪問して、そこの実践の優れた点を確認するとともに、事業所を運営する実践家と共に、優れた実践を行うための障壁や改善すべき課題を、真摯に共に議論するという貴重な機会を提供する。

この評価訪問に際して、⒝**実践家評価担当者**などの実践家等が、⒞**実践家評価ファシリテータ**となり、⒠**専任（研究者）評価ファシリテータ**と共に、他事業所を評価訪問することが推奨されている。

⒞**実践家評価ファシリテータ**には、評価訪問に先立って、評価ファシリテータ会議、あるいは評価ファシリテータ研修会・意見交換会が開催されることになっている。この会議、あるいは研修会・意見交換会は、現場の実践家等である⒞**実践家評価ファシリテータ**にとって、評価の活用方法を学ぶ研修の機会に

なるとともに、他事業所に対する技術支援やコンサルテーションの方法論を学ぶ貴重な機会になる。

一方、「評価訪問」を受ける評価プロジェクト参加事業所の(B)**実践家評価担当者**やその他の(A)**プログラムスタッフ**にとっては、フィデリティ評価、アウトカム指標の評価値の推移などの定量的な数値によって、全国値や他事業所との比較を行い、自職場のストレングスや課題を検討する貴重な機会となるであろう。同時にその評価結果に基づいて、(C)**実践家評価ファシリテータ**から実践に基づく助言など受けて、実施内容がより効果的になることが期待される。

7）評価活動7場面のECB方略⑤：評価サイト等での意見交換
a. ECB 時期・関与区分の進展
「評価サイト等での意見交換」は、改善ステップの中盤第5、6ステップ以降に実質的に取り組まれる。効果モデル5アイテムを備える**効果モデル（試行版）**がまとまり、その内容を実践家等関係者が議論・討議する手立てとして**「評価サイト等での意見交換」**が用いられる。評価サイトやメーリングリストへの投稿は、それなりにハードルが高く、評価プロジェクトへの関与が明確でなければ投稿が行いにくいようである。

評価サイトやメーリングリストへの投稿を行うことは、**Ｉ関与期**の取組みと考えることができよう。また、《効果モデル》へのオーナーシップが高まった第10ステップ以降は、**Ｐ参画期**の取組みと見なすことができよう。
b. 関与・参画を導く実践的価値の活用
「評価サイト等での意見交換」は、主として改善ステップの中盤第5ステップ以降に用いられる。中終盤以降には、2節で提示した実践的価値は全般にわたって参加者に共有される。

その中でも特に、**「実践家等参画型アプローチの有効性」「実践家等のネットワーク形成の有効性」「効果モデルのオーナーシップ向上」**は重要である。対面コンタクト以外で、評価プロジェクトに積極的に参加する人材を募ることは今後の重要な課題となるであろう。
c. 評価サイト等での意見交換とECB学習機能
「評価サイト等での意見交換」には以下のものが含まれる。
（1）効果モデル評価サイトでの意見交換
（2）メーリングリストでの意見交換

［Ⅳ部］効果モデル形成・発展ステージ横断的な活動と体制整備　339

　(3) メールでの相談、意見交換、コンサルテーション
　(4) 電話での相談、意見交換、コンサルテーション
　(5) スカイプなど電子会議室での意見交換
　(6) 電話会議などでの意見交換
　(7) その他電子メディアでの相談、意見交換、コンサルテーション
　これらの取組みは、電子媒体などに精通した実践家等であれば、比較的気軽にアクセス・投稿が可能である。しかし、継続的な投稿を得ることは用意ではない。十分なサポート体制を組みながら取り組む必要がある。
　これら媒体の中核的なメンバー・スタッフ（なかの人）がいれば、この評価の場は、《効果モデル》やエビデンスに基づく実践プログラム、プログラム開発と評価の方法論に関する多くの意見交換・情報交換が可能となり、実践家等の評価キャパシティ向上に有意義な場となるであろう。しかしその取組みの維持は容易ではない。

8）評価活動 7 場面の ECB 方略⑥：実施マニュアル等の共同執筆
a. ECB 時期・関与区分の進展
　「実施マニュアル等に関する相互討論と共同執筆」（以下、実施マニュアル等の共同執筆）は、改善ステップ第 5 〜 6 ステップ以降に、**効果モデル試行版**がまとまり、プログラム実施マニュアルを作成したり、その後の業務で必要な評価ファシリテータ・評価担当者者マニュアルなどの共同執筆をする際に必要となる。「実践家を含む評価チーム」としての実施マニュアル執筆でもあり、**P 参画期**の活動に位置づけられる。
b. 関与・参画を導く実践的価値の活用
　「実施マニュアル等の共同執筆」は、実践家等の参画度が高まった段階で行われる。この活動を導く実践的価値について「**実践家等参画型アプローチの有効性**」と「**効果モデルのオーナーシップ向上**」が特に重要であろう。
c. 実施マニュアル等の共同執筆と ECB 学習機能
　「実施マニュアル等の共同執筆」には以下のものが含まれる。
　(1) プログラム実施マニュアルの共同執筆
　(2) 実践家評価担当者・評価ファシリテータマニュアルの共同執筆
　(3) その他業務マニュアルの共同執筆
　この活動に参加するのは、実践家等参画型ワークショップや、実践家を含む

評価チームに参画する意欲のある実践家等である。これらの実践家等は、まずは自らの職場での取組みの実例に関して事例報告を豊富に持っており、その内容を執筆依頼する。

同時にこれら業務マニュアルの執筆によって、自らが取り組む《効果モデル》の自事業所での位置づけが明確になり、今後の検討課題を明確に示すことが可能になるであろう。

9）評価活動7場面のECB方略⑦：実践家等を含む「評価チーム」での検討会
a．ECB時期・関与区分の進展
《効果モデル》に関わる実践家が、評価プロジェクトの主体に位置づく「**実践家等を含む『評価チーム』での検討会**」（以下、「評価チーム」での検討会）は、実践家参画型評価プロジェクトへの実践家参画の最終段階である。当然のことながら**P参画期**の活動に位置づけられる。評価チームに加わる実践家等はさらに評価の力量を向上させるとともに、ひとまず完成した《効果モデル（エビデンス版）》の実施・普及を進めるための中核になることが期待されている。

b．関与・参画を導く実践的価値の活用
「**評価チーム**」での検討会は、実践家等の参画が進んだ最終段階の活動である。この活動を導く主な実践的価値は、「**効果モデルのオーナーシップ向上**」と言えるであろう（Wandersman ら，2005）。

c．評価チームの検討とECB学習機能
改善ステップ各段階を進展（前進）させる主体になるのが**実践家等を含む「評価チーム」**である。「評価チーム」のメンバーである実践家等は、実践家等によるGP事例調査への関与、その事例報告、量的・質的分析の検討会への参画、各段階の《効果モデル》の原案・改訂版作成、実施マニュアル等の共同執筆などに関わる。実践家等にとって評価プロジェクトへの関与の程度が最も高い取組みである。その活動によってより資質の高い実践家等評価者としての知識・技術・価値観を身に付け力量のある実践家として活躍する機会を得ることになる。

特に、量的・質的分析の検討会での役割は、評価キャパシティ形成上、高い評価能力を担保するものなるであろう。

[Ⅳ部] 効果モデル形成・発展ステージ横断的な活動と体制整備　341

4　組織・事業所レベルで取り組む評価キャパシティ形成

1）組織レベルの ECB 方略の意義と位置づけ

　これまで前節では、CD-TEP 法の「評価活動場面」を中心に、実践家参画型評価プロジェクトに参加する**実践家等個人の評価キャパシティ形成の方法**を検討してきた。そこでは、実践家等の「関心と動機づけ」から「関与・参画」を導く方略を主に実践家等個人に焦点を当てるアプローチを取り上げてきた。

　一方で、評価キャパシティの形成は、実践家等個人で完結するものではない。たとえば、実践家参画型評価プロジェクトに限定しても、このプロジェクトに参加するのは、**事業所単位という組織での取組み**が原則となる。実践家等個人がいくら評価プロジェクトに関心を持っても、事業所単位で実施するプログラムをより効果的なモデルへ形成・成長させようとする事業所レベル、組織レベルのコンセンサスがなければ、評価プロジェクトを進めることはできない。

　本書 3 章では、以下の**評価キャパシティ形成（ECB）の定義**に触れた。

　　評価を実施し活用する個人の動機づけ・知識・スキルを向上させ、同時に集団や組織の評価実施・評価活用能力を高める意図的なプロセスである（Labin ら，2012）

　この定義にあるように、ECB は「評価を実施し活用する個人」に対する意図的な働きかけだけではなく、同時並行的に「集団や組織の評価実践・評価活用能力を高める」取組みでなければならない。

　言うまでもなく、**個人レベルの ECB** と**集団・組織レベルの ECB** は密接に関連する。ECB 多領域統合モデル（multidisciplinary model）を提起した Preskill ら（2008: 453）は、**組織学習（organizational learning）を支持・促進する組織諸要素（次項）を基盤にして、その上に組織メンバーの評価キャパシティの発展と、評価実践の維持が位置づく**ことを示した。また、ECB 評価尺度（ECAI: Evaluation Capacity Assessment Instrument）を開発した Taylor-Ritzler ら（2013）は、個人レベルと組織レベルの評価キャパシティ予測因子は、評価の主流化や評価結果の活用という評価キャパシティのアウトカムと密接に関連していることを明らかにした。

　CD-TEP 改善ステップでは、参加事業所の「評価実践・評価活用能力を高

める」ECB の取組みは、《効果モデル》の実施・普及評価アプローチ（11章）で取り上げている。このことは、後述することにしたい。

さて先ほど触れた **ECB の組織的諸要素** を Preskill ら（2008: 453）は、組織文化、リーダーシップ、システムと構造、およびコミュニケーションとした。Taylor-Ritzler ら（2013）は組織因子として、リーダーシップ、学習的風土、評価資源を、評価キャパシティのアウトカム因子として、組織における評価活動の主流化と評価結果の活用を挙げている。また ECB の体系的・統合的レビュー論文をまとめた Labin ら（2012）は、ECB の成果として、組織レベルでは、組織実践・そのプロセスと方針、リーダーシップ、組織文化、評価活動の主流化、評価資源を挙げ、そのための組織レベルの戦略、その実施、ECBの評価を含む統合的 ECB モデルを提案した。

組織レベルの ECB（以下、組織ECB）の概念整理は発展途上と思われるが、a. リーダーシップ、b. コミュニケーション、c. 組織的実践、その体制・構造、d. 評価資源、e. 組織文化・風土、理念、f. 評価の主流化、は共通して取り上げられる（Labin ら, 2012; Preskill ら, 2008; Suarez-Balcazar ら, 2015; Taylor-Ritzler ら, 2013）。次項では、CD-TEP 法の実践家参画型評価において取り組まれる組織ECB を、これらの視点から整理することにしたい。

2）CD-TEP 法に基づく組織レベルの評価キャパシティ形成
a. リーダーシップ

本章でも取り上げてきたように、CD-TEP 改善ステップを用いた実践家参画型評価では、**実践家等の評価人材**として、(A)プログラムスタッフ、(B)実践家評価担当者、(C)実践家評価ファシリテータ、(D)評価チームの実践家・実践家有識者を位置づけ、その**個人レベルの ECB 方略**を整理してきた。

これらの人材は、同時に、評価を実施する組織（参加事業所）に所属するスタッフでもある。特に(B)実践家評価担当者は、組織を代表して評価プロジェクトの窓口になる人材である。事業所内での評価活動の取りまとめ役として、組織内の評価に関するある面でのリーダーシップを期待されている。

一方、(B)実践家評価担当者とは別に、評価プロジェクトの中で ECB の力量を身に付けた(C)実践家評価ファシリテータ、(D)評価チームの実践家・実践家有識者が組織内にいる場合もあるであろう。

組織内のリーダーシップとしては、**実施・普及評価段階の取組み**において、

評価プロジェクトの**組織としてのコーディネータ・推進役設定の重要性**について触れた（11章）。これらの人材を、組織 ECB 方略として積極的に活用することも可能であろう。

b. ECB に関わるコミュニケーション

組織内で ECB に取り組むに当たって、ECB の目的・ゴールと実施内容を、組織内の関係者に計画的に伝え、共有化する必要がある。

CD-TEP 改善ステップを用いた実践家参画型エンパワメント評価は、《効果モデル》の形成・発展というミッションに向けての取組みである。そのために**効果モデル5アイテムの活用**をすること、改善ステップに沿った評価活動を行うことなどが、適切に組織内でも共有される必要がある。

改善ステップ「評価活動場面」別にみると、「**②実践家等との意見交換会**」では、まず評価プロジェクト開始に当たっての説明会（セミナー等）、研修会・意見交換会に、組織の関係者が可能な限り多く参加し、また説明会・研修会等の終了後には、復命報告会などを開催することができる。

また、「**④試行評価プロジェクトの評価訪問**」は、組織内の ECB コミュニケーションにとって貴重な機会になる。特に、組織外の評価ファシリテータなどから評価結果のフィードバックを受け、全国値や他事業所との比較を知り、自職場のストレングスや課題を検討することが可能になる。

一方で、《効果モデル》に対する創意工夫や実践的経験知に関する意見を伝えたり、評価プロジェクトの進め方についてのコメントを発信する上でも貴重な機会になる。

組織内コミュニケーションを活性化する取組みは、**実施・普及評価段階の取組み**において、その重要性に触れた（11章）。

《効果モデル》の成果やプロセスの達成状況を定期的に確認し改善方策を検討する**評価モニタリング会議**の開催、日常的なモニタリングが可能になるよう配慮された**評価クラウドシステム**の導入、《効果モデル》のプログラムゴールを共有する**組織内外の支援チームと地域ネットワークの形成と会議開催**などである。

これらの組織的コミュニケーションを進めるためには、支援ゴールとなる価値観の共有は不可欠である。《効果モデル》の形成・発展というミッションの重要性について触れたが、本章3節2項で述べた「価値の共有」は不可欠であろう。

なお、ECB コミュニケーションは、後述する組織実践、その体制・構造、評価文化と密接に関わっている。

c. 評価の組織的実践、その体制・構造

CD-TEP 改善ステップを用いた実践家参画型評価では、評価プロジェクトを進めるための評価実施内容とその実施体制を詳細に定めている。その中には、組織外部からの評価支援体制として、評価ファシリテータ、EBP 技術支援センター等も位置づけている。

加えて、**実施・普及評価段階の取組み**においては、**評価モニタリング会議の開催**、プログラムゴールを共有する**組織内外の支援チームと地域ネットワーク形成とその会議開催**などを定めている（11章参照）。

d. 評価資源

CD-TEP 改善ステップを用いた実践家参画型評価では、**効果モデル 5 アイテム**を用意している。また文書化されたプログラム実施マニュアル、さらには評価ツールを実施組織に提供し、活用できるよう整備している。

また、評価を活用するために必要な**評価サイトのクラウドシステムやメーリングリスト**でのコミュニケーションを可能にする配慮も行う。「評価活動場面」別には「評価サイト等での意見交換」である。

加えて、**実施・普及評価段階の取組み**においては、法人・施設内での評価研修会の開催、GP 事例を取り組む事業所の外部見学会、外部研修会への参加、評価モニタリング会議の開催などの重要性を指摘している（11章参照）。

e. 組織文化・風土、理念、評価の主流化

CD-TEP 改善ステップを用いた実践家参画型評価では、**効果モデル 5 アイテム**の中に、プログラム実施マニュアルを用意する。

実施組織では、自らの組織理念やミッションに、《効果モデル》の実施が適合しているのかを十分に検討する必要がある。そして《効果モデル》が適切に位置づけられる場合は、**実施マニュアルを従来の取組みと整合するように改訂することができる**。その上で《効果モデル》の実践、および《効果モデル》を形成・改善に関する取組みは、組織の評価文化を育む重要な 1 ステップになるであろう。また、5 アイテムに用意される評価ツール、およびそれを活用するための**評価クラウドシステムの活用**は評価文化を広める上で重要な意味を持つことになるだろう。

これらの取組みを進めて行く上で、繰り返し述べているように、支援ゴール

となる価値の共有は不可欠である。同時に、本章３節２項で述べたその他の価値の共有も、組織全体で協議して共有できるものを確認するとよいだろう。

実施・普及評価段階の取組みにおいては、《効果モデル》の実施・普及を事業所内・組織内で体系的に進めるために、戦略・実施プランを作成し、評価モニタリング会議の開催や日常的なモニタリングが可能になるよう配慮された評価クラウドシステムの導入、《効果モデル》のプログラムゴールを共有する組織内外の支援チームと地域ネットワークの形成と会議開催などの取組みを、計画的に進めて行くことを推奨している。これは、組織ECBを進めて行く上でも同様に重要であろう。

ｆ．組織レベルのECB方略

前項の最後に述べたように、組織ECBを計画的・体系的に進めて行く上で、**戦略・実施プランの策定は重要**である。それに基づいて上述した評価に関わる人材育成やチーム形成、評価資源の整備、評価文化の涵養、外部からの技術支援の導入、ECBの評価を進めて行く必要がある。

３）組織レベルの評価キャパシティ形成の課題

組織レベルで評価キャパシティ形成を進める方略は、実践家個人レベルの評価キャパシティ形成の場合と同様に、**CD-TEP実践家参画型評価プロジェクトを進める中で実施される。特に、**《効果モデル》の実施・普及評価と密接に関連することを指摘してきた。

一方で、ECBの推進は、《効果モデル》が十分に形成・発展していない段階から取り組むことが求められている。《効果モデル》の**設計・開発評価ステージ、あるいは形成・改善評価ステージのうちからECBを推進する体制を構築しておくことが、より良い**《効果モデル》の設計・開発、形成・改善にも有益であることが示唆される。同時に、《効果モデル》が実施・普及評価段階に達した折には、より円滑に実施・普及の課題に応えることができるであろう。

ECB推進を計画的・体系的に行うためには、**戦略・実施プランを作成**し、それに基づいて前項でまとめた組織ECBの諸要素の整備を進めて行く必要がある。

その際、ECB推進を計画的・体系的に進めるための**組織内の主体**が重要であろう。実施組織のリーダーシップにも関連し、そのような人材育成をどのようにするのか、この**評価プロジェクトの人材育成方略**と関連づけながら考慮す

る必要があろう。

　組織ECBの取組みは、《効果モデル》の実施・普及の取組みと同様に、プログラムゴールと組織ゴールを明確に定めて取り組む必要がある。その際、ECB評価尺度に示されているように、組織ゴールとしてECBの指標、さらには当面のアウトカム指標として、評価主流化と評価結果の活用を設定して、体系的な取組みを行うことが望まれる。それが、《効果モデル》が目指す、プログラムアウトカムの実現にも影響し、より良い成果を生み出すことが期待される。

5　まとめ——改善ステップの「評価の場」を「評価キャパシティ形成の場」にすること

　本章では、CD-TEP改善ステップ「評価の場」が、《効果モデル》に関わる実践家等個人における、さらには所属する組織における評価キャパシティ形成の場として有効に機能するための方略を、改善ステップの「評価活動7場面」を中心に整理してきた。これらの実践家参画型評価プロジェクトにおける取組みは、**実践家等個人の評価キャパシティ形成**に有効に機能するであろう。

　同時に、《効果モデル》を実施する事業所・組織では、**組織レベルにおいて評価キャパシティ形成**に取り組むことも求められている。この取組みは、CD-TEP改善ステップを用いた実践家参画型エンパワメント評価では、実施・普及評価段階で、《効果モデル》実施組織が実施・普及の取組みを行うアプローチと共通しており、その方略を改めて整理して提示した。

　これらの実践家等個人、およびその実践家が所属する組織の評価キャパシティ形成のために、どのような人材が、**その活動の担い手・主体**となって取り組むことができるであろうか。その中で、**評価者・評価研究者はどのような役割**を担えば良いのだろうか。《効果モデル》の形成・発展を志向する個人および組織に対して、どのように関わり、必要な支援を提供できるのかを検討することが、次なる重要な課題と言えよう。

文献

Compton DW, Baizerman M, Stockdill SH（2002）. The art, craft, and science of evaluation capacity building. New Directions for Evaluation 93: 1-120.

Fetterman DM, Wandersman A, eds.（2005）. Empowerment evaluation principles in practice. Guilford Press（=2014, 笹尾敏明監訳. エンパワメント評価の原則と実践. 風間書房）.

Labin SN, Duffy JL, Meyers DC, et al.（2012）. A research synthesis of the evaluation capacity building literature. American Journal of Evaluation 33: 307-338.

大島巌（2016）. マクロ実践ソーシャルワークの新パラダイム：エビデンスに基づく支援環境開発アプローチ──精神保健福祉への適用例から. 有斐閣.

大山早紀子, 大島巌, 源由理子, 夏原博史, 下園美保子（2014）. プログラム開発段階におけるエンパワメント評価活用の可能性. 日本評価学会第15回全国大会要旨収録.

Preskill H, Boyle S（2008）. A multidisciplinary model of evaluation capacity building. American Journal of Evaluation 29(4): 443-459.

Suarez-Balcazar Y, Taylor-Ritzler T, Morales-Curtin G（2015）. Building evaluation capacity to engage in empowerment evaluation: A case of organizational transformation. In Fetterman DM, Kaftarian SJ, Wandersman A, eds. Empowerment evaluation : Knowledge and tools for self-assessment, evaluation capacity building, and accountability, 2nd Ed. Sage Publications.

Taylor-Ritzler T, Suarez-Balcazar Y, Garcia-Iriarte E, Henry DB, Balcazar FE（2013）. Understanding and measuring evaluation capacity: A model and instrument validation study. American Journal of Evaluation 34(2): 190-206.

Wandersman A, Snell-Johns J, Lentz BE, Fetterman DM, Keener DC, Livet M, Imm PS, Faspohler P（2005）. The principles of empowerment evaluation. In Fetterman DM, Wandersman A, eds. Empowerment evaluation principles in practice. Guilford Press.

Weiss CH（1998）. Evaluation: Methods for studying programs and policies. 2nd Ed. Prentice Hall（=2014, 佐々木亮監訳, 前川美湖, 池田満訳. 入門評価学. 日本評論社）.

15章
実践家参画型エンパワメント評価の実施体制および評価支援体制

1 はじめに

　実践家参画型エンパワメント評価を、より体系的により有効に進めるためには、《効果モデル》に取り組む実施機関（**効果モデル実施機関**）の積極的な関与が不可欠である（Blase, 2009; Gough ら, 2018; Salyers ら, 2007）。また効果モデル実施機関サイドでも、より良い《効果モデル》を形成し発展させるためには、《**効果モデル**》の形成・改善や実施・普及に取り組む全国の効果モデル実施機関とネットワークを形成し、お互いに情報交換をしたり交流をして、取組みの質を向上させる必要がある。

　さらには、このような全国（あるいは広域）の実施機関の活動がより良く有効に行えるように、《効果モデル》の形成・改善と実施・普及や、そのために必要な評価活動を支援する拠点である**技術支援センターの機能の必要性**が、近年強く認識されるようになった。本書では、このような EBP 等効果モデル構築を志向するセンター機能を持つ組織を「**EBP 技術支援センター**（EBP Technical Assistance Center; EBP-TAC）」、あるいは単に「**技術支援センター（TAC）**」と呼ぶことにする。

　このように、実践家参画型エンパワメント評価を用いて EBP 等効果モデルを形成・発展させる活動には、**解決すべき社会課題を社会全体で共有し、各レベルの組織の実施体制を整えながら進める体系的・組織的な取組みが必要**であることを、改めて確認しておきたい。

[IV部] 効果モデル形成・発展ステージ横断的な活動と体制整備　349

　本章では、まず実践家参画型評価を用いて《効果モデル》形成・発展の活動に取り組む各レベルの組織の体制を、効果モデル実施機関を中心に据えて提示する。その上で、全国（広域）の効果モデル実施機関の活動が、より良くより有効に行えるよう支援する **EBP 技術支援センターに期待される機能と役割**を、諸外国や国内での取組み状況や、私たちの研究プロジェクトの経験に基づいてまとめることにしたい。

　ところで本書はこれまで、実践家参画型エンパワメント評価を用いて、実践家等が主体となって EBP 等効果モデルを形成・発展させる方法論を提示してきた。この章で取り上げる効果モデル実施体制や評価を含む支援体制についても、当然ながら実践家等が主体的に関与することが期待される。本章の最後には、**実践家等からのアプローチの可能性**についても触れることにしたい。

2　実践家参画型評価に取り組む実施機関に求められる組織体制とネットワークの構築

1）実施機関に求められる効果モデル実施と評価の体制

　CD-TEP 改善ステップを用いた実践家参画型評価プロジェクトでは、前章までに述べたように、プロジェクトに参加する意欲ある**実践家等個人の役割**に注目して、その実践を整理し記述してきた。しかしながら、当該の社会プログラムを実施するのは、通常は**社会的な課題解決の使命を担う「実施機関」という組織**（運営主体が行政、非営利法人、営利法人、任意団体を問わず）である。また評価活動を行い、必要に応じてそのプログラムの実施方法に改善を加える主体も、一般的には原則として実施機関という組織である。

　また、実践家参画型評価プロジェクトの試行評価調査などを経て、本格的に《効果モデル》の導入を考慮する際には、実施機関の正規の事業として体系的にその《効果モデル》に取り組むことになる。また本格的に導入された《効果モデル》についても、随時、評価を実施して振り返り、見直しを行い、より良い《効果モデル》に形成・改善を進める必要がある。その**評価の実施主体**、そして**《効果モデル》実施方法変更の主体も実施機関**（組織）である。さらには、前章で述べたスタッフの評価キャパシティ形成の責任も実施機関（組織）が担っている。

　このように《効果モデル》を実施し、適宜振り返りを行って、《効果モデル》

の質を保ち改善するに当たって、**実施機関（組織）に求められる役割**には、どのようなものがあるであろうか。以下に、《効果モデル》の実施と評価活動に関連した取組みのいくつかを、例示的に示すことにしたい。

- 実施機関が把握するその地域のニーズに合わせて、評価プロジェクトの企画を検討し実施計画を立てる*（山野, 2015）
- 効果モデル実施マニュアルを、実施機関の仕様に合わせて加筆する。
- プログラムに関わるスタッフが、その実施マニュアルを十分に理解し、活用できるように支援する。そのための研修会を実施する（初任者研修、継続研修などで）。
- 実践現場の創意工夫、実践上の経験知などを、《効果モデル》の形成・改善に反映する。必要に応じて、それらの創意工夫、実践上の経験知の内容を、随時、実施マニュアルに追加加筆する。
- 対応が難しい事例の検討に当たっては（事例検討会など）、可能な範囲で実施マニュアルを参照し、活用する。
- 《効果モデル》のプログラムゴールに対して、当該のプログラムを利用するに相応しいニーズを持つ利用者を明確にする（ターゲット集団の明快化）。ニーズを持つ利用者のリスト（効果モデル対象者リスト）を作成し、共有化する。
- 複数部門にわたる《効果モデル》の場合**、対象者リストに掲載された利用者については、部門間で日常的に情報を共有する。
- 対象者リストに掲載された利用者の進展状況については、定期的に確認・検討するための会議（評価モニタリング会議等）を開催する（毎週、各週、毎月など）。
- 効果モデル5アイテムに含まれる評価ツールを日常的に活用する。
- 定期的にフィデリティ評価を行う（毎月、隔月、3か月ごと、6か月ごとなど）。
- アウトカム評価の結果と併せて定期的に評価結果をまとめ、その分析結果

＊　スクールソーシャルワーク事業モデルの場合、地域に出向いてその地域の段階やニーズに合わせてワークショップの開催や進め方を調整することが、その地域が主体的に育成される鍵である（山野, 2015）。

＊＊　デイケア＆訪問支援統合化プログラム（8章2節）、効果のあがる就労移行支援プログラム（同上）など。既存制度を利用する《効果モデル》では、期待されるプログラムゴール達成のために複数制度を組み合わせて行う必要が生じることがある。

を検討する会議（評価結果検討会議など）を開催する。

　これらの例示からわかるように、《効果モデル》の実施と評価活動は、特に「実践の質保証／質改善」（Wandersmanら, 2012）という側面から見ると、日常的に組織的に一体的に行われるべき実践活動である。

　これらの活動を主に担当するのは、実践家参画型評価プロジェクトにおいては、(B)**実践家評価担当者**（前章と同じ記号使用、以下同）であった。同時に、(A)**プログラムスタッフ**（同上）は、日常的に《効果モデル》の実践を行うとともに、自らの支援の質向上のためにも評価活動に従事することが期待されている。

　前章で述べたように、(B)実践家評価担当者は、プロジェクトの中では、実施機関を代表して窓口になる。実施機関内の評価活動を取りまとめ、評価に関するある面でのリーダーシップを持つことが期待されている。一方で、(B)実践家評価担当者とは別に、評価キャパシティ形成（ECB）の力量を身に付けた(C)実践家評価ファシリテータ、(D)評価チームの実践家・実践家有識者が組織内のメンバーである場合もある。

　効果モデル実施機関（組織）内では、それらの人材の活用を含めて、通常業務を進める上で、《効果モデル》における重要な役割を担う**「評価活動リーダー」**を定める必要がある。「評価活動リーダー」は、効果モデル実施機関を運営する法人や、地域の関連機関と連携・協働して、《効果モデル》がより効果的なモデルとなるよう積極的な役割を果たす。また《効果モデル》の維持・定着期においては、実施・普及を前進させるキーパーソンになることが期待されている。また前章で述べたように、実施機関の中でスタッフの評価キャパシティ形成（ECB）を進める中核になることが求められる。

2）実施機関に求められる効果モデル実施のためのネットワーク形成と評価の実施体制

　前項では、効果モデル実施機関の内部における《効果モデル》実施体制について検討した。しかし本書で取り上げてきた《効果モデル》は、必ずしも同一実施機関内だけでは完結しない場合がある。

　《効果モデル》は、設定されたプログラムゴールに対して、その達成を最も有効に実現するプログラム要素（効果的援助要素）を検証し、構築される。このため既存制度を利用して構築された《効果モデル》では、期待される**プログラ**

ムゴール達成のために複数制度を組み合わせて実施する必要が生じ、時に複数の実施機関をまたぐ取組みになる場合がある。たとえば、デイケア＆訪問支援統合化プログラム（8章2節）（大山ら, 2015）、効果のあがる就労移行支援プログラム（8章2節、図15-1参照）（効果のあがる就労移行支援プログラムのあり方研究会, 2017）などである。

　このような場合には、《効果モデル》を構成する中心的な制度（精神科デイケア、あるいは障害者就労移行支援事業など）を行う実施機関が、《効果モデル》を構成する他制度（訪問看護ステーション、あるいは就業・生活支援センターなど）を運営する実施機関と密接な連携・協働体制を組み、**地域の「支援チーム」を形成**して、《効果モデル》の実践を行う必要が生じる。

　たとえば、「効果のあがる就労移行支援プログラム」という《効果モデル》は、障害者総合支援法に基づく「障害者就労移行支援事業」を基盤に構築する。この《効果モデル》は、障害のある人の早期の一般就労を実現し、継続的に支援を提供することで職場定着を促し、就労による生活の質向上をプログラムゴールにする。しかし「就労移行支援事業」は利用期限が2年に制限されており、職場定着や継続支援のためには他制度を活用しなければならない。また就労支援とともに、生活上のニーズや保健医療的なニーズをもつ対象者が多い中で、それらニーズに対応した支援を包括的に提供できるモデルを提示する。具体的には、「**就労移行支援事業**」**に加えて、就労以外の生活支援や保健医療支援との一体的な連携や、就労移行後の継続的就労支援を担う事業**（就業・生活支援センター等）**を一体的に運用する地域の「支援チーム」**（地域型支援チーム）**を形成する**（図15-1参照））（効果のあがる就労移行支援プログラムのあり方研究会, 2017）。

　「**地域型支援チーム**」を形成し、それを維持・運営するのは必ずしも容易ではない。障害のある人の一般就労の実現、職場定着、生活の質向上をプログラムゴールにする価値を共有する地域の関係者が集まり、《効果モデル》の意義と有効性を確認して、その活動を戦略的に進めて行く必要がある。

　その際、後述するように、まずは《効果モデル》や実践家参画型評価の理念、価値、ゴールを、関係者が共有するとともに、プログラムゴールを実現する《効果モデル》の「支援チーム」形成に対する戦略・実施プランを関係者と共に策定し、実行する必要がある。

　同時に「地域型支援チーム」の活動にとって、**評価活動はチームを凝集させ**

[Ⅳ部] 効果モデル形成・発展ステージ横断的な活動と体制整備

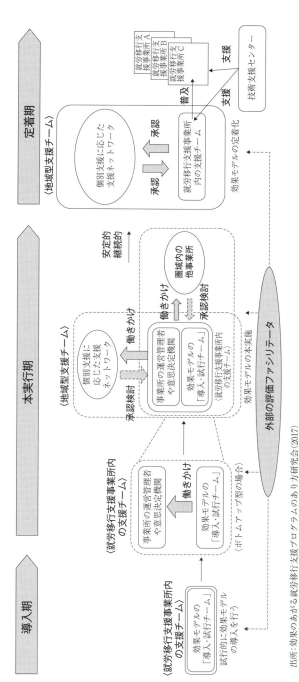

図15-1 効果的就労移行支援プログラムの組織体制の発展

出所：効果のあがる就労移行支援プログラムのあり方研究会（2017）

る重要な意味を持つ。前項で述べたように「**効果モデル対象者リスト**」を作成
し、対象利用者の同意を得た上で、「地域型支援チーム」内で共有する。その
上で、対象者リストに掲載された利用者については、地域機関相互に日常的に
情報を共有する。また、対象者リストに掲載された利用者の進展状況について
は、「**評価モニタリング会議等**」を定期的に開催する（隔週、毎月など）。

　以上のように、「地域型支援チーム」を実質化する上で、《効果モデル》の中
心的な制度を実施する実施機関は、プログラムゴール達成に向けたネットワー
ク形成に重要な役割を果たす。またその際に、評価活動はチーム形成上重要な
意味を持つ。「**評価活動リーダー**」を明確に定め、チームのコーディネータ的
な役割を果たすことが求められよう。

3）実施機関外からの評価支援と ECB 方略

　前項で述べた地域内におけるネットワーク形成や、「地域型支援チーム」に
おける評価活動の実施に当たって、1 つの効果モデル実施機関としての取組み
としては、実施が困難な場合が少なからずある。

　実践家参画型評価プロジェクトは、**大学や研究機関、全国法人など**が拠点と
なって、実施機関担当者と協働して、**ネットワーク形成や評価活動の支援**を
行ってきた。同時に、14 章で述べたような評価キャパシティ形成の支援も評価
プロジェクトの中で実施している。試行評価調査が終了した後には、**同様の支
援機能を持つ全国（あるいは広域）の拠点**が必要になるであろう。

　広域の支援拠点では、地方自治体の協議会（障害者自立支援協議会等）が中心
となり、地方自治体と連携・協働した取組み例が自発的に発生した経験を持っ
ている（コラム 6 参照）。今後の取組みが注目される。

3　効果モデル実施機関（組織）への評価支援体制

1）技術支援センターの現状と社会的意義

　私たちが取り組んできた実践家参画型評価プロジェクトは、基本的には研究
プロジェクトである。**通常業務として発展**させるためには、プロジェクト終了
後には、研究班が中心となって対応していたのと同様の**技術支援を提供できる
全国あるいは広域レベルの拠点**が、各効果モデルごとに形成されることが必要
になる。

[IV部] 効果モデル形成・発展ステージ横断的な活動と体制整備　355

[コラム6] **就労移行支援の技術支援：長野県・大阪市淀川区の取組み**

　コラム2・4・5で取り上げた「効果のあがる就労移行支援プログラム」の
プロジェクトでは、当プログラムに関わる複数名の実践家が実践家評価ファシ
リテータとして活躍し、就労移行支援事業所におけるプログラムの実施・評価
支援に携わっている。

　ここでは、地域ごとに行われたプログラムの実施・評価支援の実際として長
野県と大阪市淀川区の取組みを紹介したい。

（1）長野県の取組み

　長野県では2014年から2015年にかけて13か所の就労移行支援事業所で効果の
上がる就労移行支援プログラムの取組みが実施された。このとき、長野県内13
事業所のプログラム実施・評価支援を担ったのが、長野県内の就労移行支援事
業所、就労継続支援B型事業所、障害者就業・生活支援センターなど多様な主
体が参加して運営される多機関協働のNPO法人であった。

　このNPO法人は、13か所の就労移行支援事業所を対象に、効果の上がる就
労移行支援プログラムに関するフィデリティ評価を実施し、それぞれの事業所
について強みや課題を整理し、プログラム実施に関する適切なアドバイスを行
うことによって、13事業所におけるプログラム実施度を大きく向上させた。

（2）大阪市淀川区の取組み

　大阪市淀川区の取組みでプログラムの実施・評価支援を担ったのは淀川区自
立支援協議会の就労支援部会であった。就労支援部会のメンバーは、何度か幹
部会の中で効果の上がる就労移行支援プログラムの導入について検討し、まず
は幹部会が所属するいくつかの事業所にて、プログラムを試行してみることを
決めた。

　その後、幹部会の事業所それぞれが1名ずつ実践家評価ファシリテータの役
割を担い、互いにフィデリティ評価を行い、プログラム実施に関するアドバイ
スを行った。こういったことを通して、幹部会のなかでプログラムの有効性が
認識され始めると、自立支援協議会就労支援部会に所属する幹部会以外の事業
所へプログラムを紹介するにあたって、プログラムの勉強会や、淀川区の実情
に合わせたプログラム実施事例集の作成などが検討されるようになった。

　これらの事例のように、地域の中核となる団体・組織がプログラムの実施・
評価に関する支援を担うことは、当該地域におけるプログラムの適切な実施・
普及に強く貢献するものと期待される。

出所：新藤，他（2016）

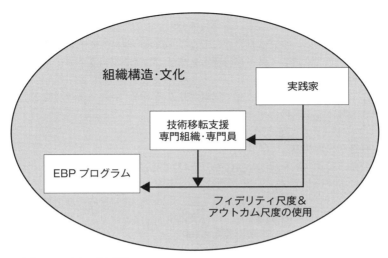

出所：Fixsen ら（2005）を翻訳

図15-2　EBP 実施の枠組み——技術移転支援専門組織あるいは人材の役割

　近年、このような実践現場と、研究・専門機関や行政等の中間に立って、両者をつなぎ、両者とコミュニケーションを取りながら、実践現場に必要な**技術支援等の支援を提供する拠点組織**（中間支援組織）の必要性が、さまざまな領域で指摘されている。具体的には EBP の実施・普及の領域、ECB やエンパワメント評価の領域、さらには NPO 支援の領域などである。

　本書で取り上げてきたエビデンスに基づく実践（EBP）では、有効性に関するエビデンスが明らかになっても実施・普及が進まない不適切な状況（サービスギャップ）が生じがちである。その改善のために、EBP 等の実施・普及を進める研究実践（実施・普及研究）が世界的に発展した。

　これらの研究を体系的にレビューした Fixsen ら（2005: 14, 33）は、EBP 実施・普及に果たす**パーベイヤー**（purveyors; 技術移転支援専門組織あるいは人材）の重要性を指摘し必要な機能を整理した（図15-2）。その必要な機能を、7 要素からなる**コア実施要素**（Core Implementation Components）のサイクルとして整理している（3 章・11章、図3-1（60頁）参照）。パーベイヤーは、実践家と研究・専門機関の橋渡しをするエキスパート・機関であり、EBP 実施・普及を確実に実現する重要な使命を持つ（Fixsen ら, 2005; 2009a）。

EBP プログラムの代表的な 1 つである包括型ケアマネジメント ACT（Assertive Community Treatment）の実施・普及の研究と実践を進めてきた Salyers ら（2007）は、インディアナ州政府から技術支援センター（TAC）の業務を受託し、その経験から TAC の機能と役割を整理した。この組織はパーベイヤーの機能と役割を持つ制度化された一形態と言える。

エビデンスに基づくアプローチを推進する**アメリカ連邦教育省**では、法律に基づいて（教育技術支援法; Educational Technical Assistance Act of 2002）、全国 6 地域に地域包括技術支援センターと、5 箇所の特殊領域技術支援センターを設置した。そのセンターでは、エビデンスに基づく教育（EBE）を含む技術支援を提供している（IES, 2011）。

またイギリスでは、政府出資により 9 領域の**エビデンスに基づく技術支援センター**（What Works Centres; WWCs）を設置している（保健・社会ケア、教育、刑事司法、福祉、早期介入等）。これらセンターはエビデンスに基づく知見を作り、共有し、使うこと、そして高度なエビデンスに基づく意思決定支援を促進する、従来の研究機関とは異なる**中間支援組織**（'intermediary' organization）の位置づけを持つとされている（Gough ら, 2018）。

一方、近年、評価人材育成のニーズを持つ団体や領域では、評価キャパシティ形成（ECB）への関心が高まり、開発援助領域、保健医療領域、学校評価領域の団体では、独自に**評価キャパシティ形成のシステムを構築**している。中でも、住民や実践家が参画するエンパワメント評価の領域では、評価に関わる地域住民や実践家の評価キャパシティ形成のために、技術支援の取組みが進められている（Compton ら, 2002）。

他方で、日本では **NPO** や住民参加の領域で**中間支援組織**が数多く設置されている。これら中間支援組織に求められる機能には、評価機能が何らかの形で含まれている（田中, 2005；木村, 2016）。また近年は、NPO 領域を中心に社会的インパクト評価への関心が高まり、新しい潮流となっている。その中で中間支援組織が評価活動を行うことが強く求められている。

これら各領域の中間支援組織、技術支援センター組織の機能と役割は比較的多様である。しかし、実践現場と研究・専門機関や行政等を仲介すること、実施・普及を中心に実践支援を行うこと、ネットワークを形成すること、そして**それら活動に「評価」を手段として活用することは共通している**。

2）実践家参画型評価に求められる EBP 技術支援センター

以上の動向を踏まえて、本書で取り上げてきた CD-TEP 改善ステップを用いた実践家参画型エンパワメント評価を適切に、かつ有効に行うことを可能にする **EBP 技術支援センター**（EBP-TAC）とはどのようなものか、その社会的な位置づけと構造、果たすべき機能と役割について概観しておきたい。

まず最初に、CD-TEP 改善ステップを用いた実践家参画型エンパワメント評価の有効な実施と、ここで取り上げる EBP-TAC は密接不可分の関係にあることに触れておきたい。本書でこれまで取り上げてきた内容は、EBP-TAC が実践の場で実践家等とパートナーシップを組んで取り組むことをある面では前提にしている。

このような位置づけにある **EBP-TAC は、アメリカの教育技術支援センター**（IES, 2011）**や、イギリスの WWCs**（Gough ら, 2018）**のように、本来は制度化されていたり、十分な公的資金が投入されることが望ましい。**

しかしながら、このような公的な位置づけがなく、**予算が十分ではなくとも取り組める範囲で実施可能である点には、よく注目する必要がある。**

たとえば福祉系大学院、看護系大学院など実践家養成系大学の大学院が、実践研究と実践家の大学院養成教育を兼ねながら、EBP-TAC に取り組むことには、ある程度の現実性があるだろう。また実践家の職能団体、たとえば日本社会福祉士会や、日本作業療法士協会が、社会的課題になっている課題解決のため（たとえば長期入院者の地域移行・地域定着等）、協会をあげて「評価研究チーム」を立ち上げて、実践現場と連携しながら取り組むことも可能であろう。さらには、NPO の中間支援組織が、社会的インパクト評価に関わる民間資金（社会的インパクト投資、含・休眠預金の資金）を活用して「評価研究チーム」を立ち上げ、課題解決のための《効果モデル》を構築し、それを実施するための支援ツールの開発と販売も合わせて行い、活動を継続することも考慮できる。

次に **EBP-TAC が生み出すものや成果は何か、目指すものは何か、**という点を確認しておきたい。

まず CD-TEP 改善ステップを用いた実践家参画型エンパワメント評価が**目指すものの第 1** は、EBP 等効果モデルの形成・発展であった。EBP-TAC は、《効果モデル》の構築を実践現場と協働して行い、社会的課題解決に有効な《効果モデル》を形成・発展させて、社会に送り出し、社会の問題解決に役立てることを目指す。

また**目指すものの第2**は、実践家等および効果モデル実施機関の評価キャパシティ形成である。EBP-TACとしても、実践家等が社会的課題の解決に有効な評価の方法論を身に付けることに関与し、実践家等としての力量を向上させることに貢献すること、そして効果モデル実施機関が「学習する組織」として、イノベーションに積極的に取り組み、組織が活性化することに貢献することは、重要な使命と言える。

これらEBP-TACのゴールに対応して、EBP-TACの果たすべき機能と役割は、次節で改めて提示することにしたい。その枠組みを示すと、第1のゴールに関連して、《効果モデル》の実施に関する十分な知識と経験をもち、実践現場への実践支援を提供することが重要であろう。

また第2のゴールに関連して、実践家参画型評価の実施方法を支援するとともに、評価キャパシティ形成の支援も同時に行うことが必要である。

2つのゴールに関連して、特に日常実践に評価活動を導入することに関して、実施組織の管理・運営体制の構築を支援すること、また《効果モデル》構築と、評価実施の両面にわたって、実施組織周辺の地域や、広域あるいは全国のネットワーク形成の支援が重要であろう。

最後に、**EBP-TACの人的体制**について触れておきたい。

EBP-TACの中心的役割を果たすのは、実践現場と交流しながら《効果モデル》の形成・発展を協働する**評価ファシリテータ**の存在である。優れた資質を持ち、意欲ある評価ファシリテータを十分に確保することが、EBP-TACの活動を支える基盤となるであろう。

評価ファシリテータには、専任（研究者）評価ファシリテータと実践家ファシリテータがいることは、既に述べた。

専任（研究者）評価ファシリテータは、EBP-TACを福祉系大学院、看護系大学院など実践家養成系大学の大学院が担う場合は、大学の教職員、そして大学院学生などが担うことを考慮できる（NASW, 2008）。また、研究機関、職能団体、NPO中間支援組織等がEBP-TACを担当する場合は、組織の職員がその役割を担うことになるだろう。それぞれの場合において、EBP-TACの運営資金の程度に応じて、この業務だけの専任スタッフになるか、他の業務との併任になるかが、決まってくるだろう。

実践家評価ファシリテータは、14章で述べたように、CD-TEP改善ステップの評価キャパシティ形成（ECB）アプローチから生み出される。良質の

ECB アプローチが、優れた評価ファシリテータの確保に結びつくことが期待される（新藤ら, 2015; 浦野ら, 2015）。

なお、実践家養成系大学大学院が EBP-TAC を担う場合は、実践家評価ファシリテータ等、意識の高い実践家とのつながりを重視し、魅力的な教育プログラムを用意することが、入学者確保にも結びつくであろう。

EBP-TAC には、実践家参画型評価アプローチやその他の評価方法に通じた**コンサルタントとなる評価者**の存在が望まれる。またデータマネジメントや ICT 技術に通じた専門家の存在も必要となる。

EBP-TAC 全体の良質な活動を展開して行く上で、**実践現場とのより良いパートナーシップ形成**は不可欠である。それと同時に、EBP 等効果モデルの形成・発展に関心を持つ多くの関係機関・団体とのパートナーシップ形成も重要であろう。たとえば EBP-TAC を NPO 中間支援組織が担う場合、大学や職能団体とのより良いパートナーシップ形成を考慮することができるだろう。

4　EBP 技術支援センターに期待される機能と役割

この節では、EBP-TAC が、EBP 等効果モデルの実施機関（**効果モデル実施機関**）と連携・協働して、《効果モデル》の形成・発展および実施・普及を進めるために必要かつ有効な **EBP-TAC の機能と役割に関する指針**を示す。

まず最初に、EBP-TAC が目指すべき価値と理念、そこから導かれる基本原則を示した上で、EBP-TAC の 5 つの基本機能である、(1)実施機関（組織）のアセスメント実施支援、(2)戦略・実施プラン策定とモニタリングの実施支援、(3)組織・運営支援、ネットワーク等のの組織形成支援、(4)効果モデルの実施・普及支援、効果的実施の支援、(5)評価キャパシティ形成と実践家参画型エンパワメント評価実施の支援、について指針を示す。

ここで記載する内容は、諸外国や国内での技術支援センターや中間支援組織の取組み状況に関する文献的検討や、私たちの研究プロジェクトの経験に基づいて、そのエッセンスとなる事項をまとめたものである。

1 ）EBP 技術支援センターの概要（総論）
ａ．EBP 技術支援センターの位置づけと基盤にする価値
① エビデンスに基づく実践（EBP）は、有効性に関する十分なエビデンス

が明らかになっても、社会の中に**EBP の実施・普及が進まない不適切な状況**（サービスギャップ）がしばしば生じる。その改善・解決の有力な手立てとして、EBP 技術支援センター（EBP-TAC）が注目されている。

② EBP-TAC は、EBP 等効果モデルの実施機関（効果モデル実施機関）と連携・協働して、《効果モデル》の形成・発展および実施・普及を進めるために必要かつ有効な技術支援を提供する、**さまざまな組織形態をとる中間支援組織**である。

③ EBP-TAC は、単に社会に認証された EBP プログラムの実施・普及を進めるための技術支援を提供するだけではない。《効果モデル》の形成・発展段階のうちから、効果モデル実施機関と連携・協働して《効果モデル》を形成・発展させるとともに、同時並行的に実施・普及のサポートにも取り組む（**ボトムアップ評価アプローチ**）（**介入アウトカムと実施・普及アウトカムの同時追求**）。

④ EBP 等効果モデルの実施・普及（効果モデル実施・普及）は、単発的な事象ではない。継続的な積み重ねに基づく、ミッション志向のプロセスである。意思決定、実施、その結果に基づく修正を経て、改訂を繰り返す（Fixsen ら，2005; 2009a）。EBP-TAC はその過程を伴走し、効果モデル実施・普及の成果を実現する。

⑤ **EBP-TAC が大切にする価値と理念**は以下のとおりである。

・当事者ニーズに根ざした、リカバリー志向の効果的な支援方法の追求
・当事者ニーズに応える科学的な効果モデルの形成・発展
・実践家参画型アプローチの重視
・実践家のネットワーク形成の有効性
・効果モデルのオーナーシップ向上
・効果モデル形成・発展に関わる評価キャパシティの向上
・科学的な「プログラム開発と評価」の実践は対人専門職の職業倫理
　⇒より良い効果モデルの発展・共有と、学習する組織づくり
・対人援助のミクロ実践をマクロ実践・支援環境開発につなげる支援
・自らの実践を常に振り返り、より効果的になるよう改善の努力を行う

b．主な連携・協働先は効果モデル実施機関、変革の意識をもった実践家

① EBP-TAC が**主な連携・協働先**とするのは、**効果モデル実施機関**であり、変革の意識をもった実践家が所属する機関である。

②《効果モデル》の実施・普及は、実施機関（組織）を基盤に進める。実

施・普及の原点は、実施機関（組織）の取組みにある。改革意識を持った実践家は実施機関（組織）との関係を形成しながら実施・普及の取組みに関与する。

c. 多様な組織形態

① **EBP-TAC の組織形態・実施形態は多様**である。法律で定められ、財源も確保された公的なものから、試行事業・研究事業として行われるもの、大学の教育・研究の一環として行われるもの、民間非営利組織が組織のミッションの一環として行うものなど、さまざまである。

② 実践家参画型で《効果モデル》の形成・発展を図るためには、EBP-TAC の存在は不可欠である。公的な制度として位置づけられ、財源が確保されることが望ましいが、公的財源が確保されていなくとも、多様な組織形態で実施することが可能である。

③ 多様な組織形態の中には、福祉系大学院、看護系大学院など実践家養成系大学の大学院が、実践研究と実践家の大学院養成教育を兼ねながら取り組むもの、また実践家の職能団体が社会的課題の解決のため、「評価研究チーム」を立ち上げて取り組むもの、NPO 中間支援組織が民間資金を活用して、課題解決のために取り組むものなどが考えられる。

④ EBP-TAC の中心的役割を果たすのは**評価ファシリテータ**である。財政状況などを勘案して、必要な人数を確保する必要がある。

2）「効果モデル実施・普及」の価値・理念の明確化、共有化（A領域）

① EBP-TAC が行う「効果モデル実施・普及」の活動は、継続的な積み重ねに基づく、**ミッション志向のプロセス**である。EBP-TAC と連携・協働する実施機関は、**EBP-TAC の基本的価値・理念を共有**することが求められる。

② EBP-TAC は、自らの活動の価値・理念を明確にするとともに、**連携・協働する実施機関と十分にその価値・理念を共有**することが必要である。実施機関サイドでも、効果モデル実施・普及に関与する価値と理念を明確にし、EBP-TAC と共有する必要がある。

③ EBP-TAC が、効果モデル実施・普及の活動を開始する際は、**連携・協働する実施機関を選択**する必要がある（コア実施要素の「選択」；図3-1（60頁））。EBP-TAC の価値・理念の共有と賛同は、取組み開始に当たって大きな要件になる。

④ 効果モデル実施機関が、EBP-TAC の実施・普及活動に関わる際には、

運営法人や実施機関全体の理念や目標と整合させたり、融合させる努力が求められる場合がある。

⑤ 効果モデル実施・普及の活動は、しばしば**複数組織が関与し、ネットワークを形成して取り組む必要**がある。**組織文化の差異を超克**するためにも、取組みの価値・理念の明確化、共有化は不可欠である。

3）実施機関（組織）のアセスメント（B領域）

① 連携・協働する実施機関のアセスメントを行い、それぞれの実施機関（組織）の状況に応じて、EBP-TAC としての支援方法を検討する基盤となる情報を提供する。

② 実施機関のアセスメントの内容・領域は、以下のものが含まれる。

（ⅰ）実施機関（組織）におけるニーズ状況の把握と評価可能アセスメント

（ⅱ）効果モデルの実施体制・推進体制のアセスメント（D領域対応）

（ⅲ）効果モデルの実施・普及状況（準備状況）のアセスメント（E領域対応）および、

（ⅳ）効果モデルの効果的実施状況のアセスメント（E領域対応）

（ⅴ）評価キャパシティ形成とエンパワメント評価実施状況（F領域対応）

D～F領域は、EBP-TAC の支援領域に対応する（以下に示す）。

① 実施機関が効果モデル実施・普及活動を行うに当たって、EBP-TAC は、実施機関の状況を適切にアセスメントした上で、戦略・実施プランを作成し見直・改訂することを支援する必要がある（C領域で対応）。

②（ⅰ）実施機関（組織）におけるニーズ状況の把握と評価可能性アセスメントは、今後、戦略・実施プランを策定し、見直し・改訂する際に、全般的な状況把握の基盤となるアセスメントである。

③ 評価可能アセスメントは、実施機関が《効果モデル》を導入し実施・普及を進める上で重要な、プログラムゴールの設定、ゴール達成に向けた実行体制とその整備、組織内における推進機運の状況をアセスメントする。

④（ⅰ）～（ⅴ）のアセスメントは、以下に述べるD～F領域の支援を、C領域で作成する「戦略・実施プラン」に基づいて計画立案するための基盤となる情報収集のために実施する。

4）戦略・実施プラン策定とモニタリングの実施支援（C領域）

① 実施機関（組織）のアセスメント結果に基づいて、今後の実施・普及を進めるための戦略・実施プランの策定を行う。またその後に実施する戦略・実施プランの見直し・改訂のモニタリングを支援する。

② 実施機関アセスメント（B領域）の結果に基づいて、EBP-TACが主に支援を提供する次の3領域で戦略・実施プランを作成する。

（i）組織・運営体制、ネットワーク形成等の支援（D領域対応）

（ii）効果モデルの実施・普及支援、効果的実施の支援（E領域対応）

（iii）実践家参画型評価と評価キャパシティ形成の支援（F領域対応）

③ 戦略・実施プランの遂行を支援する各種実施マニュアル、実施・普及ガイドライン、ツールキット、評価ツールを提供する。その活用方法を研修会等によって説明し、戦略・実施プランの遂行を支援する。

④ 戦略・実施プランの作成と見直しの方法は、主に次の3つがある。

（i）全国（広域）研修会を開催して、戦略・実施プランの策定を支援

（ii）評価ファシリテータ、コンサルタントが訪問などによって、戦略・実施プランに基づく実施がされているかを検討して行う必要なフィードバック

（iii）支援チームや実施機関、地域関連機関のそれぞれのレベルで、そのメンバーや代表者が協働して行う作成や見直し・改訂

⑤ 戦略・実施プランの周知と共有を、支援チームや実施機関、地域関連機関に対して行う。その前提として戦略・実施プランはそれぞれの組織内、あるいはその代表者と共に作成や見直し・改訂を行う。その内容は関係者間で共有する。

5）組織・運営体制、ネットワーク形成等の支援（D領域）

① 戦略・実施プランで作成した、効果モデルの組織・運営体制、実施推進体制、ネットワーク形成等のプランに基づいて、《効果モデル》を実行する組織・運営の支援，ネットワーク形成等に関して実施計画作成の支援を行う。

② 実施計画に基づいて、「支援チーム」の設置が、実施機関（組織）の運営会議や法人会議で承認されるよう支援する。

③ 実施計画に基づいて、評価を活用した支援チームの設置と形成・発展の支援を行う。支援チームの設置と形成・発展のために以下の機会を活用するよう支援する。

[IV部] 効果モデル形成・発展ステージ横断的な活動と体制整備　　365

・効果モデル研修会
・効果モデルの評価研修会
・評価モニタリング会議の開催
・評価訪問時の意見交換会

④　実施計画に基づいて、実施機関に評価プロジェクトを推進する実践家評価担当者（コーディネータ・推進者）を配置するように支援する。

⑤　実施計画に基づいて、実施機関に評価プロジェクトのファシリテータとしての活動する実践家評価ファシリテータを置き、地域圏域の実施機関（組織）の《効果モデル》の形成・発展に関わる支援活動にも従事するよう支援する。

⑥　実施計画に基づいて、実践家評価担当者会議、評価ファシリテータ会議（振り返り会、意見交換会）の開催（年1～2回）を支援する。

⑦　《効果モデル》を実施・普及する地域ネットワーク形成のために、以下の取組みを行うことを支援する

・地域の協議会（自立支援協議会就労部会等）などに、《効果モデル》に関連した地域研究会・勉強会を設ける
・地域の協議会の研究会・勉強会において、《効果モデル》の研修会を開催する

6）「効果モデル」の実施支援、実践・普及支援（E領域）

①　戦略・実施プランに基づいて、《効果モデル》の実施・普及支援、効果的実施の支援を行う。そのために、戦略・実施プランに基づいて、《効果モデル》の実施、および実践・普及の実施計画の作成を支援する。

②　実施計画に基づいて、事業所スタッフ対象の《効果モデル》研修会の開催相談に応じる。研修会のプログラムと講師について相談に応じる。必要な情報提供を行う。

③　実施計画に基づいて、《効果モデル》に関する外部見学会（含・インターンシップ）、外部研修会の相談に応じる。必要な情報提供を行い、必要に応じてコーディネートする。

④　実施計画に基づいた《効果モデル》の広報活動に関して相談に応じる。必要な情報提供を行う。モデル広報パンフレットを協働作成し、共有する。

⑤　実施計画に基づいて、効果モデル実施マニュアル、実施・普及マニュアルの活用支援を行う。必要な情報提供を行う。研修会、事例検討会などでの活

用方法の相談に応じる（コンサル via メール・電話・訪問）。

⑥ 評価訪問（含・ウェブ会議）を行い、評価結果に基づいて《効果モデル》実施方法に関するフィードバックと助言を行う。使用する評価の種類は、⑴プログラムフィデリティ評価、⑵ガイドラインフィデリティ評価、⑶クラウドシステムのアウトカム評価結果などである。

⑦ 評価訪問の後、フィードバックシートを用いたコメントを作成し、報告書文書（フィードバックシート）を実施事業所担当者に送付する。《効果モデル》に関わる関係者への配布を依頼する。

⑧ その後、メールや電話で随時、実施状況・改善状況を確認する。

７）実践家参画型評価の活用支援、評価キャパシティ形成支援（F 領域）

① 戦略・実施プランに基づいて、実践家参画型評価の活用と、評価キャパシティ形成の実施計画を作成する。この実施計画に基づいて、効果モデル実施スタッフや関係スタッフの評価キャパシティ形成と、エンパワメント評価の実施に関する支援を行う。

② 実施計画に基づいて、効果モデル実施スタッフを対象とした評価研修会の開催の相談に応じる。

③ 実施計画に基づいて、《効果モデル》の対象者リストを、《効果モデル》に関連する複数の部門と協働で作成する。

④ 実施計画に基づいて、評価モニタリング会議を定期に開催する相談に応じる。開催方法（頻度、時間帯、メンバー等）、実施方法等について、必要な情報提供を行う。

⑤ 評価訪問時に、評価情報の入力、集計・分析、評価結果表の読み取り方法などについて相談に応じ、必要な情報提供を行う。

⑥ その後、電話・メール、ウェブ会議で相談に応じ必要な情報提供を行う。

⑦ 評価支援サイトによる情報集積と、集計・分析、評価結果表の読み取り方法などについて相談に応じ、必要な情報提供を行う。

⑧ 評価訪問時に、他の効果モデル実施事業所に呼びかけて、評価相互訪問を行う。

[Ⅳ部] 効果モデル形成・発展ステージ横断的な活動と体制整備 367

5 実践家参画型評価の支援体制構築に果たす実践家の役割

　これまで、実践家参画型評価活動を行う基盤となる評価支援体制のあり方を、EBP 技術支援センターを中心に、効果モデル形成・改善や実施・普及の取組みの経験に基づいて示してきた。

　一方、実践家参画型評価を支える評価支援の体制は、国際的に見ても現状ではまだ未整備な状況である。そのような中、本書ではこれまで、実践家が主体となって EBP 等効果モデルを形成・発展させる方法論を検討してきた。効果モデル実施体制や評価を含めた支援体制についても、**実践家が主体的に取り組むこと**が望まれる。

　元来、効果モデル形成・発展アプローチは、社会課題解決のために、有効なアプローチがないか、存在してもニーズのある人たちに届いていない厳しい社会状況を背景に導入されるのが一般的である。その担い手として実践家等に期待される理由の**第1は**、そのようなニーズに日常的に接しながら、適切に対応できないことに対する実践現場の倫理観が背景にあると思われるからである。また**第2に**、《効果モデル》に日常的に関わり、熟知している専門職によって、より効果的な実践を生み出す継続的改善に対する期待もある。

　実践家参画型エンパワメント評価の有効な実施と EBP 技術支援センターは密接不可分の関係にある。効果モデル形成・発展アプローチを志向する実践家等にとっても、EBP 技術支援センターは不可欠な存在である。

　実践家参画型評価プロジェクトで形成される**実践家等を含む「評価チーム」**は、EBP-TAC など評価支援体制の構築を進める上でも、重要な位置にある。その中に占める、**課題解決に高い意識を持つ実践家の役割**は大きい。

　実践家等を含む「評価チーム」は、一般的には EBP-TAC の主体として期待の大きい実践家養成系大学の大学院や研究機関、職能団体、NPO 中間支援組織等ともよく連携・協働する必要がある。さらに「評価チーム」は、時にEBP-TAC の設置を働きかけ、時に自らがその母体になって、実践家参画型の評価支援体制の構築に取り組むことが期待される。

　このように意識の高い実践家が積極的に参画し、実践家参画型評価を支える評価支援体制の整備を着実に進展させて、より良い評価の支援体制が構築されることを期待したい。

6　まとめ

　以上本章では、実践家参画型評価を用いた《効果モデル》形成・発展の活動に取り組む各レベルの組織の体制を、効果モデル実施機関を中心に据えて提示した。他方、効果モデル実施機関が組織として、より良い《効果モデル》の実践を行うとともに、創意工夫や実践的経験知を交換・共有して、より良い《効果モデル》に形成・発展することができるように支援する EBP 技術支援センターに期待される機能と役割は大きい。その機能と役割を、諸外国や国内での取組み状況や、私たちの研究プロジェクトの経験に基づいて整理した。同時に、実践家参画型評価を支える評価支援体制の整備を進展させる上で、課題解決に高い意識を持つ実践家の役割が大きいことを示した。

文献

Blase KA（2009）. Technical assistance to promote service and system change. Roadmap to Effective Intervention Practices #4. Tampa, Florida: University of South Florida, Technical Assistance Center on Social Emotional Intervention for Young Children. http://www. challengingbehavior. org（2018. 10. 25取得）

Compton DW, Baizerman M, Stockdill SH（2002）. The art, craft, and science of evaluation capacity building. New Directions for Evaluation 93: 1-120.

Fixsen DL, Naoom SF, Blase KA, Friendman RM, Wallace F（2005）. Implementation research: A synthesis of the literature. University of South Florida.

Fixsen DL, et al.（2009a）. Core Implementation Components. Res Social Work Practice 19: 531-540.

Fixsen DL, Blase KA, Hormer R, Sugai G（2009b）. Intensive Technical Assistance. State Implementation & Scaling-up of Evidence-Based Practices. http://www. scalingup. org

Gough D, Maidment C, Sharples J（2018）. UK what works centres: Aims, methods and contexts. EPPI-Centre, Institute of Education.
https://eppi. ioe. ac. uk/cms/Portals/0/PDF%20reviews%20and%20summaries/UK%20what%20works%20centres%20study%20final%20report%20july%202018.pdf?ver =2018-07-03-155057-243

IES, Institute of Education Sciences, National Center for Education Evaluation adn Reagional Assistance（2011）. National evaluation of the comprehensive technical assistance centers: Final report. IES.

木村富美子（2016）. 社会的企業の支援における中間支援組織の役割. 創価大学通信教育部論集(19):15-34.

効果のあがる就労移行支援プログラムのあり方研究会（分担研究責任者：植村英晴）（2017）.

効果のあがる就労移行支援プログラム実施・普及マニュアル——「就労移行支援をより効果的に、より多くの人に」をめざした第3次全国試行評価調査プロジェクト版. 文部科学省・科学研究費補助金基盤研究（A）実践家参画型エンパワメント評価を活用した有効なEBP技術支援センターモデル構築（研究責任者：大嶋巌）報告書.

NASW, Institute for the Advancement of Social Work Research (2008). Strengthening university/agency research partnerships to enhance child welfare outcomes: A toolkit for building research partnerships. NASW, Institute for the Advancement of Social Work Research.

大山早紀子, 大島巌 (2015). 精神障害のある人が孤立することなく地域での生活を継続するための精神科デイケアと訪問支援を統合した地域ケアモデルの開発の可能性. ソーシャルワーク学会誌(30): 13-26.

Salyers MP, et al. (2007). The Role of Technical Assistance Centers in Implementing EBPs. Am J Psychiatr Rehab 10: 85-101.

新藤健太, 浦野由佳, 方真雅, 他 (2015). 評価ファシリテータにとってのマニュアル. (所収) 効果のあがる就労移行支援プログラムのあり方研究会. 実践家評価担当者・評価ファシリテータマニュアル (第2版). 文部科学省科学研究費補助金基盤研究（A）実践家参画型効果的プログラムモデル形成評価研究班. pp61-117.

新藤健太, 大島巌, 植村英晴, 他 (2016). 効果的な障害者就労移行支援プログラムの継続的改善と実施・普及に資する評価支援ネットワークの構築——地域で展開するEBP技術支援センターの機能と役割に注目して. 日本社会福祉学会第64回大会口頭発表.

田中弥生 (2005). NPOと社会をつなぐ——NPOを変える評価とインターメディアリ. 東京大学出版会.

植村英晴, 大島巌, 新藤健太, 他 (2015). 実践家評価担当者・評価ファシリテータマニュアル (第2版). 文部科学省科学研究費補助金基盤研究（A）実践家参画型効果的プログラムモデル形成評価研究班.

植村英晴, 大島巌, 方真雅, 新藤健太, 他 (2017). 効果のあがる就労移行支援プログラム実施・普及マニュアル——「就労移行支援をより効果的に、より多くの人に」をめざした第3次全国試行評価調査プロジェクト版. 文部科学省・科学研究費補助金基盤研究（A）実践家参画型エンパワメント評価を活用した有効なEBP技術支援センターモデル構築（研究責任者：大嶋巌）報告書.

浦野由香, 新藤健太, 大島巌 (2015). 評価ファシリテータの役割. 評価ファシリテータ実施マニュアル. (所収) 大島巌, 平岡公一, 児玉桂子, 他. 実践家参画型福祉プログラム評価の方法論および評価教育法の開発とその有効性の検証. 平成23〜26年度文部科学省科学研究費補助金基盤研究（A）総括報告書（課題番号：23243068）（主任研究者：大嶋巌）.

Wandersman A, Chien VH, Katz J (2012). Toward an evidence-based system for innovation support for implementing innovations with quality: Tools, training, technical assistance, and quality assurance/quality improvemen. American Journal of Community Psychology, 50 (3-4): 445-459.

山野則子編 (2015). エビデンスに基づく効果的なスクールソーシャルワーク——現場で使える教育行政との協働プログラム. 明石書房.

Ⅴ部
社会的意義・成果と課題・展望

16章
社会的意義、成果と課題、今後の展望

　本書では、これまで適切な評価方法論が確立していないために、社会課題・社会福祉課題の解決に有効な社会プログラムの形成・発展が遅滞してきた現状に対して、**CD-TEP 改善ステップを用いた実践家参画型エンパワメント評価**という新しい形成的評価の方法論を開発し、その理論的枠組みを明らかにした。その上で、具体的な評価手法である「CD-TEP 改善ステップ」の進め方と、この評価方法論に対して求められる実践家評価人材の評価キャパシティ形成の方法について、それぞれガイドラインを提示した。

　最終章の本章では、この本の総括として、これまで取り上げてきた CD-TEP 改善ステップを用いた**実践家参画型エンパワメント評価の社会的意義とその新機軸を改めて整理する**とともに、この新しい評価方法論の現時点での**成果と課題**を明らかにし、今後の発展可能性を展望することにしたい。

1　実践家参画型エンパワメント評価の社会的な意義

1）新しい形成的評価の方法論としての意義

　まず本書で提示した実践家参画型エンパワメント評価の第1の意義は、社会プログラムの《EBP 効果モデル》の形成・発展に資する有効な形成的評価の方法論を開発した点にある。これにより、科学的根拠（エビデンス）と実践によって有効性が裏付けられた、頑強な「EBP 効果モデル」を構築することが可能になる。またそれにより、課題となる社会問題の解決が少しでもより良く、効果的に進められることになる。

[V部] 社会的意義・成果と課題・展望 373

　世界的に見ても社会プログラムの形成的評価の方法論は、近年ようやく具体的な議論が始まった段階にあると言ってもよい。最近10年の間に、社会プログラムの成長論（CORE, 2009; Urban ら, 2014）や、ボトムアップ評価の提案（Chen, 2010; 2015）などがなされ、**EBP 効果モデル形成**のためにより優れた評価方法論の模索が進められている。

　このような動向を踏まえて、本書で提案した **CD-TEP 改善ステップを用いた実践家参画型エンパワメント評価**は、「EBP 効果モデル」を形成・発展させるために開発された、新しい独自の**形成的評価の方法論**である。それは、すなわち評価専門家ではないプログラムに関わる**実践家等と評価研究者が協働**して、CD-TEP 改善ステップという標準化された評価方式と、その中で使用される「評価ツール」および、前章で取り上げた評価支援体制を活用して、より優れた《効果モデル》を漸進的に構築する、という新しい評価アプローチ法を提起したものである。

　社会プログラムに関わる関係者が協働で、「EBP 効果モデル」構築を目指す点にこの方法論の新規性や独自性がある。また社会問題の解決を、社会的な協働で実現する、といった社会的関心やニーズにも応えうるアプローチになっている。

2）「効果モデル」と「CD-TEP 改善ステップ」を可視化した意義

　第2の意義は、CD-TEP 改善ステップを用いた実践家参画型評価において、《効果モデル》の形成・発展を実践家の参画型で進めるために、《効果モデル》やその形成的評価の方法論を可視化した点である。

　すなわち、まず《効果モデル》を**効果モデル5アイテム**で可視化するとともに、《効果モデル》の形成・発展の評価方法を **CD-TEP 改善ステップ**を使用して可視化・共有化した点に特徴がある。これらによって、プログラム実践に関わる実践家と、プログラム管理者、さらには利用者や市民など関係者、および評価研究者が、《効果モデル》を共通して理解し、その形成・発展に協働して取り組めることになる。

　このうち《効果モデル》や評価方法の可視化は、社会全体で《効果モデル》を共有し、より良いモデルへの形成・改善を求める際には、不可欠な前提になる。近年、医学や教育学の領域では、世界的にエビデンスに基づく**成果の評価統合**（Evaluation Synthesis）が進んでいる。その成果がデータベース化されて、

ニーズをもつすべての人たちが、ウェブ上等でいつでも成果にアクセスできる体制が整備されるようになった（Gough ら, 2018; 源, 2009; Nutley ら, 2007; 佐々木, 2009; 2010）。

これに対して、社会プログラムの領域では、この取組みが遅れている。**評価統合すべき《効果モデル》、およびその構成要素**についても合意形成が進んでいない。本書で提案した**効果モデル5アイテムの共有**は、評価統合に当たって1つの重要な視点になるであろう。中でもプログラムゴールとインパクト理論（EMC1）、それを実現するプロセス理論（EMC2）の設定、さらには、プログラムゴールを有効に実現するプログラム要素（効果的援助要素）（EMC3）、それを尺度化したフィデリティ評価尺度（EMC4の一部）は、**不可欠な要素**と考える。

また、評価による《効果モデル》形成・発展、そしてその改訂の方法を、**CD-TEP改善ステップによって可視化**することは、プログラム実践に関わる実践家と、プログラム管理者、および評価研究者等が、《効果モデル》の改善をめぐって協働するのに不可欠な要素となるであろう。

以上のように、《効果モデル》を**効果モデル5アイテム**で可視化すること、その形成・発展の方法を**CD-TEP改善ステップ**で可視化・共有化することを特長とする、実践家参画型エンパワメント評価の提案は、**《効果モデル》を社会全体が共有する上で重要な意義を持つ。前述のとおり、社会における協働による社会問題解決という社会的関心やニーズにも応えうる、重要なアプローチ**と言える。

3）実践家が「効果モデル」の形成・発展に果たす役割と意義

第3の意義は、対人専門職の責務である「利用者に有用な支援環境開発」のための支援方法論を、実践家参画型エンパワメント評価の視点から明確に示した点にある。これまで支援環境開発の具体的な方法論（マクロ実践ソーシャルワーク等）は十分に確立していない（大島, 2016）。これに対して、本書では実践家参画型エンパワメント評価の具体的方法論を明示するとともに、実践家評価人材の育成方法についても評価キャパシティ形成の観点から明らかにしている。

実践家参画型エンパワメント評価では、《効果モデル》として**対人サービス領域（保健・医療・福祉・労働・心理・教育など）のプログラム**を主な評価の対象として考慮する。そこに関与する実践家は、社会課題の解決に対して、**職業的ミッションに基づいて行動する実践家**を主に想定する。その前提に立ち、本書

では実践家が、課題解決に有効な《効果モデル》を、実践現場の経験に基づいてより有効な《効果モデル》へと形成・発展させる方法論を提案している。

またこの評価方法論は、エンパワメント評価の1形態として、プログラムに関わる実践家の評価キャパシティの形成・向上をも目指している。これは、**課題解決に職業的ミッションを持つ実践家**にとって、**自身の職業倫理**として、その課題解決の方法論を習得することが、専門職として強く期待されていることを前提にする。

これらの観点から、実践家参画型評価においては、実践家が《効果モデル》の形成・発展に果たす意義は、次のように整理できるであろう。

まず**第1に**、実践的にも有用性の高い《効果モデル》形成に貢献できることにある。CD-TEP改善ステップを用いた実践家参画型エンパワメント評価は、実践家等の参画を得ることによって、ボトムアップ評価として、エビデンスと「実践」に基づいて、より優れた《効果モデル》の形成を目指している。日常的にプログラムに関与する実践家等の参画を得て、実践家のさまざまな創意工夫や実践上の知見・アイデアを取り入れることができる。それにより、評価研究者等が中心になって構築した《効果モデル》に比較して、「実践的」にも有用性の高い《効果モデル》の形成・発展に貢献することが期待できる。

また**第2には**、従来、社会の中での実施・普及に大きな課題があった《効果モデル》の実施・普及が（Drakeら, 2009; Fixsenら, 2005）、実践家等の主体的な参画を得て、促進されることが期待される点にある。実践家等の参画により形成した《効果モデル》は、**ボトムアップ評価の特徴**として、形成・発展プロセスに関与した**実践家等に「オーナーシップ」の意識**が生じる（Wandersmanら, 2005）。実践家等の参画によって実践上の有用性が高まることはもちろんだが、それに加えて、実践家等の「オーナーシップ」意識が加わることによって、《効果モデル》の実施・普及が促進される。それとともに、実施・普及の主体形成が、《効果モデル》の形成・発展過程に関与した実践家等を中心に行われることを通して、実施・普及がさらに促進される側面がある。

第3には、専門職としての実践家の役割の中に、プログラムに関わる利害関係者の参画と協働評価を行う**コーディネータ、ファシリテータの役割**を、明確に位置づけたことにある。

専門職たる実践家は、《効果モデル》がより良く機能し実施・普及が進むように、実践家以外の利害関係者（プログラムの利用者やプログラム実施事業所の運

営・管理者、関心の高い市民など）にも「評価」への参画を得て、「協働」で評価活動を実施することを期待している。協働の前提として、**効果モデル5アイテムの可視化**と、**CD-TEP改善ステップ**による、**効果モデル形成・発展方法の可視化**は不可欠である。

以上を踏まえて、専門職たる実践家の専門職性の一部として、あるいは専門的支援方法論の一環として、他の利害関係者の評価に対する積極的な参画や、協働による評価実践を進展するコーディネータあるいはファシリテータとしての役割を果たすことが、この評価アプローチ法の重要な特徴となっている。

4）実践家等の評価キャパシティ形成に果たす意義

以上を踏まえた第4の意義は、**実践家等の評価キャパシティ形成に果たす貢献**である。

具体的には、まず**第1に**、実践家参画型評価には実践家等の力量向上・資質向上に関わる重要な意義がある。これに対して、CD-TEP改善ステップを用いた実践家参画型エンパワメント評価は、評価プロジェクトに関与する実践家等の評価キャパシティ形成（ECB）の具体的な方法を明らかにし、そのガイドラインを提示している（14章参照）。

実践家等が《効果モデル》の形成・改善のための評価キャパシティを身に付けることは、《効果モデル》が目指す実践現場や社会のより良い課題解決に、直接的・間接的に貢献することにつながる（Labinら, 2012）。実践家等が課題解決に「**実践家参画型評価**」という、実践に根ざした科学的な方法論を体得することは、実践上の力量向上に貢献するばかりでなく、利用者の課題解決を常日頃から追求する姿勢を育むことにもつながる。専門職としての全般的な実践的力量（実践力）の向上に貢献することが期待される。

その上で**第2には**、《効果モデル》を実施する実施組織・支援組織自体が評価キャパシティを身に付け、「学習する組織」に発展することを促す意義もある（Senge, 2006）。実践家参画型エンパワメント評価において取り組む評価キャパシティ形成は、評価プロジェクトに関わる実践家等個人だけに適用されるのではない。《効果モデル》を実施する実施組織・支援組織に対しても行われる。これに対して、本書では組織に対する評価キャパシティ形成の具体的な方法も提示している（14章参照）。

組織としての評価キャパシティ形成は、課題解決を組織全体で、組織の個々

[V部] 社会的意義・成果と課題・展望　377

人が取り組むことを促進する。これにより、イノベーションにも積極的に取り組み、組織が活性化することが期待される。

5) EBP 効果モデルの実施・普及研究に果たす意義

最後に、これまでも述べてきたとおり、第5の意義として「EBP 効果モデル」などイノベーションの実施・普及研究への貢献を挙げておきたい。EPB プログラムは、有効性が実証されても社会への実装に多くの課題があり、実施・普及研究が発展した（Drake ら, 2009; Fixsen ら, 2005）。実践家等の参画で構築された《効果モデル》は、形成・発展プロセスに関与した実践家等にオーナーシップ意識が生じ、実施・普及が促進される。実施・普及研究の領域では、**ボトムアップ評価**の必要性と有用性は指摘されるが（Chen, 2010; 2015）、その具体的な方法論を明らかにした意義も少なくないと考える。

2　実践家参画型エンパワメント評価の新機軸、独自性

以上、CD-TEP 改善ステップを用いた実践家参画型エンパワメント評価の意義を整理してきた。そこには同時に、**新しい形成的評価の方法論**としても、多くの新機軸が含まれている。以下では、本書で提案する評価アプローチ法に含まれる新機軸、独自性を改めて整理しておきたい。

まず**第1の新機軸**は、世界的にもまだ確立していない「EBP 効果モデル」を形成・発展させるために有用な形成的評価の方法論を、明確な評価手法を備えた体系的な評価方法論として提案したことにある。

また**第2の新機軸**は、**効果モデル5アイテム**や、**CD-TEP 改善ステップ**の可視化である。特に社会プログラムの《効果モデル》自体の可視化については、世界的にもまだ十分なコンセンサスが得られていない。また、社会プログラムにおける《効果モデル》の構成要素を明示する試みはこれまでにない。これに対して、**効果モデル5アイテムで可視化**した点は、重要な新機軸と言える。同時に、《効果モデル》形成・発展の評価方法を、CD-TEP 改善ステップで可視化して、関係者間で共有して協働を可能とした点も、この評価アプローチ法の新機軸と言えよう。

第3の新機軸は、《効果モデル》自体の可視化と、形成・発展の評価方法の可視化を共通の基盤として、実践家等が主体的に《効果モデル》の形成・発展

に関与することを促し、**ボトムアップ評価を具体化する方法論を提示**した点にある。

　第4の新機軸は、前項「実践家等の評価キャパシティ形成に果たす意義」に関連したものである。評価プロジェクトに関与する**実践家等の評価キャパシティ形成（ECB）の具体的な方法**を明らかにし、そのガイドラインを提示した点は、この取組みの新機軸と言えるであろう。

3　成果と課題

1）実践家参画型評価方法論の開発プロセスから導かれた成果

　以上、本章では CD-TEP 改善アプローチを用いた実践家参画型エンパワメント評価の社会的意義と新機軸をまとめてきた。これらは、文部科学省科学研究費補助金基盤研究(A)を、2007年度から3期にわたり受けて、実施した3つの評価研究プロジェクトの成果を反映したものである。3つの評価研究プロジェクトは、その課題名を改めて示すと、以下の通りである（3章参照）。
　・**第1期**：プログラム評価理論・方法論を用いた効果的な福祉実践モデル構築へのアプローチ法開発（2007〜2010年度）、課題番号：JP19203029
　・**第2期**：実践家参画型福祉プログラム評価の方法論および評価教育法の開発とその有効性の検証（2011〜2014年度）、課題番号：JP23243068
　・**第3期**：実践家参画型エンパワーメント評価を活用した有効な EBP 技術支援センターモデル構築（2015〜2019年度継続中）、課題番号：JP15H01974
　これらの評価研究プロジェクトでは、主に福祉プログラムを中心にして、それぞれ10前後の社会プログラムに、この評価アプローチ法を適用して、その有用性・有効性を確認してきた。

　CD-TEP 改善アプローチを用いた実践家参画型エンパワメント評価の方法論は、これらの評価研究プロジェクトの中から、段階的に開発されてきたものである。以下では、それぞれの評価研究プロジェクトにおいて生成された代表的な成果物を中心に取り上げることにする（図1-2（11頁）、図14-1（318頁）参照）。

a．CD-TEP 評価アプローチ法の構築

　第1期の評価研究プロジェクトは、「効果的な福祉実践モデル構築へのアプローチ法」を開発することを目標とした取組みであり、その成果は、**CD-**

TEP評価アプローチ法としてまとめられた（4章参照）。

CD-TEP法は、新しく導入される実践プログラム、あるいは充分な成果が上げられていない既存の実践プログラムを、実践家・利用者等関係者の参加と協力を得て、より効果的で有用性の高い《効果モデル》へと発展させるために実施される、実践に根ざした**ボトムアップ型の評価方法論**（Chen, 2010; 2015）である。

その具体的な評価方法は、**CD-TEP 評価アプローチ法実践ガイド**として整理され、ウェブ上に公開されている（http://cd-tep. com/）。CD-TEPを進めるために必要とされる18の主要評価課題プロセスを関係者が共有し、それぞれの課題解決を継続的に前進させて、《効果モデル》の形成・発展に寄与することを目指した実践ガイドとなっている。

b. CD-TEP 法の共通基盤：効果モデル 5 アイテム

第1期評価研究プロジェクトの成果物であるCD-TEP法において、実践プログラムに関する「プログラム理論(T)」と「エビデンス(E)」「実践(P)」を相互に円環的に関連させ、課題プロセスを前進させるために必要な共通基盤として6項目が抽出された（4章3節）。この6項目を整理し、《効果モデル》の構成要素として抽出したのが、**効果モデル 5 アイテム**である（5章2節〜6節）。

c. CD-TEP 改善ステップ

第2期の評価研究プロジェクトは、「実践家参画型福祉プログラム評価の方法論および評価教育法」の開発を目指した取組みであり、**CD-TEP 改善ステップ**がその成果物としてまとめられた（6章参照）。

「実践家参画型福祉プログラム評価の方法論」の開発について、CD-TEP改善ステップは、段階を追って《効果モデル》を形成・発展させるために必要なCD-TEP法の**代表的12の評価活動・12ステップで構成**される。それは、CD-TEP法を用いた実践家参画型評価のモデル的な実施プロセスを示した指針（ガイドライン）ともなっている。

一方、「実践家参画型福祉プログラム評価の評価教育法」の開発については、CD-TEP改善ステップは、実践家等の積極的な評価活動への参画促進とそれによる**評価キャパシティ形成**という目標に向けて、「ステップ」を進展させる評価活動の指針（ガイドライン）にもなっている。

これら2つの目標と目標に向けての活動が、一体的に進められるように、CD-TEP改善ステップは指針を示している（図1-2（11頁）参照）。

d .「評価の場」：評価活動7場面

　第2期評価研究プロジェクトでは、CD-TEP 改善ステップのすべてのステップにおいて、実践家等関係者と評価研究者が交流し、評価活動を行う場として**「評価の場」を設定**した（6章、12章参照）。実践家参画型ワークショップを中核とする「評価の場」では、実践現場の創意工夫や実践上の知見・アイデア等のフィードバックと共有、それに基づく検証を得て、より優れた《効果モデル》に形成・発展させること、さらには《効果モデル》を改訂・改善することを目指している。

　これら実践現場の創意工夫や実践知等のフィードバックと共有によって、「実践(P)」を「エビデンス(E)」に転換して、「評価の場」における《効果モデル》の形成・発展に反映させる。

　実践家参画型評価における**円環的対話（CD）**が行われる場として、「評価の場」：**評価活動7場面**の位置づけが明確になったことは、第2期のプロジェクトにおける重要な成果である。

e .「評価の場」を「評価キャパシティ形成の場」に転換する指針

　第2期の評価研究プロジェクトでは、「評価の場」を活用して《効果モデル》の形成・発展を達成しようとする。その一方で、同時にその「評価の場」を、実践家等が個人として、あるいは組織として、評価に対する関心を拡大し、評価キャパシティ形成に貢献することをも志向して運営する。

　まず改善ステップ「評価の場」は、**実践家等の相互学習の場であり、貴重な「成長の場」「学びの場」**として位置づける。改善ステップを前進させることが、実践家の評価キャパシティ形成に結びつく。その上で、**評価ファシリテータや評価研究者が、「評価の場」において実践家等の「評価キャパシティ形成」を意図的に行う**ことを通して、「評価の場」を「評価キャパシティ形成の場」「育成の場」とするアプローチを取り入れている。

　これらの指針は、本書14章に整理した（**表14-1**（323頁）参照）。この指針は、評価プロジェクトを用いた実践家等の評価キャパシティ形成の方法を体系的にまとめた成果物になっている。

f . EBP 技術支援センターの機能と役割

　第3期の評価研究プロジェクトでは、「実践家参画型エンパワーメント評価を活用した有効な EBP 技術支援センターモデル構築」を目指している。この研究プロジェクトは現在進行中だが、その成果物の1つが、15章4節「**EBP**

技術支援センターに期待される機能と役割」に指針としてまとめている。この指針内容は、私たちの研究プロジェクトの経験に加えて、諸外国や国内での技術支援センターや中間支援組織の取組みを参照して作成した。

まずEBP-TACが目指すべき価値と理念、導かれる基本原則を示した上で、**EBP-TACの基本機能**である、(A領域)「効果モデル実施・普及」の価値・理念の明確化、共有化、(B領域)実施機関(組織)のアセスメント、(C領域)戦略・実施プラン策定とモニタリングの実施支援、(D領域)組織・運営体制、ネットワーク形成等の支援、(E領域)「効果モデル」の実施支援、実践・普及支援、(F領域)実践家参画型評価の活用支援、評価キャパシティ形成支援について指針を示した。

2) 実践家参画型エンパワメント評価方法論の発展課題

CD-TEP改善ステップを用いた実践家参画型エンパワメント評価は、本書において、その体系的な取組みを整理することができた。

今後、この評価アプローチ法を発展させるために必要と考えられる課題を整理しておきたい。

a. CD-TEP法適用範囲の拡大と実証的検証の推進

まず本章でまとめてきた内容は、2007年度から文部科学省科学研究費補助金基盤(A)を受けて取り組んできた3つの評価研究プロジェクトの経験に基づく成果が中心である。これまで福祉プログラムを中心にして、10を超える社会プログラムに適用してその有効性を確認してきた。また関連して民間助成団体の事業評価に応用したり(新藤ら, 2017)、その他評価研究のコンサルテーションに活用して一定の成果を得ている(表16-1)。

しかしながら、この評価アプローチの有効性に関する特に定量的な評価結果の発信はまだ十分になされていない。また適用する社会プログラムの範囲も、主に福祉プログラムである。さらに評価時期も設計・開発評価ステージや、形成・改善評価(導入期)が多くを占めている。今後は、より幅広い多様な条件にある、さまざまな社会プログラムに適用して有効性を実証的に確認・検証する予定である。

b. 評価キャパシティ形成の成果に関する体系的な実証研究

前項に指摘したこととも重なるが、実践家等の個人や効果モデル実施組織における評価キャパシティ形成の成果について、実証的な定量的評価調査がまだ

16章 社会的意義、成果と課題、今後の展望

表16-1 CD-TEP法の民間助成団体事業評価や補助事業の評価等への活用例

No	評価活動の種別	CD-TEP法を活用した事業名	事業実施主体	評価実施者	実施年度
1	日本財団 助成事業評価*	発達障害を持つ児童生徒を対象にした学習支援員の地域普及モデル事業	NPO法人エッジ	日本社会事業大学事業評価研究チーム (大島, 新藤他)	2012年度
2	日本財団 助成事業評価*	手話言語法(仮称)制定推進事業	一般財団法人 全日本ろうあ連盟	日本社会事業大学事業評価研究チーム (大島, 新藤他)	2013年度
3	日本財団 助成事業評価*	障害児・者就労スキルアップ研修会事業	NPO法人福祉ネットこうえん会	日本社会事業大学事業評価研究チーム (大島, 新藤他)	2014年度
4	日本財団 助成事業評価*	アール・ブリュット支援事業	社会福祉法人松花苑, 社会福祉法人安積愛育園, 社会福祉法人創樹会, NPO法人ワークスみらい高知	日本社会事業大学事業評価研究チーム (大島, 新藤他)	2016年度
5	日本財団 助成事業評価*	若手福祉従事者育成事業	一般社団法人 FACE to FUKUSHI	日本社会事業大学事業評価研究チーム (大島, 新藤他)	2017年度
6	日本財団 助成事業評価*	発達障害支援スーパーバイザー養成研修事業	一般社団法人 日本自閉症協会	日本社会事業大学事業評価研究チーム (大島, 新藤他)	2018年度
7	日本財団委託事業 (第三者評価)*	ソーシャル・インパクト・ボンド(SIB)を活用した横須賀市特別養子縁組パイロット事業	日本財団	日本社会事業大学事業評価研究チーム (大島, 新藤他)	2015年度
8	補助事業の評価等 への活用	厚生労働省社会福祉推進事業・自立相談支援事業評価ガイドライン作成・検証事業	一般社団法人ユニバーサル志縁センター, NPO法人日本ファンドレイジング協会	新藤健太, 源由理子他	2017年度
9	補助事業の評価等 への活用	厚生労働省社会福祉推進事業・自立相談支援事業評価実践ガイド普及展開方法検討事業	一般社団法人ユニバーサル志縁センター	新藤健太, 源由理子他	2018年度
10	補助事業の評価等 への活用	厚生労働省障害者総合福祉推進事業・障害者芸術文化活動普及支援事業評価ガイドライン作成事業	NPO法人日本ファンドレイジング協会	新藤健太, 源由理子他	2018年度

注:*については、日本財団の成果物である。

十分には行われていない。EBP効果モデルなどのイノベーションの個人および組織への導入に関連して、実践家が専門職として科学者・実践家モデル (Scientist-Practitioner Model) を取り入れ、実践現場が「学習する組織」(Senge, 2006) となること、そして実践現場が組織としての評価文化を構築することが期待されている。これらを効果指標として、EBP効果モデルの形成・発展に

[V部] 社会的意義・成果と課題・展望　383

取り組む事業所が、スタッフの意識や態度・行動、そして組織のあり方をどのように変化させて行くのか、体系的に検証する研究が今後必要になると考える。

c. 評価モニタリング体制の構築

EBP 等効果モデルに関わる実践家相互の間で、また実践家等と評価研究者の間で、日常的に評価情報を共有し、その内容を相互に検証して、日々改善に役立てることが、実践現場において評価文化を形成して、職場を学習する組織に変革するための基盤になるであろう。

このような取組みが一般化するには、まずクラウドやウェブなどを使用した評価モニタリングシステムの確立が必要になる（山下ら, 2015）。また、定期的に評価モニタリング会議を開催して（週に何回か、隔週、毎月等）、アウトカムモニタリングの結果やフィデリティ評価の結果を共有し、改善のための討議をする体制を整えることが重要になる。

実践家参画型エンパワメント評価を有効に実施するために、評価モニタリング体制をどのように構築するか、今後、さらなる検討が必要である。

d. 実践家参画型評価を可能とする EBP-TAC の実証的裏付け

本書では、実践家参画型エンパワメント評価を有効に行うためには、適切な**評価支援体制**、特に **EBP 技術支援センター**（EBP-TAC）の存在は不可欠と考えている。現在、第3期の評価研究プロジェクトが進行中であるが、EBP-TAC の支援機能が、実践家参画型評価を効果的に進められることを明らかにする評価活動を現在進めている。

4 今後の展望

1）実践家参画型評価を取り巻く社会状況

こんにち日本の社会政策のさまざまな領域で、**エビデンスに基づく政策立案**（EBPM）を重視する動きが急速に進んでいる（古矢, 2017）。社会政策領域で**ランダム化比較試験**（RCT）を用いた効果評価が試みられるようになった。その一方で、国の議論で使用される EBPM は必ずしもエビデンスレベルの高い「エビデンス」の使用を想定しない場合が少なからずある。「統計的データを始めとする各種データなど客観的な証拠」（統計改革推進会議「最終取りまとめ」2017. 5）に見るように、「統計的データ」といった「データファクト」の意味合い

で、EBPM が使用される場合などである。日本社会では、エビデンスに基づく取組みの議論が始まった段階にあると言えるだろう。

一方、同時並行的に、社会課題の解決や社会的価値創造のために、社会的インパクト（社会的な成果）に注目し、施策構築を科学的に進める**社会的インパクト評価**の取組みが民間・公共の両領域で進展している（社会的インパクト評価検討ワーキング・グループ, 2016）。

これらの取組みに関心を持ち、その推進を志向する関係者が集まり、社会的インパクト・マネジメント・イニシアチブ（SIMI）を組織している。このグループは、社会的インパクト評価を進めるための基盤整備を進めている。2018年6月にまとめた「社会的インパクト志向原則」では、①社会的インパクトを重視した事業開発・改善に取り組むこと、②多様な主体で協働して取り組むこと、③事業モデルを普及させること、を中心的な原則に設定をした（SIMI, 2018）。

本書で提案する実践家参画型エンパワメント評価の方法論は、これらの動向に対して、有用な評価アプローチ法を提供しうる可能性があり、今後注目する必要がある。

2）実践家参画型エンパワメント評価を実施する主体の形成

これまで繰り返し述べてきたように、実践家参画型エンパワメント評価を適切かつ有効に行うためには、**EBP 技術支援センター**（EBP-TAC）の存在は不可欠と考えられる（Blase, 2009; Gough ら, 2018; Salyers ら, 2007）。

前章（15章）で述べたように、「EBP 効果モデル」を重視し、その形成・発展と実施・普及を公的に位置づけたり、公的な資金提供を行っているアメリカやイギリスなどとは日本の現状は異なる。日本において EBP-TAC 設置を考慮する際には、まずは実践家参画型エンパワメント評価を行い、《効果モデル》の形成・発展を進めた関係者が主体となって取り組むことを考慮する必要があるだろう。

その際、15章で述べたとおり、実践家参画型エンパワメント評価の実施をサポートし協働して取り組んだ福祉系大学院、看護系大学院など実践家養成系大学の大学院や、実践家の職能団体（たとえば日本社会福祉士会や日本看護協会など）、さらには、社会的インパクト評価に関わる民間資金を活用する NPO の中間支援組織などが協働して、EBP 技術支援センターを設立することが考慮される。

[V部] 社会的意義・成果と課題・展望　　385

　特に実践家養成系大学の大学院は、実践的力量と資質の高い高度専門職の養成を使命としている。プログラム開発と評価の教育、EBPの教育によって、評価キャパシティ形成を行うとともに、実践研究・実践的研究実習のフィールドとしての活用を含めて、EBP技術支援センターを大学内に併設することも考慮できるだろう（NASW, 2008）。

3）意図的・目的的に「評価プロジェクト」を活用すること

　私たちが開発した、CD-TEP改善ステップを用いた実践家参画型エンパワメント評価の方法論は、13年間に及ぶ評価研究プロジェクトの経験に基づいて構築した。評価研究プロジェクトで使用した**CD-TEP改善ステップ**は、**評価研究で使用するガイドライン**という側面を持つ。特に改善ステップの第8ステップ、第11ステップの「広域的試行評価調査」は比較的大きな評価プロジェクトに位置づけられている。評価研究の位置づけ以外の方法で取り組むことは容易ではないかもしれない。

　他方で、「広域的試行評価調査」は《効果モデル》に関わる実践家等が相互に他事業所を訪問し、フィデリティ評価を通して相互の実践を学び合い《効果モデル》の改善のためのアイデアを共有する掛け替えのない実践の場でもある。

　実践家等がフィデリティ評価を行う相互訪問は、評価研究プロジェクトと切り離して、《効果モデル》の実施・普及を進める全国組織が通常業務として取り組むことも考慮できるであろう。ACT全国ネットワークは、精神障害のある人のためのACT・包括型地域生活支援プログラムの実施・普及とプログラムの質向上を目的とする全国組織である。この団体は、年に1回、実践家によるフィデリティ評価の相互訪問を実施して、その結果を全国研究集会で共有する取組みを行っている。

　《効果モデル》の形成・発展に関与した実践家等の関係者が、EBP技術支援センターを設置して、《効果モデル》の形成・改善のみならず、それぞれの事業所のサービス提供の質を向上させるために、「広域的試行評価調査」などの評価プロジェクトを、意図的・目的的に活用することも考慮できるであろう。

4）対人援助の実践現場を「学習する組織」に変革するために

　対人援助の実践現場には、既存の制度やサービスでは対応できない、利用者の満たされないニーズが山積する。また利用者のニーズは日々変化する。変化

するニーズに適切に対応することも求められている。これらのニーズに対して、より適切に対応できる実践現場の組織のあり方が、いま求められている。

これに対して、実践現場が実践家参画型エンパワメント評価を導入することにより、個々の実践家等が課題解決のために有効な取組みを日々考慮して、《効果モデル》の設計・開発、形成・発展、実施・普及に主体的に参画することを促す。それは、所属する組織・職場が、日常的にスタッフの創意工夫と実践的経験知やアイデアを交換する「学習する組織」へと組織文化を構築する基盤になる。このような実践を行うことのできる組織こそが、社会の付託に応え、社会的使命を果たす組織になることが可能になるであろう。

前述したように、いま日本の社会政策のさまざまな領域で、エビデンスに基づく政策立案（EBPM）や社会的インパクトに注目する取組みが進みつつある。このような中、実践現場において課題解決のための創造的で革新的な取組みを社会に対して提案をして資金を確保することが可能な社会環境が整いつつある。実践家等が《効果モデル》の設計・開発や形成・改善を、主体的・積極的に企画・提案する取組みを促進する好機が訪れたと言うことできるだろう。

その取組みには、評価活動は必須である。実践家等が主体的・積極的に評価活動に参画することによって、社会課題解決に関わる有効な社会プログラムの設計・開発と形成・改善が行われ、その有効性を高めることに貢献できる状況が生まれた。それにより、EBP効果モデルを成長・発展させて、社会の中に位置づけることも可能になる。

このように、社会課題解決のために求められる創造的で革新的な取組みを常に生み出すことを可能にする実践現場の組織づくりのためにも、実践家参画型エンパワメント評価の方法論が広く活用されることが期待されている。

文献

Blase KA（2009）. Technical assistance to promote service and system change. Roadmap to Effective Intervention Practices #4. Tampa, Florida: University of South Florida, Technical Assistance Center on Social Emotional Intervention for Young Children. http://www. challengingbehavior. org（2018. 10. 25取得）

Chen HT（2010）. The bottom-up approach to integrative validity: A new perspective for program evaluation. Evaluation and Program Planning 22: 205-214.

Chen HT（2015）. Practical program evaluation: Theory-driven evaluation and the ingegrated evaluation perspective. SAGE.

Cornell Office for Research on Evaluation（CORE）（2009）. The Evaluation Facilitator's

[V部] 社会的意義・成果と課題・展望　387

Guide to Systems Evaluation Protocol.

Drake RE, Essock SM (2009). The science-to-service gap in real-world schizophrenia treatment: The 95% problem. Schizophrenia Bulletin. 35: 677-678.

Fixsen DL, Naoom SF, Blase KA, Friendman RM, Wallace F (2005). Implementation research: A synthesis of the literature. University of South Florida.

古矢一郎 (2017). 政府における「証拠に基づく政策立案（EBPM）」への取組について. 季刊行政管理研究 (160), 76-85.

Gough D, Maidment C, Sharples J (2018). UK what works centres: Aims, methods and contexts. EPPI-Centre, Institute of Education.

Labin SN, Duffy JL, Meyers DC, et al. (2012). A research synthesis of the evaluation capacity building literature. American Journal of Evaluation 33: 307-338.

源由理子 (2009). 評価の評価（メタ評価）――その概念整理. (所収) 総務省行政評価局 (山谷清志委員長). 諸外国における政策評価のチェックシステムに関する調査研究報告書. pp1-25, 総務省行政評価局.

NASW, Institute for the Advancement of Social Work Research (2008). Strengthening university/agency research partnerships to enhance child welfare outcomes: A toolkit for building research partnerships. NASW, Institute for the Advancement of Social Work Research.

Nutley SM, Walter I, Davies HTO (2007). Using evidence: How research can inform public servises. The Policy Press (= 2015, 惣脇宏, 豊浩子, 籾井圭子, 岩崎久美子, 大槻達也訳. 研究活用の政策学――社会研究とエビデンス. 明石書店).

大島巌 (2016). マクロ実践ソーシャルワークの新パラダイム：エビデンスに基づく支援環境開発アプローチ――精神保健福祉への適用例から. 有斐閣.

Salyers MP, et al. (2007). The Role of Technical Assistance Centers in Implementing EBPs. Am J Psychiatr Rehab 10: 85-101.

佐々木亮 (2009). アメリカにおけるメタ評価の現状. (所収) 総務省行政評価局 (山谷清志委員長). 諸外国における政策評価のチェックシステムに関する調査研究報告書. pp27-54, 総務省行政評価局.

佐々木亮 (2010). アメリカの政策評価におけるメタ評価の現状. 日本評価学会第11回全国大会集録, pp93-100.

Senge PM (2006). The fifth discipline: The art & practice of the learning organization. Doubleday (=2011, 枝廣淳子, 小田理一郎, 中小路佳代子訳. 学習する組織――システム思考で未来を創造する. 英治出版).

SIMI (社会的インパクト評価イニシアチブ) (2018). 社会的インパクト志向原則. SIMI 社会的インパクト評価イニシアチブ. http://www. impactmeasurement. jp/wp/wp-content/themes/impact/pdf/SIMI_Impact%20Oriented%20Principle. pdf (2018. 10. 29取得)

社会的インパクト評価検討ワーキング・グループ (2016). 社会的インパクト評価の推進に向けて――社会的課題解決に向けた社会的インパクト評価の基本的概念と今後の対応策について. 内閣府社会的インパクト評価検討ワーキング・グループ.

新藤健太, 大島巌, 鴨澤小織, 他 (2017).「CD-TEP 法を活用した事業評価手法の開発――事業評価にプログラム評価の理論と方法を活用した試み」, 日本評価学会第14回大会, 東京.

Urban JB, Hargraves M, Trochim WM (2014). Evolutionary Evaluation: Implications for evaluators, researchers, practitioners, funders and the evidence-based program mandate. Evaluation and Program Planning 45: 127-139.

Wandersman A, Snell-Johns J, Lentz BE, Fetterman DM, Keener DC, Livet M, Imm PS, Faspohler P (2005). The principles of empowerment evaluation. In Fetterman DM, Wandersman A, eds. Empowerment evaluation principles in practice. Guilford Press.

山下眞史, 園環樹, 新藤健太, 浦野由香 (2015). クラウドを介したモニタリング実施方法, 結果の共有と分析方法.（所収）大島巌, 平岡公一, 児玉桂子, 他編. 実践家参画型福祉プログラム評価の方法論および評価教育法の開発とその有効性の検証. 平成23〜26年度文部科学省科学研究費補助金基盤研究（A）総括報告書（課題番号：23243068）（主任研究者：大嶋巌）, pp61-64.

初出一覧

※以下の各章の一部原稿は、次の文献に大幅に加筆して執筆した。

■2章　EBP効果モデルの形成・発展

大島巖（2015）．ソーシャルワークにおける「プログラム開発と評価」の意義・可能性，その方法——科学的根拠に基づく支援環境開発と実践現場変革のためのマクロ実践ソーシャルワーク．ソーシャルワーク研究40（4）: 5-15.

大島巖（2016）．EBPプログラムと支援環境開発アプローチ．（所収）大島巖．マクロ実践ソーシャルワークの新パラダイム：エビデンスに基づく支援環境開発アプローチ——精神保健福祉への適用例から．有斐閣．

■8章　設計・開発評価ステージの取組み：第1-6ステップ

大島巖, Chung MS, Gao X, Solomon P（2012）.福祉系大学におけるプログラム評価教育ガイドライン．文部科学省組織的な大学院教育改革推進プログラム（2009-2011年度）福祉サービスのプログラム評価研究者育成報告書，日本社会事業大学.

■9章　形成・改善評価ステージ（導入期）の取組み：第7-10ステップ

大島巖, Chung MS, Gao X, Solomon P（2012）.福祉系大学におけるプログラム評価教育ガイドライン．文部科学省組織的な大学院教育改革推進プログラム（2009-2011年度）福祉サービスのプログラム評価研究者育成報告書，日本社会事業大学.

■11章　実施・普及評価ステージの取組み：実施・普及方略第1-12ステップ

大島巖（2010）．心理教育の実施普及に向けて——EBPツールキットとサービス普及研究の可能性．臨床精神医学39（6）: 743-750.

大島巖（2016）．EBPプログラムと支援環境開発アプローチ．（所収）大島巖．マクロ実践ソーシャルワークの新パラダイム：エビデンスに基づく支援環境開発アプローチ——精神保健福祉への適用例から．有斐閣．

大島巖, Chung MS, Gao X, Solomon P（2012）.福祉系大学におけるプログラム評価教育ガイドライン．文部科学省組織的な大学院教育改革推進プログラム（2009-2011年度）福祉サービスのプログラム評価研究者育成報告書，日本社会事業大学.

大島巖, 福井里江編（2011）．心理社会的介入プログラム実施・普及ガイドラインに基づく心理教育の立ち上げ方・進め方ツールキットⅠ：本編．地域精神保健福祉機構・コンボ．

●文部科学省科学研究費補助金基盤研究 A・研究班の体制

※所属は第1期・第2期は終了時（報告書作成時）、第3期は申請当時のもの（ただし*は現在）。

■第1期：プログラム評価理論・方法論を用いた効果的な福祉実践モデル構築へのアプローチ法
開発（2007〜2010年度）、課題番号：JP19203029

研究代表者：大嶋 巌（日本社会事業大学社会福祉学部教授）

連携研究者
大橋謙策（日本社会事業大学大学院社会福祉学研究科特任教授）

小林良二（東洋大学社会学部教授）

平岡公一（お茶の水女子大学文教育学部教授）

佐藤久夫（日本社会事業大学社会福祉学部教授）

児玉桂子（日本社会事業大学大学院社会福祉学研究科特任教授）

藤岡孝志（日本社会事業大学社会福祉学部教授）

植村英晴（日本社会事業大学社会福祉学部教授）

山下英三郎（日本社会事業大学大学院社会福祉学研究科特任教授）

伊藤順一郎（国立精神・神経医療研究センター精神保健研究所研究部長）

吉田光爾（国立精神・神経医療研究センター精神保健研究所研究室長）

福井里江（東京学芸大学教育学部准教授）

贄川信幸（日本社会事業大学社会事業研究所特任准教授）

園環樹（株式会社シロシベ代表取締役）

小佐々典靖（日本社会事業大学社会事業研究所プロジェクト研究員）

中越章乃（日本社会事業大学社会事業研究所共同研究員）

研究協力者
廣瀬圭子（日本社会事業大学大学院社会福祉学研究科）

李載徳（日本社会事業大学大学院社会福祉学研究科）

宇野耕司（日本社会事業大学大学院社会福祉学研究科）

原田郁大（国立国際医療研究センター国府台病院）

瀬戸屋雄太郎（World Health Organization）

■第2期：実践家参画型福祉プログラム評価の方法論および評価教育法の開発とその有効性の
検証（2011〜2014年度）、課題番号：JP23243068

研究代表者：大嶋巌（日本社会事業大学社会福祉学部教授）

連携研究者
平岡公一（お茶の水女子大学大学院人間文化創成科学研究科教授）

児玉桂子（日本社会事業大学大学院社会福祉学研究科特任教授）

植村英晴（日本社会事業大学社会福祉学部特任教授）

源由理子（明治大学専門職大学院ガバナンス研究科教授）

山野則子（大阪府立大学人間社会学部教授）

古屋龍太（日本社会事業大学大学院福祉マネジメント研究科教授）

落合亮太（横浜市立大学医学部准教授）

菱沼幹男（日本社会事業大学社会福祉学部准教授）

吉田光爾（日本社会事業大学社会福祉学部准教授）

贄川信幸（日本社会事業大学社会事業研究所准教授）

中越章乃（神奈川県立大学保健福祉学部助教）

大山早紀子（日本社会事業大学通信教育科助教）

研究協力者

津富宏（静岡県立大学国際関係学部教授）

新藤健太（日本社会事業大学大学院社会福祉学研究科）

高野悟史（日本社会事業大学大学院社会福祉学研究科）

方真雅（日本社会事業大学大学院社会福祉学研究科）

鈴木真智子（日本社会事業大学大学院社会福祉学研究科）

園環樹（株式会社シロシベ代表取締役）

横井葉子（大阪府立大学大学院人間社会システム科学研究科）

宇野耕司（目白大学人間学部専任講師）

廣瀬圭子（目白大学人間学部助教）

下園美保子（目白大学人間学部助教）

浦野由佳（日本社会事業大学大学院社会福祉学研究科）

■第3期：実践家参画型エンパワーメント評価を活用した有効な EBP 技術支援センターモデル

構築（2015～2019年度継続中）、課題番号：JP15H01974

研究代表者：大嶋巌（日本社会事業大学社会福祉学部教授）

連携研究者

平岡公一（お茶の水女子大学大学院人間文化創成科学研究科教授）

児玉桂子（日本社会事業大学大学院社会福祉学研究科特任教授）

植村英晴（日本社会事業大学社会福祉学部特任教授）

源由理子（明治大学専門職大学院ガバナンス研究科教授）

山野則子（大阪府立大学人間社会学部教授）

伊藤順一郎（国立精神・神経医療研究センター精神保健研究所部長）

菱沼幹男（日本社会事業大学社会福祉学部教授＊）

吉田光爾（東洋大学ライフデザイン学部教授＊）

贄川信幸（日本社会事業大学社会福祉学部教授＊）

大島千帆（早稲田大学人間科学学術院准教授＊）

下園美保子（大和大学保健医療学部教授＊）

大山早紀子（川崎医療福祉大学医療福祉学部講師＊）

研究協力者

津富宏（静岡県立大学国際関係学部教授）

落合亮太（横浜市立大学医学部准教授）

山口創生（国立精神・神経医療研究センター精神保健研究所室長）

新藤健太（日本社会事業大学講師＊）

園環樹（株式会社シロシベ代表取締役）

廣瀬圭子（ルーテル学院大学総合人間学部准教授＊）

横井葉子（大阪府立大学大学院人間社会システム科学研究科）

末光翔（東京大学大学院教育学研究科）

高野悟史（日本社会事業大学大学院社会福祉学研究科）

方真雅（日本社会事業大学大学院社会福祉学研究科）

浦野由佳（日本社会事業大学大学院社会福祉学研究科）

大原さやか（日本社会事業大学大学院社会福祉学研究科）

西村聡（日本社会事業大学大学院社会福祉学研究科）

仁科雄介（日本社会事業大学大学院社会福祉学研究科）

増田奈美（日本社会事業大学大学院社会福祉学研究科）

●執筆分担・責任体制

[編者]
大島巌（東北福祉大学教授）
源由理子（明治大学専門職大学院ガバナンス研究科教授）
山野則子（大阪公立大学現代システム科学研究科教授）
贄川信幸（日本社会事業大学教授）
新藤健太（日本社会事業大学講師）
平岡公一（東京通信大学人間福祉学部教授、お茶の水女子大学名誉教授）

[執筆体制]
1章：大島巌、源由理子、山野則子、贄川信幸、新藤健太、平岡公一
2章：大島巌
3章：大島巌、源由理子
4章：大島巌、源由理子、新藤健太、贄川信幸、山野則子、平岡公一、児玉桂子、
　　小佐々典靖、中越章乃、吉田光爾、大山早紀子、下園美保子、方真雅、園環樹、
　　津富宏、落合亮太
5章：大島巌、源由理子、新藤健太、園環樹、贄川信幸
6章：大島巌、落合亮太、源由理子、新藤健太、園環樹、贄川信幸
7章：大島巌、源由理子、新藤健太
8章：大島巌、新藤健太、大山早紀子、下園美保子
9章：大島巌、新藤健太、方真雅
10章：大島巌、新藤健太、津富宏
11章：大島巌、新藤健太、山野則子、津富宏、贄川信幸、仁科雄介、方真雅
12章1-2/4-8節：大島巌、源由理子、新藤健太、大山早紀子、下園美保子
12章3節：源由理子、大島巌、新藤健太、大山早紀子、下園美保子
13章：大島巌、新藤健太、落合亮太、津富宏、山野則子
14章：大島巌、源由理子、山野則子、新藤健太、浦野由佳
15章：大島巌、山野則子、新藤健太、方真雅、浦野由佳
16章：大島巌、源由理子、山野則子、贄川信幸、新藤健太、平岡公一

[コラム]
コラム1：新藤健太、大山早紀子、大島巌
コラム2：新藤健太、大島巌
コラム3：新藤健太、大島巌、贄川信幸
コラム4：新藤健太、大島巌
コラム5：新藤健太、大島巌
コラム6：新藤健太、大島巌

●編著者略歴

大島 巌（おおしま・いわお）
東北福祉大学副学長・教授／日本評価学会元会長・顧問、日本ソーシャルワーク学会理事・副会長、日本社会福祉学会監事ほか／東京大学大学院修了（保健学博士）。国立精神・神経センター精神保健研究所室長、東京都立大学社会福祉学科助教授、東京大学助教授、日本社会事業大学教授等を経て現職。2012-17年日本社会事業大学学長。
［主な研究内容］プログラム開発と評価、マクロ実践ソーシャルワーク、精神保健福祉論
［主な著書等］『マクロ実践ソーシャルワークの新パラダイム──エビデンスに基づく支援環境開発アプローチ』（単著、有斐閣、2016年）、『プログラム評価の理論と方法』（共監訳、日本評論社、2005年）、『プログラム評価ハンドブック』（共編著、晃洋書房、2020年）

源 由理子（みなもと・ゆりこ）
明治大学専門職大学院ガバナンス研究科教授／明治大学副学長（社会連携担当）、日本評価学会理事・副会長ほか／東京工業大学大学院修了（博士（学術））。国際協力機構（JICA）、国際開発高等教育機構（FASID）研究員等を経て現職。
［主な研究内容］評価論、社会開発論
［主な著書等］『プログラム評価ハンドブック』（共編著、晃洋書房、2020年）、『参加型評価──改善と変革のための評価の実践』（編著、晃洋書房、2016年）

山野 則子（やまの・のりこ）
大阪府立大学現代システム科学研究科教授・大阪公立大学スクールソーシャルワーク評価支援研究所所長／こども家庭庁子供の貧困対策に関する有識者会議構成員、デジタル庁こどもデータ連携事業におけるガイドライン検討委員、厚生労働省社会保障審議会児童部会委員や文部科学省中央教育審議会委員等を歴任。
［主な研究内容］スクールソーシャルワークの構築と展開、市町村児童相談体制の構築
［主な著書等］『エビデンスに基づく効果的なスクールソーシャルワーク』（編著、明石書店, 2015年）、『学校プラットフォーム』（単著、有斐閣、2018年）、『子どもの貧困調査』（共編著、明石書店、2019年）

贄川 信幸（にえかわ・のぶゆき）
日本社会事業大学社会福祉学部教授／東京大学大学院修了（博士（保健学））。日本社会事業大学社会事業研究所准教授等を経て現職。
［主な研究内容］福祉プログラム開発と評価、精神保健福祉論

新藤 健太（しんどう・けんた）
日本社会事業大学社会福祉学部講師／日本社会事業大学大学院修了（博士（社会福祉学））。群馬医療福祉大学社会福祉学部講師を経て現職。
［主な研究内容］福祉プログラム開発と評価、障害者福祉論

平岡 公一（ひらおか・こういち）
東京通信大学人間福祉学部教授、お茶の水女子大学名誉教授／東京都社会福祉審議会委員長ほか／東京大学大学院修了（社会学修士）。明治学院大学教授、お茶の水女子大学基幹研究院教授等を経て現職。
［主な研究内容］社会福祉政策論、福祉・介護サービスの計画と評価、貧困・格差と社会保障
［主な著書等］『イギリスの社会福祉と政策研究──イギリスモデルの持続と変化』（単著、ミネルヴァ書房、2003年）、『格差を超え公正な社会へ──教育・就労・ジェンダー・社会保障』（共編著、金子書房、2013年）、『東アジアの高齢者ケア──国・地域・家族のゆくえ』（共編著、東信堂、2018年）ほか

●索　引●

[アルファベット]

CD-TEP 改善ステップ　　12, 28, 127-128, 130, 136, 139, 141-145

CD-TEP 法（評価アプローチ法）　　2, 11-12, 28, 76-78

CER（Comparative Effective Research）　229, 230, 234

EBM（Evidence-Based Medicine）　7, 39-41

EBP（Evidence-Based Practice）　7, 34-55
　　──技術支援センター　　65, 253, 348, 358, 360, 380, 383, 384
　　──効果モデル　　2-3, 8, 34-55
　　──ツールキット　　41-42, 250-252
　　──ツールキットプロジェクト 250-251
　　──プログラム　　3, 27, 34-37, 39, 227

EBP-TAC（EBP 技術支援センター）　　65, 252, 348, 358, 360, 380, 383, 384
　　──の基本機能　　360, 380
　　──の人的体制　　359, 362

ECB（Evaluation Capacity Building）方略 327-340

GP 事例（Good Practice 事例）　　48, 85, 101, 112,
　　──調査　　48, 85, 163, 174, 186, 282-283, 335-336

GPRA（Government Performance and Result Act）　42

GTO の10ステップ　　67-69

in vivo コード　　301, 310

KJ 法　　301

PDCA サイクル　　63

PMBOK　　85, 87

Purveyors（パーベイヤー）　　256, 356

RCT（Randomized Controlled Trial）　7, 157, 229, 231, 234

SIMI（Social Impact Management Initiative）　384

WWCs（What Works Centres）　357-358

[あ行]

アウトカム尺度・指標　　113-119, 204

アメリカ連邦政府 SAMHSA　　42, 250-253

1 次コード　　301, 310

インタビューガイド　　133, 186-187, 282-283

インパクト理論　　82, 96-102

ウェイティングリスト法 RCT　　231, 296

エビデンスに基づく
　　──医療　　→ EBM
　　──政策立案（EBPM）　　383-384

エビデンスレベル　　7, 36, 45-46

エンパワメント評価　　20-30, 58, 67-72

横断調査　　293

「オーナーシップ」の意識　　23, 328, 375

[か行]

外的妥当性　　37, 51, 59, 295, 307

学習する組織　　9, 28, 153, 166, 376

可視化　　25, 46, 52-53, 71, 94-125, 265, 373-374, 377
　　効果モデルや評価方法の──　　373

カテゴリ　　301

関与・参画を導く実践的価値　　328-330

技術移転支援専門組織あるいは人材　→ purveyors

技術支援センター　→ EBP 技術支援センター

技術支援等の支援を提供する拠点組織　→技術支援センター

協働　　8-11, 79, 264-265, 373
共分散分析　　234, 307-308
共変量　　307
クラウドシステム　　298
クラスターRCT（ランダム化比較試験）
　　231, 296
形成・改善型ワークショップ　　220-222,
　　237, 275-277
形成的調査（formative research）　　186
形成的評価　　3, 6-7, 10-11, 15, 34, 44,
　　47-51, 373
形成・発展ステージ（段階）　　16, 19, 46,
　　85, 159
コアカテゴリー　　301
コア実施要素　　59-60, 63, 256, 356
広域的事業所調査　　136-137, 207-210
広域的試行評価調査　　137-138, 140, 203,
　　211-213, 230-233
合意形成　　193, 219, 268, 279, 311
　　──・意思決定型ワークショップ
　　223
効果的援助要素（プログラム要素）
　　49-51, 95, 109-112, 114, 158, 191-192,
　　196, 301
効果モデル
　　──形成・改善型ワークショップ
　　274-275
　　──5アイテム　　28, 82, 279, 374
　　──実施機関　　348
　　──実施・普及ツールキット　　250
　　──実施・普及方略　　251, 252
　　──設計・開発型ワークショップ
　　274
　　──対象者リスト　　354
　　──の形成・改善評価　　18, 45, 51,
　　200-207, 226-230
　　──の形成・発展　　7-12, 15-16,
　　18-19, 34, 43, 82, 127, 144
　　──の形成・発展ステージ　　16, 19,
　　45, 85, 89-92, 127, 155-156
　　──の実施・普及評価　　18, 45,
　　241-250

　　──の設計・開発評価　　17, 45,
　　166-173
効果モデル（実施普及版・総称）　　142,
　　241-244, 247-248, 260
　　──（技術移転版）　　91, 130, 141,
　　244-246,
　　──（効率性普及版）　　130, 141, 244,
　　247, 259-260
　　──（実施体制整備版）　　91, 130,
　　141, 244, 250-258
　　──（実践的普及版）　　130, 141, 244,
　　248-249, 259
　　──（制度版）　　91, 130, 141, 244,
　　246-247, 259
効果量　　46
好事例　　→GP事例
高フィデリティ群　　216, 307-308

[さ行]
サービスアウトカム　　254-255
サービスギャップ　　41, 244, 361
サービス利用計画　　102-109, 111, 186
サブカテゴリー　　301
参加型・協働型評価　　20
参画型ワークショップ　→実践家等参画型
　　ワークショップ
参加度のアセスメント　　192, 219, 279
3次コード　　301
時系列分析　　305, 313
実験デザイン　　140, 294, 296
実施・普及評価ステージ　　85, 160
実施アウトカム　　254
実施機関の実施・普及状況アセスメント
　　256
実施システムレベルの「改善ステップ」
　　249
実施体制整備版　　244-245, 250-258
実施・普及ガイドライン　　30, 251
実施・普及ツールキット　　30, 43,
　　250-253
実施・普及方略　　18
　　──5アイテム　　252-257

実施マニュアル　　51, 95-96, 119-124
実践家等が主体となる評価チームの形成
　　163
実践家等参画型ワークショップ　　90,
　　131-132, 163, 184, 189, 193-197, 213-223,
　　233-237, 259, 267-279, 310, 330-333
実践家等を含む「評価チーム」　　90,
　　131-141, 143-145, 148, 152, 163, 227,
　　242-243, 280-282, 320-321, 340-341, 367
実践家評価担当者　　64, 66-67, 145, 319,
　　322, 324-326, 337-338
実践家評価ファシリテータ　　66-67, 145,
　　163, 221, 278, 320, 322, 324-326, 337-338,
　　359
実践家有識者　　131, 320-321
実践家養成大学　　65, 67, 358, 362, 367,
　　384-385
質的データの分析　　189, 191, 217-218,
　　235-236, 291, 300-303
質的評価データ　　291-293, 298-303,
　　309-311
質的評価法のデザイン　　292
社会的インパクト評価　　384
社会的インパクト・マネジメント・イニシア
　　チブ　　→ SIMI
社会プログラムの発展フェーズ　　43
従属変数　　307
縦断調査　　293
準実験デザイン　　140, 157, 231, 294, 296
職業的ミッションに基づいて貢献する実践家
　　374
職業倫理　　60-61, 153, 375
スノーボールサンプリング　　292, 294
制度の狭間　　9, 152
政府業績結果法（GPRA）　　42
設計・開発評価ステージ　　16, 45, 85, 89,
　　130-136, 159, 166-167, 171
専門職としての力量向上　　153
戦略・実施プラン策定と実行の支援　　256
相関分析　　215-216, 232, 235, 305-306,
　　313
争点となる資料　　311

組織計画　　102-109, 111, 186

[た行]
第1次効果モデル（試行版）　　89-91,
　　96-97, 130, 134-137, 139, 156, 169, 171,
　　175-176, 223
第2次効果モデル（提示版）　　89-91,
　　96-97, 130, 136, 138-139, 156, 200, 223,
　　240, 241
第3次効果モデル（エビデンス版）
　　89-91, 96-97, 130, 139, 141, 156, 227-229,
　　231, 237-238
ターゲット集団　　83-84, 99, 131, 176-179
単一グループデザイン　　137, 210-211,
　　294
地域型支援チーム　　352
（チェックボックス形式）効果的援助要素リ
　　スト　　81-82, 95, 109-112, 114,
　　191-192, 196, 301
中間支援組織　　356-357, 360-361, 367,
　　381
定性的評価　　160, 300
低フィデリティ群　　307-308
定量的評価　　160
テキストマイニング　　190, 301
等質対象（equivalent targets）の選定
　　296
独立評価　　20
独立変数　　307

[な行]
内的妥当性　　7, 36-37, 50-51, 59, 233-234,
　　296, 307
内容分析　　190, 301
7場面の評価活動　　143, 265, 277, 322,
　　326, 380
2次コード　　301, 310

[は行]
パーベイヤー　　→ purveyors
ピア評価ファシリテータ　　66, 320
比較による有効性研究　　→ CER

索　引　397

比較分析　　234, 307, 313
批判的な友人　　25-26
日々のログデータ　　298
評価階層　　14, 16, 159, 173-174, 205, 248
評価課題プロセス　　82-86
評価活動7場面　　→7場面の評価活動
評価活動リーダー　　354
評価可能性アセスメント　　48, 154-155, 183
評価キャパシティ　　12, 27-28, 30, 56-67, 144-145, 162-163, 316-317, 376, 378
　　──形成の方略　　322, 326-340
　　──向上　　21-22
　　──の形成　　56-67, 316-317, 376, 378
評価計画　　148-151, 156, 158, 163-164
評価クエスチョン　　158-160
評価支援体制　　52, 65, 354
評価人材　　62-67, 317
評価ステージ　　16-17, 19, 85, 159-160
評価チーム　　90, 131-141, 143-145, 148, 152, 163, 227, 242-243, 280-282, 320-321, 340, 367
評価ツール　　22, 25, 52, 67-71, 113-119
評価統合　　42-43, 373-374
評価の場　　51-52, 143-145, 264-265, 267, 322, 324, 380
評価のライフサイクル　　160-162
評価パートナーシップ　　29, 360
評価ファシリテータ　　25-26, 64-67, 145, 163, 221, 227-228, 278-279, 320-322, 324, 326, 337-338, 359-360
評価訪問　　137, 143, 163, 211, 213, 230, 233, 268, 284-285, 322, 336-337
評価モニタリング会議　　256, 354
標本抽出方法　　292
フィデリティ（評価）尺度　　110, 113-116, 204-221, 232, 235, 297, 303-305,

312-313
フィードバック　　204, 212, 233, 264-265, 285-286, 311
　　──シート　　285-286
プログラム
　　──境界分析　　185
　　──ゴール（目標）　　10, 18, 46, 48, 96-102, 178-180
　　──スコープ　　172, 174, 176-177, 180
　　──の発達段階　　44, 154-155
　　──利害関係者　　21-22, 156-157
　　──理論　　14, 41, 46-47, 51, 69-70, 76-77, 96-109
方向性の合意　　193, 219, 268, 279, 311
ボトムアップ評価　　8, 47, 52, 59, 361, 373, 375, 377, 379

［ま行］
前向きの介入評価調査　　293
見える化　　→可視化
ミッション志向のプロセス　　362

［や行］
予備的効果モデル（暫定版）　　89-92, 97, 130, 132, 174-175, 181, 183-184

［ら行］
ライフサイクル　　43
ランダム化比較試験　　→ RCT
利害関係者分析　　20, 155-157, 184
利用者アウトカム　　254
利用者中心アプローチ　　9
量的データ分析　　214-218, 220-221, 233-235, 303-309
理論的失敗　　48
レーダーチャート　　216, 221, 285, 304

実践家参画型エンパワメント評価の理論と方法
――CD-TEP 法：協働による EBP 効果モデルの構築

PRACTITIONER-BASED EMPOWERMENT EVALUATION:
Application of the CD-TEP approach for effective EBP models
in collaboration with multiple stakeholders

2019年 9 月25日	初版第 1 刷発行
2023年 6 月15日	初版第 2 刷発行

編著者	大島 巌、 源 由理子、山野則子、 贄川信幸、新藤健太、平岡公一
発行所	株式会社 日本評論社
	〒170-8474 東京都豊島区南大塚3-12-4
	電話 03-3987-8621　FAX 03-3987-8590
	振替 00100-3-16　https://www.nippyo.co.jp/
印刷所	精文堂印刷株式会社
製本所	牧製本印刷株式会社
装 幀	図工ファイブ
検印省略	©2019, OSHIMA, Iwao, et al.

ISBN 978-4-535-58686-4　　　　　　　　　　　　　　Printed in Japan

JCOPY　〈(社)出版者著作権管理機構委託出版物〉

本書の無断複写は著作権法上での例外を除き禁じられています。複写される場合は、そのつど事前に、(社)出版者著作権管理機構（電話 03-5244-5088、FAX 03-5244-5089、e-mail: info@jcopy.or.jp）の許諾を得てください。また、本書を代行業者等の第三者に依頼してスキャニング等の行為によりデジタル化することは、個人の家庭内の利用であっても、一切認められておりません。

プログラム評価の理論と方法

システマティックな対人サービス・政策評価の実践ガイド

ピーター・H・ロッシ
マーク・W・リプセイ
ハワード・E・フリーマン ［著］

大島 巌・平岡公一
森 俊夫・元永拓郎 ［監訳］

公共団体やNPOによる支援プログラム・施策はどのような基準で設計され、また評価されるのか。米国の標準的体系書、待望の完訳。

目次
- 第1章　プログラム評価の概要
- 第2章　プログラム評価をあつらえる
- 第3章　課題を同定し、評価クエスチョンを形成する
- 第4章　プログラムに対するニーズをアセスメントする
- 第5章　プログラム理論を明示し、アセスメントする
- 第6章　プログラムプロセスをモニターし、アセスメントする
- 第7章　プログラムアウトカムを測定し、モニタリングする
- 第8章　プログラムインパクトをアセスメントする
　　　　　無作為化フィールド実験法
- 第9章　プログラムインパクトをアセスメントする
　　　　　代替的デザイン
- 第10章　プログラム効果を検出し、解釈し、分析する
- 第11章　効率性を測定する
- 第12章　プログラム評価の社会的文脈

■B5判　定価**10,450**円（税込）

入門評価学

政策・プログラム研究の方法

キャロル・H・ワイス ［著］
佐々木 亮 ［監修］　前川美湖・池田 満 ［監訳］

政策評価の科学として益々必要性の高まる評価学。アメリカで分かりやすく実践的との定評を勝ち得た評価学の教科書の監訳。　■A5判　定価**6,600**円（税込）

日本評論社
https://www.nippyo.co.jp/